고시넷
대기업

KT그룹 온라인 인적성검사
종합인적성검사
최신기출유형 모의고사 5회

gosinet
(주)고시넷

정오표 및 학습 질의 안내

정오표 확인 방법

고시넷은 오류 없는 책을 만들기 위해 최선을 다합니다. 그러나 편집 과정에서 미처 잡지 못한 실수가 뒤늦게 나오는 경우가 있습니다. 고시넷은 이런 잘못을 바로잡기 위해 정오표를 실시간으로 제공합니다. 감사하는 마음으로 끝까지 책임을 다하겠습니다.

고시넷 홈페이지 접속 〉 고시넷 출판-커뮤니티 〉 정오표

www.gosinet.co.kr

모바일폰에서 QR코드로 실시간 정오표를 확인할 수 있습니다.

학습 질의 안내

학습과 교재선택 관련 문의를 받습니다. 적절한 교재선택에 관한 조언이나 고시넷 교재 학습 중 의문 사항은 아래 주소로 메일을 주시면 성실히 답변드리겠습니다.

이메일주소 **qna@gosinet.co.kr**

1

KT그룹 소개

KT그룹에서 추구하는 비전, 핵심가치, 경영이념, 인재상 등을 수록하였으며 KT그룹 계열사들에 대한 정보를 한눈에 파악할 수 있도록 구성하였습니다.

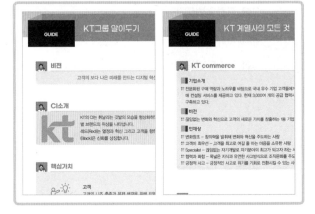

2

KT그룹 인적성검사 개요

KT그룹의 채용절차와 특징, 시험영역 등을 쉽고 빠르게 확인할 수 있게 구성하였습니다.

3

영역별 빈출이론

KT그룹의 출제영역과 관련된 언어능력, 언어·수추리능력, 수리능력, 도형능력 빈출 이론을 정리하여 주요 이론과 개념을 빠르게 학습할 수 있도록 하였습니다.

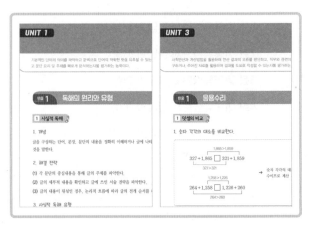

4

기출유형모의고사

최신 기출문제 유형에 맞게 구성한 총 5회분의 기출유형문제로 자신의 실력을 점검하고 완벽한 실전준비가 가능하도록 구성하였습니다.

5

인성검사 & 면접가이드

채용 시험에서 점점 중시되는 인성검사와 면접 질문을 수록하여 마무리까지 완벽하게 대비할 수 있도록 하였습니다.

6

상세한 해설과 오답풀이가 수록된 정답과 해설

기출유형문제의 정답과 해설을 오답풀이와 함께 수록하여 문제풀이 과정에서의 학습의 효과가 극대화될 수 있도록 구성하였습니다.

비전

고객의 보다 나은 미래를 만드는 디지털 혁신 파트너

CI소개

KT의 CI는 휘날리는 깃발의 모습을 형상화하였으며, 세계로 뻗어 나가는 글로벌 브랜드의 위상을 나타냅니다.

레드(Red)는 열정과 혁신 그리고 고객을 향한 따뜻한 감성을 의미하며 블랙(Black)은 신뢰를 상징합니다.

핵심가치

고객
고개의 니즈 충족과 문제 해결을 위해 치열하게 고민하고 새로운 고객 경험을 제시합니다.

역량
고객의 문제를 해결하고 고객이 원하는 혁신을 가장 잘할 수 있도록 전문성을 높입니다.

실질
우리 본업인 통신과 ICT를 단단히 하고 화려한 겉모습보다 실질적인 성과를 추구합니다.

화합
다름을 인정하되 서로 존중하고 합심해 함께 목표를 이뤄 갑니다.

ESG경영

확장된 디지털 플랫폼과 국민 신뢰를 기반으로 지속가능한 성장 실현

E	S	G
디지털 기술 활용한 환경경영 선도	디지털 기술 활용한 사회적 책임경영 실천	국내 최고의 준법 · 공정 이행으로 투명경영 실현
확장된 디지털플랫폼 역량 기반 Net-Zero 이행 강화	**디지털 시민 확산으로 사회적 책임 강화**	**KT그룹 ESG경영 체계 확립 및 노사 간 협력 강화**
1. Net-Zero 전략 및 RE100 로드맵 고도화 2. Value Chain 內 탄소중립 BM 시너지 발굴	3. 디지털 시민 프로젝트 활성화 4. 사회적 DX연계로 디지털 격차 해소 지속 추진 5. 공급망 ESG내재화를 위한 파트너사 지원 강화 6. 디지털 기반 안전관리 및 안전문화 확산	7. KT그룹 지배구조 및 컴플라이언스 고도화 8. 노사공동 ESG경영 및 임직원 자부심 고취

 ## 인재상

✓ **끊임없이 도전하는 인재**
시련과 역경에 굴하지 않고 목표를 향해 끊임없이 도전하여 최고의 수준을 달성한다. 변화와 혁신을 선도하여 차별화된 서비스를 구현한다.

✓ **벽 없이 소통하는 인재**
동료 간 적극적으로 소통하여 서로의 성장과 발전을 위해 끊임없이 노력한다. KT의 성공을 위해 상호 협력하여 시너지를 창출한다.

✓ **고객을 존중하는 인재**
모든 업무 수행에 있어 고객의 이익과 만족을 먼저 생각한다. 고객을 존중하고, 고객과의 약속을 반드시 지킨다.

✓ **기본과 원칙을 지키는 인재**
회사의 주인은 '나'라는 생각으로 자부심을 갖고 업무를 수행한다. 윤리적 판단에 따라 행동하며 결과에 대해 책임을 진다.

KT commerce

▌기업소개

∷ 전문화된 구매 역량과 노하우를 바탕으로 국내 유수 기업 고객들에게 차별화된 통합구매서비스와 구매 컨설팅 서비스를 제공하고 있다. 현재 3,000여 개의 공급 협력사로 이뤄진 비즈니스 네트워크를 구축하고 있다.

▌비전

∷ 끊임없는 변화와 혁신으로 고객의 새로운 가치를 창출하는 1등 기업

▌인재상

∷ 변화창조 – 창의력을 발휘해 변화와 혁신을 주도하는 사람
∷ 고객이 최우선 – 고객을 최고로 여길 줄 아는 마음을 소유한 사람
∷ Specialist – 끊임없는 자기개발로 자기분야의 최고가 되고자 하는 사람
∷ 협력과 화합 – 폭넓은 지식과 유연한 사고방식으로 조직문화를 주도하는 사람
∷ 긍정적 사고 – 긍정적인 사고로 위기를 기회로 전환시킬 수 있는 사람

KT telecop

▌기업소개

∷ 우리나라 통신시장에서 130년의 역사를 쌓아온 KT그룹의 정보통신기술(ICT)과 시큐리티를 융합한 첨단 ICT를 기반의 시큐리티 전문회사로, 고객의 안전과 행복을 최우선 가치로 고객가치 향상을 위해 최첨단의 보안 상품 및 서비스를 제공하고 있다. 무인방범을 기반으로 고화질 영상보안, 시스템통합(SI), 빌딩관리(BMS), 인력경비 등이 포함된 통합보안, 차세대 신기술과 보안기술을 접목한 융합보안 등 다양한 서비스를 제공한다.

▌미션

∷ ICT를 기반으로 세계에서 가장 안전하고 혁신적인 보안과 융합서비스를 제공, 국민의 편익을 도모하는 최고의 국민기업

▌비전

∷ Global No.1 convergence Safety company

▌목표

∷ Safety Korea 실현

KT linkus

기업소개

:: 공중전화를 비롯해 전보 등 생활편의 서비스를 제공하는 통신, 서비스, 물류 전문회사로서 30여 년의 오랜 역사를 가진 기술력과 전국적인 인프라를 바탕으로 보편적 서비스를 제공하고 있다. 금융 · 의료 · 안전 등의 다양한 융합서비스 제공 확장하고 있다.

비전

:: KT linkus는 고객 삶의 변화와 다른 산업의 혁신을 리딩하여 대한민국 발전에 기여한다.

인재상

:: 윤리적 가치관 – 고객과 자신을 바라보는 눈이 보편적이면서 균형이 잡혀있고, 올바른 도덕성과 사회에 대한 봉사정신이 충만하여 신뢰를 받는 사람, 윤리적 가치관을 지닌 몸과 마음이 건강한 인재

:: 미래지향적 사고, 책임있는 행동 – 자신의 역할에 최선을 다하여, 주인 의식을 가지고 주어진 일을 충실히 해내는 자세를 가진 인재

:: 목표의식이 있는 도전자 – 자기 분야에서 최고의 전문가가 되겠다는 목표 의식과 프로 근성을 가진 인재

 KT submarine

기업소개

:: 해저케이블에서 Offshore와 해양에너지까지 Marine Soulution Provider로써 내일을 창조하고 미래를 열어가는 kt submarine은 국내 유일의 해저케이블 건설회사이다. 최첨단 해저케이블 선박 3척, 해저 특수 매설기(Plogh), 무인 수중 로봇(ROV) 등의 수중 장비를 다수 보유하고 있다.

비전

:: 해저케이블에서 해양에너지까지 세계를 연결하고 미래를 열어가는 대한민국 해양전문 대표기업 Total Marine Solution Provider

KT 계열사의 모든 것

KT skylife

▌기업소개

❖ 국내 유일의 위성방송 사업자로, 방송의 제작부터 송출까지 아우르는 종합 미디어 기업이다. 국내최초 24시간 HD채널, IPTV 결합 서비스 'OTS' 상품, 최다 채널 UHD 서비스, 세계최초 위성 Android TV 등이 있다.

▌미션

❖ 고품질 콘텐츠 제공과 끊임없는 창조적 기술혁신으로 고객이 신뢰하고 선택하는 글로벌 미디어 기업

▌비전

❖ No.1 Convergence Media Company

▌목표

❖ UHD 방송시장의 선도 기업

▌핵심가치

❖ 1등 KT skylife, Single KT, 고객 최우선, 정도 경영

GENIE MUSIC

▌기업소개

❖ 감정지능 큐레이션 음악서비스로, 통신사 KT와 결합한 컨버전스 음악서비스를 제공하며, 국내 최고 음악콘텐츠를 독점 유통하여 콘텐츠와 플랫폼 간 시너지를 창출하고 있다.

▌핵심가치

❖ 컨버전스 시대의 최적의 콘텐츠, 제휴사 네트워크를 통한 효과 극대화, 음악 콘텐츠 경쟁력을 통한 마켓리더

비씨카드

기업소개

1982년 5개 시중은행의 신용카드 업무를 수행하는 사업자로 출범한 비씨카드는 현재 31개로 확대되었으며, 업계 최초 g-CRM 시스템 구축, 인터넷 지불결제 보안 솔루션 보유, 모바일카드 국가 표준 모델 개발 등을 통해 국내 결제 서비스를 제공하고 있다.

비전

Asia No.1 Payment Platform Company

 ## KT NexR

기업소개

빅데이터 end-to-end 서비스를 제공하여 빅데이터 시스템 구성부터 분석까지 기업에서 데이터를 활용할 수 있도록 서비스를 제공한다.

비전

국내 No.1 Big data solution company

KT그룹 인적성검사 개요

- 지원자의 인성과 적성이 KT그룹의 조직과 인재상에 부합하는지 종합적으로 평가하는 검사이다.
- 직무적성검사는 4개 영역으로 75문항을 90분 이내에 풀어야 한다.
- 인성검사는 직무적성검사 당일 시행한다.
- 2022년부터 채용 전형에 온라인 인적성검사가 시행되었다.

 ## 채용절차

서류전형 → 인적성검사 → 실무면접 → 임원면접 → 건강검진

 ## 합격 전략

- 난도는 낮은 편이지만 문항 수에 비해 풀이시간이 짧으므로 문제 푸는 시간을 줄이는 연습이 필요하다.
- 도형영역은 규칙을 이용한 도형 추리, 도형 회전 등 다양한 문제가 출제되므로 여러 유형의 문제를 푸는 연습을 한다.
- 온라인 인적성검사를 진행 시 별도의 필기구는 사용할 수 없으며 모니터상으로 제공되는 계산기, 메모장, 드로잉 툴을 이용하여 문제를 푸는 연습을 미리 한다.

 ## 검사구성

검사영역		문항 수	검사시간
적성검사	언어	20	20분
	언어 · 수추리	20	25분
	수리	20	25분
	도형	15	20분
인성검사	PART 1	333	55분
	PART 2	160	

온라인 인적성검사 특징

:: 시험 응시 화면

> 25:00
>
> 메모장
> 그림판
>
> [계산기]
>
> ○ 객관식 1
> 남자 5명과 여자 3명 중에서 4명을 선발하여 팀을 구성
> 하려고 한다. 여자와 남자로 이루어진 팀을 구성하려고
> 할 때, 가능한 경우의 수는?
>
> ○ 65가지
> ○ 70가지
> ○ 75가지
> ○ 80가지

:: 시험 장소
타인의 출입이나 소음이 감지될 경우, 부정행위로 처리되오니 타인의 방해가 없는 독립된 장소에서
응시해야 한다.

 ## 온라인 인적성검사 주의사항

☑ 검사 중 휴대전화 및 전자기기의 전원을 꺼야 한다(검사 시작 후, 유선 연락을 시도하여 휴
대전화 전원이 꺼져 있는 지 확인할 예정).

☑ 허용된 PC, 주변기기 외 다른 물품을 소지하거나 사용할 수 없다.

☑ 검사 중 물이나 다과를 섭취할 수 없다(물은 책상 아래 두고 검사 시작 전까지만 취식을 허
용).

☑ Alt+Tab 혹은 윈도우 키 등으로 화면 전환이나 화면 캡처를 시도하거나 특별한 이유 없이
시선을 모니터 밖으로 5초 이상 두는 경우, 문항 전체를 소리내어 읽으며 풀이하는 행위가
3회 이상 반복되면 부정행위 처리한다.

고시넷 **KT그룹 온라인** 인적성검사 **최신기출유형모의고사**

영역별 출제비중

▶ 언어 : 문장 배열하기, 주제 찾기, 추론하기, 비판하기
▶ 언어 · 수추리 : 진위 판단하기, 문자나 수열의 규칙 찾기
▶ 수리 : 자료 분석하기, 경우의 수 구하기, 최저비용 계산하기
▶ 도형 : 규칙에 따라 알맞은 도형 찾기

KT그룹 인적성검사는 크기 1. 언어 2. 언어 · 수추리 3. 수리 4. 도형 총 네 가지 영역으로 출제되고 있다. 언어는 글을 읽고 그 세부내용과 주제를 파악해 문단을 문맥에 맞게 배열하거나 뒤에 올 내용을 추론할 수 있는지 평가하는 영역이다. 언어 · 수추리는 명제의 진위를 판별하고 문자나 숫자의 배열을 보고 일정한 규칙을 찾을 수 있는지 평가하는 영역이다. 수리는 확률이나 최저비용을 빠르게 계산하거나 주어진 자료를 분석하고 그래프로 작성할 수 있는지 평가하는 영역이다. 도형은 제시된 도형들의 규칙을 파악하여 다음에 올 도형을 추리하는 영역이다.

KT그룹 온라인 인적성검사

파트 1 영역별 빈출이론

UNIT 1

언어능력

기본적인 단어의 의미를 파악하고 문맥으로 단어의 적확한 뜻을 유추할 수 있는지, 주어진 글의 논리적 전개 순서를 파악하고 문단 요지 및 주제를 빠르게 분석하는지를 평가하는 능력이다.

빈출 1 독해의 원리와 유형

01 언어

1 사실적 독해

1. 개념

글을 구성하는 단어, 문장, 문단의 내용을 정확히 이해하거나 글에 나타난 개념이나 문자 그대로를 이해하는 것을 말한다.

2. 해결 전략

(1) 각 문단의 중심내용을 통해 글의 주제를 파악한다.

(2) 글의 세부적 내용을 확인하고 글에 쓰인 서술 전략을 파악한다.

(3) 글의 내용이 뒤섞인 경우, 논리적 흐름에 따라 글의 전개 순서를 파악한다.

3. 사실적 독해 유형

(1) 주제 찾기

- 필자가 전달하고자 하는 글의 주제, 중심내용, 의도를 찾는 유형이다.

Step 1	제시문의 문단별 중심 문장, 핵심 소재를 파악한다.

- 중심 문장은 각 문단의 처음이나 끝에 나오는 경우가 많다.
- 각 문단의 중심 문장은 나머지 내용들을 포괄하는 문장이다.
- '따라서', '즉', '그러므로', '결국', '요컨대', '그러나', '하지만' 등 접속사 뒤의 문장이 중심 문장이 된다.
- 예가 뒷받침하는 내용이 중심 문장이 된다.
- 글쓴이의 생각, 가치 판단이 들어 있는 문장에 집중한다.
- 분류가 쓰였을 경우, 분류의 기준이 중심 문장이 된다.
- 대립적인 견해를 중심으로 설명하는 경우, 결론 부분에 유의한다.

Step 2	선택지에서 제시문의 내용에서 확인할 수 있는 선택지를 찾는다.

Step 3	중심 문장의 내용과 핵심 소재를 가장 잘 반영하는 것이나 중심 문장을 유도할 수 있는 질문을 찾는다.

(2) 내용일치

- 제시된 글에 정보, 내용을 정확하게 파악하여 선택지의 내용이 본문과 일치하는 것을 찾는다.

Step 1	글의 진술과 선택지의 진술 내용이 일치하는지를 찾기 위해서 먼저 선택지의 핵심어를 점검한다.

↓

Step 2	선택지의 핵심어가 진술된 해당 문단을 찾는다.

↓

Step 3	문단별 세부 내용을 비교하며 일치 여부를 파악한다.

(3) 전개방식 이해[서술 전략]

- 글에 쓰인 서술 방식이나 내용 연결 구조가 단답형이거나 글 전체의 서술 전략을 문장형으로 찾는다.

Step 1	선택지에 제시된 서술 전략을 파악하고 문장형으로 제시된 경우, 선택지의 핵심어를 정리한다.

↓

Step 2	선택지의 서술 전략이 나온 해당 문단을 제시문에서 찾는다.

↓

Step 3	해당 문단에서 서술 전략이 확인되는지 파악한다.

(4) 문장, 문단 배열하기

- 글의 내용이 어떤 순서로 전개되는 것이 적절한지 묻는 유형으로 문단, 문장의 논리적 배열순서, 특정 문단이나 문장이 전체 글의 어떤 부분에 들어가는 것이 적합한지를 묻는 유형이다.

Step 1	맨 처음, 중간, 끝에 배열될 문단이나 문장을 확인한다.

- 다른 문단에서 언급한 소재를 포괄적으로 언급하는 문단은 맨 처음이나 끝에 온다.
- 전체를 포괄하는 문단이 맨 처음에 올 때에는 문단의 첫 머리에 접속부사나 지시어가 오지 않고 전체에서 말한 소재 순으로 뒤의 내용이 전개된다.
- 전체를 포괄하는 문단이 맨 끝에 나올 때는 결론을 유도하는 접속부사가 쓰이고 전체에서 언급한 소재 순으로 앞의 내용이 전개된다.
- 접속부사나 지시어로 시작하는 문단이나 문장은 맨 앞에 올 수 없다.

↓

Step 2	지시어와 접속부사에 따라 글 내용 연결이 자연스러운지 확인한다.

↓

Step 3	내용의 논리 관계가 성립하는지 확인한다.

- 서사, 과정, 인과, 주지-예시 등의 논리 관계가 성립하는지 확인한다.

2 추론적 독해

1. 개념

글에서 생략된 내용을 추론하거나 숨겨진 필자의 의도, 목적 등을 추론하는 것으로 독자는 자신의 지식과 경험, 문맥, 글에 나타난 표지 등을 이용하여 생략된 내용을 추론하여 의미를 구성하는 것이다.

2. 해결 전략

(1) 글을 읽으면서 뒤에 이어질 내용이나 접속어, 결론 등을 추론해 보고 다른 상황에 적용할 수 있는지를 유추해 본다.

(2) 생략된 내용을 추론할 때는 빈칸 앞과 뒤의 문장에 주목한다.

(3) 글쓴이의 의도를 파악할 때는 문맥에 유의하여 글 전체의 분위기와 논조를 파악한다.

3. 글의 추론 유형

(1) 논리 추론

- 글에 언급된 내용을 이해한 뒤 글쓴이의 의도, 관점, 전제, 드러나지 않은 정보나 생략된 내용을 어떻게 추론할 수 있는지를 검토한다.

Step 1	제시문에 언급된 글쓴이의 전제, 의도, 관점, 태도 내용 등을 파악한다.
Step 2	선택지의 내용을 기반으로 제시문에 추론의 근거가 있는지 파악한다.
Step 3	추론에 예외가 없는지, 추론 방식에 모순은 없는지 확인한다.

(2) 문맥적 의미 추론

- 글 전체의 맥락에 따라 주제를 파악한 뒤 소재, 단어, 문장의 문맥적 의미를 파악한다.

Step 1	제시문 전체의 주제나 대립적인 관점을 찾는다.
Step 2	밑줄 친 부분이 앞뒤 맥락에 따라 주제와 관련된 관점이나 대립적인 관점 중 어디에 속하는지 파악한다.
Step 3	소재나 단어의 의미가 주제나 관점과 일치하는지, 밑줄 친 부분의 의미가 주제나 관점에서 벗어나지 않는지 점검한다.

(3) 빈칸 추론

- 글을 읽으면서 뒤에 이어질 내용이나 접속어, 결론 등을 추리해 보고 다른 상황에 적용할 수 있는지를 유추하며, 글쓴이의 입장 등을 생각하며 읽는다.

| Step 1 | 제시문 전체의 주제나 관점을 파악한다. |

⬇

| Step 2 | 빈칸 앞뒤에 단서가 될 내용이나 단어를 파악한다. |

⬇

| Step 3 | 선택지의 단어나 문장이 주제나 관점과 일치하는지 점검한다. |

3 글의 비판적 이해

1. 개념

글의 사실적인 이해와 추론적인 이해를 넘어서 글의 내용에 대해 판단하여 읽는 것으로 글에 나타난 주제, 글의 구성, 자료의 정확성과 적절성 등을 비판적으로 읽는다.

2. 해결 전략

(1) 글의 논리상 오류가 무엇인지 파악한다.

(2) 글의 주제와 관련되지 않은 내용이 글에 제시되지 않았는지 판단, 평가한다.

3. 유형

(1) 비판하기

- 글에 나타난 글쓴이의 주장에 대해 반론, 자료의 정확성과 적절성 등을 판단할 수 있어야 하고 논증의 사례, 논리적 오류 등을 파악할 수 있어야 한다.

| Step 1 | 글의 주장과 근거를 찾고, 논리적 오류가 없는지 파악한다. |

  - 제시문에 드러난 사고 과정의 오류를 점검해야 한다.

⬇

| Step 2 | 선택지에서 주장의 근거를 반박할 수 있는 내용을 찾는다. |

  - 주장에 대해 단순한 반대를 위한 비판은 타당하지 않다.

⬇

| Step 3 | 근거의 타당성과 적절성을 판단한다. |

빈출 2 글의 전개방식

1 비교

둘 이상의 사물이나 현상 등을 견주어 공통점이나 유사점을 설명하는 방법

예 영화는 스크린이라는 공간 위에 시간적으로 흐르는 예술이며, 연극은 무대라는 공간 위에 시간적으로 흐르는 예술이다.

2 대조

둘 이상의 사물이나 현상 등을 견주어 상대되는 성질이나 차이점을 설명하는 방법

예 고려는 숭불정책을 지향한 데 비해 조선은 억불정책을 취하였다.

3 분류

작은 것(부분, 종개념)들을 일정한 기준에 따라 큰 것(전체, 유개념)으로 묶는 방법

예 서정시, 서사시, 극시는 시의 내용을 기준으로 나눈 것이다.

4 분석

하나의 대상이나 관념을 그 구성 요소나 부분들로 나누어 설명하는 방법

예 물고기는 머리, 몸통, 꼬리, 지느러미 등으로 되어 있다.

5 정의

시간의 흐름과 관련이 없는 정태적 전개방식으로 어떤 대상의 본질이나 속성을 설명할 때 쓰이는 전개방식. '종차+유개념'의 구조를 지니는 논리적 정의와 추상적이거나 매우 복잡한 개념을 정의할 때 쓰이는 확장적 정의가 있음.

6 유추

생소한 개념이나 복잡한 주제를 보다 친숙하고 단순한 것과 비교하여 설명하는 방법. 서로 다른 범주에 속하는 사물 간의 유사성을 드러내어 간접적으로 설명하는 방법이기 때문에 유추에 의해 진술된 내용은 사실성이 떨어질 가능성이 있음.

7 논증

논리적인 근거를 내세워 어느 하나의 결론이 참이라는 것을 증명하는 방법

1. **명제** : 사고 내용 및 판단을 단적으로 진술한 주제문, 완결된 평서형 문장 형식

(1) **사실 명제** : 진실성과 신빙성에 근거하여 존재의 진위를 판별할 수 있는 명제

> 예 '홍길동전'은 김만중이 지은 한문 소설이다.

(2) **정책 명제** : 타당성에 근거하여 어떤 대상에 대한 의견을 내세운 명제

> 예 농촌 경제를 위하여 농축산물의 수입은 억제되어야 한다.

(3) **가치 명제** : 공정성에 근거하여 주관적 가치 판단을 내린 명제

> 예 인간의 본성은 선하다.

(4) **논거** : 명제를 뒷받침하는 논리적 근거, 즉 주장의 타당함을 밝히기 위해 선택된 자료

> ① 사실 논거 : 객관적 사실로써 증명될 수 있는 논거로 객관적 지식이나 역사적 사실, 통계적 정보 등이 해당된다.
> ② 소견 논거 : 권위자의 말을 인용하거나 일반적인 여론을 근거로 삼는 논거

8 묘사

묘사란 대상을 그림 그리듯이 글로써 생생하게 표현해내는 진술방식

(1) **객관적(과학적, 설명적) 묘사** : 대상의 세부적 사실을 객관적으로 표현하는 진술방식으로, 정확하고 사실적인 정보 전달이 목적

(2) **주관적(인상적, 문학적) 묘사** : 글쓴이의 대상에 대한 주관적인 인상이나 느낌을 그려내는 것으로, 상징적인 언어를 사용하며 주로 문학 작품에 많이 쓰임

9 서사

행동이나 상태가 진행되는 움직임을 시간의 경과에 따라 표현하는 진술방식으로 '무엇이 발생하였는가?'에 관한 질문에 답하는 것

10 과정

어떤 특정한 목표나 결말을 가져오게 하는 일련의 행동, 변화, 기능, 단계, 작용 등에 초점을 두고 글을 전개하는 방법

11 인과

어떤 결과를 가져오게 한 원인 또는 그 원인에 의해 결과적으로 초래된 현상에 초점을 두고 글을 전개하는 방법

빈출 3　글의 유형　01 언어

1 논설문

1. **정의** : 문제에 대한 자신의 주장이나 의견을 논리정연하게 펼쳐서 정당성을 증명하거나 자기가 원하는 방향으로 독자의 생각이나 태도를 변화시키기 위해 쓰는 글이다.

2. **요건** : 명제의 명료성과 공정성, 논거의 확실성, 추론의 논리성, 용어의 정확성

3. **논설문의 유형**

구분＼유형	설득적 논설문	논증적 논설문
목적	상대편을 글쓴이의 의견에 공감하도록 유도	글쓴이의 사고, 의견을 정확한 근거로 증명
방법	지적인 면과 감정적인 부분에 호소	지적인 면과 논리적인 부분에 호소
언어 사용	지시적인 언어를 주로 사용하지만 때로는 함축적 언어도 사용	지시적인 언어만 사용
주제	정책 명제	가치 명제, 사실 명제
용례	신문의 사설, 칼럼	학술 논문

4. **독해 요령**

(1) 사용된 어휘가 지시적 의미임을 파악하며 주관적인 해석이 생기지 않도록 한다.

(2) 주장 부분과 증명 부분을 구분하여 필자가 주장하는 바를 올바로 파악해야 한다.

(3) 필자의 견해에 오류가 없는지를 살피는 비판적인 자세가 필요하다.

(4) 지시어, 접속어 사용에 유의하여 필자의 논리 전개의 흐름을 올바로 파악한다.

(5) 필자의 주장, 반대 의견을 구분하여 이해하도록 한다.

(6) 논리적 사고를 통해 읽음으로써 필자의 주장한 바를 이해하고 나아가 비판적 자세를 통해 자기의 의견을 세울 수 있어야 한다.

2 설명문

1. 정의

어떤 사물이나 사실을 쉽게 일러주는 진술방식으로 독자의 이해를 돕는 글이다.

2. 요건

(1) 논리성 : 내용이 정확하고 명료해야 한다.

(2) 객관성 : 주관적인 의견이나 주장이 배제된 보편적인 내용이어야 한다.

(3) 평이성 : 문장이나 용어가 쉬워야 한다.

(4) 정확성 : 함축적 의미의 언어를 배제하고 지시적 의미의 언어로 기술해야 한다.

3. 독해 요령

추상적 진술과 구체적 진술을 구분해 가면서 주요 단락과 보조 단락을 나누고 배경지식을 적극적으로 활용하며 단락의 통일성과 일관성을 확인한다. 또한 글의 설명 방법과 전개 순서를 파악하며 읽는다.

3 기사문

1. 정의

생활 주변에서 일어나는 사건을 발생 순서에 따라 객관적으로 쓰는 글로 육하원칙에 입각하여 작성한다.

2. 특징

객관석, 신속성, 간결성, 보도성, 정확성

3. 형식

(1) 표제 : 내용을 요약하여 몇 글자로 표현한 것이다.

(2) 전문 : 표제 다음에 나오는 한 문단 정도로 쓰인 부분으로 본문의 내용을 육하원칙에 의해 간략하게 요약한 것이다.

(3) 본문 : 기사 내용을 구체적으로 서술한 부분이다.

(4) 해설 : 보충사항 등을 본문 뒤에 덧붙이는 것으로 생략 가능하다.

4. 독해 요령

사실의 객관적 전달에 주관적 해설이 첨부되므로 사실과 의견을 구분하여 읽어야 하며 비판적이고 주체적인 태도로 정보를 선별하는 것이 필요하다. 평소에 신문 기사를 읽고 그 정보를 실생활에서 재조직하여 활용하는 자세가 필요하다.

4 보고문

1. 정의

조사 · 연구 등의 과정이나 결과를 보고하기 위하여 쓰는 글이다.

2. 특징

객관성, 체계성, 정확성, 논리성

3. 작성 요령

독자를 정확히 파악, 본래 목적과 범위에서 벗어나지 않도록 하며 조사한 시간과 장소를 정확히 밝히고 조사자와 보고 연 · 월 · 일을 분명히 밝힌다.

5 공문서

1. 정의

행정기관에서 공무원이 작성한 문서로 행정상의 일반적인 문서이다.

2. 작성 요령

간단명료하게 작성하되 연 · 월 · 일을 꼭 밝혀야 하며 중복되는 내용이나 복잡한 부분이 없어야 한다.

3. 기능

(1) **의사 전달의 기능** : 조직체의 의사를 내부나 외부로 전달해 준다.
(2) **의사 보존의 기능** : 업무 처리 결과의 증거 자료로써 문서가 필요할 때나 업무 처리의 결과를 일정 기간 보존할 필요가 있을 때 활용한다.
(3) **자료 제공의 기능** : 문서 처리가 완료되어 보존된 문서는 필요할 때 언제든지 다시 활용되어 행정 활동을 촉진한다.

6 기획서

아이디어를 내고 기획한 하나의 프로젝트를 문서 형태로 만들어 상대방에게 전달하고 시행하도록 설득하는 문서이다.

7 기안서

회사의 업무에 대한 협조를 구하거나 의견을 전달할 때 작성하며, 흔히 사내 공문서로 불린다.

8 보도자료

정부기관이나 기업체, 각종 단체 등이 언론을 대상으로 자신의 정보가 기사로 보도되도록 하기 위해 보내는 자료이다.

9 자기소개서

개인의 가정환경과 성장과정, 입사동기와 근무 자세 등을 구체적으로 기술하여 자신을 소개하는 문서이다.

10 비즈니스 레터(E - mail)

사업상 고객이나 단체를 대상으로 쓰는 편지로 업무나 개인 간의 연락 또는 직접 방문하기 어려운 고객 관리 등을 위해 사용되는 비공식적인 문서이나, 제안서나 보고서 등 공식문서 전달 시에도 사용된다.

11 비즈니스 메모

업무상 중요한 일이나 체크해야 할 일이 있을 때 필요한 내용을 메모 형식으로 작성하여 전달하는 글이다.

종류	내용
전화 메모	업무적인 내용부터 개인적인 전화의 전달사항 등을 간단히 작성하여 당사자에게 전달하는 메모
회의 메모	회의에 참석하지 못한 상사나 동료에게 회의 내용을 간략하게 적어 전달하거나, 회의 내용 자체를 기록하여 참고자료로 남기기 위해 작성한 메모로써 월말이나 연말에 업무 상황을 파악하거나 업무 추진에 대한 궁금증이 있을 때 핵심적인 자료 역할을 함.
업무 메모	개인이 추진하는 업무나 상대의 업무 추진 상황을 적은 메모

빈출 4 | 다양한 분야의 글

1 인문

1. 정의

인간의 조건에 관해 탐구하는 학문으로 경험적인 접근보다는 분석적이고 비판적이며 사변적인 방법을 폭넓게 사용한다. 인문학의 분야로는 철학과 문학, 역사학, 고고학, 언어학, 종교학, 여성학, 미학, 예술, 음악, 신학 등이 있다.

2. 출제 분야

역사	시대에 따른 사회의 변화양상을 밝히거나 특정한 분야의 변화양상을 중심으로 기술되는 경우가 있음. 또한 역사를 보는 관점이나 가치관, 역사 기술의 방법 등을 내용으로 하는 경우도 있음.
철학	인생관이나 세계관을 묻는 문제가 많음. 인간의 기본이 되는 건전한 도덕성과 올바른 가치관의 함양을 통한 인간됨을 목표로 함.
종교 및 기타	종교, 전통, 사상 등 다양한 종류의 지문이 출제됨. 생소한 내용의 지문이 출제되더라도 연구의 대상이 무엇인지 명확히 파악하면 쉽게 접근할 수 있음. 추상적 개념이나 어려운 용어의 객관적인 뜻에 얽매이지 말고 문맥을 통해 이해해야함.

3. 출제 경향

(1) 인문 제재의 글은 가치관의 문제를 다룬 글이 많으므로 추상적인 개념을 이해하는 능력이 필요하다.

(2) 어려운 용어가 많이 등장하므로 단어의 객관적인 뜻에 얽매이지 말고 문맥을 통해 이해하도록 한다.

(3) 지문을 읽을 때에는 연구의 대상이 무엇인지를 명확히 해야 한다. 자주 반복되는 어휘에 주목하고 단락별 핵심어를 찾아 연결하며 읽는 것이 효과적인 방법이다. 이러한 방법은 전체적인 흐름을 이해하고 주제를 찾는 데 도움이 된다.

(4) 인문 분야의 지문에서는 단어의 문맥적 의미를 묻는 문제가 자주 나옴에 유의하는 것이 좋다.

2 사회

1. 정의

일정한 경계가 설정된 영토에서 종교·가치관·규범·언어·문화 등을 상호 공유하고 특정한 제도와 조직을 형성하여 질서를 유지하는 인간집단에 관한 글이다.

2. 출제 분야

정치	정치학의 지식을 이용함으로써 정치 체계를 이해함. 다양한 정치 이론과 사상, 정치 제도, 정당 집단 및 여론의 역할, 국제 정치의 움직임 등에 관심을 갖고 이에 대한 비판적인 인식을 길러야 함.
경제	재화와 용역을 생산, 분배, 소비하는 활동 및 그와 직접 관련되는 질서와 행위의 총체로서 우리 생활에 매우 큰 영향을 미치는 사회 활동. 경제 교육의 중요성이 대두되고 있는 시점에서 출제 빈도도 높으므로 이론적인 것만이 아닌 실생활과 결부된 경제 지식이 요구됨.
문화	문화 일반에 관한 설명과 더불어 영화, 연극, 음악, 미술 등 문화의 구체적인 분야에 대한 이해, 전통문화와 외래문화, 혹은 대중문화와의 관계에 대한 논의 등이 폭넓게 다루어지고 있음.
국제/여성	국제적인 사건이나 변동의 추세를 평소에 잘 파악해두고 거시적인 안목으로 접근해야 함. 사회에서 여성의 지위나 역할 등에 대한 이해와 글쓴이의 견해 파악이 중요함.

3. 출제 경향

(1) 시사성이 강하고 논리적이면서 많은 사람들이 관심을 갖고 쉽게 이해할 수 있는 사회 현상들이 다루어진다.

(2) 지문들은 대체로 시사적인 문제에 대해 필자의 견해를 내세우고 이를 입증해 가는 논리적인 성격을 지니고 있다. 따라서 필자의 견해를 이해하는 사고 능력, 필자의 의도를 추리하는 능력, 필자의 견해를 내·외적 준거에 따라 비판하는 능력 등이 주된 평가 요소이다.

(3) 어휘력과 논리적 사고력을 측정하는 문제도 출제되며, 필자의 견해에 근거 또는 새로운 정보를 구성할 수 있는 능력과 견해에 대해 비판적으로 반론을 펼 수 있는 능력을 묻는 문제가 출제된다.

3 과학 · 기술

1. 정의

과학이란 자연에서 보편적 진리나 법칙의 발견을 목적으로 하는 체계적 지식을 의미. 생물학이나 수학과 관련된 지문들이 주로 출제됨. 또한 과학사의 중요한 이론이나 가설 등에 대한 설명이 출세되며, 경우에 따라 현재 사회적 문제가 되고 있는 과학적 현상에 대한 지문도 출제될 수 있다.

2. 출제 분야

천체 · 물리	우주 및 일반 물리 현상에 관한 설명이나 천문 연구의 역사 등을 내용으로 함. 우리나라 역사에 나타난 천문 연구에 대한 글들도 많이 제시되고 있음. 천체/물리 제재는 기초 이론에 대한 설명 위주의 글이 주로 제시되며, 낯선 개념을 접하게 되므로 지문의 내용을 파악하는 문제가 주로 출제됨.
생물 · 화학	생물은 생물의 구조와 기능을, 화학은 물질의 화학 현상과 그 법칙성을 실험 관찰에 의하여 밝혀내는 학문. 최근 유전자 연구가 활발히 진행됨에 따라 윤리의식과 그에 관한 시사적 내용이 다루어질 가능성이 크며, 실생활과 관련하여 기초 과학의 이론도 충분히 검토해야 함.
컴퓨터	계산, 데이터 처리, 언어나 영상 정보 처리 등에 광범위하게 이용되고 있으므로 컴퓨터를 활용한 다른 분야와의 관계를 다룬 통합형 지문이 출제될 수 있음에 주의를 기울여야 함.
환경	일상생활에 직접 영향을 미치는 환경오염문제를 비롯해 생태계 파괴나 지구환경문제 등을 내용으로 함. 환경 관련 지문은 주로 문제 현상에 대한 설명을 통해 경각심을 불러일으키고자 하는 의도나 환경문제의 회복을 위한 여러 대책에 관한 설명이 위주가 되므로 제시된 글의 정보를 정확하게 파악하는 것이 중요함.

4 예술

1. 정의

예술 제재는 일반적 예술론을 다루는 원론적 성격이 강한 글과 구체적인 예술 갈래나 작품 또는 인물에 대한 비평이나 해석을 다룬 각론적이고 실제적인 성격의 글이 번갈아 출제된다.

2. 출제 분야

음악	현대 생활과 연관된 음악의 역할은 물론 동·서양의 음악, 한국 전통 음악에 대한 관심도 필요함.
미술·건축	건축, 조각, 회화 및 여러 시각적 요소들을 포함한 다양한 장르와 기법이 있음을 염두에 두고 관심을 둘 필요가 있음. 미술은 시대정신의 표현이며, 인간의 개인적·집단적 행위를 반영하고 있음을 상기해야 함.
연극·영화	사회의 변화를 민감하게 반영하며, 대중과의 공감을 유도한다는 측면에 관심을 갖고 매체의 특징을 살펴보는 작업이 중요함.
스포츠·무용	스포츠나 무용 모두 원시시대에는 종교의식이나 무속 행사의 형태로 존재하다가 점차 전문적이고 세부적인 분야로 나뉘게 됨. 따라서 다양한 예술 분야의 원시적 형태와 그에 포함된 의식은 물론 보다 세련된 형태로 발전된 예술 분야의 전문성 및 현대적 의미와 가치에 대해 고찰해볼 필요가 있음.
미학	근래에는 미적 현상의 해명에 사회학적 방법을 적용시키거나 언어분석 방법을 미학에 적용하는 등 다채로운 연구 분야가 개척되고 있으므로 고정된 시각이 아니라 현대의 다양한 관점에서 미를 해석하고 적용할 수 있어야 함.

UNIT 2

언어 · 수추리능력

주어진 명제나 조건들을 통한 결과 도출, 참과 거짓 추론, 나열된 수와 문자의 규칙을 파악하는 능력과 일정한 규칙성을 파악할 수 있는지를 평가하는 능력이다.

빈출 1 언어추리

1 명제

1. 명제 : 'P이면 Q이다(P → Q)'라고 나타내는 문장을 명제라 부르며 P는 가정, Q는 결론이다.

> **예**
> 삼각형 세 변의 길이가 같다면 세 개의 각은 모두 60°이다.
> P(가정) : 삼각형 세 변의 길이가 같다.
> ⇓
> Q(결론) : 세 개의 각은 모두 60°이다.

(1) 명제의 역 : 원 명제의 가정과 결론을 바꾼 명제 'Q이면 P이다'를 말한다(Q → P).

　예 세 개의 각이 모두 60°이면 삼각형 세 변의 길이는 같다.

(2) 명제의 이 : 원 명제의 가정과 결론을 둘 다 부정한 명제 'P가 아니면 Q가 아니다'를 말한다(~P → ~Q).

　예 삼각형 세 변의 길이가 같지 않다면 세 개의 각은 모두 60°가 아니다.

(3) 명제의 대우 : 원 명제의 역의 이, 즉 'Q가 아니면 P가 아니다'를 말한다(~Q → ~P).

　예 세 개의 각이 모두 60°가 아니면 삼각형 세 변의 길이는 같지 않다.

(4) 역 · 이 · 대우의 관계 : 원 명제가 옳을(참) 때 그 역과 이도 반드시 옳다고 할 수 없으나 그 대우는 반드시 참이다. 즉 원 명제와 대우의 진위는 반드시 일치한다.

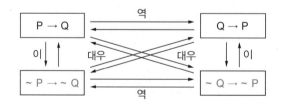

2. 삼단논법

(1) 두 개의 명제를 전제로 하여 하나의 새로운 명제를 도출해 내는 것을 말한다.

> 예
>
> [명제 1] P이면 Q이다(P → Q).
> [명제 2] Q이면 R이다(Q → R).
> ⇓
> P이면 R이다(P → R).

(2) 여기서 'P → Q'가 참이고 'Q → R'이 참일 경우, 'P → R' 또한 참이다.

> 예
>
> 테니스를 좋아하는 사람은 축구를 좋아한다.
> 축구를 좋아하는 사람은 야구를 싫어한다.
> ⇓
> 테니스를 좋아하는 사람은 야구를 싫어한다.

2 논증

1. 연역추론

전제에서 시작하여 논리적인 주장을 통해 특정 결론에 도달한다.

→ 예

사람은 음식을 먹어야 살 수 있다.
나는 사람이다.
나는 음식을 먹어야 살 수 있다.

2. 귀납추론

관찰이나 경험에서 시작하여 일반적인 결론에 도달한다.

→ 예

소크라테스는 죽었다. 플라톤도 죽었다.
아리스토텔레스도 죽었다.
이들은 모두 사람이다.
그러므로 모든 사람은 죽는다.

3 참·거짓[진위]

1. **의미** : 여러 인물의 발언 중에서 거짓을 말하는 사람과 진실을 말하는 사람이 있는 문제이다. 이런 문제를 해결하는 기본 원리는 참인 진술과 거짓인 진술 사이에 모순이 발생한다는 점이다.

2. **직접 추론** : 제시된 조건에 따른 경우의 수를 하나씩 고려하면서 다른 진술과의 모순 여부를 확인하여 참·거짓을 판단한다.

(1) 가정을 통해 모순을 고려하는 방법

① 한 명이 거짓을 말하거나 진실을 말하고 있다고 가정한다.

② 가정에 따라 조건을 적용하고 정리한다.

③ 모순이 없는지 확인한다.

> **예**
>
> 네 사람 중에서 진실을 말하는 사람이 3명, 거짓을 말하는 사람이 1명 있다고 할 때, 네 명 중 한 사람이 거짓말을 하고 있다고 가정한다. 그리고 네 가지 경우를 하나씩 검토하면서 다른 진술과 제시된 조건과의 모순 여부를 확인하여 거짓을 말한 사람을 찾는다. 거짓을 말한 사람이 확정되면 나머지는 진실을 말한 것이므로 다시 모순이 없는지 확인한 후 이를 근거로 하여 문제에서 요구하는 사항을 추론할 수 있다.

(2) 그룹으로 나누어 고려하는 방법

① 진술에 따라 그룹으로 나누어 가정한다.

② 나눈 가정에 따라 조건을 반영하여 정리한다.

③ 모순이 없는지 확인한다.

A의 발언 중에 'B는 거짓말을 하고 있다'라는 것이 있다.	A와 B는 다른 그룹
A의 발언과 B의 발언 내용이 대립한다.	
A의 발언 중에 'B는 옳다'라는 것이 있다.	A와 B는 같은 그룹
A의 발언과 B의 발언 내용이 일치한다.	

※ 모든 조건의 경우를 고려하는 것도 방법이지만 그룹을 나누어 분석하는 것이 더 효율적일 때 사용하는 방법이다.

－ 거짓을 말하는 한 명을 찾는 문제에서 진술하는 사람 A～E 중 A, B, C가 A에 대해 말하고 있고 D에 대해 D, E가 말하고 있다면 적어도 A, B, C 중 두 사람은 정직한 사람이므로 A와 B, B와 C, C와 A를 각각 정직한 사람이라고 가정하고 분석하여 다른 진술의 모순을 살핀다.

4 자리 추론과 순위 변동

1. 자리 추론

(1) 기준이 되는 사람을 찾아 고정한 후 위치관계를 파악한다.

(2) 다른 사람과의 위치관계 정보가 가장 많은 사람을 주목한다.

(3) 정면에 앉은 사람들의 자리를 고정한다.

(4) 떨어져 있는 것들의 위치관계를 먼저 정한다.

(5) 좌우의 위치에 주의한다.

2. 순위 변동

마라톤과 같은 경기에서 경기 도중의 순서와 최종 순위로 답을 추론하는 문제이다.

(1) 가장 많은 조건이 주어진 것을 고정한 후 분석한다.

(2) '어느 지점을 먼저 통과했다' 등으로 순위를 확실하게 알 수 있는 경우에는 부등호를 사용한다.

    예 A는 B보다 먼저 신호를 통과했다. A > B

(3) 순위를 알 수 없는 부분은 □, ○ 등을 사용하여 사이 수를 표시한다.

    예 B와 D 사이에는 2대가 통과하고 있다. B○○D, D○○B

(4) 생각할 수 있는 경우의 수를 전부 정리한다.

    예 A의 양옆에는 B와 D가 있다. BAD, DAB

(5) 'B와 C 사이에 2명이 있다', 'B와 C는 붙어 있지 않다' 등 떨어져 있는 조건에 주목하여 추론한다. 선택지에 있는 값을 넣어 보면 더 쉽게 찾을 수 있다.

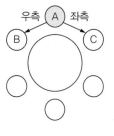

자리추론

• A의 정면에는 D가 있다.

   Ⓐ
   Ⓓ

• A의 오른편에 B가 앉아있고, 왼편에 C가 앉아있다.

   우측 Ⓐ 좌측
   Ⓑ   Ⓒ

5 단어 관계

1. 유의 관계 : 의미가 같거나 비슷한 단어들의 의미 관계

특징		예
• 의미가 비슷하지만 똑같지 않다는 점에 유의한다. • 가리키는 대상의 범위가 다르거나 미묘한 느낌의 차이가 있어 서로 바꾸어 쓸 수 없다.	→	곱다-아름답다 / 말-언사(言辭) / 지금-당금(當今) 등

2. 반의 관계 : 서로 반대의 뜻을 지닌 단어들의 의미 관계

특징
- 대상에 대한 막연한 의미를 대조적인 방법으로 명확하게 부각시켜 준다.
- 반의 관계에 있는 두 단어는 서로 공통되는 의미요소 중 오직 한 개의 의미요소만 달라야 한다.

→

예

낮-밤 / 가다-오다 / 덥다-춥다 등

3. 상하 관계 : 두 단어 중 한쪽이 의미상 다른 쪽을 포함하거나 포함되는 의미 관계

특징
- 상위어와 하위어의 관계는 상대적이다.
- 상위어는 일반적이고 포괄적인 의미를 가진다.
- 하위어일수록 개별적이고 한정적인 의미를 지닌다.

→

예

나무-소나무, 감나무, 사과나무 /
동물-코끼리, 판다, 토끼 등

4. 동음이의어 관계 : 단어의 소리가 같을 뿐 의미의 유사성은 없는 관계

특징
- 사전에 서로 독립된 별개의 단어로 취급된다.
- 상황과 문맥에 따라 의미를 파악해야 한다.

→

예

배(선박)-배(배수)-배(신체)-배(과일)

5. 다의 관계 : 의미적으로 유사성을 갖는 관계

특징
- 의미들 중에는 기본적인 '중심 의미'와 확장된 '주변 의미'가 있다.
- 사전에서 하나의 단어로 취급한다.

예

다리
1. 사람이나 동물의 몸통 아래 붙어 있는 신체의 부분. 서고 걷고 뛰는 일 따위를 맡아 한다.
   예 다리에 쥐가 나다.
2. 물체의 아래쪽에 붙어서 그 물체를 받치거나 직접 땅에 닿지 아니하게 하거나 높이 있도록 버티어 놓은 부분. **예** 책상 다리
3. 안경의 테에 붙어서 귀에 걸게 된 부분
   예 안경다리를 새것으로 교체했다.
4. 오징어나 문어 따위 동물의 머리에 여러 개 달려 있어, 헤엄을 치거나 먹이를 잡거나 촉각을 가지는 기관
   예 그는 술안주로 오징어 다리를 씹었다.

빈출 2 수추리

1 수추리

1. **등차수열** : 첫째항부터 차례로 일정한 수를 더하여 만들어지는 수열, 각 항에 더하는 일정한 수, 즉 뒤의 항에서 앞의 항을 뺀 수를 등차수열의 공차라고 한다.

등차수열 $\{a_n\}$에서
$$a_2 - a_1 = a_3 - a_2 = \cdots = a_{n+1} - a_n = d(\text{공차})$$

→

2. **등비수열** : 첫째항부터 차례로 일정한 수를 곱하여 만들어지는 수열

각 항에 곱하는 일정한 수, 즉 뒤의 항을 앞의 항으로 나눈 수를 등비수열의 공비라고 한다.
등비수열 $\{a_n\}$에서

$$\frac{a_2}{a_1} = \frac{a_3}{a_2} = \cdots = \frac{a_{n+1}}{a_n} = r(\text{공비})$$

→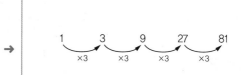

3. **등차계차수열**

앞의 항과의 차가 등차를 이루는 수열

→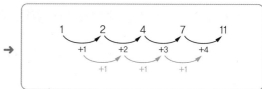

4. **등비계차수열**

앞의 항과의 차가 등비를 이루는 수열

→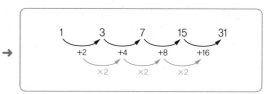

5. **피보나치수열**

앞의 두 항의 합이 그 다음 항이 되는 수열

→ 1, 1, 2, 3, 5, 8, 13, 21, 34, …

2 문자 추리

1. 일반 자음

ㄱ	ㄴ	ㄷ	ㄹ	ㅁ	ㅂ	ㅅ
1	2	3	4	5	6	7
ㅇ	ㅈ	ㅊ	ㅋ	ㅌ	ㅍ	ㅎ
8	9	10	11	12	13	14

2. 쌍자음이 포함된 자음(사전에 실리는 순서)

ㄱ	ㄲ	ㄴ	ㄷ	ㄸ	ㄹ	ㅁ	ㅂ	ㅃ	ㅅ
1	2	3	4	5	6	7	8	9	10
ㅆ	ㅇ	ㅈ	ㅉ	ㅊ	ㅋ	ㅌ	ㅍ	ㅎ	
11	12	13	14	15	16	17	18	19	

3. 일반 모음

ㅏ	ㅑ	ㅓ	ㅕ	ㅗ	ㅛ	ㅜ	ㅠ	ㅡ	ㅣ
1	2	3	4	5	6	7	8	9	10

4. 이중모음이 포함된 모음 순서(사전에 실리는 순서)

ㅏ	ㅐ	ㅑ	ㅒ	ㅓ	ㅔ	ㅕ
1	2	3	4	5	6	7
ㅖ	ㅗ	ㅘ	ㅙ	ㅚ	ㅛ	ㅜ
8	9	10	11	12	13	14
ㅝ	ㅞ	ㅟ	ㅠ	ㅡ	ㅢ	ㅣ
15	16	17	18	19	20	21

5. 알파벳

A	B	C	D	E	F	G	H	I
1	2	3	4	5	6	7	8	9
J	K	L	M	N	O	P	Q	R
10	11	12	13	14	15	16	17	18
S	T	U	V	W	X	Y	Z	
19	20	21	22	23	24	25	26	

UNIT 3

수리능력

사칙연산과 계산방법을 활용하여 연산 결과의 오류를 판단하고, 직무와 관련이 있는 각종 자료를 분석하여 요구하는 값을 구하거나, 주어진 자료를 활용하여 결과를 도표로 작성할 수 있는지를 평가하는 능력이다.

빈출 1 응용수리

03 수리

1 덧셈의 비교

1. 숫자 각각의 대소를 비교한다.

$$
\overset{\overbrace{1,865>1,859}}{327+1,865} \;\square\; \underset{327>321}{321+1,859}
$$

→ 숫자 각각의 대소를 비교했을 때 좌변이 더 큰 수이므로 계산 결과도 좌변이 더 크다.

$$
\overset{\overbrace{1,258>1,226}}{264+1,258} \;\square\; \underset{264>260}{1,226+260}
$$

2. 숫자 각각의 증감을 비교한다.

$$
\overset{\overbrace{-16}}{327+1,865} \;\square\; \underset{+18}{309+1,881}
$$

→ 숫자 각각의 증감을 비교했을 때 $18-16=2$이므로 계산 결과는 좌변이 더 크다.

2 뺄셈의 비교

1. 빼어지는 수와 빼는 수의 증감을 파악한다.

감소

$$1,865 - 327 \boxed{} 1,871 - 325$$

증가

→ 빼어지는 수(1,865와 1,871)는 증가, 빼는 수(327과 325)는 감소했으므로 계산 결과는 우변이 더 크다.

2. 숫자 각각의 증감을 비교한다.

+48

$$1,865 - 327 \boxed{} 1,927 - 375$$

+62

→ 숫자 각각의 증감을 비교했을 때 62-48=14이므로 계산 결과는 우변이 더 크다.

−245

$$1,865 - 327 \boxed{} 1,627 - 82$$

−238

→ 숫자 각각의 증감을 비교했을 때 −238−(−245)=7이므로 계산 결과는 우변이 더 크다.

3 곱셈의 비교

1. 숫자 각각의 대소를 비교한다.

86.5>85.4

$$32.7 \times 86.5 \boxed{} 85.4 \times 31.9$$

32.7>31.9

→ 숫자 각각의 대소를 비교했을 때 좌변이 더 큰 수이므로 계산 결과도 좌변이 더 크다.

2. 비교하기 쉽게 숫자를 조정한다.

$$300 \times 0.1 \boxed{} 1,400 \times 0.02$$
$$5 \times 300 \times 0.1 \boxed{} 1,400 \times 0.02 \times 5$$
$$1,500 \times 0.1 \boxed{} 1,400 \times 0.1$$

1,500>1,400

→ 숫자를 조정한 후, 숫자 각각의 대소를 비교했을 때 좌변이 더 큰 수이므로 계산 결과도 좌변이 더 크다.

3. 숫자 각각의 증가율을 비교한다.

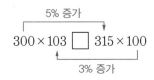

$$300 \times 103 \;\square\; 315 \times 100$$

→ 숫자 각각의 증가율을 비교했을 때 5%>3%이므로 계산 결과는 우변이 더 크다.

4 분수의 비교

1. 곱셈을 사용

$$\frac{b}{a} \text{와} \frac{d}{c} \text{의 비교(단, } a,\ b,\ c,\ d > 0) \qquad bc > ad\text{이면 } \frac{b}{a} > \frac{d}{c}$$

2. 어림셈과 곱셈을 사용

$$\frac{47}{140} \text{과} \frac{88}{265} \text{의 비교} \;\rightarrow\; \frac{47}{140} \text{은} \frac{1}{3} \text{보다 크고} \frac{88}{265} \text{은} \frac{1}{3} \text{보다 작으므로} \frac{47}{140} > \frac{88}{265}$$

3. 분모와 분자의 배율을 비교

$$\frac{351}{127} \text{과} \frac{3,429}{1,301} \text{의 비교}$$

$3,429$는 351의 10배보다 작고 $1,301$은 127의 10배보다 크므로 $\dfrac{351}{127} > \dfrac{3,429}{1,301}$

4. 분모와 분자의 차이를 파악

$$\frac{b}{a} \text{와} \frac{b+d}{a+c} \text{의 비교(단, } a,\ b,\ c,\ d > 0)$$

$$\frac{b}{a} > \frac{d}{c}\text{이면 } \frac{b}{a} > \frac{b+d}{a+c} \qquad\qquad \frac{b}{a} < \frac{d}{c}\text{이면 } \frac{b}{a} < \frac{b+d}{a+c}$$

5 단위환산

단위	단위환산		
길이	• 1cm=10mm • 1in=2.54cm	• 1m=100cm • 1mile=1,609.344m	• 1km=1,000m
넓이	• $1cm^2=100mm^2$	• $1m^2=10,000cm^2$	• $1km^2=1,000,000m^2$
부피	• $1cm^3=1,000mm^3$	• $1m^3=1,000,000cm^3$	• $1km^3=1,000,000,000m^3$
들이	• $1m\ell=1cm^3$	• $1d\ell=100cm^3=100m\ell$	• $1\ell=1,000cm^3=10d\ell$
무게	• 1kg=1,000g	• 1t=1,000kg=1,000,000g	• 1근=600g
시간	• 1분=60초	• 1시간=60분=3,600초	
할푼리	• 1푼=0.1할	• 1리=0.01할	• 1모=0.001할
데이터 양	• 1KB=1,024B • 1TB=1,024GB	• 1MB=1,024KB • 1PB=1,024TB	• 1GB=1,024MB • 1EB=1,024PB

6 거리 · 속력 · 시간

1. 공식

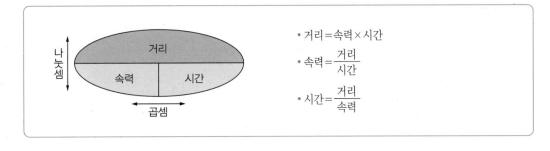

- 거리＝속력×시간
- 속력＝$\dfrac{거리}{시간}$
- 시간＝$\dfrac{거리}{속력}$

2. 풀이 방법

거리, 속력, 시간 중 무엇을 구하는 것인지를 파악하여 공식을 적용하고 방정식을 세운다.

- 단위 변환에 주의한다.
- 1km=1,000m
- 1m=$\dfrac{1}{1,000}$ km
- 1시간=60분
- 1분=$\dfrac{1}{60}$ 시간

7 농도

1. 공식

$$농도(\%) = \frac{용질(소금)의\ 질량}{용질(소금물)의\ 질량} \times 100 = \frac{용질의\ 질량}{용매의\ 질량 + 용질의\ 질량} \times 100$$

2. 풀이 방법

두 소금물 A, B를 하나로 섞었을 때 →

(1) (A+B) 소금의 양=A 소금의 양+B 소금의 양

(2) (A+B) 소금물의 양=A 소금물의 양+B 소금물의 양

(3) $(A+B)\ 농도 = \frac{(A+B)\ 소금의\ 양}{(A+B)\ 소금물의\ 양} \times 100$

8 일의 양

1. 공식

- $일률 = \frac{일량}{시간}$ - $일량 = 시간 \times 일률$ - $시간 = \frac{일량}{일률}$

2. 풀이 방법

(1) 전체 일을 1로 둔다.

(2) 단위시간당 일의 양을 분수로 나타낸다.

9 약·배수

1. **공약수** : 두 정수의 공통 약수가 되는 정수, 즉 두 정수가 모두 나누어떨어지는 정수를 말한다.

2. **최대공약수** : 공약수 중에서 가장 큰 수로, 공약수는 그 최대공약수의 약수이다.

3. **서로소** : 공약수가 1뿐인 두 자연수이다.

4. **공배수** : 두 정수의 공통 배수가 되는 정수를 말한다.

5. **최소공배수** : 공배수 중에서 가장 작은 수로, 공배수는 그 최소공배수의 배수이다.

6. **최대공약수와 최소공배수의 관계**

$$G)\underline{\begin{array}{cc} A & B \end{array}}$$
$$\begin{array}{cc} a & b \end{array}$$

두 자연수 A, B의 최대공약수가 G이고 최소공배수가 L일 때 → $A = a \times G$, $B = b \times G$(a, b는 서로소) 라 하면 $L = a \times b \times G$가 성립한다.

7. **약수의 개수**

자연수 n이 $p_1^{e_1} p_2^{e_2} \cdots p_k^{e_k}$로 소인수분해될 때, n의 약수의 개수는 $(e_1 + 1)(e_2 + 1) \cdots (e_k + 1)$ 개이다.

10 손익계산

1. **공식**

- 정가 $=$ 원가 $\times \left(1 + \dfrac{\text{이익률}}{100} \right)$
- 정가 $=$ 원가 $+$ 이익
- 할인율(%) $= \dfrac{\text{정가} - \text{할인가(판매가)}}{\text{정가}} \times 100$
- 할인가 $=$ 정가 $\times \left(1 - \dfrac{\text{할인율}}{100} \right) =$ 정가 $-$ 할인액
- 이익 $=$ 원가 $\times \dfrac{\text{이익률}}{100}$

2. **풀이 방법**

(1) 정가가 원가보다 a원 비싸다. → 정가 $=$ 원가 $+ a$

(2) 정가가 원가보다 b% 비싸다. → 정가 $=$ 원가 $\times \left(1 + \dfrac{b}{100} \right)$

(3) 판매가가 정가보다 c원 싸다. → 판매가 $=$ 정가 $- c$

(4) 판매가가 정가보다 d% 싸다. → 판매가 $=$ 정가 $\times \left(1 - \dfrac{d}{100} \right)$

11 원리합계

1. 정기예금

(1) 단리 : 원금에 대해서만 이자를 붙이는 방식이다.

$$S = A(1+rn)$$

**S : 원리합계, A : 원금, r : 연이율, n : 기간(년)

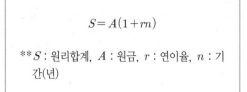

(2) 복리 : 원금뿐만 아니라 원금에서 생기는 이자에도 이자를 붙이는 방식이다.

$$S = A(1+r)^n$$

**S : 원리합계, A : 원금, r : 연이율, n : 기간(년)

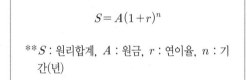

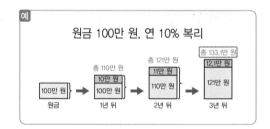

2. 정기적금

(1) 기수불 : 각 단위기간의 첫날에 적립하는 방식으로 마지막에 적립한 예금도 단위기간 동안의 이자가 발생한다.

예

• 단리 : $S = An + A \times r \times \dfrac{n(n+1)}{2}$

• 복리 : $S = \dfrac{A(1+r)\{(1+r)^n - 1\}}{r}$

→ **S : 원리합계, A : 원금, r : 연이율, n : 기간(년)

(2) 기말불 : 각 단위기간의 마지막 날에 적립하는 방식으로 마지막에 적립한 예금은 이자가 발생하지 않는다.

예

• 단리 : $S = An + A \times r \times \dfrac{n(n-1)}{2}$

• 복리 : $S = \dfrac{A\{(1+r)^n - 1\}}{r}$

→ **S : 원리합계, A : 원금, r : 연이율, n : 기간(년)

3. 72의 법칙

이자율을 복리로 적용할 때 투자한 돈이 2배가 되는 시간을 계산하는 방법이다.

$$\text{원금이 2배가 되기까지 걸리는 시간(년)} = \frac{72}{\text{이자율(\%)}}$$

12 간격

1. 직선상에 심는 경우

구분	양쪽 끝에도 심는 경우	양쪽 끝에는 심지 않는 경우	한쪽 끝에만 심는 경우
필요한 나무 수	$\dfrac{\text{직선 길이}}{\text{간격 길이}}+1=$간격의 수+1	$\dfrac{\text{직선 길이}}{\text{간격 길이}}-1=$간격의 수-1	$\dfrac{\text{직선 길이}}{\text{간격 길이}}=$간격의 수
직선 길이	간격 길이×(나무 수-1)	간격 길이×(나무 수+1)	간격 길이×나무 수

2. 원 둘레상에 심는 경우

(1) 공식

• 필요한 나무 수 : $\dfrac{\text{둘레 길이}}{\text{간격 길이}}=$간격의 수　　　• 둘레 길이 : 간격 길이×나무 수

(2) 원형에 나무를 심을 때 특징

간격의 수와 나무의 수가 같다. →

간격의 수가 6이면, 나무의 수=6그루

(3) 풀이 순서

① 일직선상에 심는 경우인지 원형상에 심는 경우인지 구분한다.

② 공식을 적용하여 풀이한다.

13 나이 · 시계각도

1. 나이

(1) x년이 흐른 뒤에는 모든 사람이 x살씩 나이를 먹는다.

(2) 시간이 흘러도 객체 간의 나이 차이는 동일하다.

2. 시침의 각도

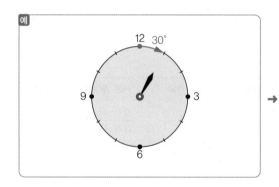

→
- 12시간 동안 회전한 각도 : $360°$
- 1시간 동안 회전한 각도 : $360° \div 12 = 30°$
- 1분 동안 회전한 각도 : $30° \div 60 = 0.5°$
   ↳ X시 Y분일 때 시침의 각도 : $30°X + 0.5°Y$

3. 분침의 각도

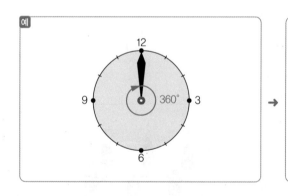

→
- 1시간 동안 회전한 각도 : $360°$
- 1분 동안 회전한 각도 : $360° \div 60 = 6°$
   ↳ X시 Y분일 때 분침의 각도 : $6°Y$

4. 시침과 분침이 이루는 각도

X시 Y분일 때 시침과 분침이 이루는 각도

→
$|(30°X + 0.5°Y) - 6°Y| = |30°X - 5.5°Y|$
(단, 각도 A가 $180°$보다 클 경우 $360° - A$를 한다)

14 곱셈공식

- $(a \pm b)^2 = a^2 \pm 2ab + b^2$
- $(a \pm b)^3 = a^3 \pm 3a^2b + 3ab^2 \pm b^3$
- $(ax+b)(cx+d) = acx^2 + (ad+bc)x + bd$
- $(a+b+c)^2 = a^2 + b^2 + c^2 + 2ab + 2bc + 2ca$
- $a^2 + b^2 = (a \pm b)^2 \mp 2ab$

- $(a+b)(a-b) = a^2 - b^2$
- $(x+a)(x+b) = x^2 + (a+b)x + ab$
- $(a \pm b)^2 = (a \mp b)^2 \pm 4ab$
- $(a \pm b)(a^2 \mp ab + b^2) = a^3 \pm b^3$
- $a^2 + \dfrac{1}{a^2} = \left(a \pm \dfrac{1}{a}\right)^2 \mp 2$ (단, $a \neq 0$)

15 집합

1. **집합** : 주어진 조건에 의하여 그 대상을 명확하게 구분할 수 있는 모임이다.

2. **부분집합** : 두 집합 A, B에 대하여 집합 A의 모든 원소가 집합 B에 속할 때, 집합 A는 집합 B의 부분집합(A⊂B)이라 한다.

3. **집합의 포함 관계에 대한 성질**

임의의 집합 A, B, C에 대하여
- ∅⊂A, A⊂A
- A⊂B이고 B⊂A이면 A=B
- A⊂B이고 B⊂C이면 A⊂C

4. 합집합, 교집합, 여집합, 차집합

합집합	교집합
$A \cup B = \{x \mid x \in A$ 또는 $x \in B\}$	$A \cap B = \{x \mid x \in A$ 이고 $x \in B\}$
여집합	**차집합**
$A^c = \{x \mid x \in U$ 이고 $x \notin A\}$	$A - B = \{x \mid x \in A$ 이고 $x \notin B\}$

5. 집합의 연산법칙

• 교환법칙	$A \cup B = B \cup A$, $A \cap B = B \cap A$
• 결합법칙	$(A \cup B) \cup C = A \cup (B \cup C)$, $(A \cap B) \cap C = A \cap (B \cap C)$
• 분배법칙	$A \cup (B \cap C) = (A \cup B) \cap (A \cup C)$, $A \cap (B \cup C) = (A \cap B) \cup (A \cap C)$
• 드모르간의 법칙	$(A \cup B)^c = A^c \cap B^c$, $(A \cap B)^c = A^c \cup B^c$
• 차집합의 성질	$A - B = A \cap B^c$
• 여집합의 성질	$A \cup A^c = U$, $A \cap A^c = \varnothing$

16 지수와 로그법칙

1. 지수법칙

$a > 0$, $b > 0$이고 m, n이 임의의 실수일 때

- $a^m \times a^n = a^{m+n}$
- $a^m \div a^n = a^{m-n}$
- $(a^m)^n = a^{mn}$
- $(ab)^m = a^m b^m$
- $\left(\dfrac{a}{b}\right)^m = \dfrac{a^m}{b^m}$ (단, $b \neq 0$)
- $a^0 = 1$
- $a^{-n} = \dfrac{1}{a^n}$ (단, $a \neq 0$)

2. 로그법칙

- 로그의 정의 : $b = a^x \Leftrightarrow \log_a b = x$ (단, $a > 0$, $a \neq 1$, $b > 0$)

$a > 0$, $a \neq 1$, $x > 0$, $y > 0$일 때

- $\log_a xy = \log_a x + \log_a y$
- $\log_a \dfrac{x}{y} = \log_a x - \log_a y$
- $\log_a x^p = p \log_a x$
- $\log_a \sqrt[p]{x} = \dfrac{\log_a x}{p}$
- $\log_a x = \dfrac{\log_b x}{\log_b a}$ (단, $b > 0$, $b \neq 1$)

17 제곱근

1. 제곱근

어떤 수 x를 제곱하여 a가 되었을 때, x를 a의 제곱근이라 한다.

→

예

$$x^2 = a \Leftrightarrow x = \pm\sqrt{a} \ (단, \ a \geq 0)$$

2. 제곱근의 연산

$a > 0, \ b > 0$일 때

- $m\sqrt{a} + n\sqrt{a} = (m+n)\sqrt{a}$
- $m\sqrt{a} - n\sqrt{a} = (m-n)\sqrt{a}$
- $\sqrt{a}\sqrt{b} = \sqrt{ab}$
- $\sqrt{a^2 b} = a\sqrt{b}$
- $\dfrac{\sqrt{a}}{\sqrt{b}} = \sqrt{\dfrac{a}{b}}$

3. 분모의 유리화 : 분수의 분모가 근호를 포함한 무리수일 때 분모, 분자에 0이 아닌 같은 수를 곱하여 분모를 유리수로 고치는 것이다.

$a > 0, \ b > 0$일 때

- $\dfrac{a}{\sqrt{b}} = \dfrac{a\sqrt{b}}{\sqrt{b}\sqrt{b}} = \dfrac{a\sqrt{b}}{b}$
- $\dfrac{\sqrt{a}}{\sqrt{b}} = \dfrac{\sqrt{a}\sqrt{b}}{\sqrt{b}\sqrt{b}} = \dfrac{\sqrt{ab}}{b}$
- $\dfrac{1}{\sqrt{a}+\sqrt{b}} = \dfrac{\sqrt{a}-\sqrt{b}}{(\sqrt{a}+\sqrt{b})(\sqrt{a}-\sqrt{b})} = \dfrac{\sqrt{a}-\sqrt{b}}{a-b}$ (단, $a \neq b$)
- $\dfrac{1}{\sqrt{a}-\sqrt{b}} = \dfrac{\sqrt{a}+\sqrt{b}}{(\sqrt{a}-\sqrt{b})(\sqrt{a}+\sqrt{b})} = \dfrac{\sqrt{a}+\sqrt{b}}{a-b}$ (단, $a \neq b$)

18 방정식

1. 이차방정식의 근의 공식

$$ax^2 + bx + c = 0 \text{일 때 (단, } a \neq 0) \quad x = \frac{-b \pm \sqrt{b^2 - 4ac}}{2a}$$

2. 이차방정식의 근과 계수와의 관계 공식

- $ax^2 + bx + c = 0$(단, $a \neq 0$)의 두 근이 α, β일 때 ➡ $\alpha + \beta = -\dfrac{b}{a}$ $\alpha\beta = \dfrac{c}{a}$
- $x = \alpha$, $x = \beta$를 두 근으로 하는 이차방정식 ➡ $a(x - \alpha)(x - \beta) = 0$

3. 연립일차방정식의 풀이 방법

(1) 계수가 소수인 경우 : 양변에 10, 100, …을 곱하여 계수가 모두 정수가 되도록 한다.

(2) 계수가 분수인 경우 : 양변에 분모의 최소공배수를 곱하여 계수가 모두 정수가 되도록 한다.

(3) 괄호가 있는 경우 : 괄호를 풀고 동류항을 간단히 한다.

(4) $A = B = C$의 꼴인 경우 : $(A = B, A = C)$, $(B = A, B = C)$, $(C = A, C = B)$의 3가지 중 어느 하나를 택하여 푼다.

4. 이차방정식의 풀이 방법

(1) $AB = 0$의 성질을 이용한 풀이

| $AB = 0$이면 $A = 0$ 또는 $B = 0$ | ➡ | $(x - a)(x - b) = 0$이면 $x = a$ 또는 $x = b$ |

(2) 인수분해를 이용한 풀이

주어진 방정식을 (일차식)×(일차식)=0의 꼴로 인수분해하여 푼다.

$$ax^2 + bx + c = 0 \xrightarrow[\text{인수분해}]{} a(x - p)(x - q) = 0 \longrightarrow x = p \text{ 또는 } x = q$$

(3) 제곱근을 이용한 풀이

> - $x^2 = a$(단, $a \geq 0$)이면 $x = \pm\sqrt{a}$
> - $ax^2 = b$(단, $\dfrac{b}{a} \geq 0$)이면 $x = \pm\sqrt{\dfrac{b}{a}}$
> - $(x-a)^2 = b$(단, $b \geq 0$)이면 $x - a = \pm\sqrt{b}$ 에서 $x = a \pm\sqrt{b}$

(4) 완전제곱식을 이용한 풀이

이차방정식 $ax^2 + bx + c = 0$(단, $a \neq 0$)의 해는 다음과 같이 고쳐서 구할 수 있다.

> - $a = 1$일 때, $x^2 + bx + c = 0$ ➜ $(x+p)^2 = q$의 꼴로 변형
> - $a \neq 1$일 때, $ax^2 + bx + c = 0$ ➜ $x^2 + \dfrac{b}{a}x + \dfrac{c}{a} = 0$
> $(x+p)^2 = q$의 꼴로 변형

19 부등식

1. 성질

> - $a < b$일 때, $a + c < b + c$, $a - c < b - c$
> - $a < b$, $c > 0$일 때, $ac < bc$, $\dfrac{a}{c} < \dfrac{b}{c}$
> - $a < b$, $c < 0$일 때, $ac > bc$, $\dfrac{a}{c} > \dfrac{b}{c}$

2. 일차부등식의 풀이 순서

(1) 미지수 x를 포함한 항은 좌변으로, 상수항은 우변으로 이항한다.

(2) $ax > b$, $ax < b$, $ax \geq b$, $ax \leq b$의 꼴로 정리한다(단, $a \neq 0$).

(3) 양변을 x의 계수 a로 나눈다.

20 비와 비율

1. 비 : 두 수의 양을 기호 ' : '을 사용하여 나타내는 것

비례식에서 외항의 곱과 내항의 곱은 항상 같다. → $A : B = C : D$일 때, $A \times D = B \times C$

2. 비율 : 비교하는 양이 원래의 양(기준량)의 얼마만큼에 해당하는지를 나타낸 것

- 비율 $= \dfrac{비교하는\ 양}{기준량}$ • 비교하는 양 = 비율 × 기준량   • 기준량 = 비교하는 양 ÷ 비율

소수	분수	백분율	할푼리
0.1	$\dfrac{1}{10}$	10%	1할
0.01	$\dfrac{1}{100}$	1%	1푼
0.25	$\dfrac{25}{100} = \dfrac{1}{4}$	25%	2할 5푼
0.375	$\dfrac{375}{1,000} = \dfrac{3}{8}$	37.5%	3할 7푼 5리

* 백분율(%) : 기준량이 100일 때의 비율
* 할푼리 : 비율을 소수로 나타내었을 때 소수 첫째 자리, 소수 둘째 자리, 소수 셋째 자리를 이르는 말

21 도형

1. 둘레

원의 둘레(원주)	부채꼴의 둘레
$l = 2\pi r$	$l = 2\pi r \times \dfrac{x}{360} + 2r$

2. 사각형의 넓이

정사각형의 넓이	직사각형의 넓이	마름모의 넓이
$S = a^2$	$S = ab$	$S = \dfrac{1}{2}ab$
사다리꼴의 넓이	평행사변형의 넓이	
$S = \dfrac{1}{2}(a+b)h$	$S = ah$	

3. 삼각형의 넓이

삼각형의 넓이	정삼각형의 넓이
$S = \dfrac{1}{2}bh$	$S = \dfrac{\sqrt{3}}{4}a^2$
직각삼각형의 넓이	이등변삼각형의 넓이
$S = \dfrac{1}{2}ab$	$S = \dfrac{a}{4}\sqrt{4b^2 - a^2}$

4. 원과 부채꼴의 넓이

원의 넓이	부채꼴의 넓이
$S = \pi r^2$	$S = \dfrac{1}{2} r^2 \theta = \dfrac{1}{2} rl$ (θ는 중심각(라디안))

5. 피타고라스의 정리

직각삼각형에서 직각을 끼고 있는 두 변의 길이의 제곱을 합하면 빗변의
길이의 제곱과 같다.

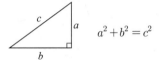

$$a^2 + b^2 = c^2$$

6. 입체도형의 겉넓이와 부피

구	원기둥	원뿔
$S = 4\pi r^2$ $V = \dfrac{4}{3}\pi r^3$	$S = 2\pi rh + 2\pi r^2$ $V = \pi r^2 h$	$S = \pi r \sqrt{r^2 + h^2} + \pi r^2$ $V = \dfrac{1}{3}\pi r^2 h$
정육면체	직육면체	정사면체
$S = 6a^2$ $V = a^3$	$S = 2(ab + bc + ca)$ $V = abc$	$S = \sqrt{3}\,a^2$ $V = \dfrac{\sqrt{2}}{12}a^3$

빈출 2 자료해석

1 기초 통계

종류	내용
백분율	• 전체의 수량을 100으로 하여, 나타내려는 수량이 그중 몇이 되는가를 가리키는 수 • 기호는 %(퍼센트)이며, $\frac{1}{100}$ 이 1%에 해당된다. • 오래전부터 실용계산의 기준으로 널리 사용되고 있으며, 원그래프 등을 이용하면 이해하기 쉽다.
범위	• 관찰값의 흩어진 정도를 나타내는 도구로서 최곳값과 최젓값을 가지고 파악하며, 최곳값에서 최젓값을 뺀 값에 1을 더한 값을 의미한다. • 계산이 용이한 장점이 있으나 극단적인 끝 값에 의해 좌우되는 단점이 있다.
평균	• 관찰값 전부에 대한 정보를 담고 있어 대상집단의 성격을 함축적으로 나타낼 수 있는 값이다. • 자료에 대해 일종의 무게중심으로 볼 수 있다. • 모든 자료의 자료값을 합한 후 자료값의 개수로 나눈 값 $$평균 = \frac{자료의\ 총합}{자료의\ 총\ 개수}$$ • 평균의 종류 – 산술평균 : 전체 관찰값을 모두 더한 후 관찰값의 개수로 나눈 값 – 가중평균 : 각 관찰값에 자료의 상대적 중요도(가중치)를 곱하여 모두 더한 값을 가중치의 합계로 나눈 값
분산	• 자료의 퍼져있는 정도를 구체적인 수치로 알려주는 도구 • 각 관찰값과 평균값의 차이의 제곱을 모두 합한 값을 개체의 수로 나눈 값을 의미한다. $$분산 = \frac{(편차)^2의\ 총합}{변량의\ 개수}$$
표준편차	• 분산값의 제곱근 값을 의미한다(표준편차 $= \sqrt{분산}$). • 평균으로부터 얼마나 떨어져 있는가를 나타내는 개념으로, 평균편차의 개념과 개념적으로는 동일하다. • 표준편차가 크면 자료들이 넓게 퍼져있고 이질성이 큰 것을 의미하고 작으면 자료들이 집중하여 있고 동질성이 커지게 된다.

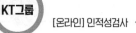
2 다섯숫자요약

평균과 표준편차만으로는 원 자료의 전체적인 형태를 파악하기 어렵기 때문에 최솟값, 하위 25%값(Q_1, 제1사분위수), 중앙값(Q_2), 상위 25%값(Q_3, 제3사분위수), 최댓값 등을 활용하며, 이를 다섯숫자요약이라고 부른다.

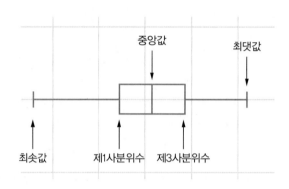

1. **최솟값** : 원 자료 중 값의 크기가 가장 작은 값이다.

2. **최댓값** : 원 자료 중 값의 크기가 가장 큰 값이다.

3. **중앙값** : 관찰값을 최솟값부터 최댓값까지 크기순으로 배열하였을 때 순서상 중앙에 위치하는 값으로 평균값과는 다르다. 관찰값 중 어느 하나가 너무 크거나 작을 때 자료의 특성을 잘 나타낸다.

자료의 개수(n)가 홀수인 경우	→	예 • 중앙에 있는 값 • 중앙값 = $\dfrac{n+1}{2}$ 번째의 변량
자료의 개수(n)가 짝수인 경우	→	예 • 중앙에 있는 두 값의 평균 • 중앙값 = $\dfrac{n}{2}$ 번째와 $\left(\dfrac{n}{2}+1\right)$ 번째 변량의 산술평균

4. **하위 25%값과 상위 25%값** : 원 자료를 크기순으로 배열하여 4등분한 값을 의미한다. 백분위수의 관점에서 제25백분위수, 제75백분위수로 표기할 수도 있다.

3 **도수분포표**

1. 도수분포표 : 자료를 몇 개의 계급으로 나누고, 각 계급에 속하는 도수를 조사하여 나타낸 표이다.

몸무게(kg)	계급값	도수
30 이상 ~ 35 미만	32.5	3
35 ~ 40	37.5	5
40 ~ 45	42.5	9
45 ~ 50	47.5	13
50 ~ 55	52.5	7
55 ~ 60	57.5	3

- 변량 : 자료를 수량으로 나타낸 것
- 계급 : 변량을 일정한 간격으로 나눈 구간
- 계급의 크기 : 구간의 너비
- 계급값 : 계급을 대표하는 값으로 계급의 중앙값
- 도수 : 각 계급에 속하는 자료의 개수

2. 도수분포표에서의 평균, 분산, 표준편차

- 평균 $= \dfrac{\{(계급값) \times (도수)\}의\ 총합}{(도수)의\ 총합}$
- 분산 $= \dfrac{\{(편차)^2 \times (도수)\}의\ 총합}{(도수)의\ 총합}$
- 표준편차 $= \sqrt{분산} = \sqrt{\dfrac{\{(편차)^2 \times (도수)\}의\ 총합}{(도수)의\ 총합}}$

3. 상대도수

(1) 도수분포표에서 도수의 총합에 대한 각 계급의 도수의 비율이다.

(2) 상대도수의 총합은 반드시 1이다.

→ 계급의 상대도수 $= \dfrac{각\ 계급의\ 도수}{도수의\ 총합}$

4. 누적도수

(1) 도수분포표에서 처음 계급의 도수부터 어느 계급의 도수까지 차례로 더한 도수의 합이다.

- 각 계급의 누적도수=앞 계급까지의 누적도수+그 계급의 도수

(2) 처음 계급의 누적도수는 그 계급의 도수와 같다.

(3) 마지막 계급의 누적도수는 도수의 총합과 같다.

4 경우의 수

1. 합의 법칙 : 두 사건 A, B가 동시에 일어나지 않을 때, 사건 A, B가 일어날 경우의 수를 각각 m, n 이라고 하면, 사건 A 또는 B가 일어날 경우의 수는 $(m+n)$가지이다.

2. 곱의 법칙 : 사건 A, B가 일어날 경우의 수를 각각 m, n이라고 하면, 사건 A, B가 동시에 일어날 경우의 수는 $(m \times n)$가지이다.

3. 순열

서로 다른 n개에서 중복을 허용하지 않고 r개를 골라 순서를 고려해 나열하는 경우의 수

➡

예
$$_nP_r = n(n-1)(n-2)\cdots(n-r+1)$$
$$= \frac{n!}{(n-r)!} \ \text{(단, } r \le n)$$

4. 조합

서로 다른 n개에서 순서를 고려하지 않고 r개를 택하는 경우의 수

➡

예
$$_nC_r = \frac{n(n-1)(n-2)\cdots(n-r+1)}{r!}$$
$$= \frac{n!}{r!(n-r)!} \ \text{(단, } r \le n)$$

5. 중복순열

서로 다른 n개에서 중복을 허용하여 r개를 골라 순서를 고려해 나열하는 경우의 수

➡

예
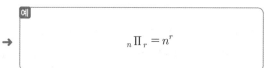
$$_n\Pi_r = n^r$$

6. 중복조합

서로 다른 n개에서 순서를 고려하지 않고 중복을 허용하여 r개를 택하는 경우의 수

➡

예
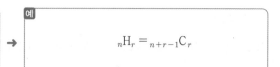
$$_nH_r = {}_{n+r-1}C_r$$

7. 같은 것이 있는 순열

n개 중에 같은 것이 각각 p개, q개, r개일 때 n개의 원소를 모두 택하여 만든 순열의 수

➡

예
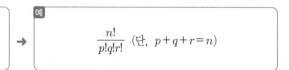
$$\frac{n!}{p!q!r!} \ \text{(단, } p+q+r=n)$$

8. 원순열

서로 다른 n개를 원형으로 배열하는 경우	→	예 $$\dfrac{_n\mathrm{P}_n}{n} = (n-1)!$$

5 확률

1. 일어날 수 있는 모든 경우의 수를 n가지, 사건 A가 일어날 경우의 수를 a가지라고 하면 사건 A가 일어날 확률 $\mathrm{P} = \dfrac{a}{n}$, 사건 A가 일어나지 않을 확률 $\mathrm{P}' = 1 - \mathrm{P}$이다.

2. 두 사건 A, B가 배반사건(동시에 일어나지 않을 때)일 경우 $\quad \mathrm{P}(A \cup B) = \mathrm{P}(A) + \mathrm{P}(B)$

3. 두 사건 A, B가 독립(두 사건이 서로 영향을 주지 않을 때)일 경우 $\quad \mathrm{P}(A \cap B) = \mathrm{P}(A)\mathrm{P}(B)$

4. **조건부확률** : 확률이 0이 아닌 두 사건 A, B에 대하여 사건 A가 일어났다고 가정할 때, 사건 B가 일어날 확률 $\quad \mathrm{P}(B \mid A) = \dfrac{\mathrm{P}(A \cap B)}{\mathrm{P}(A)}$ (단, $\mathrm{P}(A) > 0$)

6 변동률(증감률)

1. 공식

- 변동률 또는 증감률(%) $= \dfrac{\text{비교시점 수치} - \text{기준시점 수치}}{\text{기준시점 수치}} \times 100$
- 기준시점 수치를 X, 비교시점 수치를 Y, 변동률(증감률)을 $g\%$라 하면

$$g = \dfrac{Y-X}{X} \times 100 \qquad Y - X = \dfrac{g}{100} \times X \qquad Y = \left(1 + \dfrac{g}{100}\right) X$$

2. 계산 방법

값이 a에서 b로 변화하였을 때 $\dfrac{b-a}{a} \times 100$ 또는 $\left(\dfrac{b}{a} - 1\right) \times 100$으로 계산한다.

예

값이 256에서 312로 변화하였을 때 증감률은 $\dfrac{312-256}{256} \times 100 ≒ 22(\%)$이다. 이와 같이 계산을 해도 되지만 번거로운 계산을 해야 한다. 312는 256의 약 1.22배인데 이는 256을 1로 하면 312는 약 1.22라는 의미이다. 따라서 0.22만 늘어났으므로 증감률은 22%임을 알 수 있다.

3. 변동률과 변동량의 관계

변동률이 크다고 해서 변동량(증가량, 변화량, 증감량)이 많은 것은 아니다.

> **예**
>
> A의 연봉은 1억 원에서 2억 원으로, B의 연봉은 2,000만 원에서 8,000만 원으로 인상되었다. A의 연봉증가액은 1억 원이고 B의 연봉증가액은 6,000만 원이며, A의 연봉증가율은 $\frac{2-1}{1} \times 100 - 100(\%)$이고, B의 연봉증가율은 $\frac{8,000-2,000}{2,000} \times 100 = 300(\%)$이다. 따라서 연봉증가액은 A가 B보다 많지만, 연봉증가율은 A가 B보다 작다.

7 증가율과 구성비의 관계 ☞

전체량을 A, 부분량을 B라고 하면 부분량의 구성비는 $\frac{B}{A}$이다. 만약 어느 기간에 전체량이 a, 부분량이 b 증가했다고 하면 증가 후의 구성비는 $\frac{B(1+b)}{A(1+a)}$이다(단, a, b는 증가율이다). 여기서 $a > b$이면 $\frac{B}{A} > \frac{B(1+b)}{A(1+a)}$, $a < b$이면 $\frac{B}{A} < \frac{B(1+b)}{A(1+a)}$가 된다.

> • 전체량의 증가율 > 부분량의 증가율 ⇨ 구성비 감소
> • 전체량의 증가율 < 부분량의 증가율 ⇨ 구성비 증가

8 지수 ☞

• 지수란 구체적인 숫자 자체의 크기보다는 시간의 흐름에 따라 수량이나 가격 등 해당 수치가 어떻게 변화되었는지를 쉽게 파악할 수 있도록 만든 것으로 통상 비교의 기준이 되는 시점(기준시점)을 100으로 하여 산출한다.

• 기준 데이터를 X, 비교 데이터를 Y라 하면, 지수 $= \frac{Y}{X} \times 100$

• 데이터 1의 실수를 X, 데이터 2의 실수를 Y, 데이터 1의 지수를 k, 데이터 2의 지수를 g라 하면 다음과 같은 비례식이 성립한다. $X : Y = k : g$

• 비례식에서 외항의 곱과 내항의 곱은 같으므로 $Xg = Yk$이다. 따라서 $Y = \frac{g}{k} \times X$, $X = \frac{k}{g} \times Y$

9 퍼센트(%)와 퍼센트포인트(%p)

퍼센트는 백분비라고도 하는데 전체의 수량을 100으로 하여 해당 수량이 그중 몇이 되는가를 가리키는 수로 나타낸다. 퍼센트포인트는 이러한 퍼센트 간의 차이를 표현한 것으로 실업률이나 이자율 등의 변화가 여기에 해당된다.

> **예**
>
> 실업률이 작년 3%에서 올해 6%로 상승하였다.
> → 실업률이 작년에 비해 100% 상승 또는 3%p 상승했다.
>
> 여기서 퍼센트는 $\dfrac{\text{현재 실업률}-\text{기존 실업률}}{\text{기존 실업률}}\times100$을 하여 '100'으로 산출됐고,
>
> 퍼센트포인트는 퍼센트의 차이이므로 6-3을 해서 '3'이란 수치가 나온 것이다.

10 가중평균

- 중요도나 영향도에 해당하는 각각의 가중치를 곱하여 구한 평균값을 가중평균이라 한다.
- 주어진 값 x_1, x_2, $\cdots$, x_n에 대한 가중치가 각각 w_1, w_2, $\cdots$, w_n이라 하면

$$\text{가중평균}=\frac{x_1w_1+x_2w_2+\cdots+x_nw_n}{w_1+w_2+\cdots+w_n}$$

11 단위당 양

1. 자동차 천 대당 교통사고 발생건수, 단위면적당 인구수 등과 같이 정해진 단위량에 대한 상대치이다. 따라서 기준이 되는 단위량에 대응하는 실수(위의 예에서는 자동차 대수, 면적)가 주어져 있지 않으면 단위당 양에만 기초해서 실수 그 자체(위의 예에서는 교통사고 발생건수, 인구수)를 비교하는 것은 불가능하다.

2. 계산 방법

> - X, Y를 바탕으로 X 당 Y를 구하는 경우   → $(X$당$Y)=\dfrac{Y}{X}$
> - X당 Y, X를 바탕으로 Y를 구하는 경우   → $Y=X\times(X$당$Y)$
> - X당 Y, Y를 바탕으로 X를 구하는 경우   → $X=Y\div(X$당$Y)$

UNIT 4

도형능력

도형의 형태 그리고 입체도형의 모양을 통한 전개도, 투상도, 여러 개로 분할된 도형 조각들을 조합하였을 때의 형태를 추론하여 도형 조각의 공간관계를 이해하는지 평가하는 능력이다.

빈출 1   도형추리

04 도형

- 도형의 규칙성을 찾아 이어지는 도형의 모양을 고르는 문제이다.
- 도형에서 발견되는 움직임을 파악한 정리한 조건으로 시뮬레이션을 해보고 도형을 도출한다.

규칙성의 종류

1 선의 수가 상단은 1 → 2 → 3 → 2 → 1로, 하단은 3 → 2 → 1 → 2 → 3으로 변화한다.

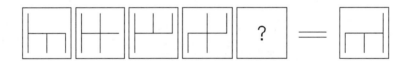

2 화살표가 45도씩 시계 방향으로 회전하고, ○의 색이 번갈아 가면서 바뀐다

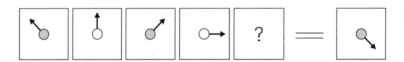

3 색칠된 부분이 왼쪽부터 첫 번째, 두 번째로 이동하고 네 번째 이후 왼쪽으로 돌아온다.

4 가운데 세로선이 위, 아래로 이동을 반복하고, ●가 반시계 방향으로 회전한다.

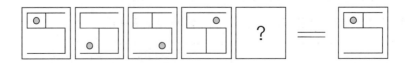

5 ☆이 반시계 방향으로 90도씩 회전하고 꼭짓점의 색은 번갈아 가면서 바뀐다.

6 ▷가 오른쪽과 왼쪽 방향으로 2회씩, 색 또한 2회씩 번갈아 나타난다. 답을 찾을 때 예상할 수 있는 변화로부터 선택지에 있는 것을 고른다.

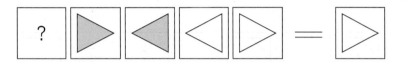

7 4시간 후와 2시간 전 순서로 반복된다.

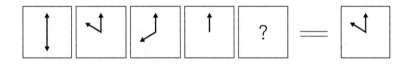

8 □는 반시계 방향으로 회전하고, ○는 색이 번갈아 가면서 바뀐다.

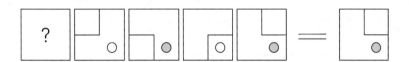

9 같은 도형 2개가 모이면 다음 상자에서 1개가 된다. □가 1개인 것으로 유추할 수 있다.

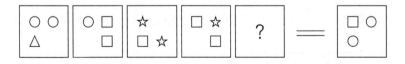

10 △는 반시계 방향이고, 직사각형은 시계 방향이다. 번갈아 가면서 색이 바뀐다.

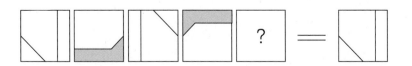

11 같은 도형 3개가 모인 도형은 다음 상자에서 없어진다. 그러므로 □를 포함하지 않는 것을 유추할 수 있다. 도형의 색이나 형태에 헷갈리지 않도록 한다.

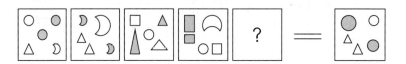

12 홀수 번째 도형에 ⌐를 제외한 선의 개수 변화를 주목한다. 선의 개수는 2 → 1 → 0으로 줄어든다.

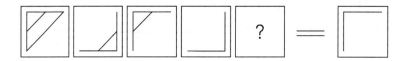

13 반원이 홀수 번째 상자에서 45도 회전을 하고, 짝수 번째 상자에서는 90도 회전을 한다.

14 □가 오른쪽 위 → 왼쪽 아래 → 오른쪽 아래 → 왼쪽 위로 색이 번갈아 가면서 바뀐다. 이러한 경우 다섯 번째부터 처음으로 돌아온다고 유추할 수 있다.

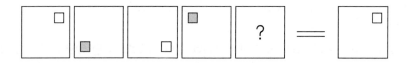

15 ●가 시계 방향으로 회전하고 선은 90도씩 회전한다. (혹은 번갈아 가면서 보아도 동일)

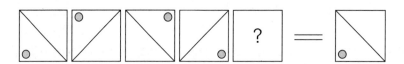

• 종이를 점선에 따라 접고 빗금 친 부분을 잘라내어, 펼쳤을 때 모양 구하기

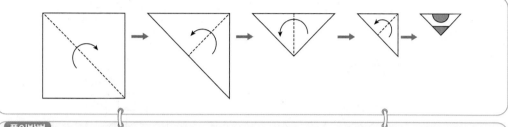

풀이방법

위와 같은 패턴의 문제는 제일 마지막 그림이 처음 종이의 어느 위치에 해당하는지를 보는 것으로 간단히 풀 수 있다.

종이를 펼치면서 접은 부분을 표시하면 오른쪽과 같다.	(그림)
1. (그림)	1. (그림)
2. (그림)	2. (그림)

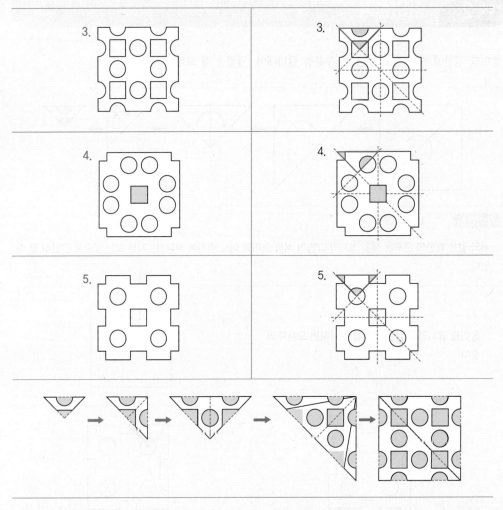

위의 그림처럼 보조선을 그리면서 잘려나간 부분이 일치하는지를 파악한다. 이와 같은 방법으로 답을
찾으면 3번임을 알 수 있다.

빈출 3 조각모음

• 주어진 도형을 완성할 수 있는 조각 고르기

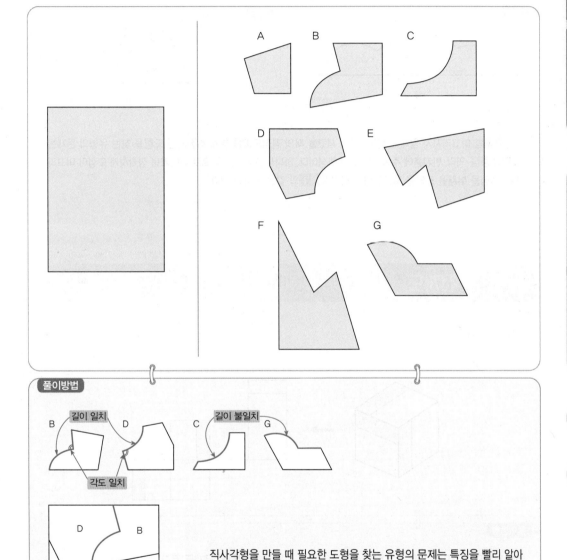

풀이방법

직사각형을 만들 때 필요한 도형을 찾는 유형의 문제는 특징을 빨리 알아 차리는 것이 중요하다. 7개의 도형 중 곡선을 포함한 B, C, D, G에 주목한 다. 곡선 부분의 길이나 그 주변의 형태로 보았을 때, B와 D는 곡선 부분 이 일치한다. 하지만 남은 C와 G는 곡선 부분의 길이가 일치하지 않는다.

빈출 4 궤적

• 궤적을 통해 회전시킨 도형 구하기

풀이방법

그림1 처럼 미끄러지지 않게 도형을 1회전 시켰을 때의 궤적모양을 통해 회전시킨 도형을 찾는 유형의 문제는 회전의 중심, 외각, 반지름에 주목하는 것이 핵심이다. 하나씩 순서대로 앞으로 나아가며 정확하게 도형이 미끄러지는 과정을 부채꼴 모양을 활용하여 그리면 **그림2** 와 같은 도형이 된다.

빈출 5 전개도

• 전개도 구하기

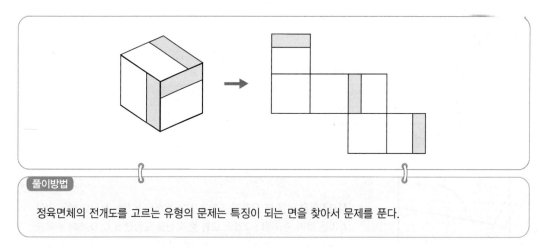

풀이방법

정육면체의 전개도를 고르는 유형의 문제는 특징이 되는 면을 찾아서 문제를 푼다.

1. 정육면체의 전개도

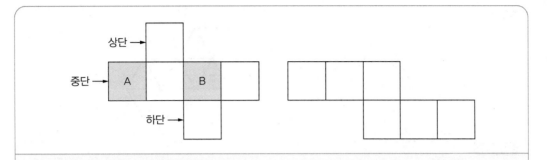

정육면체의 전개도는 총 11종류의 모양이 존재한다. 하지만 대개 상단 1면, 중단 4면, 하단 1면의 구조가 되면 정육면체의 전개도가 성립한다고 암기하면 된다.

조립했을 때 서로 마주 보는 면, 그림의 A와 B는 한 면을 가운데에 끼운 위치관계가 된다.

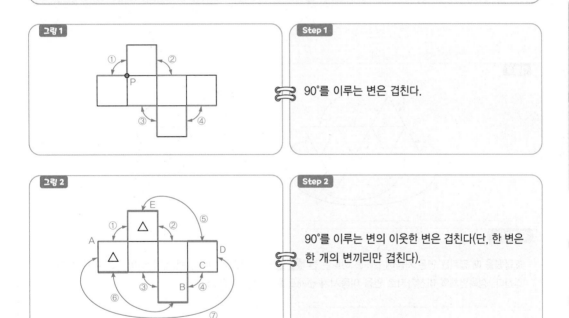

그림 1

Step 1

90°를 이루는 변은 겹친다.

그림 2

Step 2

90°를 이루는 변의 이웃한 변은 겹친다(단, 한 변은 한 개의 변끼리만 겹친다).

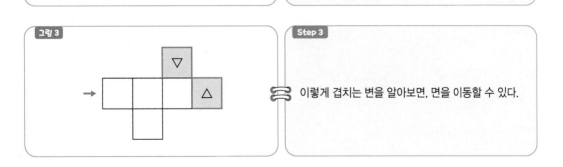

그림 3

Step 3

이렇게 겹치는 변을 알아보면, 면을 이동할 수 있다.

2. 정팔면체의 전개도

그림 1

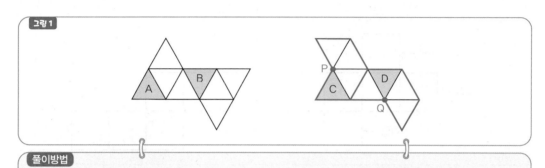

풀이방법

정팔면체의 전개도는 **그림 1** 과 같다. 상단 1면, 중단 6면(△과 ▽을 번갈아 배열), 하단 1면이 되거나, 오른쪽 처럼 한 꼭짓점(P, Q) 주변에 4장의 정삼각형이 모이는 그림이 되면 정팔면체의 전개도이다. 조립했을 때 서로 마주 보는 면은 A와 B, C와 D이다.

그림 2

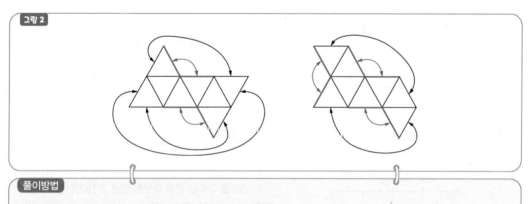

풀이방법

조립했을 때 겹치는 면은 처음에 120°를 이루는 변 (**그림 2** 의 색선으로 이어진 변)이며, 이어서 그 이웃한 변이 겹친다. 정육면체와 마찬가지로 면을 이동시켜 전개도를 변형할 수 있다.

3. 정다면체의 전개도

Step 1 최소의 각을 이루는 변은 겹친다.

Step 2 최소의 각을 이루는 변과 이웃한 변은 겹친다.

(1) 정사면체

 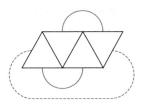

풀이방법

정사면체의 전개도는 두 가지뿐이다. 평행 관계에 위치한 면은 없다.

(2) 정십이면체

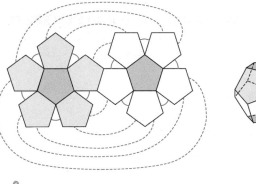

풀이방법

1개의 면을 5개의 면이 감싸며, 꽃이 핀 듯한 그림 두 개로 구성되어 있다. 각각 오른쪽 입체도형의 위쪽과 아래쪽의 절반에 해당한다.

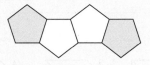

서로 마주 보는 면(평행한 면)의 위치는 정오각형을 똑바로 세운 것과 뒤집은 것을 교대로 4개 배열했을 때, 양 끝의 두 면이다.

(3) 정이십면체

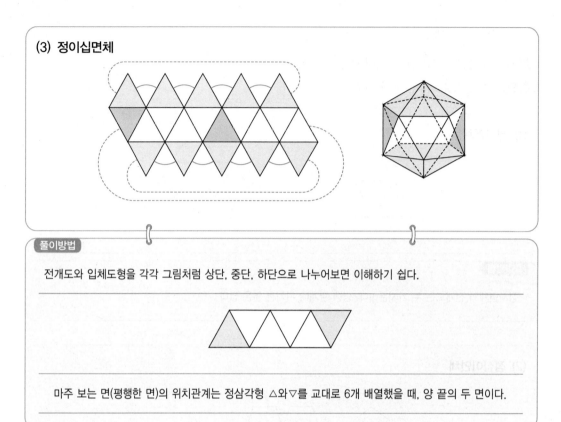

풀이방법

전개도와 입체도형을 각각 그림처럼 상단, 중단, 하단으로 나누어보면 이해하기 쉽다.

마주 보는 면(평행한 면)의 위치관계는 정삼각형 △와▽를 교대로 6개 배열했을 때, 양 끝의 두 면이다.

• 전개도를 접었을 때의 입체도형 구하기

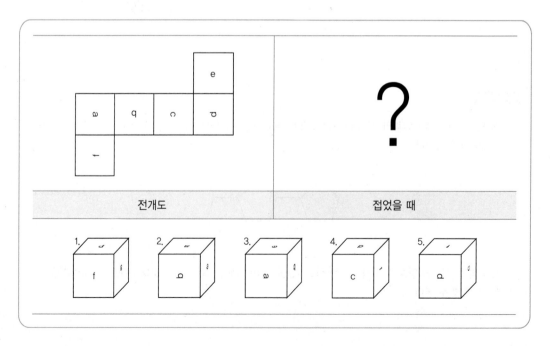

풀이방법

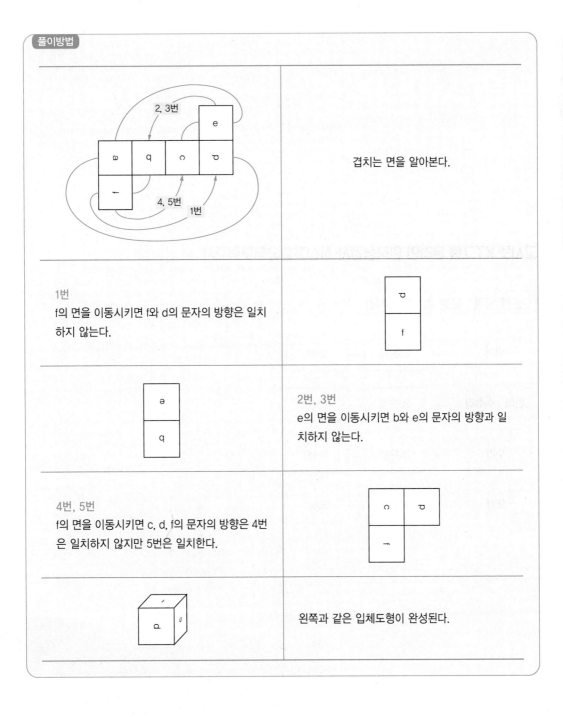

겹치는 면을 알아본다.

1번
f의 면을 이동시키면 f와 d의 문자의 방향은 일치하지 않는다.

2번, 3번
e의 면을 이동시키면 b와 e의 문자의 방향과 일치하지 않는다.

4번, 5번
f의 면을 이동시키면 c, d, f의 문자의 방향은 4번은 일치하지 않지만 5번은 일치한다.

왼쪽과 같은 입체도형이 완성된다.

고시넷 **KT그룹 온라인** 인적성검사 최신기출유형모의고사

출제 영역 · 문항 수 · 시험 시간

언어	→	20문항	20분
언어 · 수추리	→	20문항	25분
수리	→	20문항	25분
도형	→	15문항	20분

파트 2 기출유형모의고사

인적성 **1회 기출유형문제**

영역 1 **언어** 20문항/20분

01. 다음 중 (가) ~ (다)를 문맥에 맞게 순서대로 배열한 것은?

(가) 하지만 농업 경영체나 예비 창업농은 투자 계획이 있어도 이를 투자 유치로 연결시킬 수 있는 경험과 역량, 네트워크 등이 부족하다. 체계적인 사업 경험이 부족하기 때문에 사업계획서를 작성하는 것도 어렵고, 투자자를 설득할 수 있는 역량도 부족하다. 이들의 투자 유치가 성공하려면 좋은 사업 소재만으로는 부족하고 투자자를 설득시킬 수 있는 설명 자료를 작성할 수 있어야 한다.

(나) 농업부문 신규 투자를 유치할 수 있는 방안 중 하나는 투자 수요자와 투자자 간의 정보 교류를 활성화시키는 것이다. 농업부문의 크라우드 펀딩이 성사된 팜잇 공유 농장의 사례에서도 알 수 있듯이 농업부문 투자에 대한 관심은 광범위하게 존재한다. 투자 성과가 기대되는 사업 모델에 대한 다양한 정보가 투자자에게 전달된다면 농업부문의 신규 투자 활성화에 기여할 것으로 기대된다.

(다) 농업 경영체나 예비 창업농이 참여하는 농산업 투자 설명회를 정기적으로 진행한다면 투자 활성화를 제고하고 부족한 경험을 보완해 주는 좋은 기회가 될 것이다. 또한 농정원 등이 투자 유치를 위한 사업계획서 작성 등 농업 경영체의 참여를 지원한다면 투자 설명회의 성과를 올리는 데 큰 도움이 될 것이다. 농식품 모태펀드를 관리하는 농금원이나 투자조합이 투자자로 참여하도록 유도하는 방법도 성과를 제고시킬 수 있는 방안이다.

① (가)-(나)-(다) ② (가)-(다)-(나) ③ (나)-(가)-(다)
④ (나)-(다)-(가) ⑤ (다)-(가)-(나)

02. 다음 중 (가) ~ (라)를 문맥에 맞게 순서대로 배열한 것은?

(가) 4차 산업혁명이 도래하면 실시간 자동생산, 유연한 생산 체계 등이 가능해지며 초저비용, 초고효율의 새로운 경제, 새로운 산업이 열리게 되리라 전망하고 있다. 또한 소득 증가와 노동 시간 단축 등을 통해 삶의 질이 향상되는 긍정적인 효과를 기대할 수 있다.

(나) 이미 사회 곳곳에 그 여파가 드러나고 있다. 상당히 많은 수의 일자리가 사라졌으며 실업자 수는 계속 증가하고 있다. 국제노동기구(ILO)에 따르면 지난해 전 세계 실업자 수는 1억 9,710만 명이었고 올해 말에는 2억 50만 명으로 증가할 것으로 전망했다. 앞으로 전 산업군과 직종에서 일자리가 점차 사라질 것이며 4차 산업혁명이 본격화되는 시점에는 전체 일자리의 80 ~ 90%가 없어질 것으로 예상되고 있다.

(다) 하지만 4차 산업혁명이 노동 시장에 줄 수 있는 악영향 또한 지적되고 있다. 이전 산업혁명에서 기계가 인간의 노동력을 대체함으로써 엄청난 수의 실업자가 발생했던 것처럼 일자리가 사라져 노동 시장의 붕괴를 가져올 수 있다. 또한 향후 노동 시장은 '고기술/고임금'과 '낮은 기술/낮은 임금' 간의 격차가 더욱 커질 뿐만 아니라 일자리 양분으로 중산층의 지위가 축소될 가능성이 크다.

(라) 이에 전 세계 각국의 정부가 4차 산업혁명 대응 전략을 적극 추진하고 있다. 세계경제포럼 창립자이자 집행 위원장인 클라우스 슈밥(Klaus Schwab)은 지금부터 10년 후까지 4차 산업혁명에 대비하지 못하는 국가와 기업은 위기를 맞게 될 것이라고 경고하였다. 하지만 4차 산업혁명에는 긍정적 영향력과 부정적 영향력이 공존하며 예상되는 변화의 정도가 크기 때문에 손익 계산이 쉽지 않다.

---

① (나)-(가)-(다)-(라) ② (가)-(라)-(나)-(다) ③ (가)-(다)-(나)-(라)
④ (라)-(가)-(다)-(나) ⑤ (다)-(나)-(가)-(라)

03. 다음 글에 나타난 ㉠의 특징으로 적절하지 않은 것은?

> ㉠ <u>메타인지</u>는 내가 무엇을 알고 모르는지에 대해 아는 것에서부터 자신이 모르는 부분을 보완하기 위한 계획과 그 계획의 실행과정을 평가하는 전반을 이르는 말로, 자신의 인지적 활동에 대한 지식과 조절이라고 할 수 있다. 이 능력이 뛰어난 사람은 자신의 사고과정 전반에 대한 이해와 평가가 가능하기 때문에 어떤 것을 수행하거나 배우는 과정에서 어떠한 구체적 활동과 능력이 필요한지를 알고, 이에 기초해서 효과적인 전략을 선택하여 적절히 사용할 수 있다. 때문에 메타인지는 학습 능력을 좌우하며 자기주도적이고 성공적 삶을 사는 데 영향을 미친다.
>
> 메타인지를 구성하는 요소로는 크게 두 가지가 있는데, 첫째는 메타인지적 지식(Metacognitive Knowledge)이다. 이는 무언가를 배우거나 실행할 때 내가 아는 것과 모르는 것을 정확히 파악할 수 있는 능력이다. 예를 들어, 수학시험 공부를 하면서 순열조합은 잘 알고 있는데 이항정리 부분은 잘 모른다는 것을 파악할 수 있다면 이 능력을 가지고 있는 것이다. 이 능력이 없는 사람의 경우 실생활에서 잘 알고 있는 부분을 계속 들여다보면서 시간을 허비하고 있을 것이다. 둘째는 메타인지적 기술(Metacognitive Skill)이다. 이는 메타인지적 지식에 기초하여 발휘되는 것으로, 내가 모르는 부분을 파악했을 때 어떻게 학습할 것인지 전략을 계획하고 실행하는 능력이다. 예를 들어, 이항정리 부분을 잘 모른다는 것을 알 경우 이 부분을 한 번에 집중적으로 볼지 아니면 여러 차례에 걸쳐 볼지 등에 대해 적절한 전략을 사용하는 능력을 의미한다.

① 스스로의 사고과정에 대한 판단과 이해를 가능하게 하는 능력이다.

② 자신의 인지에 있어서 주도적이고 능동적으로 대응하며, 그에 맞는 개선을 가능하게 한다.

③ 자신이 알고 있는 것과 모르는 것을 파악한 후 알고 있는 부분을 강화할 수 있게 한다.

④ 무언가를 배우고 실행하는 과정에서 자신에게 부족한 부분과 필요한 부분을 명확히 알게 한다.

⑤ 자신의 부족한 점을 채우는 데에 도움이 되는 능력이다.

04. 다음은 ○○기업에서 진행된 IT 강의 내용이다. 강의를 들은 청중의 반응으로 적절하지 않은 것은?

> 블랙박스 암호란 물리적인 하드웨어로 만들어진 암호화 장치를 기반으로 작동되는 암호 기술을 말합니다. 하드웨어로 구성된 암호화 장치가 외부의 공격으로부터 보호받을 수 있다는 가정하에 암호 키를 암호 장치 내부에 두고 보안하도록 설계하는 방식입니다. 언뜻 보면 완벽한 보안 장치로 보이지만 공격자에게 그 내부가 공개되는 순간 암호와 키가 모두 유출될 위험이 있습니다.
>
> 화이트박스 암호는 이런 블랙박스 암호의 한계를 보완하기 위해 등장한 기술로 암호화 기술에 소프트웨어 개념을 도입하여 암호 알고리즘의 중간 연산 값 및 암호 키를 안전하게 보호할 수 있다는 장점이 있습니다. 암호와 키에 대한 정보가 소프트웨어로 구현된 알고리즘 상태로 화이트박스에 숨겨져 있기 때문에 내부 해킹을 시도해도 알고리즘을 유추할 수 없는 것입니다. 또한 화이트박스 암호는 다른 저장 매체에 비해 운용체계에 따른 개발과 관리가 용이합니다. 애플리케이션 업데이트를 통해 원격으로 암호 알고리즘에 대한 오류 수정 및 보완이 가능하기 때문에 블랙박스 암호의 한계를 더욱 보완할 수 있습니다. 최근에는 패스(PASS), 모바일 결제 시스템, 전자지갑, 모바일 뱅킹의 주요 보완 수단으로 활용되고 있습니다.
>
> 그러나 화이트박스 암호도 변조 행위나 역공학에 의한 공격을 받는다면 노출될 가능성이 있습니다. 그래서 더욱 다양한 플랫폼과 콘텐츠를 통해 안정성을 확보하는 것이 중요하며 그 과정에서 새롭게 등장한 플랫폼이 화이트크립션입니다. 화이트크립션은 화이트박스 암호 보안을 위해 애플리케이션 보호 기능을 제공하는 플랫폼으로, 기존의 암호화 기능을 더욱 강화하여 암호 실행 중에도 암호 키를 활성화하여 보호하는 기술을 가지고 있습니다.

① 화이트박스 암호는 전자 서명 서비스나 핀테크 산업에도 사용될 수 있겠군.

② 외부의 공격으로 내부가 뚫리더라도 화이트박스 암호는 쉽게 유출될 수 없겠군.

③ 해킹의 성공 여부에 있어 중요한 포인트는 암호화 키가 어떻게 숨겨져 있는지겠어.

④ 화이트박스 암호는 블랙박스 암호를 보완하기 위해 등장한 기술로 외부 공격에 노출될 위험이 전혀 없겠군.

⑤ 화이트박스 암호는 애플리케이션의 업데이트를 통해 원격으로 암호 알고리즘에 대한 오류 수정 및 보완이 가능하겠군.

05. 다음 개요를 수정하기 위한 방안으로 적절하지 않은 것은?

제목 : 다문화 가정 지원서비스의 문제점 및 개선 방안

I. 서론 : 근 10년간 다문화 가정의 증가 실태

II. 본론

    1. 다문화 가정의 개념

        1) 다문화 가정의 출현 배경

        2) 다문화 가정의 종류

    2. 국내 다문화 가정 지원 현황

        1) 공공기관 및 제도적 차원

        2) 사단법인, 사회단체(NGO 등) 차원

        3) 선진국의 다문화 가정 지원 사례 조사

    3. 다문화 가정 지원서비스의 문제점

        1) 다문화 가정 정책수립의 체계성 부족

        2) 다문화 가정 구성원의 취업 및 자립지원 미흡

        3) 자녀세대 성장지원 미흡

        4) 주변의 냉대와 차별

    4. 다문화 가정 지원서비스의 개선 방안

        1) 다문화 가정 정책수립의 체계성 강화

        2) 다문화 가정 취업 및 자립지원 강화

        3) 다문화 자녀의 학교 적응교육 및 글로벌 인재 육성 강화

III. 결론

---

① 본론의 1은 논의하고자 하는 쟁점의 배경지식에 해당하므로 서론으로 이동하여 다문화 가정의 증가 실태와 연관지어 다룬다.

② 본론의 '2-3) 선진국의 다문화 가정 지원 사례 조사'는 4의 하위항목으로 이동한다.

③ 본론의 '3-4) 주변의 냉대와 차별'은 3의 하위항목으로 적절하지 않으므로 결론으로 이동한다.

④ 본론의 '4-1) 다문화 가정 정책수립의 체계성 강화'를 구체화하여 '4-1) 출신국가별, 지역별 맞춤형 서비스 제공'으로 수정한다.

⑤ 결론에 '다문화 가정 정착을 통한 국가의 글로벌 경쟁력 강화'를 덧붙인다.

06. 다음 글을 읽고 추론한 내용으로 적절한 것은?

> CCTV는 특정 장소에 카메라를 설치한 후 유선이나 무선 네트워크를 통해 특정 수신자에게 화상을 전송하는 시스템으로 산업용, 교통제어용 등 다양한 용도로 사용 중이다. 범죄 예방 및 감소 수단으로 주목받으면서 그 수가 급증하고 있으나 실효성에 대해서는 찬반 의견이 나뉜다. 먼저 CCTV 비관론자들은 범죄자들이 CCTV 설치 지역에서 CCTV가 없는 곳으로 이동하는 범죄전이효과가 나타난다고 본다. 범죄자들은 어떤 난관이 있어도 범죄를 저지르므로 CCTV가 범죄 예방 효과를 내지 못하며 오히려 일반 국민이 감시받게 되어 기본권 침해가 발생한다는 것이다. 또한 CCTV 관련 비용은 지자체가 부담하고 관리는 경찰이 맡는 상황에서 CCTV 설치 장소로 지자체는 주민 밀집 지역을, 경찰은 범죄 다발 지역을 선호하는 문제가 발생한다. 지자체별 예산 규모에 따라 CCTV가 편중되게 설치되면 범죄전이효과가 극대화할 수도 있다. 반면 CCTV 낙관론자들은 CCTV가 범죄 억제에 효과가 있다고 본다. CCTV가 잘 정비된 영국에서 CCTV의 범죄 감소 효과를 주장하는 연구 결과가 꾸준히 나오고 있다. 우리나라에서도 2002년 강남구 논현동 주택가에 처음으로 5대의 CCTV를 설치 및 운영한 이후 1년간 해당 지역 내 범죄가 36.5%나 감소했다고 발표했다. 또한 이익확산이론에 따르면 어느 한 지역의 방범 체계가 견고하면 잠재적 범죄자들이 다른 지역에도 CCTV가 설치되어 있을 것으로 생각하여 범행을 단념한다고 한다.

① CCTV 비관론자는 2002년 논현동에서 감소한 범죄만큼 타 지역 범죄가 늘었다고 생각한다.
② 이익확산이론은 한 지역의 CCTV 위치를 잘 아는 잠재적 범죄자에게는 적용되지 않는다.
③ 경찰은 범죄 다발 지역보다 안전한 지역에 CCTV를 설치해 방범을 강화할 것이다.
④ 방송사 카메라가 방송용 몰래카메라 콘텐츠를 찍는다면 그때부터 CCTV로서 지위를 가진다.
⑤ 범죄전이효과에 따르면 범죄자들은 CCTV라는 장해에도 불구하고 CCTV 설치 지역에서 범죄를 저지를 것이다.

07. 다음 글을 읽고 추론한 내용으로 적절한 것은?

세금은 소득 수준에 따른 비율을 어떻게 정하느냐에 따라 비례세, 누진세, 역진세로 분류된다. 비례세는 소득 수준과 관계없이 각자 소득에서 같은 비율로 부과되는 세금을 말하고, 누진세는 저소득층보다 고소득층에게 더 높은 세율을 적용하는 세금, 역진세는 저소득층보다 고소득층에게 더 낮은 세율을 적용하는 세금을 뜻한다. 한편 세금은 조세부담의 전가가 이뤄지는지에 따라 직접세와 간접세로도 분류된다. 직접세는 납세의무자와 조세부담자가 같고 조세부담이 전가되지 않는 세금이다. 주로 소득과 재산에 부과되는 세금으로 근로소득세, 사업소득세, 양도소득세, 법인세, 상속세 등이 해당된다. 보통 직접세에는 누진세율이 적용돼 소득 재분배 효과를 발생시킨다. 반면 간접세는 납세의무자와 조세부담자가 다르고 조세의 부담이 타인에게 전가되는 세금이다. 대개는 생산자가 소비세를 소비자에게 전가한다. 간접세에는 물건을 구입할 때 물건 값의 10%가 붙는 부가가치세, 개별소비세, 증권거래세 등이 있다. 간접세는 물건 가격에 세금이 포함돼 있어 세원 파악이 쉽고, 조세부담자의 저항이 거의 없어 쉽게 징수할 수 있다.

① 간접세의 납세 의무가 있는 주체는 일반적으로 소비자일 것이다.

② 만약 소득세가 비례세라면 모든 사람이 같은 금액의 세금을 낼 것이다.

③ 누진세 강화는 세금 측면에서 부의 재분배를 약화시키는 기능을 수행할 것이다.

④ 소득 수준에 따라 상품 소비에 느끼는 부담이 다르므로 부가가치세는 누진세로 볼 수 있다.

⑤ 직접세는 간접세에 비해 조세부담자의 조세 저항이 더 심할 것이다.

08. 다음 글의 전제로 알맞은 것은?

19세기 중반 화학자 분젠은 버너 불꽃의 색을 제거한 개선된 버너를 고안함으로써 물질의 불꽃색을 더 잘 구별할 수 있도록 하였다. 하지만 두 종류 이상의 금속이 섞인 물질의 불꽃은 색깔이 겹쳐 분간이 어려웠다. 이에 물리학자 키르히호프는 프리즘을 통한 분석을 제안했고 둘은 협력하여 불꽃의 색을 분리시키는 분광 분석법을 창안했다.

그들은 불꽃 반응에서 나오는 빛을 프리즘에 통과시켜 띠 모양으로 분산시킨 후 망원경을 통해 이를 들여다보는 방식으로 실험을 진행하였다. 이 방법을 통해 그들은 알칼리 금속과 알칼리 토금속의 스펙트럼을 체계적으로 조사하여 그것들을 함유한 화합물들을 찾아내었다. 이 과정에서 그들은 특정한 금속의 스펙트럼에서 띄엄띄엄 떨어진 밝은 선의 위치는 그 금속이 홑원소로 존재하든 다른 원소와 결합하여 존재하든 불꽃의 온도와 상관없이 항상 같다는 결론에 도달하였다. 이 방법의 유효성은 그들이 새로운 금속 원소인 세슘과 루비듐을 발견함으로써 입증되었다.

① 물질은 고유한 불꽃색을 가지고 있어 불꽃색을 통해 물질을 구별할 수 있다.

② 전통적인 분석 화학의 방법에 의존하면 정확하게 화합물의 원소를 판별해 낼 수 있다.

③ 19세기 중반 과학계에서는 불꽃 반응과 관련된 실험이 성행하고 있었다.

④ 분광 분석법의 창안은 과학사에 길이 남을 업적이다.

⑤ 세 종류 이상의 금속이 섞인 물질의 불꽃색은 분간할 수 없다.

09. 다음 글에 이어질 내용으로 적절한 것은?

> 나라를 위해 헌신한 이들을 위해 나라에서 적절한 보상과 지원제도를 마련하는 것은 당연하다. 따라서 관련법을 제정하고 이에 따라 최선의 지원이 될 수 있도록 나라에서 심혈을 기울이고 있다. 그런데 이를 실행에 옮기기 위해서는 적지 않은 국가 재정이 소요되므로 신중하고 합리적인 집행이 될 수 있도록 해야 한다. 나라를 위해 헌신한 이들에게 최대한 지원을 아끼지 않아야 하지만, 그렇다고 무한정 지원을 해 줄 수는 없다. 이에 따라 한정된 재정을 활용하여 그 효과를 극대화하기 위한 고민이 동반한다.
>
> 여기에는 다른 측면의 고민 또한 포함되어 있다. 지원을 위한 재정이 국민들의 세금에 의해 마련된다는 점이다. 국민들의 세금이 어떤 의미를 담고 있으며 어떤 법적 근거에 의해 납부되는지를 생각한다면 결코 허투루 사용되어서는 안 된다.

① 세금이 의무사항이기는 하지만 나라는 국민에 의해 이러한 예산을 신중하게 사용해야 한다.

② 나라를 위해 헌신한 이들도 국민의 한 사람으로서 세금을 납부해야 할 의무를 가지고 있다.

③ 세금으로 마련한 나라의 예산은 사용 목적에 따라 적절히 구분하여 집행되어야 한다.

④ 나라를 위해 헌신한 이들은 세금을 통해 마련한 지원을 받을 만한 자격이 충분히 있다.

⑤ 정부가 세금을 가장 효율적으로 운용하기 때문에 무조건 정부의 주관대로 집행돼야 한다.

10. 다음 글의 빈칸에 들어갈 내용으로 적절한 것은?

우리는 환경이 우리가 존중하는 분위기와 관념을 구현하고, 우리에게 그것을 일깨워 주기를 은근히 기대한다. 건물이 일종의 심리적 틀처럼 우리를 지탱해 스스로 긍정적인 가치를 느끼고 있는 그대로 자신의 모습을 유지해 주기를 기대한다. 우리 내부에 필요한 것 —그러나 필요하다는 사실 자체를 잊을 위험이 있는 것— 을 표현해 주는 물질적 형태들을 주위에 배치한다. 벽지, 벤치, 그림 등이 진정한 자아의 실종을 막아 주기를 기대한다.

어떤 장소의 전망이 우리의 전망과 부합하고 또 그것을 정당화해 준다면 우리는 그곳을 '집'이라고 한다. 꼭 우리가 영구히 거주하거나 옷을 보관해 주어야 '집'이라는 이름을 붙이는 것은 아니다. 어떤 건물을 '집'이라 지칭하는 것은 단지 그 건물이 우리의 내적인 목표와 조화를 이룬다는 사실을 인정하는 방식일 뿐이다. 집은 공항이나 도서관일 수도 있고, 정원이나 도로변 식당일 수도 있다.

한편 집을 사랑한다는 것은 우리의 정체성이 스스로 결정되는게 아니라는 걸 인정하는 것이다. (   ) 우리의 약한 면을 보상하기 위해서다. 우리에게는 마음을 받쳐 줄 피난처가 필요하다. 세상의 아주 많은 것이 우리의 신의와 대립하기 때문이다. 우리에게는 우리 자신이 바람직한 모습을 바라보게 해 주고, 중요하면서도 쉬이 사라지는 측면들이 살아있도록 유지해 줄 방이 필요하다.

① 벽지, 벤치, 그림 등을 진정한 자아의 실종을 막도록 배치해야 한다.
② 삶을 통해 얻게 되는 다양한 스트레스를 집에서 풀 수 있어야 한다.
③ 우리의 정체성을 견지하기 위해 타인과 함께 사는 지혜가 필요하다.
④ 우리에게는 물리적인 집뿐만 아니라 심리적인 의미의 집도 필요하다.
⑤ 우리가 인간으로서 가지는 정체성은 우리가 사는 집에 의해서 결정된다.

11. 다음 글의 빈칸에 들어갈 내용으로 적절한 것은?

키치(Kitsch)란 미학에서 보기 괴상한 것, 저속한 것과 같은 사물을 뜻하는 미적 가치이다. 키치라는 용어는 그것이 지칭하는 개념처럼 매우 근대적인 것이다. 키치는 1860년대에서 1870년대 사이에 뮌헨의 화가와 화상(畵商)의 속어로 사용되었으며, 하찮은 예술품을 지칭하는 데 사용되었다. 1910년대에 이르러 느슨하고 널리 유통되는 호칭으로서 국제적인 용어가 된다.

키치는 대중적 취향과 심리가 산업 사회에 직면하는 생생한 태도와 산물을 반영하고 있다. 이러한 의미에서 키치는 결코 쉽게 단정 짓고 파기할 수 없는 대중문화의 중요한 자원이다. 또한 문화 내에 만연된 키치적 속성은 디자인이 반영해야 할 문화적 의미뿐만 아니라 표현성 면에서 미적 범주를 확장시킬 수 있는 가능성을 제공할 수 있다. 어떤 특정 시공간에 좋은 취향(good taste)과 좋은 디자인(good design)이 존재한다고 가정한다면 거기에는 언제나 키치의 모습이 함께 존재하기 때문이다.

키치와 '좋은' 취향의 예술 또는 디자인 사이의 관계는 '같은 동전의 양면'과 같은 것으로 우리는 이 모두를 함께 문화 현상으로 파악해야 한다. 따라서 그것이 미술, 디자인 또는 그 어떤 예술 형태이든 간에 일상 삶으로부터 유래하는 키치 현상을 이해하지 못한 채 막연히 '순수하고 진정하게 아름다운 것'을 만든다면 마치 그림자 없이 빛이 존재한다고 주장하는 것과 같다. 그러나 무엇이 빛이고 그림자인지는 오직 대중적 선택에 의해 결정될 일이다. 대중문화는 (   )

① 키치와 고급 예술을 분류하는 확실한 기준이 되기 때문이다.
② 문화 현상에서 '동전의 양면'과 같은 역할을 담당하기 때문이다.
③ 영원히 고정된 것도 불변적인 것도 아니기 때문이다.
④ 산업 사회에 대한 인간의 태도를 반영하기 때문이다.
⑤ 대중의 미적 범주를 확장시키는 기능을 갖고 있기 때문이다.

12. 다음 글의 중심내용으로 적절한 것은?

화이트(H. White)는 19세기의 역사 관련 저작들에서 역사가 어떤 방식으로 서술되어 있는지를 연구했다. 그는 특히 이야기식 서술에 주목했는데 이것은 역사적 사건의 경과 과정이 의미를 지닐 수 있도록 서술하는 양식이다. 그는 역사적 서술의 타당성이 문학적 장르 내지는 예술적인 문체에 의해 결정된다고 보았다. 이러한 주장에 따르면 역사적 서술의 타당성은 결코 논증에 의해 결정되지 않는다. 왜냐하면 논증은 지나간 사태에 대한 모사로서의 역사적 진술의 옳고 그름을 사태 자체에 놓여 있는 기준에 의거해서 따지기 때문이다.

이야기식 서술을 통해 사건들은 서로 관련되면서 무정형적 역사의 흐름으로부터 벗어난다. 이를 통해 역사의 흐름은 발단·중간·결말로 인위적으로 구분되어 인식 가능한 전개 과정의 형태로 제시된다. 문학 이론적으로 이야기하자면 사건 경과에 부여되는 질서는 구성(Plot)이며, 이야기식 서술을 만드는 방식은 구성화(Employment)이다. 이러한 방식을 통해 사건은 원래 가지고 있지 않던 발단·중간·결말이라는 성격을 부여받는다. 또 사건들은 일종의 전형에 따라 정돈되는데 이러한 전형은 역사가의 문화적인 환경에 의해 미리 규정되어 있거나 경우에 따라서는 로맨스·희극·비극·풍자극과 같은 문학적 양식에 기초하고 있다.

따라서 이야기식 서술은 역사적 사건의 경과 과정에 특정한 문학적 형식을 부여할 뿐만 아니라 의미도 함께 부여한다. 우리는 이야기식 서술을 통해서야 비로소 이러한 역사적 사건의 경과 과정을 인식할 수 있게 된다는 말이다. 사건들 사이에서 만들어지는 관계는 사건들 자체에 내재하는 것이 아니다. 그것은 사건에 대해 사고하는 역사가의 머릿속에만 존재한다.

① 역사가는 역사적 사건을 객관적으로 서술하여야 한다.

② 역사적 서술의 타당성은 논증에 의해 결정된다.

③ 역사가가 속한 문화적인 환경은 역사와 문학의 기술 내용을 결정짓는다.

④ 이야기식 역사 서술은 문학적 서술 방식을 통하여 역사적 사건의 경과 과정에 의미를 부여한다.

⑤ 이야기식 역사 서술이란 사건들 사이에 내재하는 인과적 연관을 찾아내는 작업이다.

13. 다음 글을 바탕으로 할 때, '프로크루스테스의 침대'를 활용하여 비유하기에 적절한 내용은?

아테네의 영웅 테세우스가 괴물들을 물리치는 여행을 하던 중 침대를 가지고 여행객을 괴롭히는 프로크루스테스를 만났다. 그는 나그네들을 자신의 침대에 눕혀서 침대보다 키가 크면 다리를 잘라 버리고 작으면 늘여서 고통을 주었다. 테세우스는 그와 혈투를 벌여 이긴 후에 똑같은 형벌을 주었다. 이후로 '프로크루스테스의 침대'는 자신이 세운 기준에 얽매여 잘못된 판단을 하는 사람들을 지칭하는 표현으로 쓰이고 있다.

하나의 경로만 정상으로 간주하면 개인의 고유성은 소외된다. 그런 기준으로부터 상정되는 평균이란 그리스 신화에 등장하는 '프로크루스테스의 침대' 같은 것이 아닐까? 이 침대는 거의 모든 사람들을 부적격자로 만든다. 애초에 침대를 사람에게 맞춰야지 왜 사람의 키를 침대에 맞춰 늘였다 잘랐다 고통을 주는가? 특정한 기준에서는 정의되지 않는 능력들, 경제적 가치로 환원되지 않아 사장되는 다채로운 재능들을 놓친다면 그것은 사회적인 낭비가 아닐까?

자신의 고유한 역량을 이해받고 발휘하고 그에 몰입해서 인정받을 때 인간은 행복을 느낀다. 모든 개인의 가치를 고루 살피고 구성원의 자존감을 향상시키기 위해서는 가치의 기준들이 다원화돼야 한다. 평균을 산출하는 단편적인 잣대로는 규정되기 어려운 잠재적인 재능들을 돌보아야 한다. 교육은, 특히 교양 미술교육은 그렇게 가야 한다.

① 회의할 때마다 판단 기준이 매번 달라지는 A 과장

② 상황이 달라졌음에도 기존의 평가 기준으로만 새로운 기획을 비판하는 B 팀장

③ 상대방의 의견을 잘 경청하지 않는 C 대리

④ 팀 프로젝트에서 본인의 자료를 팀원들과 공유하지 않으려고 하는 D 과장

⑤ 업무 보고 시 자신에게 불리한 사항은 제외하고 유리한 내용만을 보고하는 E 대리

14. 다음 글을 읽고 이해한 내용으로 적절하지 않은 것은?

> 본격적으로 등장하기 시작한 대규모 메뚜기떼는 동아프리카와 중동을 넘어 인도 및 중국 등지에서 심각한 문제를 일으키고 있다. UN 산하 국제금융기관인 세계은행은 피해 규모만 해도 수조 원에 달할 것으로 예측하고 있다.
>
> 아프리카와 아시아 전역을 휩쓸다시피 하고 있는 메뚜기들의 정식 명칭은 '사막 메뚜기 (Desert Locust)'다. 아프리카에 주로 서식하고 있는 이 메뚜기는 번식력이 대단히 강한 것으로 유명한데, 3개월마다 약 20배씩 개체 수가 늘어나는 것으로 알려져 있다.
>
> 사막 메뚜기가 공포의 대상인 이유는 눈에 보이는 식물은 모두 갉아먹어 인간의 식량을 모두 없애기 때문이다. 메뚜기의 몸무게는 평균 2g이며 매일 자신의 몸무게에 해당하는 식물을 먹어 치울 정도로 엄청난 식성을 자랑한다. 메뚜기떼의 습격으로 인한 피해가 아프리카를 넘어 아시아까지 확산되다 보니 과학자들도 이에 맞설 수 있는 방법을 찾기 위해 다양한 방안을 검토하고 있다.
>
> 최근 인도에서 실시한 드론을 활용한 메뚜기떼 제거 작업은 가장 효과적인 방제 작업으로 유명하다. 계속되는 메뚜기떼 습격으로 농작물이 막대한 피해를 입게 되자 살충제를 뿌리는 드론을 총 4대 투입하였다. 보건당국의 발표에 따르면 4대의 드론으로 일정 지역을 점령한 메뚜기떼의 60%를 없앤 것으로 나타났다. 드론을 활용한 살충제 공중 살포 방법으로 인도가 일정 부분 성과를 거둔 것은 확실하다. 하지만 그에 따른 반론도 만만치 않게 제기되고 있는 상황이다. 그중 하나가 메뚜기의 식품화나 사료화가 어려워졌다는 점이다.
>
> 알려져 있다시피 메뚜기는 몸의 60% 정도가 단백질로 이뤄져 있어서 고단백 식품이나 사료로 만들 수 있다. 과거 우리 조상들도 논에서 잡은 메뚜기를 굽거나 튀겨 간식으로 애용했는데, 단백질 공급이 어려웠던 당시에 메뚜기는 훌륭한 단백질 공급원이었다. 그러나 살충제의 대량 살포로 이처럼 메뚜기를 식품이나 사료로 만들 수 있는 기회가 사라져 버렸다. 유엔 식량농업기구(FAO)도 살충제로 인해 죽은 메뚜기의 몸속에는 독성이 잔류해 있을 수 있기 때문에 어떤 경우에도 먹어서는 안 된다고 경고하고 있다.

① 메뚜기떼로 인해 아프리카와 아시아에서 식량 피해가 발생하고 있다.

② 메뚜기는 자신의 몸무게에 해당하는 식량을 먹어치울 수 있다.

③ 메뚜기떼 방제를 위해 중국에서 드론을 활용한 메뚜기 방제 작업을 시작하였다.

④ 드론을 활용한 메뚜기 방제 작업으로 인해 메뚜기의 사료화가 어려워졌다.

⑤ 살충제로 죽은 메뚜기의 몸속에는 살충제 성분이 잔류해 있을 가능성이 크다.

15. 다음 글을 읽고 이해한 내용으로 적절하지 않은 것은?

> 가족은 경제적으로 협동하는 사회적 단위이자 정서적 욕구를 충족하는 곳이다. 그러나 구성원들 간의 이런 끈끈함은 외부 세계에 대한 배타성을 강화시키고 사적 이익만을 추구하게 하여 이타성과 공공선을 추구하는 공동체의 원리와 대립하게 한다.
>
> 그동안 우리 사회는 경제적으로 급성장하였지만 불균등한 분배 구조로 계층 간 격차가 생성되었고, 그 격차는 다음 세대로 전승되어 사회적 불평등 구조가 재생산되고 있다. 이러한 사회적 불평등 재생산 구조는 한국 특유의 배타적 가족주의와 결합되면서 온갖 사회 모순을 확대시켜 왔다. 기업의 족벌 경영 체제, 부동산 투기, 사치성 소비 성향, 고액 과외 등의 부정적 현상들은 개개인들이 자기 가족의 안락과 번영을 위해 헌신한 행위로 정당화되어 결과적으로 가족 집단의 공동 이익이 다른 가족들의 경제적 빈곤을 야기하는 반공동체적 행위를 강화시켜 왔다.
>
> 이와 같이 가족 내에서 형성된 배타성이 전체 사회의 공동체적 언어를 파괴할 뿐만 아니라 가족 생활 자체도 점차 공동체적 성격을 상실해 간다면, 가족은 더 이상 전체 사회에 유익한 일차 집단이 될 수 없다. 그럼에도 불구하고 가족에 대한 비판을 금기시하고 신성화하는 이데올로기를 고집한다면 우리 사회가 직면한 문제들을 해결하기는 더욱 어려워질 것이다.

① 배타적 가족주의는 한국 특유의 현상이다.
② 가족 공동체는 사회의 일차 집단이다.
③ 현재는 가족에 대한 비판을 금기시하고 있다.
④ 가족주의를 사회의 구조적 불평등 문제와 연결시키고 있다.
⑤ 가족의 이익추구는 사회적 공동체의 원리와 대립한다.

16. 다음 글의 주장에 대한 반박으로 타당한 것은?

칭찬은 아이의 행동이나 감정에 대해 격려해 주고 지지해 주는 것이다. 그래서 앞으로의 생활에서 더욱 긍정적인 방향으로 행동을 유도할 수 있는 중요한 동기를 부여한다. 그러나 부모가 칭찬을 한다고 해서 아이들이 그것을 모두 칭찬이라고 받아들이지는 않는다. 자신의 행동과 감정에 대한 충분한 공감과 지지가 뒷받침될 때 비로소 정말로 자신이 인정받고 칭찬받는다고 느낄 수 있다.

올바른 칭찬을 위해서는 결과보다는 과정을 칭찬해야 한다. 결과가 매우 만족스럽고 대견해서 이를 칭찬해 주는 것은 당연하지만 부모는 자녀가 결과를 내기 위해 과정에 더욱 많은 노력을 기울였다는 것을 기억해야 한다. 결과만을 칭찬하다 보면 아이는 과정보다 결과가 더 중요하다고 암묵적으로 강요받게 되어 노력하는 과정보다는 잘했는가 잘하지 못했는가 혹은 성공인가 실패인가에 초점을 두게 된다. 결국 잘하지 못하면, 그리고 성공하지 못하면 의기소침해지거나 심한 경우 편법을 써서라도 원하는 결과를 얻으려고 하게 된다. 그렇기 때문에 부모는 아이가 잘하지 못했거나 실패한 경우라도 아이의 '노력'에 대해 칭찬해야 하고, 성공한 경우에도 자신의 노력을 잊지 않도록 과정에 대한 칭찬을 해야 하는 것이다.

① 칭찬은 자녀의 행동을 수정하거나 강화하는 데 유용하게 쓰여야 한다.

② 남들에 비해 자녀가 잘하는 부분을 강조하며 칭찬하는 것이 올바른 칭찬이다.

③ 과정을 칭찬하는 데에만 집중하면 도리어 결과를 소홀히 할 수 있다.

④ 칭찬을 최대한 구체적으로 해 주는 것이 가장 중요하다.

⑤ 무조건적인 칭찬이 때로는 도움이 된다.

17. 다음 글의 기술 방식에 대한 설명으로 적절하지 않은 것은?

> 자기실현적 행복관은 아리스토텔레스의 행복(Eudaimonia) 개념에 뿌리를 두고 있다. 이 관점에 따르면, 최선의 삶은 개인의 안락을 추구하기보다 자신의 덕성과 잠재능력을 충분히 발현하며 개인적으로나 사회적으로 가치 있는 삶을 구현하는 것이다. 이는 크게 세 가지 측면의 함의를 가진다. 첫째, 사회적 존재로서의 인간이 지향해야 할 행복한 삶의 모습을 제시한다. 둘째, 행복은 주관적인 체험을 넘어서 좀 더 객관적인 관점에서 인식되어야 한다는 것이다. 셋째, 덕성의 발현이 행복한 삶에 중요하다는 것이다. 덕성은 개인의 행복뿐만 아니라 타인 또는 집단의 행복을 증진하는 데 기여하는 개인의 특성이나 행위를 의미한다. 행복은 개인의 긍정적 성품과 잠재능력을 충분히 발현함으로써 자신뿐만 아니라 타인 또는 사회의 상생 번영을 이루는 삶의 상태로 정의된다. 이러한 정의를 선호하는 긍정심리학자는 인간의 긍정적 성품과 덕성을 탐구할 뿐만 아니라 이를 함양하고 발휘하도록 지원하는 활동에 깊은 관심을 보인다. 대표적 학자인 리프(C. Ryff)는 '주관적 안녕'에 대비되는 것으로서 '심리적 안녕(Psy-chological Well-being)'이라는 용어를 사용한다. 그는 인간의 행복과 성숙에 깊은 관심을 지녔던 매슬로우(A. H. Maslow)나 로저스(C. Rogers)와 같은 인본주의 심리학자들의 견해를 통합하여 심리적 안녕의 6가지 요소로서 환경의 효율적 통제, 타인과의 긍정적인 인간관계, 자율성, 개인의 성장감, 인생의 목적의식, 자기수용을 제시하였다.

① 예를 들어 설명하는 방식으로 주장에 대한 근거를 제시하였다.
② 열거의 방법을 통하여 특정 가치관을 구체화하여 설명하고 있다.
③ 같거나 유사한 사고를 가진 타인을 거론하여 자신의 주장을 제시하고 있다.
④ 서두에 핵심 주장을 밝히고, 이후 그에 대한 논거와 이론적 배경을 보완하였다.
⑤ 관련 분야에서 통용되는 지식을 간접인용하여 주장에 대한 뒷받침으로 활용하였다.

18. 다음 글의 주제로 적절한 것은?

> 자신의 소통 스타일이 궁금하다면 자신이 하는 말에 '다'로 끝나는 말이 많은지 '까'로 끝나는 말이 많은지 확인해 보는 것이 도움이 된다. '다'가 많다면 주로 닫힌 소통을 하고 있는 것이다. 상대방을 향한 내 이야기가 잔소리라는 저항의 벽을 넘기 원한다면 '까'로 끝나는 문장을 써 주는 것이 효과적이다. 닫힌 문장이 아닌 열린 질문으로 소통하라는 것이다. '공부 열심히 해라'는 닫힌 문장이다. '공부 열심히 하니?'는 질문이긴 한데 닫힌 질문이다. '네, 아니요'로 답이 떨어지기 때문이다. '요즘 공부하는 거 어때?'가 열린 질문이다. 마찬가지로 '여보, 술 줄인다면서 어제 또 술을 먹은 것 아니에요?'는 닫힌 질문이다. '여보, 술을 잘 줄이지 못하는 이유가 무엇일까요?'가 열린 질문이다.
>
> 열린 질문은 일방적 지시가 아닌 상대방 의견을 묻는 구조이므로 저항이 적게 생긴다. 그래서 마음이 열리게 된다. 술을 끊지 못하는 이유를 묻는 질문에 '술을 끊으려 해도 스트레스를 받으니 쉽지 않아'라고 답하게 되고 술 대신 스트레스를 풀 방법을 찾는 것이 중요하다는 결론에 이르게 된다. 이 결론은 대화를 통해 얻은 내 생각이고 내 결정이기 때문에 거부감 없이 받아들이게 된다.
>
> 열린 질문에 익숙하지 않은 이유는 빨리 변화시키고 싶은 조급함과 불안감 때문이다. 그러나 긍정적인 변화를 위한 소통에는 인내와 기다림이 필요하다.
>
> 열린 질문, 어떻게 생각하는가?

① 열린 질문은 원활한 소통에 도움이 된다.

② 열린 질문과 닫힌 질문은 각각의 장단점이 있다.

③ 소통 스타일은 매우 다양하다.

④ 적당한 음주는 친분 형성에 긍정적인 영향을 끼친다.

⑤ 대화할 때 딱딱한 말투의 사용은 자제해야 한다.

19. 다음 글에 대한 설명으로 적절한 것은?

> 우리가 자유를 제한하지 않을 수 없는 이유는 모든 사람들에게 무제한의 자유를 허용했을 경우에 생기는 혼란과 일반적 불이익에 있다. 모든 사람들이 제멋대로 행동할 수 있게 된다면 서로가 서로의 길을 방해할 것이고, 결국 대부분의 사람들이 심한 부자유의 고통을 받는 결과에 이르게 될 것이다. 자유의 역리(逆理)라고 부를 수 있는 이러한 모순을 방지하기 위하여 자유의 제한은 불가피하다. 자유를 제한하는 것이 바람직하기 때문이 아니라, 더 큰 악(惡)을 막기 위하여 자유를 제한한다는 이 사실을 근거로 우리는 하나의 원칙을 얻게 된다. 자유의 제한은 모든 사람들을 위해서 불가피할 경우에만 가해야 한다는 것이다. 자유에 대한 불필요한 제한은 정당화될 수 없다. 사회의 질서와 타인의 자유를 해치지 않는 한 최대한의 자유를 허용하는 것이 바람직하다.

① 자유의 역리란 무조건 사람들의 자유를 빼앗아야 한다는 이론이다.

② 사람들의 자유를 제한하는 행위는 매우 바람직하다.

③ 사람들이 서로의 자유를 침해하지 않는다면 자유를 보장해야 한다.

④ 사람들에게 법률에 의한 자유침해는 전혀 필요치 않다.

⑤ 자유를 무제한으로 허용해도 서로의 이익을 침해하지는 않을 것이다.

20. 다음 글의 ㉠에 들어갈 단어로 적절하지 않은 것은?

> 한국의 65세 이상 노인 인구는 전체 인구의 몇 퍼센트나 될까. 통계청에 따르면 2019년을 기준으로 14.9%다. 생각보다 적다고 느끼는 사람이 많을 것이다. 실제로 여론조사 전문가가 조사해 보니 한국인은 대개 인구의 32%가 노인일 거라 (㉠)한다고 한다. 실제 수치와 2배 넘는 격차가 있는 셈이다.
>
> 왜 이런 일이 벌어질까. 정보가 넘쳐나는 지금, 나는 세상에 대해 얼마나 제대로 알고 있을까. 우리가 경계해야 할 것은 이제 무지(無知)가 아니다. 잘못된 인식이 문제다. 잘못된 인식이 무지와 다른 점은 사람들이 굳은 확신을 품고 자신의 신념을 고수하며 스스로 잘 알고 있다고 생각하는 것이다.

① 예상   ② 추측   ③ 짐작

④ 추정   ⑤ 어림

01. ○○컴퍼니에서 근무하는 한 부장은 업무협약과 관련해 7명의 담당자와 각각 미팅을 약속하였다. 미팅약속 순서에 관한 〈정보〉가 다음과 같을 때, 한 부장이 세 번째로 만날 담당자는 누구인가?

─────| 정보 |─────

- 제일 처음으로 만나는 사람은 B가 아니다.
- G는 E, F보다 나중에 만난다.
- G보다 C를 나중에 만난다.
- B보다 F를 나중에 만난다.
- D보다 G를 먼저 만난다.
- D는 A보다 먼저 만난다.
- D를 만나고 바로 A를 만나지 않는다.

① B   ② C   ③ E
④ F   ⑤ G

02. 다음 명제를 통해 알 수 있는 결론은?

- 팀 프로젝트를 잘하는 직원은 모두 좋은 대학을 나왔다.
- 좋은 대학을 나온 직원은 모두 영어를 잘한다.

① 영어를 잘하는 모든 직원은 좋은 대학을 나왔다.
② 팀 프로젝트를 잘하는 직원은 모두 영어를 잘한다.
③ 좋은 대학을 나온 직원은 모두 영어를 잘한다.
④ 좋은 대학을 나온 어떤 직원은 영어를 잘하지 못한다.
⑤ 좋은 대학을 나온 직원은 모두 팀 프로젝트를 잘한다.

03. 5층짜리 건물에 5명이 각각 다른 층에 거주하고 있으며, 모두 다른 직업을 가지고 있다. 〈조건〉을 바탕으로 할 때, 4층에 거주하고 있는 사람의 직업은?

―――――| 조건 |――――――

• 시나리오 작가의 위층에는 아무도 살지 않으며, 시나리오 작가와 새로운 영화를 준비하는 감독이 같은 건물에 살아 마감 원고를 들고 두 개의 층을 내려갔다.
• 경찰은 자신이 있는 동안은 건물 보안을 책임지겠다며 자발적으로 1층에 입주하였다.
• 교사는 체험학습 프로그램을 고민하던 중 같은 건물 2층에 사는 국립과학박물관의 큐레이터에게 전시 정보를 물어보았다.

① 경찰　　　　　　② 큐레이터　　　　　③ 영화감독
④ 교사　　　　　　⑤ 시나리오 작가

04. 고, 구, 마 세 명의 면접관이 앉아 있다. 이들 면접관의 넥타이 색깔은 물방울무늬, 줄무늬, 물결무늬이다. 피면접자가 면접관을 바라볼 때 다음의 〈조건〉을 만족한다면, 항상 참인 것은?

―――――| 조건 |――――――

• 물결무늬 넥타이는 맨 오른쪽에 있는 면접관이 하고 있다.
• 구 면접관은 고 면접관 옆에 앉아 있다.
• 마 면접관의 넥타이 무늬는 물방울무늬이다.

① 고 면접관의 넥타이는 줄무늬이다.
② 고 면접관은 가운데 앉아 있다.
③ 마 면접관은 맨 왼쪽에 앉아 있다.
④ 구 면접관의 넥타이는 물결무늬이다.
⑤ 구 면접관은 고 면접관 왼쪽에 앉아 있다.

05. K 기업 사원 A, B, C, D, E 5명은 사내 체육대회를 대비해 함께 연습을 하고 있다. 다음 〈조건〉을 바탕으로 할 때 옳은 것은?

───── | 조건 | ─────

- 체육대회는 축구, 야구, 농구, 배구, 탁구 5개 종목으로 진행된다.
- A, B, C, D, E가 잘하는 종목은 모두 다르며, 각자 잘하는 종목을 다른 한 명에게 가르쳐 주기로 하였다.
- 자신이 가르쳐 주는 사람에게는 배우지 않는다.
- B는 축구를 가르친다.
- D는 야구를 배운다.
- A는 농구를 가르치고, 축구를 배운다.
- C는 야구를 가르친다.
- C는 E에게 배구를 배운다.

① A는 C를 가르친다.　　　　　　　② B는 탁구를 가르친다.

③ B는 A에게 배운다.　　　　　　　④ D는 B에게 탁구를 가르친다.

⑤ E는 D에게 배운다.

06. 다음 명제가 모두 참일 때 반드시 참이라고 할 수 없는 것은?

- 불을 무서워하는 사람은 고소공포증이 있다.
- 고소공포증이 있는 어떤 사람은 겁이 있다.
- 겁이 있는 모든 사람은 귀신을 무서워한다.

① 겁이 없는 모든 사람은 고소공포증이 없다.

② 불을 무서워하는 모든 사람은 귀신을 무서워한다.

③ 고소공포증이 없는 사람은 불을 무서워하지 않는다.

④ 고소공포증이 있는 어떤 사람은 귀신을 무서워한다.

⑤ 귀신을 무서워하지 않는 어떤 사람은 겁이 없다.

07. 유정, 수연, 세이, 루아, 도연 다섯 명은 가위바위보 게임을 한 결과에 대해 각각 두 개의 진술을 했으며, 진술은 하나의 진실과 하나의 거짓으로 이루어져 있다. 다음 중 옳은 설명은? (단, 가위바위보 게임에서 가위는 보를 이기고, 보는 바위를 이기고, 바위는 가위를 이기며, 같은 것을 냈을 땐 비긴다. 또한 다섯 사람은 반드시 가위, 바위, 보 중 하나를 낸다)

> 유정 : 나는 보를 냈고, 수연이는 가위를 냈다.
> 수연 : 나는 가위를 냈고, 세이는 보를 냈다.
> 도연 : 나는 가위를 냈고, 유정이는 바위를 냈다.
> 세이 : 나는 가위를 냈고, 수연이도 가위를 냈다.
> 루아 : 나는 보를 냈고, 도연이는 바위를 냈다.

① 유정은 가위를 냈다.
② 유정과 세이만 비교하면, 유정이 항상 진다.
③ 루아와 도연만 비교하면 항상 승패가 정해진다.
④ 세이와 루아만 비교하면 항상 승패가 정해진다.
⑤ 수연과 세이만 비교하면 항상 승패가 정해진다.

08. 다음 〈조건〉의 명제가 모두 참일 때 반드시 참이라고 할 수 있는 것은?

─| 조건 |─

> (가) 대전으로 출장 가는 사람은 부산에도 간다.
> (나) 대전으로 출장 가지 않는 사람은 광주에도 가지 않는다.
> (다) 원주로 출장 가지 않는 사람은 대구에도 가지 않는다.
> (라) 원주로 출장 가지 않는 사람은 대전에도 가지 않는다.
> (마) 제주로 출장 가지 않는 사람은 부산에도 가지 않는다.

① 제주로 출장 가는 사람은 대전에도 간다.
② 부산으로 출장 가지 않는 사람은 대구에도 가지 않는다.
③ 광주로 출장 가는 사람은 대구에도 간다.
④ 제주로 출장 가지 않는 사람은 광주에도 가지 않는다.
⑤ 부산으로 출장 가는 사람은 원주에도 간다.

[09 ~ 12] 다음 문자들의 배열 규칙을 찾아 빈칸에 들어갈 알맞은 문자를 고르시오.

09.

G   K   O   S   W   A   (   )

① B   ② D   ③ E
④ G   ⑤ H

10.

Z   A   C   F   J   (   )

① W   ② P   ③ Y
④ H   ⑤ O

11.

B   D   F   H   J   (   )

① L   ② C   ③ N
④ P   ⑤ R

12.

A   K   U   E   O   (   )

① X   ② B   ③ J
④ D   ⑤ Y

[13 ~ 20] 다음 수열의 일정한 규칙을 찾아 빈칸에 들어갈 알맞은 수를 고르시오.

13.

$$1 \quad 2 \quad 6 \quad 24 \quad 120 \quad (\quad)$$

① 360   ② 480   ③ 600
④ 720   ⑤ 840

14.

$$121 \quad 100 \quad 81 \quad 64 \quad 49 \quad (\quad)$$

① 24   ② 27   ③ 30
④ 33   ⑤ 36

15.

$$2 \quad 3 \quad 6 \quad 18 \quad (\quad) \quad 1,944$$

① 54   ② 64   ③ 81
④ 108   ⑤ 119

16.

$$2 \quad 10 \quad 7 \quad 35 \quad 32 \quad 160 \quad (\quad)$$

① 40   ② 96   ③ 152
④ 157   ⑤ 168

17.

$$\frac{1}{2} \quad 1 \quad \frac{5}{4} \quad \frac{7}{5} \quad \frac{3}{2} \quad (\quad)$$

① $\frac{9}{4}$ ② $\frac{13}{6}$ ③ $\frac{11}{7}$

④ $\frac{15}{9}$ ⑤ $\frac{17}{11}$

18.

$$-4 \quad 2 \quad -2 \quad 4 \quad 0 \quad 6 \quad (\quad)$$

① 2 ② 3 ③ 4

④ 5 ⑤ 6

19.

$$\underline{8\ 5\ 13} \quad \underline{9\ 7\ 16} \quad \underline{7\ 4\ (\quad)}$$

① 9 ② 11 ③ 12

④ 14 ⑤ 15

20.

$$1.5 \quad 2 \quad 1.4 \quad 2.1 \quad 1.3 \quad 2.2 \quad (\quad)$$

① 1.2 ② 1.5 ③ 1.8

④ 2.1 ⑤ 2.4

영역 3 수리 | 20문항/25분

01. 다음은 우리나라 가구 수에 관한 자료이다. 〈보기〉 중 자료에 대한 해석으로 옳은 것은 모두 몇 개인가?

〈우리나라 평균 가구원 수 및 1인 가구 비율〉

(단위 : 명, %)

구분	1990년	1995년	2000년	2005년	2010년	2015년	2020년
평균 가구원 수	4.47	4.08	2.74	3.42	3.12	2.88	2.76
1인 가구 비율	4.5	6.7	9.1	12.9	16.3	20.4	23.8

〈1인 가구와 4인 가구의 비율 예상 추이(2030년, 2035년은 예측치)〉

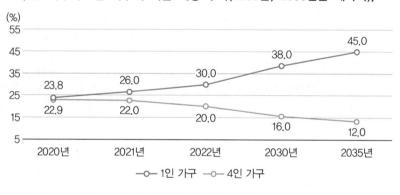

───| 보기 |───

ㄱ. 2021년 평균 가구원 수는 최소 2.13명이다.

ㄴ. 1990년 이후 평균 가구원 수는 5년마다 꾸준히 감소하였다.

ㄷ. 2022년 2 ~ 3인 가구의 비율은 전체 가구에서 절반 이하이다.

ㄹ. 2005년 1인 가구 비율은 2000년 대비 50% 이상 증가하였다.

① 0개   ② 1개   ③ 2개

④ 3개   ⑤ 4개

02. 다음은 ○○사의 개방형 직위 충원 현황에 대한 자료이다. 이에 대한 설명으로 옳은 것은? (단, 소수점 아래 둘째 자리에서 반올림한다)

〈표 1〉 연도별 개방형 직위 충원 현황

(단위 : 명)

구분	개방형 총 직위 수	충원 직위 수			
		내부 임용	외부 임용		합계
			민간인	타 부처	
20X3년	130	54	11	0	65
20X4년	131	96	14	5	115
20X5년	139	95	18	5	118
20X6년	142	87	33	4	124
20X7년	154	75	53	8	136
20X8년	156	79	60	7	146
20X9년	165	81	54	8	143

〈표 2〉 A 부처와 B 부처의 개방형 직위 충원 현황

(단위 : 명)

구분	충원 직위 수	내부 임용	외부 임용	
			민간인	타 부처
A 부처	201	117	72	12
B 부처	182	153	22	7

① 20X4년 이후 미충원 직위 수는 매년 감소하였다.

② 개방형 총 직위 수 중 충원 직위 수가 차지하는 비율이 가장 높았던 해는 20X8년이다.

③ 연도별 충원 직위 수 중 내부 임용이 차지하는 비율은 항상 60% 이상이었다.

④ B 부처의 내부 임용 비율이 A 부처의 내부 임용 비율보다 30%p 이상 높다.

⑤ 개방형 총 직위 수는 20X6년 이후로 감소하고 있다.

03. 다음은 우리나라의 5차 해외자원개발기본계획에서 밝힌 상위 5개국의 광종별 부존량 점유 현황이다. 이에 대한 분석으로 옳은 것은?

철광석(백만 톤)		동광석(천 톤)		보크사이트 (백만 톤)		아연(천 톤)		니켈(천 톤)	
국명	매장량	국명	매장량	국명	매장량	국명	매장량	국명	매장량
호주	35,000	칠레	190,000	기니	7,400	호주	64,000	호주	18,000
브라질	31,000	호주	87,000	호주	6,000	중국	43,000	뉴칼레	12,000
러시아	25,000	페루	70,000	브라질	2,600	페루	24,000	브라질	8,400
중국	23,000	미국	39,000	베트남	2,100	멕시코	18,000	러시아	6,100
인도	8,100	멕시코	38,000	자메이카	2,000	인도	11,000	쿠바	5,500
소계	122,100	소계	424,000	소계	20,100	소계	160,000	소계	50,000
세계 매장량	170,000	세계 매장량	690,000	세계 매장량	28,000	세계 매장량	250,000	세계 매장량	74,000

※ '뉴칼레'는 '뉴칼레도니아'를 의미함.

① 5개 광종 모두에 있어 부존량 상위 5개국에 속하는 국가는 2개이다.

② 상위 5개국 부존량의 합은 5개 광종 모두 세계 매장량의 70% 이상이다.

③ 5개 광종 부존량이 가장 많은 각 국가들은 모두 해당 광종 세계 매장량의 20% 이상 점유비중을 나타낸다.

④ 상위 5개국 부존량의 합에서 1위 국가 부존량이 차지하는 비중은 아연이 가장 크다.

⑤ 전 세계에서 호주의 부존량 비중이 가장 큰 광종은 니켈이다.

04. 다음 자료에 대한 해석으로 적절하지 않은 것은?

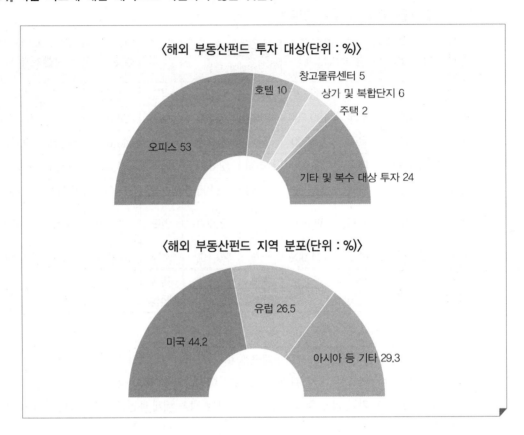

〈해외 부동산펀드 투자 대상(단위 : %)〉

창고물류센터 5
상기 및 복합단지 6
호텔 10
주택 2
오피스 53
기타 및 복수 대상 투자 24

〈해외 부동산펀드 지역 분포(단위 : %)〉

유럽 26.5
미국 44.2
아시아 등 기타 29.3

① 해외 부동산펀드 투자 대상은 오피스가 절반 이상을 차지한다.
② 해외 부동산펀드 투자 대상 중 그 항목을 명확히 알 수 없는 것이 약 4분의 1을 차지한다.
③ 해외 부동산펀드 투자 대상 가운데 주택은 창고물류센터보다 비중이 작다.
④ 해외 부동산펀드 분포 지역 가운데 가장 많은 비중을 차지하는 것은 아시아지역이다.
⑤ 해외 부동산펀드 분포 지역은 미국을 제외하면 약 55%를 차지한다.

05. 다음 공공부문별 일자리 통계 현황에 대한 분석으로 적절한 것은? (단, 모든 계산은 소수점 아래 둘째 자리에서 반올림한다)

〈공공부문 3개년 일자리 통계 현황〉

(단위 : 만 개)

구분		20X1년	20X2년	20X3년
일반정부	계	198.9	201.3	206.2
	중앙정부	74.9	75.5	77.4
	지방정부	121.4	123.1	125.1
	사회보장	2.6	2.7	3.7
공기업	계	34.6	35.3	34.8
	금융공기업	2.6	2.6	2.6
	비금융공기업	32	32.7	32.2

① 일반정부의 모든 하위 소속 일자리는 매년 1% 이상 증가한다.

② 20X3년 중앙정부 소속 일자리는 공공부문 전체 일자리의 약 37%를 차지한다.

③ 하위 소속 일자리 중 금융공기업 소속을 제외한 나머지 일자리는 매년 증가하였다.

④ 20X3년의 지방정부 소속 일자리를 0.2% 증가시키는 것이 같은 해 금융공기업 소속 일자리를 10% 증가시키는 것보다 더 큰 일자리 창출 효과를 낸다.

⑤ 공공부문 전체의 전년 대비 20X3년 일자리 증가율이 매년 유지된다면 2년 뒤의 일자리는 250만 개를 넘을 것이다.

06. 다음은 각 세관별 자동출입국심사 등록 및 이용 현황을 나타낸 자료이다. 이에 대한 설명으로 적절하지 않은 것은?

(단위 : 백 명)

구분	등록 누계	이용 누계	20X7년		20X8년		20X9년	
			등록자 수	이용자 수	등록자 수	이용자 수	등록자 수	이용자 수
계	179,988	1,544,864	48,066	246,206	43,236	304,669	33,794	376,978
인천공항	142,455	1,266,687	40,586	202,641	32,497	243,747	23,938	309,644
김해공항	24,958	159,965	6,101	28,808	6,822	38,040	4,736	40,587
김포공항	2,543	60,362	708	9,116	661	9,694	454	10,778
제주공항	824	34,127	259	3,609	301	5,732	193	5,713
인천항	519	3,994	37	585	160	597	268	538
청주공항	349	2,039	25	144	93	421	183	894
부산항	770	4,757	164	1,302	298	1,412	259	918
대구공항	2,533	12,933	10	1	1,012	5,026	1,452	7,906
기타	5,036	0	176	0	1,394	0	2,310	0

① 제시된 기간 동안 자동출입국심사 등록자 수는 매년 감소했지만 이용자 수는 매년 증가한 세관은 인천공항과 김포공항 2곳이다.

② 대구공항과 '기타'를 제외한 모든 곳의 세관에서 주어진 기간 동안의 자동출입국심사 이용자 수는 20X7년 이전의 총 이용자 수보다 더 많다.

③ 등록자 수와 이용자 수의 합계 상위 4개 세관의 순위는 20X7년과 20X9년이 동일하지 않다.

④ '기타'의 3개 연도 등록자 수는 등록자 누계의 75% 이상이다.

⑤ 인천항은 등록자 수와 이용자 수의 합계가 매년 증가하였으나, 부산항은 증가 후 다시 감소하는 추세를 보인다.

07. 다음 자료에 대한 설명으로 옳지 않은 것은?

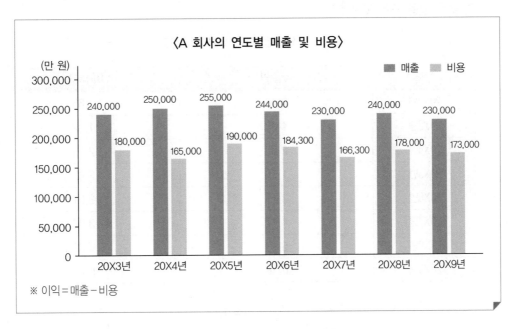

〈A 회사의 연도별 매출 및 비용〉

※ 이익=매출−비용

① 이익이 가장 많았던 해는 전년 대비 이익 증감률의 절댓값도 가장 높다.

② 이익이 가장 적었던 해는 전년 대비 비용 증감률의 절댓값도 가장 낮다.

③ 전년 대비 비용 증감률의 절댓값이 가장 높았던 해는 비용이 가장 많았던 해가 아니다.

④ 전년 대비 매출 증감률의 절댓값이 가장 높았던 해는 매출이 가장 많았던 해가 아니다.

⑤ 전년 대비 매출 증감률의 절댓값이 가장 낮았던 해는 매출과 비용 모두 가장 많았던 해이다.

08. 다음은 20X2 ~ 20X9년 A국의 전기 요금 변동률에 대한 자료이다. 이에 대한 〈보기〉의 설명 중 옳은 것을 모두 고르면?

〈연도별 전기 요금 변동률〉

(단위 : %)

구분	수도권	비수도권
20X2년	0.46	1.65
20X3년	1.38	1.32
20X4년	2.88	2.13
20X5년	1.72	2.87
20X6년	3.11	3.01
20X7년	4.17	3.87
20X8년	5.43	4.31
20X9년	6.48	5.28

| 보기 |

㉠ 수도권의 전기 요금 변동률은 매년 상승하였다.

㉡ 비수도권의 전기 요금 변동률이 수도권의 전기 요금 변동률보다 높은 연도는 2개이다.

㉢ 수도권과 비수도권의 전기 요금 변동률 차이가 가장 크게 나타나는 연도는 20X9년이다.

㉣ 전년 대비 전기 요금 변동률 차이가 가장 큰 연도는 수도권과 비수도권이 동일하다.

① ㉠, ㉡   ② ㉠, ㉢   ③ ㉡, ㉢

④ ㉡, ㉣   ⑤ ㉢, ㉣

09. 다음은 ○○산업의 불량품 폐기량을 그 처리 방법에 따라 연도별로 나타낸 표이다. 20X1년 대비 20X5년도에 소각 처리한 불량품의 증가율로 옳은 것은? (단, 소수점 둘째 자리에서 반올림한다)

(단위 : 톤/일)

구분	20X1년	20X2년	20X3년	20X4년	20X5년
분해	23,228	24,500	20,122	20,000	18,950
소각	12,292	15,666	16,700	16,912	17,200
재판매	139,600	160,065	177,200	182,165	200,135
해외반출	6,500	7,100	7,955	8,888	9,300
합계	181,620	197,331	221,977	228,053	245,585

① 38.3% ② 39.9% ③ 42.1%
④ 44.8% ⑤ 48.2%

10. 다음은 ○○시 직원 A ~ D의 주평균 야근에 관한 자료이다. ㉠ ~ ㉣에 들어갈 값이 바르게 짝지어진 것은?

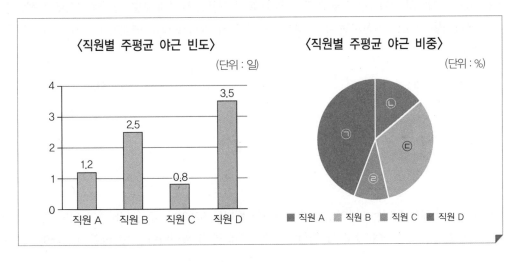

① ㉠ 44 ② ㉡ 15 ③ ㉢ 32
④ ㉣ 11 ⑤ ㉣ 12

11. 윤석이 산을 오를 때는 3km/h로 A 경로를 이용하였고, 내려올 때는 4km/h로 B 경로를 이용하였더니 총 1시간 30분이 소요되었다. A 경로와 B 경로의 거리의 합이 5.2km였다면, B 경로의 길이는?

① 2.2km   ② 2.4km   ③ 2.8km

④ 3km   ⑤ 3.5km

12. 서로 다른 과목의 교과서 5권을 책장에 꽂을 때 특정 과목 3권이 이웃하도록 꽂는 방법은 몇 가지인가?

① 24가지   ② 32가지   ③ 36가지

④ 45가지   ⑤ 50가지

13. 피자 가게에서 부가세를 15%로 잘못 알아 피자 가격을 부가세 포함 18,400원으로 책정하였다. 부가세를 10%로 계산하여 부가세를 포함한 피자 가격을 다시 책정할 때, 피자 가격은 얼마인가?

① 16,400원   ② 16,600원   ③ 16,800원

④ 17,600원   ⑤ 17,800원

14. A 톱니바퀴의 톱니는 6개이고 B 톱니바퀴의 톱니는 8개이다. 두 톱니바퀴가 어느 한 지점에서 맞물렸다가 회전하여 다시 그 지점에서 맞물리려면 B 톱니바퀴는 몇 바퀴 회전해야 하는가?

① 1바퀴   ② 2바퀴   ③ 3바퀴

④ 4바퀴   ⑤ 5바퀴

15. B 사원은 A 사원보다 하루에 1.2배 더 많은 일을 할 수 있다고 할 때, A 사원과 B사원이 동시에 하면 5일이 걸리는 일을 A 사원 혼자 한다면 며칠이 걸리겠는가?

① 7일 ② 8일 ③ 9일
④ 10일 ⑤ 11일

16. 박 씨에게는 43세의 남편과 8세, 6세, 4세의 세 자녀가 있다. A년 후에 부부 나이의 합이 자녀 나이의 합의 2배가 되고 남편의 나이가 자녀들 나이의 합보다 1살 많다고 할 때 박 씨의 현재 나이는 몇 세인가?

① 40세 ② 41세 ③ 42세
④ 43세 ⑤ 44세

17. ○○사에서는 1박 2일 연수를 기획하였는데 참가비를 50,000원으로 정하면 직원 90명이 참가하고, 참가비를 1,000원 내릴 때마다 신청하는 직원이 5명씩 늘어난다고 한다. 회사에서 지원하는 비용은 500만 원으로 정해져 있고 회사 지원금과 직원 참가비를 합해 예산을 배정할 때, 예산이 최대가 될 때의 참가비는 얼마인가?

① 34,000원 ② 36,000원 ③ 38,000원
④ 40,000원 ⑤ 42,000원

18. A의 모의고사 점수가 다음과 같을 때, A가 94점을 받은 횟수는?

> • A는 모두 10번의 모의고사를 보았다.
> • 모의고사 점수는 모두 89점이거나 94점이다.
> • 10번의 모의고사 평균은 91점이다.

① 3회   ② 4회   ③ 5회
④ 6회   ⑤ 8회

19. 남 대리는 2kg짜리 커피 원두를 구매하여 $\frac{1}{3}$은 친구에게 나눠주고, 남은 원두 중 $\frac{2}{5}$는 부모님께 선물로 보내 드렸다. 이후 일주일간 원두 200g을 소비한 뒤 다시 남은 원두 중 $\frac{7}{12}$을 후배 사원에게 나눠주었을 때, 남 대리에게 남은 원두는 몇 g인가?

① 200g   ② 220g   ③ 250g
④ 260g   ⑤ 300g

20. A, B, C의 소금물이 있다. A의 농도는 10%이며, A, B, C를 각각 200g, 400g, 300g씩 섞으면 6%의 소금물이 되고, A, B, C를 각각 500g, 400g, 100g씩 섞으면 8%의 소금물이 된다. 이때 B, C 소금물의 농도는 각각 얼마인가?

	B	C		B	C		B	C
①	7%	2%	②	9%	3%	③	10%	3%
④	12%	1%	⑤	11%	2%			

영역 **4**   도형   15문항/20분

[01 ~ 04] 다음 〈보기〉를 통해 도형이 변화하는 규칙을 찾아 '?'에 들어갈 도형을 고르시오.

01.

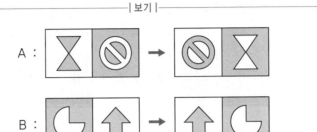

①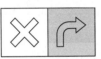

②

③

④

⑤

02.

| 보기 |

A :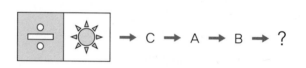

B :

C :

①

②

③

④

⑤

03.

보기

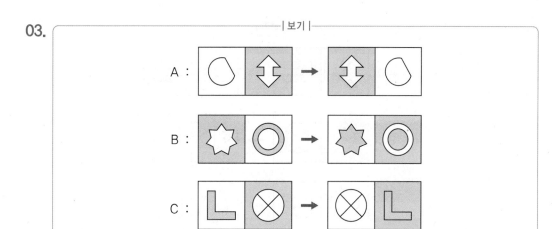

①    ②    ③

④    ⑤

04.

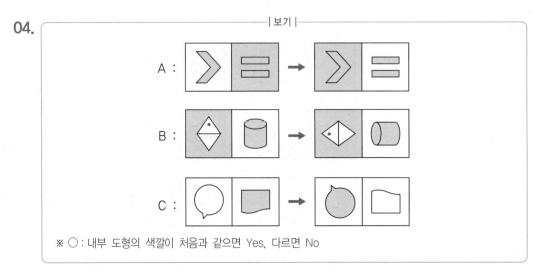

※ ○ : 내부 도형의 색깔이 처음과 같으면 Yes, 다르면 No

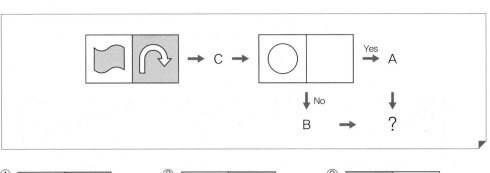

① 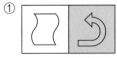   ②    ③

④    ⑤

[05 ~ 06] 다음 그림에서 각 기호들은 일정한 규칙에 따라 도형을 변화시킨다. 규칙에 따라 '?'에 들어갈 알맞은 도형을 고르시오.

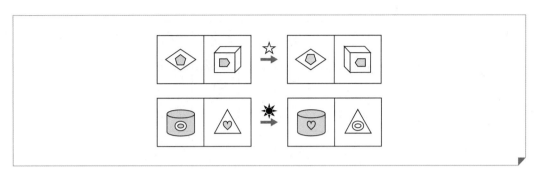

05.

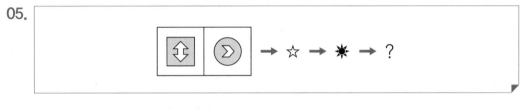

① 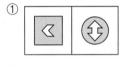　② 　③

④ 　⑤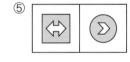

06.

① 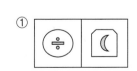　② 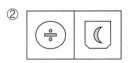　③

④ 　⑤

[07 ~ 09] 다음 〈보기〉를 통해 도형이 변화하는 규칙을 찾아 '?'에 들어갈 도형을 고르시오.

┤ 보기 ├

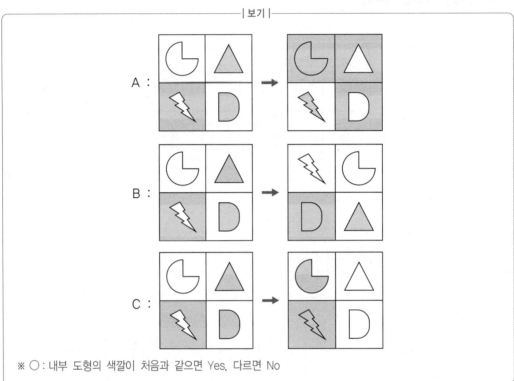

※ ○ : 내부 도형의 색깔이 처음과 같으면 Yes, 다르면 No

07.

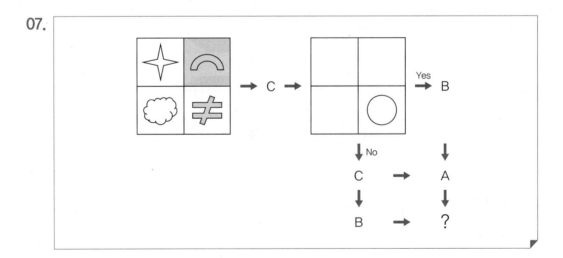

① ② ③

④ ⑤

08.

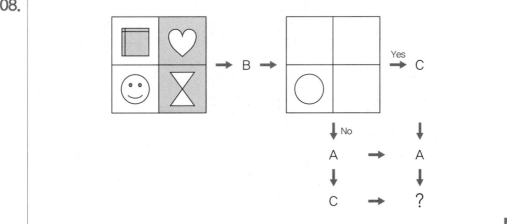

①

②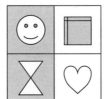

③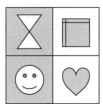

④ ⑤

09.

①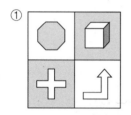

②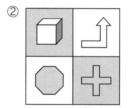

③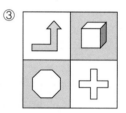

④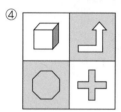

⑤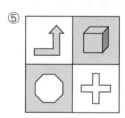

[10 ~ 11] 다음 〈보기〉는 각 규칙에 따라 변화하는 도형을 나타낸 것이다. 규칙에 따라 '?'에 들어갈 알맞은 도형을 고르시오.

| 보기 |

10.

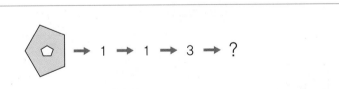

①   ②   ③

④   ⑤

11.

①   ②   ③

④   ⑤

[12 ~ 13] 다음 〈보기〉는 각 규칙에 따라 변화하는 도형을 나타낸 것이다. 규칙에 따라 '?'에 들어갈 알맞은 도형을 고르시오.

12.

| 보기 |

1) 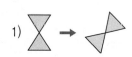　　　2) 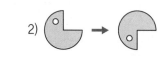　　　3)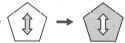

 ➜ 2 ➜ 3 ➜ 1 ➜ ?

① 　　　② 　　　③

④ 　　　⑤

13.

 ➜ 3 ➜ 2 ➜ 1 ➜ ?

① 　　　② 　　　③

④ 　　　⑤

[14 ~ 15] 다음 〈보기〉는 각 규칙에 따라 변화하는 도형을 나타낸 것이다. 규칙에 따라 '?'에 들어갈 알맞은 도형을 고르시오.

| 보기 |

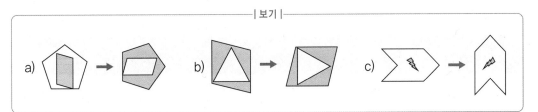

14.

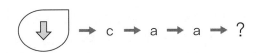

①   ②   ③

④   ⑤

15.

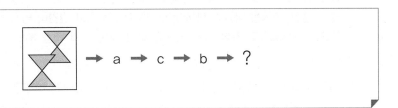

①   ②   ③

④   ⑤

인적성 **2회 기출유형문제**

문항수 | 75문항
시험시간 | 90분

▶정답과 해설 17쪽

영역 1 언어 20문항/20분

01. 다음 글의 주제로 적절한 것은?

원시공동체의 수렵채취 활동은 그 집단이 소비해 낼 수 있는 만큼의 식품을 얻는 선에서 그친다. 당장 생존에 필요한 만큼만 채취할 뿐 결코 자연을 과다하게 훼손하지 않는 행태는 포악한 맹수나 원시 인류나 서로 다를 바 없었다. 이미 포식한 뒤에는 더 사냥하더라도 당장 먹을 수 없고, 나중에 먹으려고 남기면 부패하므로 욕심을 부릴 까닭이 없기 때문이었다. 또 각자 가진 것이라고는 하루 분 식품 정도라서 강탈해도 얻는 것이 별로 없으니 목숨을 걸고 다툴 일도 없었다. 더 탐해도 이익이 없으므로 욕심내지 않기 때문에 원시공동체의 사람이나 맹수는 마치 스스로 탐욕을 절제하는 것처럼 보인다.

신석기시대에 이르면 인류는 수렵채취 중심의 생활을 탈피하고 목축과 농사를 주업으로 삼기 시작한다. 목축과 농사의 생산물인 가축과 곡물은 저장 가능한 내구적 생산물이다. 당장 먹는 데 필요한 것보다 더 많이 거두어도 남는 것은 저장해 두었다가 뒷날 쓸 수 있다. 따라서 본격적인 잉여의 축적도 이 시기부터 일어나기 시작하였다. 그리고 축적이 늘어나면서 약탈로부터 얻는 이익도 커지기 시작했다. 많이 생산하고 비축하려면 그만큼 힘을 더 많이 들여야 한다. 그런데 그 주인만 제압해 버리면 토지와 비축물을 간단히 빼앗을 수 있다. 내 힘만 충분하면 토지를 빼앗고 원래의 주인을 노예로 부리면서 장기간 착취할 수도 있으니 가장 수익성 높은 '생산' 활동은 약탈과 전쟁이다. 이렇게 순수하고 인간미 넘치던 원시 인류도 드디어 탐욕으로 오염되었고 강한 자는 거리낌 없이 약한 자의 것을 빼앗기 시작하였다.

① 잉여의 축적과 약탈의 시작

② 인류에게 내재된 탐욕의 기원

③ 목축과 농사의 인류학적 가치

④ 사적 소유의 필요성

⑤ 약탈 방법의 다양성과 진화

02. 다음 글을 통해 추론할 수 있는 내용으로 적절하지 않은 것은?

'핸드오버'란 이동단말기가 이동함에 따라 기존 기지국에서 이탈하여 새로운 기지국으로 넘어갈 때 통화가 끊기지 않도록 통화 신호를 새로운 기지국으로 넘겨주는 것을 말한다. 이런 핸드오버는 이동단말기, 기지국, 이동전화교환국 사이의 유무선 연결을 바탕으로 실행된다. 이동단말기가 기지국에 가까워지면 그 둘 사이의 신호가 점점 강해지는 데 반해, 이동단말기와 기지국이 멀어지면 그 둘 사이의 신호는 점점 약해진다. 이 신호의 세기가 특정값 이하로 떨어지게 되면 핸드오버가 명령되어 이동단말기와 새로운 기지국 간의 통화 채널이 형성되는데 이 과정에서 이동전화교환국과 기지국 간 연결에 문제가 발생하면 핸드오버가 실패하게 된다.

핸드오버는 이동단말기와 기지국 간 통화 채널 형성 순서에 따라 '형성 전 단절 방식'과 '단절 전 형성 방식'으로 구분될 수 있다. FDMA와 TDMA에서는 형성 전 단절 방식을, CDMA에서는 단절 전 형성 방식을 사용한다. 형성 전 단절 방식은 이동단말기와 새로운 기지국 간의 통화 채널이 형성되기 전에 기존 기지국과의 통화 채널을 단절하는 것을 말한다. 이와 반대로 단절 전 형성 방식은 이동단말기와 기존 기지국 간의 통화 채널이 단절되기 전에 새로운 기지국과의 통화 채널을 형성하는 방식이다. 이런 핸드오버 방식의 차이는 각 기지국이 사용하는 주파수 간 차이에서 비롯된다. 만약 각 기지국이 다른 주파수를 사용하고 있다면, 이동단말기는 기존 기지국과의 통화 채널을 미리 단절한 뒤 새로운 기지국에 맞는 주파수를 할당받은 후 통화 채널을 형성해야 한다. 그러나 각 기지국이 같은 주파수를 사용하고 있다면, 그런 주파수 조정이 필요 없으므로 새로운 통화 채널을 형성하고 나서 기존 통화 채널을 단절할 수 있다.

① 핸드오버가 명령되었다는 것은 이동단말기와 기지국 사이의 거리가 멀어졌음을 의미한다.

② 단절 전 형성 방식은 각 기지국이 같은 주파수를 사용할 때 가능하다.

③ FDMA는 CDMA보다 더 빠르게 핸드오버가 명령되며 연결이 더 간편하다.

④ CDMA에서는 하나의 이동단말기가 두 기지국과 동시에 통화 채널을 형성할 수 있다.

⑤ 이동단말기와 기지국 사이의 신호가 특정 값 아래로 떨어지지 않으면 핸드오버가 명령되지 않는다.

03. 다음 (가) ~ (마)를 문맥에 맞게 순서대로 나열한 것은?

> (가) 자신의 이름을 따 상트페테르부르크로 도시명을 정한 그는 1712년 이곳으로 수도를 옮길
>   정도로 애착과 기대가 컸다.
> (나) 그는 발트 해 연안의 이곳을 '유럽으로 향한 항'으로 삼기로 하고 새로운 도시건설에 착수
>   하였다.
> (다) 지금도 학술, 문화, 예술 분야를 선도하며 그러한 위상에는 변함이 없다.
> (라) 제정 러시아의 표트르 1세는 스웨덴이 강점하고 있던 네버 강 하구의 습지대를 탈환하
>   였다.
> (마) 이렇게 시작된 이 도시는 이후 발전에 발전을 거듭하여 러시아 제2의 대도시가 되었다.

① (다)–(가)–(라)–(나)–(마) ② (다)–(나)–(가)–(라)–(마)
③ (라)–(나)–(가)–(마)–(다) ④ (라)–(나)–(다)–(가)–(마)
⑤ (라)–(나)–(다)–(마)–(가)

04. 다음 (가) ~ (마)를 문맥에 맞게 순서대로 나열한 것은?

> (가) 문화를 이루는 인간 생활의 거의 모든 측면은 서로 관련을 맺고 있기 때문이다.
> (나) 20세기 인류학자들은 이러한 사실에 주목하여 문화 현상을 바라보았다.
> (다) 그러나 이 입장은 20세기에 들어서면서 어떤 문화도 부분만으로는 총체를 파악할 수 없
>   다는 비판을 받게 되었다.
> (라) 19세기 일부 인류학자들은 결혼이나 가족 등 문화의 일부에 주목하여 문화 현상을 이해
>   하고자 하였다.
> (마) 그들은 모든 문화가 '야만 → 미개 → 문명'이라는 단계적 순서로 발전한다고 설명하였다.

① (라)–(가)–(다)–(나)–(마) ② (라)–(나)–(가)–(다)–(마)
③ (라)–(다)–(나)–(마)–(가) ④ (라)–(마)–(가)–(다)–(나)
⑤ (라)–(마)–(다)–(가)–(나)

05. 다음 (가) ~ (라)를 문맥에 맞게 순서대로 나열한 것은?

> (가) 농촌에서 태어나는 아이도 없을뿐더러 그나마 있는 청년들도 도시로 떠나고 있기 때문이다.
>
> (나) 이러한 상황에서 고령층은 새로운 소득 작물을 재배하기도 하고 지역 농산물을 활용해 독창적인 상품을 만들어 내기도 한다.
>
> (다) 그럼에도 급속한 고령화와 영농 후계 인력의 단절 등으로 농어촌의 생산성과 수익은 점점 줄어들어 문제는 해결되지 못하고 있다.
>
> (라) 사회 전반적으로 고령화가 진행되고 있지만 농촌은 특히나 심각하다.

① (라)-(가)-(나)-(다) ② (라)-(가)-(다)-(나) ③ (라)-(나)-(가)-(다)

④ (라)-(나)-(다)-(가) ⑤ (라)-(다)-(나)-(가)

06. 다음 (가) ~ (마)를 문맥에 따라 순서대로 나열한 것은?

> (가) 멜라민을 다량 섭취할 경우, 멜라민으로 이루어진 작은 결정체들이 신장에 존재하는 소변이 지나가는 작은 관을 막게 되는데, 이것이 소변의 생성을 막아 신장 기능을 악화시켜 요로 결석, 급성신부전 등의 신장 질환을 일으킨다.
>
> (나) 이번에 문제가 된 것은 중국 공장에서 우유에 멜라닌을 첨가한 것이다. 우유의 부피를 증가시키기 위해 우유에 물을 섞어 우유에 포함된 단백질이 묽어졌는데 이럴 경우 우유의 단백질 농도를 측정하는 질소의 함량이 기준치보다 낮아지므로 이를 방지하기 위해서 멜라민을 첨가한 것이다.
>
> (다) 미국 FDA에서는 유해 기준으로 멜라민 및 관련 화합물에 대한 식품 및 사료의 내용 일일 섭취량(TDI)을 일일 체중 1kg당 0.63mg으로 적용할 것을 권고하고 있다.
>
> (라) 이로 인해 중국에서 분유를 주식으로 하는 유아가 최고 2,563mg/kg 고농도의 멜라민 독성에 노출되어 신장 질환으로 사망한 바 있다.
>
> (마) 멜라민은 질소 함량이 풍부한 흰 결정체의 유기물로 주로 플라스틱, 접착제, 접시류, 화이트보드, 화학 비료, 주방용 조리대 등에 사용되는 공업용 화학 물질이다.

① (나)-(라)-(마)-(가)-(다) ② (나)-(마)-(다)-(가)-(라)

③ (마)-(가)-(다)-(나)-(라) ④ (마)-(나)-(다)-(가)-(라)

⑤ (마)-(다)-(나)-(가)-(라)

07. 다음 중 글의 내용과 일치하는 것은?

> 향수는 원액의 농도에 따라 퍼퓸, 오드 퍼퓸, 오드 뚜왈렛, 오드 콜로뉴 등으로 나뉜다. 퍼퓸은 알코올 85%에 향 원액이 30% 정도 함유되어 있고, 향은 약 12시간 정도 지속된다. 퍼퓸 다음으로 농도가 짙은 오드 퍼퓸은 알코올 92%에 향 원액이 15% 정도 함유되어 있으며 향의 지속시간은 7시간 정도이다. 오드 뚜왈렛은 알코올 80%, 향료 8%에 3 ~ 4시간 정도 향이 지속되고, 오드 콜로뉴는 알코올 95%, 향료 5%에 1 ~ 2시간 정도 향이 지속된다.
>
> 향취는 톱 노트, 미들 노트, 라스팅 노트의 3단계로 변하는데 먼저 톱 노트는 알코올과 함께 섞인 향으로 향수 뚜껑을 열자마자 처음 맡게 되는 냄새이다. 미들 노트는 알코올 냄새가 조금 느껴지면서 원래 향수의 주된 향기가 맡아지는 단계이고, 라스팅 노트는 맨 마지막에 남는 냄새로 향수 본래의 향취가 나는 단계이다. 향수는 라스팅 노트가 6시간 정도 지속되는 것이 가장 좋으므로 알코올이 어느 정도 날아가고 난 상태에서 향을 맡아 보고 고르는 것이 좋다. 또한 향취는 밑에서 위로 올라오는 성질이 있기 때문에 잘 움직이는 신체 부분에 발라야 하며 귀 뒤나 손목, 팔꿈치 안쪽 등 맥박이 뛰는 부분에 뿌리면 향의 지속력이 더 좋아지고 은은하게 발산된다.

① 향수는 원액의 농도가 높을수록 가격이 비싸다.
② 톱 노트가 오래 지속되는 향수를 골라야 한다.
③ 향수를 목에 뿌리면 향이 오래 지속되지 않는다.
④ 아침에 뿌리고 밤까지 향이 지속되기를 원한다면 퍼퓸을 구입한다.
⑤ 알코올은 향수 본래의 향취를 다 날아가게 한다.

08. 다음 글의 빈칸에 들어갈 접속 부사로 적절한 것은?

> 최근 대표적인 게임 캐릭터인 '○○'와 '△△'를 합친 캐릭터 '△○'의 디자인 등록 결정에 대한 논란이 일고 있다. ○○ 제작사의 변호사 A는 "인기 캐릭터를 살짝 변형한 디자인만으로 디자인 등록이 가능하다면 향후 유사한 불법 복제가 발생할 경우 더 막기 어려워진다."고 주장하였다. (   ) △○ 제작사의 변호사 B는 "△○는 신규성과 창작성 등 디자인 등록 요건을 충족하였으므로 ○○ 제작사의 주장은 옳지 않다."라는 입장을 밝혔다.

① 그리고   ② 또한   ③ 이처럼
④ 반면   ⑤ 따라서

09. 다음 밑줄 친 ⊙ ~ ② 중에서 가리키는 것이 다른 하나는?

> 로빈슨은 '상응하는 신체기관을 가지지 않는다고 알려진 ⊙ 능동적 지성'에 주목하여 아리스토텔레스가 신체로부터 독립되어 존재할 수 있는 ⓒ 비물질적인 지성을 인정한다고 주장한다. 아리스토텔레스 이전에 이러한 이론의 대표자는 오르페우스교와 피타고라스 학파의 이론을 수용한 플라톤이다. 근대에 들어와 데카르트가 이 같은 이론을 재조명해 많은 영향을 미쳤다. 이 이론은 영혼(정신, 마음 또는 지성)과 신체는 같은 속성들을 전혀 공유하지 않는 두 개의 실체들이며, 따라서 신체로부터 독립되어 정신만이 존재하는 것은 논리적으로 가능하다고 보는 입장이다. 로빈슨은 아리스토텔레스가 '능동적 지성'이 신체로부터 단지 논리적으로 분리 가능한 것이 아니라 실제로 분리 가능한 것으로 본다고 여긴다. 아리스토텔레스의 심신론에 대해 다른 입장도 존재한다. 코드는 아리스토텔레스의 심신론은 몸과 마음을 이원론적으로 분리하는 것이 아니라고 지적한다. 살아 있는 생물 자체는 자연적 또는 본질적으로 ⓒ 심신의 유기체인 것이다. 코드에 따르면 물질적 신체와 ② 비물질적 영혼을 구분하는 것은 데카르트 이후의 근대적 구분법이며, 아리스토텔레스는 그러한 구분을 생각조차 할 수 없었다는 것이다. 또한 그는 '환원' 개념도 아리스토텔레스에게는 적용될 수 없다고 주장한다. '환원'은 생명이 없는 물질을 인정할 때 사용하는 반면에, 아리스토텔레스가 논의했던 물질은 생명이 있는 물질이기 때문이다.

① ⊙   ② ⓒ   ③ ⓒ

④ ②   ⑤ 모두 같다.

10. 다음 글의 짜임으로 적절한 것은?

> 글의 구조적 특징은 이야기를 이해하고 기억하는 데에도 영향을 주게 된다. 이야기의 구조는 상위 구조와 하위 구조들로 이루어지는데, 상위 구조에 속한 요소들, 즉 주제, 배경, 인물 등의 중요한 골자는 더 잘 그려지고 더 오래 기억된다. 우리가 옛날에 읽었거나 들었던 심청전을 기억할 때, 심청이 효녀라는 점, 뺑덕 어멈의 품성이 좋지 못하다는 점이 이를 뒷받침해 주는 하나하나의 구체적인 행동보다 더 잘 기억나는 것처럼 말이다.

① 전제 – 주지 – 예시   ② 전제 – 예시 – 결론   ③ 전제 – 종합 – 첨가

④ 주지 – 상술 – 첨가   ⑤ 주지 – 부연 – 예시

11. 다음 글을 읽고 유추할 수 있는 속담으로 적절한 것은?

> 대왕 단보가 빈(邠)이라는 곳에 있었을 때 오랑캐가 쳐들어왔다. 왕이 모피와 비단을 보내어 달래려 했으나 받지 않고, 이후 보낸 말도 받지 않았다. 오랑캐가 바라는 것은 땅이었다. 대왕 단보가 말했다.
>
> "나는 백성의 아비나 형과 살면서 그 아들이나 동생을 죽도록 내버려두는 일은 차마 견딜 수가 없다. 너희들은 모두 힘써 격려하며 이곳에 살도록 하라. 내 신하가 되든 오랑캐의 신하가 되든 무슨 차이가 있겠느냐. 나는 '사람을 먹여 살리는 땅을 뺏으려고 사람을 해쳐서는 안 된다'는 말을 들었다."
>
> 그래서 대왕 단보가 지팡이를 짚고 그곳을 떠나자 백성들은 서로 잇달아 그를 따랐으며, 이윽고 기산(岐山) 밑에서 나라를 다시 이룩했다.

① 민심은 천심이다.　　　　　　　　② 가난 구제는 임금도 못 한다.

③ 벙어리 호적(胡狄)을 만나다.　　　④ 사또 행차엔 비장이 죽어난다.

⑤ 사람이 돈이 없어서 못 사는 게 아니라 명이 모자라서 못 산다.

12. 다음 글을 요약한 내용으로 적절한 것은?

> 세계보건기구(WHO)가 휴대폰 전자파를 발암 가능성이 있는 물질인 'Group 2B'로 분류한 이후 전자파에 대한 사람들의 불안이 커지고 있는 가운데 이동전화의 전자파가 성인에 비해 7세 미만의 어린이들에게 더 잘 흡수된다는 조사 결과가 나왔다. 방송통신위원회는 한국전자통신연구원(ETRI)과 한국전자파학회, 단국대 의대, 이화여대 약대, 한국원자력의학원을 통해 어린이들에 대한 전자파의 영향을 조사한 결과 7세 어린이들은 성인에 비해 특정 주파수 대역에서 전자파가 더 높게 흡수되는 것으로 조사되었다고 밝혔다. 해당 주파수 대역은 FM방송 주파수 대역 등으로 활용 중인 100MHz 전후의 주파수 대역과 이동통신용 주파수 대역을 활용하고 있는 1GHz 이상의 주파수 대역이다. 국내 이동통신 서비스는 현재 800MHz 주파수를 사용하는 한 회사의 2세대(2G) 이동통신 서비스를 제외하고는 모두 1GHz 대역 이상의 주파수를 사용하고 있기 때문에 모든 휴대폰의 전자파가 어린이들에게 더 많이 흡수되는 것으로 볼 수 있다. 또한 휴대폰을 포함한 무선 기기에서 나오는 전자파가 뇌에 손상을 입혀 십대 청소년의 노화를 촉진할 수 있다는 연구결과나 휴대폰을 많이 사용하는 어린이의 주의력 결핍·과잉행동 장애(ADHD)의 발병 가능성에 대한 조사 결과가 속속 발표됨에 따라 휴대폰 전자파의 위험성에 대한 각별한 대책이 필요하게 되었다.

① 휴대폰 전자파는 성인보다 어린이들에게 더 해로울 수 있다.

② 성장기의 어린이에게 휴대폰을 사용하게 해서는 안 된다.

③ 휴대폰 전자파는 주파수 대역에 따라 흡수율이 달라진다.

④ 현재 유통되고 있는 휴대폰에서 나오는 전자파 강도는 국제기준에 비해 훨씬 낮은 수준이므로 그 영향이 크지 않다.

⑤ 휴대폰 전자파에는 발암 가능성이 있는 물질이 포함되어 있다.

13. 다음 글의 서술 방식에 대한 설명으로 옳은 것은?

> 춘향전에서 이도령과 변학도는 아주 대조적인 사람들이다. 흥부와 놀부가 대조적인 것도 물론이다. 한 사람은 하나부터 열까지가 다 좋고, 다른 사람은 모든 면에서 나쁘다. 적어도 이 이야기에 담긴 '권선징악'이라는 의도가 사람들을 그렇게 믿게 만든다.
>
> 소설만 그런 것이 아니다. 우리의 의식 속에는 은연중 이처럼 모든 사람을 좋은 사람과 나쁜 사람 두 갈래로 나누는 버릇이 있다. 그래서인지 흔히 사건을 다루는 신문 보도에는 모든 사람이 경찰 아니면 도둑놈인 것으로 단정한다. 죄를 지은 사람에 관한 보도를 보면 마치 그 사람이 죄의 화신이고, 그 사람의 이력이 죄만으로 점철되었고, 그 사람의 인격에 바른 사람으로서의 흔적이 하나도 없는 것으로 착각하게 된다.
>
> 이처럼 우리는 부분만을 보고 전체를 판단하곤 한다. 부분만을 제시하면서도 보는 이가 그 것을 전체라고 잘못 믿게 만들 뿐만 아니라, '말했다'를 '으스댔다', '우겼다', '푸념했다', '넋두 리했다', '뇌까렸다', '잡아뗐다', '말해서 빈축을 사고 있다' 같은 주관적 서술로 감정을 부추겨서 상대방으로 하여금 이성적인 사실 판단이 아닌 감정적인 심리 반응으로 얘기를 들을 수밖에 없도록 만든다.
>
> 세상에서 가장 결백해 보이는 사람일망정 남이 알지 못하는 결함이 있을 수 있고, 남들에게 가장 못된 사람으로 낙인 찍힌 사람일망정 결백한 사람에게조차 찾지 못한 아름다운 인간성이 있을지도 모른다.

① 설의법을 적절히 활용하여 내용을 강조하고 있다.

② 열거법을 통해 말하고자 하는 바를 강조하고 있다.

③ 인용을 통해 주장을 뒷받침하고 있다.

④ 두 대상을 비교하여 자세히 설명하고 있다.

⑤ 의인법을 사용하여 주장을 극대화하고 있다.

14. 다음 글의 빈칸 ㉠에 들어갈 문장으로 적절한 것은?

> 과거를 향유했던 사람들은 비교적 사람의 내면세계를 중요시했다. 겉으로 드러나는 모습은 허울에 불과하다고 믿었기 때문이다. 그러나 현 시대를 살아가는 사람들의 모습을 보면 인간 관계에 있어 그 누구도 타인의 내면세계를 깊이 알려고 하지 않는다. 또한 그럴 만한 시간적 여유도 없다. 그런 이유로 '느낌'으로 와 닿는 무언가만을 중시하며 살아간다. 그 '느낌'이란 것은 말로 설명할 수는 없지만 (㉠   ) 따라서 옷차림새나 말투 하나만 보고도 금방 어떤 '느낌'이 형성될 수도 있는 것이다.

① 사람과 사람 사이를 보이지 않게 연결해 주는 구실을 한다.
② 내면에서 우러나오는 것이기 때문이다.
③ 겉으로 드러난 모습에 의해 영향을 받기 마련이다.
④ 현 시대를 살아가는 사람에게는 매우 중요한 요소이다.
⑤ 내면세계와 밀접하게 관련되어 있음을 알 수 있다.

15. 다음 글의 빈칸 ㉠에 들어갈 문장으로 적절한 것은?

> 토크 쇼의 여왕으로 불리는 오프라 윈프리. 오프라는 출연자의 마음을 이해하는 데 있어 뛰어났고, 시카고의 30분짜리 아침 프로그램을 미국 대표 토크 쇼로 만들었다. 이것이 바로 '오프라 윈프리 쇼'다.
> 그녀는 상대방을 설득하기 위한 방법으로 다섯 가지를 들었다. 첫째, 언제나 진솔한 자세로 말한다. 둘째, 아픔을 함께하는 자세로 한다. 셋째, 항상 긍정적으로 말한다. 넷째, 사랑스럽고 따뜻한 표정으로 대화한다. 다섯째, 말할 때는 상대방을 위한다는 생각으로 정성을 들여 말한다. 그녀는 (㉠   )을 가장 잘 알고 있었던 것이다.

① 인종차별을 이겨 내기 위한 노력의 힘
② 자신의 의도를 정확하게 전달하는 비결
③ 상대방을 설득하여 협상에서 이기는 비법
④ 공감을 통한 화법이 가지는 힘
⑤ 자신의 주관을 지키는 방법

16. 다음의 (가), (나)를 읽고 도출할 수 있는 결론으로 적절한 것은?

> (가) 지난해 정부에서는 정보격차 해소를 위해 저소득층 가정의 아이들에게 컴퓨터 등의 정보 통신기기를 보급하였다. 이를 통해 저소득층 아이들의 정보 접근성 및 활용능력이 향상 되고 학업성적의 향상에도 도움이 될 것으로 전망하였다. 그런데 올해 정보 통신기기를 지원받은 아이들의 학업성적을 살펴본 결과, 성적이 오른 아이들은 소수에 불과하고 대 부분이 전과 유사한 성적에 머물거나 오히려 하락한 것으로 나타났다.
>
> (나) 정보 통신기기의 보급은 아이들로 하여금 다양한 지식을 쉽게 얻을 수 있도록 한다는 점에서 도움이 되지만, 수업에 대한 흥미와 집중력이 낮아지고 공부를 소홀히 하는 행동 등을 유발하여 학업성적이 떨어지는 이유가 되기도 한다. 그런데 정보 통신기기로 인한 학업성적의 하락은 저소득층 가정의 아이들에게서 더 큰 폭으로 나타나는데, 이러한 결 과는 부모들의 관리에서 비롯된다고 보는 견해가 있다. 대부분 고소득층의 부모들은 자 녀의 기기 활용에 대해 관리와 통제를 가하지만, 저소득층의 부모들은 이러한 관리에 대 해 소홀한 경향이 있기 때문이다.

① 정보 통신기기의 보급은 정보격차 해소에는 도움이 되지만 아이들의 학업수준에는 부정적인 영 향을 미친다.

② 정보 통신기기의 보급을 통하여 부모들의 소득수준과 아이들의 학업수준과의 관련성을 찾아볼 수 있다.

③ 저소득층 아이들의 학업성적은 정보 통신기기의 보급에 따라 영향을 받으므로 적절한 조절을 통해 아이들의 성적향상을 도울 수 있다.

④ 저소득층의 정보 통신기기 보급률은 고소득층보다 낮은 수준으로, 이로 인한 정보수준의 격차가 아이들의 학업에 영향을 미친다.

⑤ 아이들의 학업성적은 정보 통신기기의 보급보다 기기에 대한 관리와 통제가 더 중요하게 작용 한다.

17. 다음 글의 중심내용으로 적절한 것은?

우리의 생각과 판단은 언어에 의해 결정되는가 아니면 경험에 의해 결정되는가? 즉 언어결정론이 옳은가 아니면 경험결정론이 옳은가? 언어결정론자들은 우리의 생각과 판단이 언어를 반영하고 있고 실제로 언어에 의해 결정된다고 주장한다. 눈에 관한 에스키모인들의 언어를 생각해 보자. 언어결정론자들의 주장에 따르면 에스키모인들은 눈에 관한 다양한 언어 표현들을 갖고 있어서 눈이 올 때 우리가 미처 파악하지 못한 미묘한 차이점들을 찾아낼 수 있다. 또한, 언어결정론자들은 '노랗다', '샛노랗다', '누르스름하다' 등 노랑에 대한 다양한 우리말 표현들이 있어서 노란색들의 미묘한 차이가 구분되고 그 덕분에 색에 관한 우리의 인지 능력이 다른 언어 사용자들보다 뛰어나다고 본다. 이렇듯 언어결정론자들은 사용하는 언어에 의해서 우리의 사고 능력이 결정된다고 말한다.

하지만 정말 그럴까? 모든 색은 명도와 채도에 따라 구성된 스펙트럼 속에 놓이고, 각각의 색은 여러 언어로 표현될 수 있다. 이러한 사실에 비추어 보면 우리말이 다른 언어에 비해 보다 풍부한 색 표현을 갖고 있다고 볼 수 없다. 나아가 더 풍부한 표현을 가진 언어를 사용함에도 불구하고 인지 능력이 뛰어나지 못한 경우들도 발견할 수 있다. 따라서 우리의 생각과 판단은 언어가 아닌 경험에 의해 결정된다고 보는 것이 옳으며 언어결정론자들의 주장과 달리, 다양한 언어적 표현은 다양한 경험에서 비롯된 것이라고 보는 것이 더 적절하다.

① 우리말은 다른 언어들에 비해 색깔 사이의 미묘한 느낌을 잘 표현할 수 있다.
② 인간의 인지 능력은 언어 표현이 풍부해질수록 발달하는 경향을 보인다.
③ 언어와 경험 외에도 우리의 생각과 판단을 결정할 수 있는 다른 요인들이 존재한다.
④ 언어가 존재하지 않는다면 인간은 다양한 생각과 올바른 판단을 할 수가 없다.
⑤ 언어결정론자들의 의견과 달리 인간의 사고는 다양한 경험에 의해 영향을 받는다.

18. 다음 글의 제목으로 적절한 것은?

현대인의 삶의 질이 점차 향상됨에 따라 도시공원에 대한 관심도 함께 높아지고 있다. 도시공원은 자연 경관을 보호하고, 사람들의 건강과 휴양, 정서 생활을 위하여 도시나 근교에 만든 공원을 말한다. 또한 도시공원은 휴식을 취할 수 있는 공간인 동시에 여러 사람과 만날 수 있는 소통의 장이기도 하다.

도시공원은 사람들이 선호하는 도시 시설 가운데 하나이지만 노인, 어린이, 장애인, 임산부 등 사회적 약자들은 이용하기 어려운 경우가 많다. 사회적 약자들은 그들의 신체적 제약으로 인해 도시공원에 접근하거나 이용하기에 열악한 상황에 놓여 있기 때문이다.

우선, 도시공원은 대중교통을 이용해서 가기 어려운 위치에 있는 경우가 많다. 또한 공원에 간다 하더라도 사회적 약자를 미처 배려하지 못한 시설들이 대부분이다. 동선이 복잡하거나 안내 표시가 없어서 불편을 겪는 경우도 있다. 이런 물리적·사회적 문제점들로 인해 실제 공원을 찾는 사회적 약자는 처음 공원 설치 시 기대했던 인원보다 매우 적은 편이다. 도시공원은 일반인뿐 아니라 사회적 약자들도 동등하게 이용할 수 있는 공간이어야 한다. 그러기 위해서는 도시 공간 계획 및 기준 설정을 할 때 다른 시설들과 실질적으로 연계가 되도록 제도적·물리적으로 정비되어야 한다. 사회적 약자에게 필요한 것은 작은 공간이더라도 편안하게 접근할 수 있고 사람들과 소통하고 쉴 수 있는 공간이다.

① 도시공원의 생태학적 특성
② 도시의 자연 경관을 보호하는 도시공원
③ 모두가 여유롭게 쉴 수 있는 도시공원
④ 도시공원, 사회적 약자만이 이용할 수 있는 쉼터
⑤ 공원 이용 활성화를 위한 도시공원 안내 표지판의 필요성

19. 다음 개요의 빈칸 (가) ~ (마)에 들어갈 내용으로 적절하지 않은 것은?

〈개요〉

주제 : 지방자치단체는 생활 체육에 관한 정책을 수립하고 이를 활성화해야 한다.

서론 : 생활 체육의 필요성
　　가. _____(가)_____
　　나. 지역 사회의 연대감 및 공동체 의식 함양

본론 1 : 생활 체육 활성화의 장애 요인
　　가. _____(나)_____
　　나. 생활 체육 프로그램의 부족
　　다. _____(다)_____
　　라. 지방자치단체의 행정적 · 재정적 지원 미흡

본론 2 : 생활 체육 활성화 방안
　　가. 홍보 강화를 통한 주민들의 관심 유도
　　나. 다양한 생활 체육 프로그램 개발
　　다. 생활 체육 시설의 확충
　　라. _____(라)_____

결론 : _____(마)_____

---

① (가) - 개인의 건강 증진과 여가 활용
② (나) - 생활 체육 활동에 대한 주민들의 무관심
③ (다) - 생활 체육 시설의 미비
④ (라) - 지방자치단체의 정책적 지원과 예산 확대
⑤ (마) - 국민의 풍요로운 생활 도모

20. 다음 글을 읽고 제시한 견해로 적절하지 않은 것은?

> 한국 사회는 이미 '초저출산 사회'로 접어들었고, 최근에는 초저출산 현상이 심화되는 양상이다. 초저출산 현상은 여성 1명이 평생 낳을 수 있는 평균 자녀 수인 합계출산율이 1.3명 이하인 경우를 말한다. 일선 지방자치단체들이 인구 증가시책의 하나로 출산·양육지원금을 경쟁적으로 늘리고 있으나 출생아는 물론 오히려 인구까지 줄고 있다.
>
> 전북 진안군은 파격적인 출산장려금 지원에도 좀처럼 인구가 늘지 않아 고민이다. 2013년 2만 7천6명이었던 진안군 인구는 지난해 2만 6천14명으로 줄었다. 해마다 감소하는 출산율을 높이기 위해 지난해 출산장려금을 대폭 늘렸는데도 효과를 보지 못했다. 진안군은 2007년부터 첫째·둘째 120만 원, 셋째 이상 450만 원씩 지원하던 출산장려금을 지난해 각 360만 원과 1천만 원으로 늘렸다. 열악한 군의 재정 상황에도 인구를 늘리기 위한 고육지책이었다. 경북 영덕군은 첫째 출산 때 30만 원, 둘째 50만 원, 셋째 이상 100만 원을 주고 첫돌에 30만 원, 초등학교 입학 때는 40만 원을 준다. 하지만 2013년 말, 인구가 4만 142명에서 2014년 3만 9천586명으로 4만 명 선이 무너졌다. 이후에도 2015년 3만 9천191명, 2016년 3만 9천52명에서 2017년 6월 3만 8천703명으로 계속 감소하고 있다.
>
> 정부도 저출산 문제 해결을 위해 2006년부터 10여 년간 저출산·고령사회 대책 마련에 100조 원가량을 쏟아 부었지만 별 효과를 보지 못하고 있다. 출산율은 결국 출산과 교육 등 사회양육 환경, 소득 등 경제 여건 등에 많이 좌우되기 때문에 일시적 지원금은 출산율 제고에 한계가 있으며 부수적 요소에 지나지 않는다.

① 우리나라는 지속적인 출산율 저하로 초저출산현상을 겪고 있다.

② 일회적이고 단편적인 지원책으로는 출산율을 늘리는 데 한계가 있다.

③ 일선 지방자치단체들이 인구 증가시책의 하나로 출산·양육지원금제도를 시행하고 있으나 오히려 인구가 줄고 있다.

④ 국가 차원의 보육체계 강화나 인식의 전환 없는 대책은 그 효과가 제한적일 수밖에 없다.

⑤ 지방자치단체들은 출산율을 높이기에 실효성 있는 지원금 액수가 얼마 정도인지 제대로 파악하지 못하고 있다.

영역 2 **언어·수추리** 20문항/25분

01. 총무팀 사원 중 사내 운동 동호회 활동을 하는 사람은 총 13명이다. 다음 운동 동호회 활동에 대한 〈정보〉가 모두 참일 때, 〈보기〉의 진술 중 항상 참이 아닌 것은?

───| 정보 |───

- 총무팀 사원이 활동하는 운동 동호회는 마라톤부, 산악회, 축구부 총 세 개다.
- 모든 총무팀 사원은 2개 이상의 운동 동호회 활동을 할 수 없으며, 1개의 동호회만 활동해야 한다.
- 마라톤부 활동을 하는 총무팀 사원수는 산악회 활동을 하는 총무팀 사원수보다 많다.
- 축구부 활동을 하는 총무팀 사원수는 마라톤부 활동을 하는 총무팀 사원수보다 많다.
- 각 운동 동호회에는 최소 1명 이상의 사원이 활동하고 있다.

───| 보기 |───

A : 마라톤부 활동을 하는 총무팀 사원이 4명이라면, 축구부 활동을 하는 총무팀 사원은 7명이다.

B : 산악회 활동을 하는 총무팀 사원이 3명이라면, 축구부 활동을 하는 총무팀 사원은 6명이다.

C : 축구부 활동을 하는 총무팀 사원이 9명이라면, 산악회 활동을 하는 총무팀 사원은 1명이다.

① A 　　　② B 　　　③ A, B

④ A, C 　　　⑤ B, C

02. □□기업의 인사 담당자인 갑, 을, 병, 정, 무는 부서 변경에 대해 각각 찬성, 반대, 기권의 의견을 제시한 후 다음과 같이 각각 두 개의 진술을 했다. 다섯 사람의 두 진술에서 하나는 진실이고 하나는 거짓일 때, 반드시 진실인 것은?

> 갑 : 나는 찬성하였고, 을은 기권하였다.
> 을 : 나는 기권하였고, 병은 찬성하였다.
> 병 : 나는 기권하였고, 을도 기권하였다.
> 정 : 나는 찬성하였고, 무는 반대하였다.
> 무 : 나는 반대하였고, 갑도 반대하였다.

① 갑은 찬성하지 않았다.　　　　　　② 을은 기권하지 않았다.

③ 병은 반대하지 않았다.　　　　　　④ 정은 찬성하지 않았다.

⑤ 무는 반대하지 않았다.

03. ○○대학교는 제2캠퍼스를 다른 지역에 유치하면서 본부 건물 1층에 교무처, 학생처, 연구처, 기획협력처, 사무국, 입학본부 여섯 개 부서의 사무실을 다음의 배치 계획에 따라 배치하고자 한다. 학생처가 두 번째 자리에 배치되었을 경우, 여섯 번째 자리에 배치되는 부서는?

> **〈사무실 배치 계획〉**
> • 교무처와 연구처 사이에는 아무 부서도 배치되지 않는다.
> • 사무국과 입학본부 사이에는 아무 부서도 배치되지 않는다.
> • 교무처와 학생처 사이에는 두 부서가 배치된다.
> • 맨 왼쪽 자리를 첫 번째 자리로 지정하고, 왼쪽부터 일렬로 사무실을 배치한다.

① 연구처　　　　　　② 입학본부　　　　　　③ 사무국

④ 교무처　　　　　　⑤ 기획협력처

04. A, B, C, D 4명의 학생은 기숙사 방 4개를 나란히 사용하고 있다. 각각 종로, 잠실, 왕십리, 송파 중 한 곳에 집을 두고 있으며 다음의 진술이 모두 참이라고 할 때 옳은 설명은? (단, 방 4개는 일렬로 배치되어 있으며 왼쪽부터 첫 번째 방이다)

- C는 잠실에 집을 둔 학생의 왼쪽에 있다.
- B는 D의 옆방에 있다.
- B는 세 번째 방에 살고 있지 않다.
- 송파에 집을 둔 학생은 C와 방 1개를 사이에 두고 있다.
- 종로에 집을 둔 학생은 두 번째 방에 살고 있지 않다.
- 두 번째 방에 살고 있는 학생은 C이다.

① D는 네 번째 방을 사용하고 있다.
② 왕십리에 집을 둔 학생은 C이다.
③ A는 세 번째 방을 사용하고 있다.
④ A는 종로, B는 송파, C는 잠실, D는 왕십리에 집을 두고 있다.
⑤ B는 두 번째 방을 사용하고 있다.

05. 김정식, 김병연, 허초희, 백기행, 정지용은 이번에 최종합격한 신입사원들이다. 다음 나열된 정보들이 모두 거짓일 때, 자신이 배정받은 팀을 정확히 알 수 있는 신입사원은? (단, 신입사원은 모두 다른 팀에 배정된다)

- 김병연은 영업팀 또는 홍보팀이다.
- 백기행은 재무팀 또는 개발팀이다.
- 허초희는 홍보팀이다.
- 김병연은 설계팀이다.
- 정지용, 백기행 중에 한 명은 영업팀이다.
- 김정식, 정지용 중에 한 명은 재무팀이다.
- 허초희, 백기행 중에 한 명은 설계팀이다.

① 김정식 ② 김병연 ③ 허초희
④ 백기행 ⑤ 정지용

06. ○○기업 체육대회에서 A ~ E 5명이 달리기 시합을 했다. 결과가 다음과 같을 때, E의 등수는?

- B와 D는 E보다 먼저 결승선을 통과했다.
- A와 D는 연속해서 결승선에 들어왔다.
- C와 E는 연속해서 결승선에 들어왔다.
- B와 C의 등수는 홀수이고, D의 등수는 짝수이다.

① 1등   ② 2등   ③ 3등

④ 4등   ⑤ 5등

07. 다음의 진술이 모두 참일 경우, E 사원보다 먼저 퇴근한 사람은 모두 몇 명인가?

- A 사원은 B 사원보다 먼저 퇴근했다.
- B 사원은 C 사원보다 늦게 퇴근했다.
- C 사원은 A 사원보다 늦게 퇴근했다.
- D 사원은 A 사원보다 먼저 퇴근했다.
- C 사원은 E 사원보다 먼저 퇴근했다.

① 1명   ② 2명   ③ 3명

④ 4명   ⑤ 알 수 없다.

08. 다음 중 명제 '외향적인 성격은 외국어를 쉽게 배운다'가 성립하기 위해 추가로 필요한 명제로 적절한 것은? (단, 말하는 것을 좋아하거나 싫어하는 경우만 고려한다)

> • 내향적인 성격은 사람을 사귀는 것이 어렵다.
> • 외국어를 쉽게 배우지 못하는 사람은 말하는 것을 싫어한다.
> _____

① 내향적인 성격은 말하는 것을 싫어한다.
② 내향적인 성격은 외국어를 쉽게 배우지 못한다.
③ 외향적인 성격은 말하는 것을 좋아한다.
④ 외향적인 성격은 사람을 사귀는 것이 어렵지 않다.
⑤ 외국어를 쉽게 배우는 사람은 말하는 것을 좋아한다.

[09 ~ 10] 다음 문자들의 배열 규칙을 찾아 빈칸에 들어갈 알맞은 문자를 고르시오.

09.

| C F E H G ( ) |

① J ② K ③ M
④ Q ⑤ H

10.

| M L P O S ( ) |

① Q ② R ③ T
④ U ⑤ B

[11 ~ 20] 다음 수열의 일정한 규칙을 찾아 빈칸에 들어갈 알맞은 수를 고르시오.

11.

| 21 | 19 | 15 | 7 | ( ) | −41 | −105 |

① 1 ② −3 ③ −5
④ −9 ⑤ −10

12.

| 7 | 15 | 12 | 13 | 16 | 12 | 19 | 12 | ( ) |

① 18 ② 19 ③ 20
④ 21 ⑤ 22

13.

| 2.2 | 4.3 | 6.6 | 9.1 | 11.8 | 14.7 | ( ) |

① 15.9 ② 17.8 ③ 19.2
④ 21.1 ⑤ 22.5

14.

| 3 | 4 | 9 | 8 | 15 | 12 | 21 | 16 | 27 | 20 | ( ) |

① 29 ② 31 ③ 33
④ 35 ⑤ 36

15.

| 3 5 8 13 21 ( ) 50 |

① 33   ② 42   ③ 44
④ 52   ⑤ 55

16.

| 1 5 20 16 19 57 54 56 ( ) 110 |

① 56   ② 58   ③ 112
④ 114   ⑤ 115

17.

| 6 4 27 5 ( ) 33 5 5 28 |

① 4   ② 5   ③ 6
④ 7   ⑤ 8

18.

2 1 2 18   2 3 10 250   3 4 5 (   )

① 84　　　　　　② 169　　　　　③ 212
④ 245　　　　　　⑤ 250

19.

2   7   10   17   23   34   43   (   )

① 51　　　　　　② 59　　　　　③ 62
④ 74　　　　　　⑤ 75

20.

2.3   3.9   6.7   10.7   15.9   (   )

① 18.9　　　　　② 22.3　　　　③ 23.4
④ 25.9　　　　　⑤ 27.3

영역 3 수리 20문항/25분

01. 다음 자료에 대한 분석으로 옳은 것은?

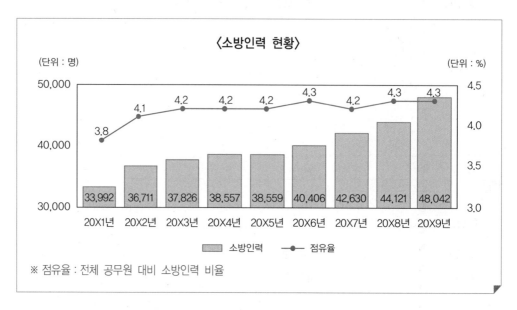

〈소방인력 현황〉

(단위 : 명) / (단위 : %)

※ 점유율 : 전체 공무원 대비 소방인력 비율

① 분석기간 중 전년 대비 소방인력 수가 가장 큰 비율로 증가한 해는 20X2년이다.

② 분석기간 중 전체 공무원 대비 소방인력 비율은 매년 4%를 초과한다.

③ 20X9년 소방인력은 8년 전 대비 1만 5천 명 이상 증가하였다.

④ 20X6년부터 20X9년까지 소방인력은 매년 4만 명 이상이다.

⑤ 20X1년 전체 공무원 수는 100만 명 이상이다.

02. 다음 자료에 대한 설명으로 옳지 않은 것은?

〈S사 연구기관 직종별 인력 현황〉

구분	연도	20X5	20X6	20X7	20X8	20X9
정원(명)	연구 인력	80	80	85	90	95
	지원 인력	15	15	18	20	25
	계	95	95	103	110	120
현원(명)	연구 인력	79	79	77	75	72
	지원 인력	12	14	17	21	25
	계	91	93	94	96	97
박사학위 소지자(명)	연구 인력	52	53	51	52	55
	지원 인력	3	3	3	3	3
	계	55	56	54	55	58
평균 연령 (세)	연구 인력	42.1	43.1	41.2	42.2	39.8
	지원 인력	43.8	45.1	46.1	47.1	45.5
평균 연봉 지급액(만 원)	연구 인력	4,705	5,120	4,998	5,212	5,430
	지원 인력	4,954	5,045	4,725	4,615	4,540

※ 충원율(%) = $\dfrac{\text{현원}}{\text{정원}} \times 100$

① 지원 인력의 충원율이 100을 초과하는 해가 있다.

② 연구 인력과 지원 인력의 평균 연령 차이는 전년 대비 계속해서 커지고 있다.

③ 지원 인력 가운데 박사학위 소지자의 비율은 매년 줄어들고 있다.

④ 20X6년 이후로 지원 인력의 평균 연봉 지급액이 연구 인력을 앞지른 해는 없다.

⑤ 20X5년 대비 20X9년의 정원 증가율은 26%를 초과한다.

03. 다음 자료에 대한 설명으로 옳지 않은 것은? (단, 소수점 이하는 버린다)

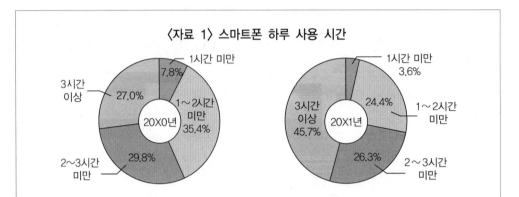

〈자료 1〉 스마트폰 하루 사용 시간

20X0년
- 1시간 미만 7.8%
- 1~2시간 미만 35.4%
- 2~3시간 미만 29.8%
- 3시간 이상 27.0%

20X1년
- 1시간 미만 3.6%
- 1~2시간 미만 24.4%
- 2~3시간 미만 26.3%
- 3시간 이상 45.7%

〈자료 2〉 스마트폰 사용 서비스

구분		20X0년	20X1년
스마트폰을 통한 모바일 인터넷 사용 시간		1시간 35분	1시간 36분
하루 평균 사용 시간		2시간 13분	2시간 51분
스마트폰 주 사용 서비스 (상위 5위)	채팅, 메신저	81.2%	79.4%
	음성 / 영상통화	69.7%	70.7%
	검색	42.8%	44.0%
	문자메시지	43.4%	40.0%
	게임	31.3%	29.6%

※ 20X1년 국내 스마트폰 가입자 수 : 4,083만 6,533명
※ 20X1년 국내 이동통신 가입자 수 : 5,136만 명
※ 20X1년 스마트폰 사용 실태 조사 응답자 수 : 1,256만 1,236명

① 20X1년을 기준으로 우리나라 이동통신에 가입된 사람들 5명 중 4명은 스마트폰을 사용하고 있다.

② 20X1년 하루 평균 스마트폰 사용 시간은 전년 대비 약 28% 증가하였다.

③ 20X1년 스마트폰 하루 사용 시간이 2시간 이상인 응답자의 비율은 전년 대비 약 15.2%p 증가하였다.

④ 20X1년 스마트폰 주사용 서비스 1위 응답자 수와 4, 5위를 합한 응답자 수의 차이는 약 120만 명이다.

⑤ 스마트폰 주 사용 서비스 중 게임을 선택한 응답자 수는 20X0년이 20X1년보다 약 5,000명 정도 더 많다.

04. 다음 20XX년 월별·도시별 미세먼지(PM2.5) 대기오염도에 관한 자료에 대한 설명으로 옳은 것은?

〈미세먼지(PM2.5) 대기오염도〉

(단위 : μg/m³)

구분	1월	2월	3월	4월	5월
서울	29	28	25	21	19
인천	27	23	21	16	15
부산	21	22	16	17	17
대구	26	26	20	18	20
광주	27	21	18	17	18

① 조사기간 동안 미세먼지(PM2.5) 대기오염도는 항상 부산이 가장 낮았다.

② 조사기간 동안 미세먼지(PM2.5) 대기오염도는 항상 서울이 가장 높았다.

③ 조사기간 중 미세먼지(PM2.5) 대기오염도는 평균적으로 1월에 가장 높았다.

④ 조사기간 동안 5개 지역의 미세먼지(PM2.5) 대기오염도는 지속적으로 감소했다.

⑤ 조사기간 중 가장 낮은 미세먼지(PM2.5) 대기오염도를 기록한 지역은 광주다.

05. 다음 자료에 대한 설명으로 옳은 것은?

〈신문 구독 여부〉

(단위 : %)

구분		신문을 본다고 응답한 비율	일반 신문	인터넷 신문
2019년	전체	75.6	67.8	77.9
2021년*	남자	79.5	61.9	80.6
	여자	65.8	50.0	82.5

*2021년 조사 대상 남녀의 수는 동일함.

① 2019년에 신문을 본다고 응답한 사람 중 일반 신문과 인터넷 신문을 모두 보는 사람의 비율은 최소 67.8%이다.

② 2019년과 2021년 모두에서 신문을 본다고 응답한 인구수는 여자보다 남자가 더 많다.

③ 2021년 남자 응답자 중 인터넷 신문을 본다고 응답한 사람의 비율은 62.94%이다.

④ 2021년에 신문을 본다고 응답한 사람의 수는 2019년에 비해 증가했다.

⑤ 2021년에 신문을 본다고 응답한 사람 중 일반 신문을 본다고 응답한 인구수는 남자가 여자보다 많다.

[06 ~ 07] 다음은 연도별 수출 및 무역수지를 나타낸 표이다. 이어지는 질문에 답하시오.

(단위 : 억 달러)

구분	수출	수입	무역수지
20X1년	3,255	3,094	161
20X2년	3,715	3,568	147
20X3년	4,220	4,353	−133
20X4년	3,635	3,231	404
20X5년	4,674	4,257	417

06. 다음 〈보기〉 중 위 표에 대한 설명으로 옳은 것을 모두 고르면?

─┤ 보기 ├─

㉠ 20X3년부터 20X5년까지 수출과 수입금액의 평균은 약 4,025억 달러이다.

㉡ 수출과 수입의 격차가 가장 큰 해는 20X4년도이다.

㉢ 20X6년의 수입이 14.6% 증가할 것이라 예상했을 때, 수입금액은 약 4,878억 달러이다.

㉣ 무역수지가 적자였던 해는 20X2년이다.

㉤ 20X5년 전체 무역금액에서 수출금액은 약 50% 이상을 차지한다.

① ㉠, ㉡   ② ㉠, ㉤   ③ ㉡, ㉢

④ ㉢, ㉤   ⑤ ㉣, ㉤

07. 20X5년 수출 품목 중 자동차가 39.3%를 차지한다고 했을 때, 자동차의 수출금액은? (단, 소수점 이하는 버린다)

① 1,474억 달러   ② 1,633억 달러   ③ 1,723억 달러

④ 1,836억 달러   ⑤ 1,900억 달러

08. 다음은 K 그룹의 채용에 지원서를 접수한 지원자 수와 비율에 대한 자료이다. 이에 대한 설명으로 알맞지 않은 것은? (단, 소수점 둘째 자리에서 반올림한다)

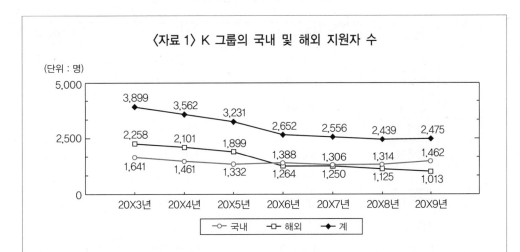

〈자료 1〉 K 그룹의 국내 및 해외 지원자 수

〈자료 2〉 K 그룹의 국내 및 해외 지원자 비율

(단위 : %)

구분	20X3년	20X4년	20X5년	20X6년	20X7년	20X8년	20X9년
국내	42.1	41.0	41.2	52.3	51.1	53.9	(A)
해외	57.9	59.0	58.8	47.7	48.9	46.1	(B)
합계	100.0	100.0	100.0	100.0	100.0	100.0	100.0

① 전체 지원자 수에서 해외 지원자의 수가 전반적으로 감소하는 추세이다.

② 20X9년 전체 지원자 대비 국내 지원자의 비율은 약 59.1%에 해당한다.

③ 20X3년 대비 20X9년 전체 지원자 수는 1,424명 감소하였다.

④ 20X5년 대비 20X6년 전체 지원자 수는 약 25% 급감하였다.

⑤ (A)는 (B)보다 약 18.2%p 높다.

09. 다음 자료에서 재해율이 가장 높은 지역은?

〈20XX년 지역별 산업재해조사 현황〉

(단위 : 개, 명)

구분	사업장 수	근로자 수	재해자 수
전국	1,292,696	11,688,797	89,910
서울특별시	349,046	2,974,209	13,660
부산광역시	85,390	689,773	6,272
대구광역시	69,933	558,975	4,857
인천광역시	66,988	602,112	5,517
광주광역시	41,794	353,020	2,998
대전광역시	38,833	383,659	2,843
강원도	46,471	375,840	3,934
경기도	266,943	2,434,619	21,211
충청북도	41,264	380,707	3,052
충청남도	40,604	449,547	3,358
전라북도	42,469	334,537	3,594
전라남도	35,627	354,177	2,479
경상북도	46,583	516,799	3,904
경상남도	106,406	1,182,260	11,412
제주도	14,345	98,563	819

※ 재해율(%) $= \dfrac{\text{재해 근로자}}{\text{전체 근로자}} \times 100$

① 서울특별시   ② 강원도   ③ 전라북도
④ 경상남도   ⑤ 인천광역시

10. 시속 4km로 걷는 인성과 시속 6km로 걷는 효진이 서로 12km 떨어진 거리에 서 있다. 두 사람이 서로를 향해 걸을 때 만나는 것은 출발한 시점으로부터 몇 시간이 지난 후인가?

① 1시간 후   ② 1시간 12분 후   ③ 1시간 24분 후
④ 1시간 36분 후   ⑤ 2시간 10분 후

11. 눈이 온 다음날 또다시 눈이 내릴 확률은 $\frac{2}{5}$이고, 눈이 오지 않은 다음날에 눈이 내릴 확률은 $\frac{1}{6}$이다. 만약 월요일에 눈이 내렸다면 이틀 후인 수요일에 눈이 내릴 확률은?

① $\frac{13}{50}$　　　　　　② $\frac{29}{50}$　　　　　　③ $\frac{11}{30}$

④ $\frac{17}{30}$　　　　　　⑤ $\frac{19}{30}$

12. 성씨가 다른 6명의 사원이 원탁에 앉아 있다. 이 여섯 명 중 두 명은 나란히 앉아야 할 때, 이들이 원탁에 앉을 수 있는 경우의 수는?

① 8가지　　　　　　② 16가지　　　　　　③ 24가지

④ 36가지　　　　　　⑤ 48가지

13. 물품구매를 담당하고 있는 김 대리는 흰색 A4 용지 50박스와 컬러 A4 용지 10박스를 구매하는데 5,000원 할인 쿠폰을 사용해서 총 1,675,000원을 지출했다. 컬러 용지 한 박스의 단가가 흰색 용지 한 박스보다 2배 높았다면 흰색 A4 용지 한 박스의 단가는 얼마인가?

① 20,000원　　　　　　② 22,000원　　　　　　③ 24,000원

④ 26,000원　　　　　　⑤ 28,000원

14. A가 하면 18일, B가 하면 27일 걸리는 일이 있다. 함께 일을 시작했지만 B가 일을 그만두게 되어 남은 일은 A 혼자 16일이 걸려 끝냈다. 이 중 B가 참여하지 않은 날은 며칠인가?

① 9일　　　　　　② 10일　　　　　　③ 11일

④ 12일　　　　　　⑤ 13일

15. A 카드회사의 현금서비스 이자율은 4%이다. 이번 달 A 카드회사의 현금서비스 청구금액이 54,080 원이었다면 이자는 얼마인가?

① 1,960원 ② 2,080원 ③ 2,860원
④ 3,120원 ⑤ 3,200원

16. 현재 어머니의 나이는 아버지 나이의 $\frac{4}{5}$이다. 2년 후에 아들의 나이는 아버지 나이의 $\frac{1}{3}$이 되며 아들과 어머니의 나이를 합하면 65세가 된다. 3명의 현재 나이를 모두 합하면 몇 살인가?

① 116세 ② 120세 ③ 124세
④ 128세 ⑤ 130세

17. A, B, C, D 4개 수의 평균이 18이고 B, C의 평균이 17이며 B, C, D의 평균이 20일 때 A, D의 평균은?

① 10 ② 15 ③ 19
④ 21 ⑤ 22

18. K 그룹 신입사원들이 인원수에 맞게 방을 배정하려고 한다. 한 방에 6명씩 들어가면 4명이 남고, 한 방에 8명씩 들어가면 방이 3개 남고 마지막 방에는 2명만 들어가게 된다. 신입사원은 모두 몇 명인가?

① 88명 ② 92명 ③ 102명
④ 106명 ⑤ 108명

19. 25문항짜리 시험에서 1문항당 배점은 4점이며, 오답일 경우 2점 감점이 된다. A가 58점을 받았다고 할 때, 맞은 문제는 총 몇 개인가?

① 14개 ② 15개 ③ 16개
④ 17개 ⑤ 18개

20. 10명의 사원들에게 25, 26, 27일 중 하루를 특별휴가로 지급하려 한다. 하루에 휴가를 쓸 수 있는 인원이 최대 3명이라면 휴가를 분배할 수 있는 경우는 총 몇 가지인가? (단, 휴가를 가지 않는 직원은 없다)

① 10가지 ② 16가지 ③ 48가지
④ 80가지 ⑤ 100가지

영역 4 도형

15문항/20분

[01 ~ 03] 다음은 각 기호의 규칙에 의한 도형의 변화를 나타낸 것이다. '?'에 들어갈 알맞은 도형을 고르시오.

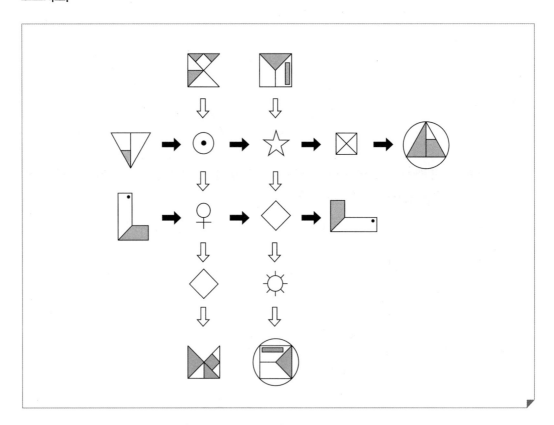

01.

① ② ③

④ ⑤

02.

① ② ③

④ ⑤

03.

① ② ③

④ ⑤

[04 ~ 06] 다음 그림에서 각 기호들은 일정한 규칙에 따라 도형을 변화시킨다. 규칙을 추론하여 '?'에 들어갈 알맞은 도형을 고르시오.

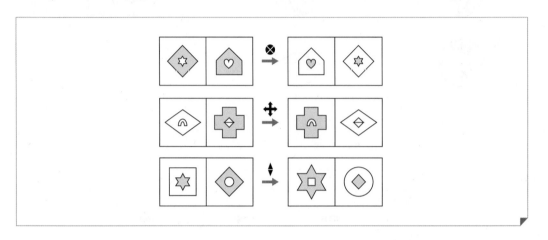

04.

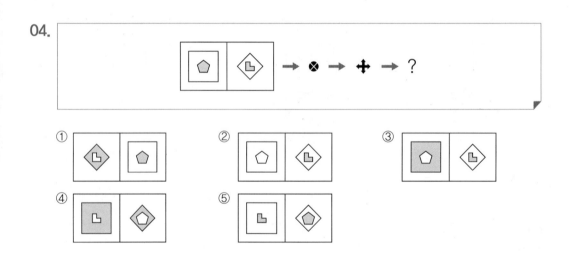

05.

① 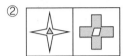　　② 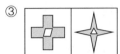　　③

④　　⑤

06.

① 　　② 　　③

④ 　　⑤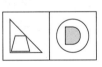

[07 ~ 09] 다음 제시된 규칙을 따를 때 '?'에 들어갈 알맞은 도형을 고르시오.

07.

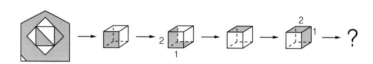

①

②

③

④

⑤

08.

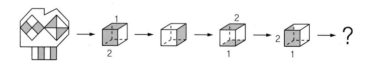

① 　　② 　　③

④ 　　⑤

09.

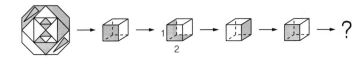

① 　　② 　　③

④ 　　⑤

[10 ~ 12] 다음 제시된 규칙에 따라 도형을 변환시킬 때, '?'에 들어갈 도형을 고르시오.

┤규칙├

∞ : 가장 안쪽 도형의 모양으로 테두리를 그린다.

★ : 가장 바깥 도형을 반시계 방향으로 90도 회전시킨다.

♂ : 가장 안쪽 도형을 시계 방향으로 90도 회전시킨다.

◆ : 가장 안쪽 도형을 180도 회전시킨다.

10.

 ➡ ★ ➡ ∞ ➡ ?

① 　②　③

④ 　⑤

11.

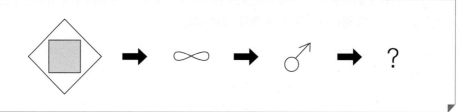

①

②

③

④

⑤

12.

①

②

③

④
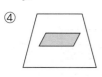

⑤

[13 ~ 15] 다음 흐름도에서 각각의 기호들은 정해진 규칙에 따라 도형을 변화시키는 암호의 약속을 나타낸 것이다. ?에 들어갈 알맞은 도형을 고르시오.

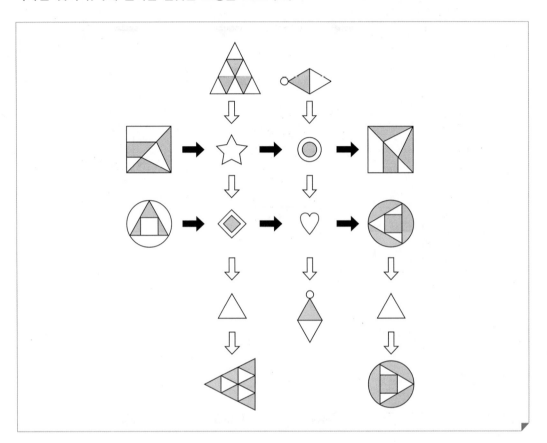

13.

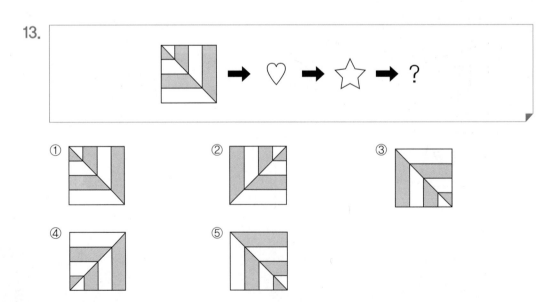

14.

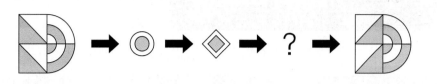

①

②

③

④

⑤

15.

①

②

③

④

⑤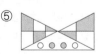

문항수 | 75문항
시험시간 | 90분

▶ 정답과 해설 31쪽

인적성 **3회 기출유형문제**

영역 1 **언어** 20문항/20분

---

01. 다음 글의 주제로 가장 적절한 것은?

전쟁을 다룬 소설 중에는 실재했던 전쟁을 제재로 한 작품들이 있다. 이런 작품들은 허구를 매개로 실재했던 전쟁을 새롭게 조명하고 있다. 가령 『박씨전』의 후반부는 병자호란의 패전을 있는 그대로 받아들이고 싶지 않았던 조선 사람들의 욕망에 따라, 허구적 인물인 박 씨가 패전의 고통을 안겼던 실존 인물 용골대를 물리치는 장면을 중심으로 허구화되어 전개되었다.

외적에 휘둘린 무능한 관군 탓에 병자호란 당시 여성은 전쟁의 큰 피해자였다. 『박씨전』에서는 이 비극적 체험을 재구성하여 전화를 피하기 위한 장소인 피화당(避禍堂)에서 여성 인물과 적군이 전투를 벌이는 장면을 설정하기도 한다. 이들 간의 대립 구도에서 전개되는 이야기는 조선 사람들의 슬픔을 위로하고 희생자를 추모함으로써 공동체의 연대감을 강화하였다. 한편, 『시장과 전장』은 한국 전쟁이 남긴 상흔을 직시하고 이에 좌절하지 않으려던 작가의 의지가 이념 간의 갈등에 노출되고 생존을 위해 몸부림치는 인물을 통해 허구화되었다. 이 소설은 전장을 재현하여 전쟁의 폭력에 노출된 개인의 연약함을 강조하고 무고한 희생을 목도한 인물의 내면을 드러냄으로써 개인의 존엄을 탐색하였다.

우리는 이런 작품들을 통해 전쟁의 성격을 확인할 수 있다. 두 작품에서는 외적의 침략이나 이념 갈등과 같은 공동체 사이의 갈등이 드러나고 있다. 그런데 전쟁이 폭력적인 것은 이 과정에서 사람들이 죽기 때문만은 아니다. 전쟁의 명분은 폭력을 정당화하기에 적의 죽음은 불가피한 것으로, 우리 편의 죽음은 불의한 적에 의한 희생으로 간주된다. 전쟁은 냉혹하게도 아군이나 적군 모두가 민간인의 죽음조차 외면하고 자신의 명분에 따라 이를 이용하게 한다는 점에서 폭력성을 띠는 것이다. 두 작품에서 사람들이 죽는 장소가 군사들이 대치하는 전선뿐만이 아니라는 점도 주목된다. 전쟁터란 전장과 후방, 가해자와 피해자가 구분되지 않는 혼돈의 현장이다. 이 혼돈 속에서 사람들은 고통받으면서도 생의 의지를 추구해야 한다는 점이 전쟁의 비극성이다. 이처럼 전쟁의 허구화를 통해 우리는 전쟁에 대해 새로운 인식을 경험해 볼 수 있다.

① 문학에 반영되는 작가의 작품 세계
② 전쟁과 문학 작품의 관계
③ 문학에서 허구화된 전쟁이 갖는 의미
④ 한국 소설에 나타난 전쟁의 비극성
⑤ 문학에 나타난 역사에 대한 진위 여부 판단의 중요성

02. 다음 중 글의 내용과 일치하는 것은?

> 자신의 자존심을 지키기 위해 실패나 과오에 대한 자기 정당화의 구실을 찾아내는 행위를 가리켜 '구실 만들기 전략(self-handicapping strategy)'이라고 하는데, 좀 더 넓은 관점에서는 그런 심리를 가리켜 '이기적 편향(self-serving bias)'이라고 부르기도 한다. 이는 일상생활에서도 아주 쉽게 목격할 수 있다.
>
> 우리말에 '좋은 건 자기 잘난 탓으로 돌리고 나쁜 건 부모 탓 또는 세상 탓으로 돌린다'는 말이 있는데 그게 바로 '이기적 편향'이다. '이기적 편향'은 우리의 부정적인 행동의 이유에 대해서는 상황적·환경적 요소로 돌리는 반면, 긍정적인 행동의 이유에 대해서는 우리의 내부적 요소로 돌리는 경향을 의미한다.
>
> 그렇다면 왜 이런 이기적 편향이 생겨날까? 우리는 어떤 일을 끝마친 후 그 일에 대해 평가와 반성을 한다. 그 과정에서 일이 성공하게 된 혹은 실패하게 된 원인을 따져 보려 하지만 성공과 실패의 진정한 원인을 찾는 것이 그리 간단한 일은 아니다. 당시의 특수한 상황에서 비롯된 결과일 수 있고, 심지어는 정말 우연히 이루어진 결과일 수도 있기 때문이다.
>
> 어쨌든 원인을 찾아야 한다면, 이왕이면 우리는 마음 편한 쪽에서 원인을 찾고자 한다. 특히 실패를 했을 때는 우리의 자존심이 상하지 않는 방향에서 원인을 찾는다. 그리하여 실패의 원인은 늘 타인과 상황, 시기 등 나 자신이 아닌 다른 데 있게 된다.
>
> 이렇게 이기적인 것이 사람의 마음이다. 이기적 편향은 치사하고 비겁하게 보이기는 하지만, 일이 잘못됐을 때 실패의 원인을 남의 탓으로 돌림으로써 나의 자존심을 지킬 수 있는 심리적인 방어 능력이기도 하다. 그러나 실패했을 때마다 자기반성은 하지 않고 남의 탓만 하다가는 자기 발전을 이룰 수 없을 것이다. 따라서 자존심이 상하더라도 실패의 진정한 원인이 어디에 있는지 냉정히 자기 내면의 소리에 귀를 기울여 볼 필요가 있다.

① 구실 만들기 전략은 결과에 대해 자기반성을 하는 행위를 일컫는다.

② '좋은 것은 자기 잘난 탓이고 나쁜 것은 세상 탓'이라는 말은 이기적 편향과 상충되는 말이다.

③ 구실 만들기 전략은 일반적으로 타인의 자존심을 지켜 주기 위해 나타나는 행위를 일컫는다.

④ 이기적 편향은 긍정적인 행동의 이유에 대해서는 외부적 요소로, 부정적인 행동의 이유에 대해서는 내부적 요소로 돌리는 경향을 의미한다.

⑤ 이기적 편향은 완결된 일에 대한 원인을 찾는 과정에서 자존심을 지키고자 하는 심리적인 방어로 인해 일어나는 현상이다.

03. 다음 중 글의 내용과 일치하지 않는 것은?

페미니즘의 여러 가지 논쟁들 중 하나는 바로 젠더 범주에 관한 것이다. '여성과 남성'이라는 이분법적 젠더 구조에서 출발하는 페미니즘의 문제의식은 궁극적인 여성 해방을 위해 젠더를 어떻게 바라볼 것인가 하는 데에 있다. 기존의 젠더 구분법으로 인한 여성 억압을 해결하고자 하는 입장은 크게 두 가지로 나누어 볼 수 있는데, 하나는 여성과 남성으로 나누어진 이분법적 젠더 구조 자체를 잘못된 것으로 보는 것이며 다른 하나는 젠더 구성의 정당성을 떠나 여성성 자체가 남성성보다 우월하다고 보는 입장이다. 포스트 모더니즘적 페미니즘이라고도 불리는 전자의 시각은 젠더 구분법 자체가 허구이므로 그로 인해 발생하는 여성차별 역시 숙명적일 수 없다고 주장한다. 여성과 남성이라는 젠더 구조는 이성과 감성, 주체와 객체 등과 같은 이항 대립구조와 만나게 되는데, 이들은 두 요소 간의 위계질서를 양산한다는 점에서 항상 문제적이다. 이 때문에 포스트 모더니즘적 페미니스트들에게 모든 형태의 이분법적 구조는 타파해야 하는 것이 된다. 이들은 여성과 남성이라는 범주가 해체될 때 근본적인 여성 해방이 이루어질 수 있다고 주장한다. 본질주의 페미니즘 또는 문화적 페미니즘으로 일컬어지는 또 다른 시각은 여성성 자체가 남성성보다 더 우월한 것이기 때문에 여성에 대한 차별과 억압이 없어져야 한다고 본다. 일반적으로 '여성적인 것'으로 여겨지는 관계지향, 모성, 돌봄, 자연친화 등의 속성들이 모든 방면에서 남성적 속성보다 우월하다고 보는 것이다.

① 기존 젠더 구분법으로 인한 여성 억압을 해결하고자 하는 입장은 두 가지로 나뉜다.
② 이분법적 젠더 구분은 위계질서를 양산하므로 바람직한 것이 아니라고 본다.
③ 여성성이 남성성보다 우월하다고 보는 것은 문화적 페미니즘이다.
④ 본질주의 페미니즘은 포스트 모더니즘적 페미니즘의 주장과 관계없는 나름의 관점을 주장한다.
⑤ 이분법적 젠더 구분이 양산하는 이항 대립구조는 남성이 더 우월하다는 견해를 억압한다.

04. 다음 글을 통해 알 수 있는 내용으로 가장 적절한 것은?

> 랑케는 역사적 사실을 '신(神)의 손가락'에 의해 만들어진 자연계의 사물과 동일시했다. 그는 각 시대나 과거의 개체적 사실들은 그 자체로 완결된 고유의 가치를 지녔으며, 시간의 흐름을 초월해 존재한다고 믿었다. 그래서 역사가가 그것을 마음대로 해석하는 것은 신성한 역사를 오염시키는 것이라 여기고 과거의 역사적 사실을 있는 그대로 기술하는 것이 역사가의 몫이라고 주장했다. 이를 위해 역사가는 사료에 대한 철저한 고증과 확인을 통해 역사를 인식해야 하며 목적을 앞세워 역사를 왜곡하지 말아야 한다고 보았다.
>
> 이에 반해 드로이젠은 역사적 사실이란 어디까지나 역사가의 주관적 인식에 의해 학문적으로 구성된 사실이라는 점을 강조했다. 그래서 그는 역사를 단순히 과거 사건들의 집합으로 보지 않았으며 역사가의 임무는 과거 사건들을 이해하고 해석하여 하나의 지식 형태로 구성하는 것이라고 보았다. 그리고 객관적 사실을 파악하기 위한 사료 고증만으로는 과거에 대한 부분적이고 불확실한 설명만 찾아낼 수 있을 뿐이라고 했다.

① 목적을 앞세운 사료 고증은 역사 왜곡 행위이다.

② 랑케는 역사가에 의해 주관적으로 파악된 과거 사실만을 인정했다.

③ 드로이젠은 사료 고증만을 떠받드는 것을 부정적으로 여겼다.

④ 드로이젠에 따르면 과거의 사실은 시간을 초월하여 존재하는 것이다.

⑤ 드로이젠은 역사의 임의성을 중시했다.

05. 다음 글의 전제로 적절한 것은?

> 문학 작품을 산출하는 작가야말로 매우 존귀한 위치에 있으며, 동시에 국가나 민족에 대하여 스스로 준엄하게 책임을 물어야 하는 존재라고 할 수 있다. 언어를 더욱 훌륭하게 만드는 것은 수백 번의 논의와 방책이 아닌 한 명의 위대한 문학가일 수 있다. 괴테가 그 좋은 예이다. 그의 문학이 가진 힘이 독일어를 통일하고 보다 훌륭한 것으로 만드는 데 결정적인 역할을 했다는 것은 이미 주지의 사실이다.

① 문학 작품은 언어에 큰 영향력을 미친다.

② 작가는 문학 작품을 쓸 때 현실을 반영한다.

③ 언어는 작가가 문학 작품을 쓸 때 사용하는 도구이다.

④ 문학 작품의 발달은 언어의 발달과 맥락을 같이한다.

⑤ 괴테는 독일 역사상 가장 위대한 작가이다.

06. 다음 글을 통해 유추한 내용으로 적절하지 않은 것은?

> 한 마리의 개미가 모래 위를 기어가고 있다. 개미가 기어감에 따라 모래 위에는 하나의 선이 생긴다. 개미가 모래 위에서 방향을 이리저리 틀기도 하고 가로지르기도 하여 형성된 모양이 아주 우연히도 이순신 장군의 모습과 유사한 그림같이 되었다고 하자. 이 경우, 그 개미가 이순신 장군의 그림을 그렸다고 할 수 있는가? 개미는 단순히 어떤 모양의 자국을 남긴 것이다. 우리가 그 자국을 이순신 장군의 그림으로 보는 것은 우리 스스로가 그렇게 보기 때문이다. 선 그 자체는 어떠한 것도 표상하지 않는다. 이순신 장군의 모습과 단순히 유사하다고 해서 그것이 바로 이순신 장군을 표상하거나 지시한다고 할 수 없다는 것이다.
>
> 반대로 어떤 것이 이순신 장군을 표상하거나 지시한다고 해서 반드시 이순신 장군의 모습과 유사하다고 할 수도 없다. 이순신 장군의 모습을 본뜨지도 않았으면서 이순신 장군을 가리키는 데에 사용되는 것은 활자화된 '이순신 장군'과 입으로 말해진 '이순신 장군' 등 수없이 많다.
>
> 개미가 그린 선이 이순신 장군의 모습이 아니라 '이순신 장군'이란 글자 모양이라고 가정해 보자. 그것은 분명히 아주 우연히 그렇게 된 것이므로, 개미가 그리게 된 모래 위의 '이순신 장군'은 이순신 장군을 표상한다고 할 수 없다. 활자화된 모양인 '이순신 장군'이 어느 책이나 신문에 나온 것이라면 그것은 이순신 장군을 표상하겠지만 말이다. '이순신'이란 이름을 책에서 본다면 그 이름을 활자화한 사람이 있을 것이고, 그 사람은 개미와는 달리 이순신 장군의 모습을 생각하고 있었으며, 그를 지시하려는 의도를 분명히 가졌을 것이기 때문이다.

① 이름이 어떤 것을 표상하기 위해 의도는 필요조건이다.
② 어떤 것을 표상하기 위해 유사성은 충분조건이 아니다.
③ 이순신 장군을 그리고자 그린 그림이라도 이순신 장군과 닮지 않았다면 그를 표상하는 그림이라고 볼 수 없다.
④ 이름이 어떤 대상을 표상하기 위해서는 그 이름을 사용한 사람이 그 대상에 대해서 생각할 수 있는 능력이 있어야 한다.
⑤ 책에 있는 이순신 장군의 그림은 개미가 우연히 그린 이순신 장군과 비교하였을 때, 그 의미가 같지 않다.

07. 다음 글의 빈칸에 들어갈 공통된 내용으로 가장 적절한 것은?

> 최근 대기업들 사이에서 (   )을/를 중시하는 분위기가 확산되고 있다. 그 예로 L 통신회사는 즐거운 직장팀을 신설해 오후 10시 이후 업무와 관련한 카카오톡 보내기, 쉬는 날 업무 지시하기 등을 '절대 하면 안 되는 일'로 지정하여 이를 어기는 직원에게는 인사상 불이익을 주고 있고, H 백화점은 업계 최초로 PC오프제를 도입해 본사는 오후 6시, 점포는 오후 8시 30분에 자동으로 PC 전원이 꺼지게 함으로써 정시 퇴근을 유도하고 있다. 또한 많은 젊은이들이 이용하는 O 뷰티 스토어는 유연근무제를 도입해 오전 8시부터 10시 사이 30분 단위로 출근 시간을 자유롭게 정할 수 있도록 하고 있으며 정시 퇴근 제도도 강화해 '저녁이 있는 삶'을 적극 권장하고 있다. K 기업은 입사 후 5년마다 3주간의 휴가를 부여하는 '리프레시 휴가' 제도를 운영 중인데, 회사가 7일의 휴가를 제공하고 연차 사용 독려 차원에서 연차 8일을 함께 사용하게 해 총 3주간의 장기휴가를 주는 것이다.
>
> 기업은 당장의 성과에만 집착할 것이 아니라 장기적인 안목을 가지고 (   ) 을/를 핵심으로 한 조직문화 혁신을 지속해야 할 것이다. 그러면 이러한 문화가 한때 부는 바람에 그치지 않고 대한민국 기업의 발전과 그 기업에 속한 한 사람 한 사람의 행복을 견인하는 역할을 할 수 있을 것이다.

① 공정한 인센티브제   ② 업무시간 최소화   ③ 일과 삶의 균형
④ 개인의 프라이버시   ⑤ 공사(公私) 구분 경영

08. 다음 글의 흐름상 빈칸에 들어갈 문장으로 적절한 것은?

우주는 물체와 허공으로 구성된다. 물체와 허공 이외에는 어떠한 것도 존재한다고 생각할 수 없다. 그리고 우리가 허공이라고 부르는 것이 없다면 물체가 존재할 곳이 없고, 움직일 수 있는 공간도 없을 것이다. 허공을 제외하면 비물질적인 것은 존재하지 않는다. 허공은 물체에 영향을 주지도 받지도 않고, 다만 물체가 자신을 통과해서 움직일 수 있도록 허락할 뿐이다. 결국 물질적인 존재만이 물질적 존재에 영향을 줄 수 있다.

영혼은 아주 미세한 입자들로 구성되어 있기 때문에 몸의 나머지 구조들과 더 잘 조화를 이룰 수 있다. 감각의 주요한 원인은 영혼에 있다. 그러나 몸의 나머지 구조에 의해 보호되지 않는다면, 영혼은 감각을 가질 수 없을 것이다. 몸은 감각의 원인을 영혼에 제공한 후 자신도 감각 속성의 몫을 영혼으로부터 얻는다. 영혼이 몸을 떠나면 몸은 더 이상 감각을 소유하지 않는다. 왜냐하면 (   ) 물론 몸의 일부가 소실되어 거기에 속했던 영혼이 해체되어도 나머지 영혼은 몸 안에 있다. 또한 영혼의 한 부분이 해체되더라도 나머지 영혼이 계속해서 존재하기만 한다면 여전히 감각을 유지할 수 있을 것이다. 반면에 영혼을 구성하는 입자들이 전부 몸에서 없어진다면 몸 전체 또는 일부가 계속 남아 있더라도 감각을 가지지 못할 것이다. 더구나 몸 전체가 분해된다면 영혼도 더 이상 이전과 같은 능력을 가지지 못하고 해체되며 감각 능력도 잃게 된다.

① 몸에서 영혼이 떠나게 되면 감각 능력이 상실되면서 신체의 모든 기능이 멈춰 버리기 때문이다.

② 몸은 감각 능력을 스스로 가진 적이 없으며 몸과 함께 태어난 영혼이 몸에게 감각 능력을 주었기 때문이다.

③ 몸이 영혼과 따로 떨어져서 존재한다는 것은 불가능하며 그 둘은 그야말로 불가분의 관계이기 때문이다.

④ 몸은 그 자체만으로는 하나의 물체에 불과하며 영혼만이 감각을 지니고 느낄 수 있기 때문이다.

⑤ 몸과 영혼은 독자적인 관계이므로 서로에게 영향을 주지 않기 때문이다.

09. 다음 글의 흐름상 빈칸에 들어갈 문장으로 적절한 것은?

노예들이 저항의 깃발을 들고 일어설 때는 그들의 굴종과 인내가 한계에 이르렀을 때이다. 그러나 분노와 원한이 폭발하더라도 그것이 개인의 행위로 발생할 경우에는 개인적 복수극에 그치고 만다. 저항의 본질은 억압하는 자에 대한 분노와 원한이 확산되어 가치를 공유하게 되는 데 있다. 스파르타쿠스가 저항의 깃발을 들어 올렸을 때, 수십만 명의 노예와 농민들이 그 깃발 아래로 모여든 원동력은 바로 이러한 공통의 분노, 공통의 원한, 공통의 가치에 있었다.

프로메테우스의 신화에서도 저항의 본질을 엿볼 수 있다. 프로메테우스는 제우스가 인간에게 불을 보내 주지 않자, 인간의 고통에 공감하며 '하늘의 바퀴'에서 불을 훔쳐 지상으로 내려가 인간에게 주었다. 프로메테우스의 저항에 격노한 제우스는 인간과 프로메테우스에게 벌을 내렸다. 인간에게는 불행의 씨앗이 들어 있는 '판도라의 상자'를 보냈고 프로메테우스에게는 쇠줄로 코카서스 산 위에 묶인 채 독수리에게 간을 쪼아 먹히는 벌을 내린 것이다.

(   ) 그리스도교의 정신과 의식을 원용하여 권력의 신성화에 성공한 중세의 지배체제는 너무도 견고하여 농민들의 눈물과 원한이 저항의 형태로 폭발하지 못했다. 반면 산업사회의 시민이나 노동자들은 평균적이고 안락한 생활이 위협받을 때에만 '저항의 광장'으로 나가는 모험을 감행했다. 그들이 바라고 지키려던 것은 가족, 주택, 자동차, 휴가였다.

저항이 폭발하여 기존의 지배체제를 무너뜨리고 새로운 왕조나 국가를 세우고 나면 그 저항의 힘은 시들어 버린다. 원한에 사무친 민중들의 함성이야말로 저항의 원동력이기 때문이다. 저항의 형태를 취하고 있으면서도 권력 쟁탈을 목적으로 한 쿠데타와 같은 적대 행위는, 그 본질에 있어서 지배와 피지배의 관계에서 발생하는 저항과는 다르다. 권력의 성채 속에서 벌어지는 음모, 암살, 배신은 이들 민중의 원한과 분노에서 비롯된 것이 아니기 때문이다.

① 시대의 흐름에 따라 저항은 여러 가지 모습으로 그 형태를 달리하였다.

② 저항에 나선 사람들이 느끼는 굴종과 인내의 한계는 시대와 그들이 처한 상황에 따라 다르게 나타난다.

③ 굴종과 인내의 한계는 시대가 변화함에 따라 달라졌고, 저항을 보는 사회적 시선도 그에 따라 변화됐다.

④ 사회와 시대가 발전되어 감에 따라 저항이 표출되는 행태 또한 예전과 달라졌지만 변함없이 우리 사회에 존재하여 왔다.

⑤ 지배계급을 향한 대규모 저항은 타인의 분노와 원한에 공감해야만 발생한다.

10. 다음 (가) ~ (다)를 문맥에 맞게 나열한 것은?

> (가) 그러나 자연 과학에만 능통하고 인문적 지성을 겸비하지 못한 채로 배출된 사람이 과연 훌륭한 과학자가 될 수 있을지 의문이다.
>
> (나) 우리나라의 과학도들은 교육 현장에서 인문적 교양을 갖출 기회가 별로 없다.
>
> (다) 그런 과학자는 자신의 연구 결과가 인류에게 유해한지 무해한지 가릴 능력이 없기 때문이다.

① (가)-(나)-(다) ② (나)-(가)-(다) ③ (나)-(다)-(가)
④ (다)-(나)-(가) ⑤ (가)-(다)-(나)

11. 다음 (가) ~ (라)를 문맥에 맞게 나열한 것은?

> (가) 기술은 새로운 과학적 사실을 검증하는 실험적 수단을 제공하거나 새로운 과학적 발견 가능성을 높이는 데 기여하였고, 과학은 새로운 기술을 개발하는 데 필요한 법칙과 이론을 제공하게 되었던 것이다.
>
> (나) 과학과 기술은 그 특성과 역사에서 구별되며 이는 지금도 마찬가지다.
>
> (다) 그럼에도 불구하고 19세기 중반 이후부터 과학과 기술은 호혜적이며 공생적인 특성을 바탕으로 본격적으로 제휴하게 되었다.
>
> (라) 즉, 기술 전체가 과학에 바탕을 두고 있는 것은 아니며 모든 과학 이론이 기술에서 도출되는 것도 아니다.

① (가)-(나)-(다)-(라) ② (나)-(가)-(다)-(라) ③ (나)-(라)-(다)-(가)
④ (다)-(라)-(나)-(가) ⑤ (가)-(나)-(라)-(다)

12. 다음 글을 읽고 추론할 수 없는 것을 〈보기〉에서 모두 고르면?

배기가스는 내연기관이 배출하는 기체를 말한다. 내연기관은 밀폐된 실린더 속에 연료와 공기의 혼합기를 가두고 압축·점화하여 연료 속의 탄소를 급속히 연소시키고, 연소 후 생성되는 가스는 외부로 배출한다. 이때 외부로 버려지는 기체가 바로 배기가스이다. 배기가스는 대기를 오염시키고 인체에 해로운 성분이 포함되어 있기 때문에 환경문제의 중요 키워드로 대두되고 있다.

UN 유럽경제위원회는 배기가스 시험방식을 강화한 국제표준배출가스시험방식(WLTP)을 도입하기로 결정했다. 이는 유럽에서 실시하고 있는 유럽연비측정방식(NEDC)보다 조건을 까다롭게 설정하여 배기가스를 측정한다. 제조사가 자동차를 최적의 상태에서 검사할 수 있도록 허용하고 있어, 배출량 검사에 결점이 있다는 비판을 받아온 기존의 NEDC를 보완한 방법이다. WLTP를 적용하면 NEDC 기준 테스트 주행거리는 11km에서 23.26km로, 주행시간은 1180초에서 1800초로 늘어나고, 평균 속도는 33.6km/h에서 46.5km/h로, 최고속도는 120km/h에서 131.3km/h로 높아진다. 주행거리가 늘어나고 속도가 빨라지면 엔진 온도가 올라가 배출가스가 더 많이 나오는 것이 당연하지만, 배기가스 허용 기준은 질소산화물(NOx) 배출량을 km당 0.08g에 맞춰야 하는 것으로 기존 측정방식과 같다.

한국은 2017년 9월부터 NEDC로 해 오던 디젤차 배출가스 측정 방식을 WLTP로 바꾸었다. 이에 2017년 9월부터 이미 인증을 받고 판매 중인 차량도 새 기준에 따라 다시 인증을 받아야 했으며, 인증을 받지 못할 경우 판매가 중단되었다. 그러나 한국이 2017년 9월부터 이 방식을 도입한 것에 반해 일본은 도입 시점을 3년 후로 연기했고 미국은 아예 도입하지 않기로 했다. 심지어 유럽도 이미 판매한 차량은 2019년 9월까지 판매할 수 있도록 허용했지만, 한국 개정안은 2018년 9월까지만 판매를 허용하고 있어 논란이 일고 있다.

| 보기 |

㉠ 각 나라마다 배기가스를 측정하는 방식에 차이가 있다.
㉡ 같은 차량이더라도 NEDC보다 WLTP로 측정할 때 허용이 더 수월하다.
㉢ 내연기관에서 연료 속의 탄소를 연소시키면 질소산화물이 생성된다.
㉣ WLTP가 도입되기 직전 출시된 차량이더라도 WLTP의 인증을 받지 못하면 바로 판매를 중단해야 한다.

① ㉠, ㉡　　　　　　② ㉡, ㉣　　　　　　③ ㉢, ㉣
④ ㉠, ㉡, ㉣　　　　⑤ ㉡, ㉢, ㉣

13. 다음 글에 나타난 글쓴이의 견해에 어긋나는 것은?

> 어떤 연구자는 리더십을 '목표달성을 위해 행사되는 영향력'이라 정의 내리고, 리더의 공통된 자질로는 지력, 교양, 전문지식, 정력, 용기, 정직, 상식, 판단력, 건강을 꼽았다. 그러나 실제로 리더가 갖추어야 할 조건이란 가변적이며, 상황에 따라 달라지는 것이 사실일 것이다.
>
> 정치세계에 있어서의 리더십 요건이 경제계, 군대 또는 교육계에 있어서의 요건과 같을 이유는 없다. 정계만을 생각할 때, 그 나라가 어떠한 상황에 놓여 있는가에 따라 필요한 리더십도 달라진다. 즉, 어디에서나 기능하는 유일하고 절대적인 리더십의 존재는 수긍하기 어렵다. 리더십을 강력한 통솔력인 것처럼 해석하는 사람도 있으나, 자유방임형이나 상담형의 리더십도 존재할 수 있으며 상황에 따라서는 후자의 유형이 더 유효하게 기능하는 경우도 있다. 마찬가지로 어떤 조직에서는 또 다른 유형의 리더십이 제대로 기능하는 경우가 있을 수 있다. 리더십이란 특정인만이 갖고 있는 특수한 자질이 아니다. 리더가 될 수 있는 잠재적 능력은 선천적·생득적인 것이 아니라 오히려 후천적이며 대부분의 사람이 훈련에 따라 어떤 형태의 리더십이든지 몸에 익히는 것이 가능하다. 그러나 모든 조직, 집단, 국가는 광의에 있어서의 환경 속에 존재하며, 이것과의 적합성이 항상 의문시된다.
>
> 무엇보다 어려운 것은 리더십을 배우는 것보다 어떠한 리더십을 몸에 익히고, 발휘할 것인지를 선택하는 것이다. 통솔력이 뛰어난 강력한 리더가 되는 것보다 특정 조직 또는 환경에 바람직한 리더상이 무엇인지를 간파하는 것이 더욱 까다롭고 중요한 문제이다.

① 조직별로 리더에게 요구되는 자질은 다르므로 뛰어난 장군이 뛰어난 정치가가 될 수 있다고 단정지을 수는 없다.

② 리더십은 훈련을 통해 후천적으로 습득할 수 있다.

③ 특정 환경에 적합한 리더상이 무엇인지 먼저 파악하는 것이 중요하다.

④ 현대에는 통솔력이 뛰어난 리더보다 자유방임형의 리더십이 더 적합하다.

⑤ 같은 조직이더라도 처한 상황이나 환경이 다르면 유효한 리더십의 형태가 달라질 수 있다.

14. 다음 글의 중심내용으로 적절한 것은?

> 속도는 기술 혁명이 인간에게 선사한 엑스터시(Ecstasy)의 형태이다. 오토바이 운전자와는 달리 뛰어가는 사람은 언제나 자신의 육체 속에 있으며, 뛰면서 생기는 미묘한 신체적 변화와 가쁜 호흡을 생각할 수밖에 없다. 뛰고 있을 때 그는 자신의 체중, 나이를 느끼고 그 어느 때보다도 더 자신과 자기 인생의 시간을 의식한다. 그러나 인간이 기계에 속도의 능력을 위임하고 나면 모든 게 변한다. 이때부터 그의 고유한 육체는 관심 밖에 있게 되고 그는 비신체적 속도, 비물질적 속도, 순수한 속도, 속도 그 자체, 속도 엑스터시에 몰입한다. 기묘한 결합테크닉의 싸늘한 몰개인성과 엑스터시 불꽃. 어찌하여 느림의 즐거움은 사라져버렸는가?

① 무한정한 속도 경쟁의 문화는 왜곡된 현대성의 한 예이다.

② 속도 추구에만 몰입할 것이 아니라 느린 삶의 미학을 회복해야 한다.

③ 사람들은 성취의 과정이나 그 질보다는 속도와 양에 매달린다.

④ 현대 사회의 몰개인성은 지나친 속도 경쟁 때문이다.

⑤ 기계에게 속도의 능력을 부여함으로써 인간은 속도 자체의 즐거움을 잃어버렸다.

15. 다음 글의 주제로 적절한 것은?

어떤 경제 주체의 행위가 자신과 거래하지 않는 제3자에게 의도하지 않게 이익이나 손해를 주는 것을 '외부성'이라 한다. 과수원의 과일 생산이 인접한 양봉업자에게 벌꿀 생산과 관련한 이익을 준다든지, 공장의 제품 생산이 강물을 오염시켜 주민들에게 피해를 주는 것 등이 대표적인 사례이다.

외부성은 사회 전체로 보면 이익이 극대화되지 않는 비효율성을 초래할 수 있다. 개별 경제 주체가 제3자의 이익이나 손해까지 고려하여 행동하지는 않을 것이기 때문이다. 예를 들어, 과수원의 이윤을 극대화하는 생산량이 Q_a라고 할 때, 생산량을 Q_a보다 늘리면 과수원의 이윤은 줄어든다. 하지만 이로 인한 과수원의 이윤 감소보다 양봉업자의 이윤 증가가 더 크다면, 생산량을 Q_a보다 늘리는 것이 사회적으로 바람직하다. 하지만 과수원이 자발적으로 양봉업자의 이익까지 고려하여 생산량을 Q_a보다 늘릴 이유는 없다.

전통적인 경제학은 이러한 비효율성의 해결책이 보조금이나 벌금과 같은 정부의 개입이라고 생각한다. 보조금을 받거나 벌금을 내게 되면 제3자에게 주는 이익이나 손해가 더 이상 자신의 이익과 무관하지 않게 되므로 자신의 이익에 충실한 선택이 사회적으로 바람직한 결과로 이어진다는 것이다.

① 외부성으로 인한 사회적 비효율성의 심각성
② 비효율성 문제에 대한 전통적인 경제학의 해결책
③ 비효율성 문제 해결을 위한 정부 대책의 시급성
④ 외부성 효과로 인한 사회 전체 이익의 극대화
⑤ 비효율적 특성을 지니고 있는 외부성의 구체적 사례

16. 다음 (가) ~ (라)를 논리적 순서에 맞게 배열한 것은?

(가) 창조 도시는 창조적 인재들이 창의성을 발휘할 수 있는 환경을 갖춘 도시이다. 즉, 창조 도시는 인재들을 위한 문화 및 거주 환경의 창조성이 풍부하며, 혁신적이고도 유연한 경제시스템을 구비하고 있는 도시이다.

(나) 창조 계층을 중시하는 관점에서는 개인의 창의력으로 부가가치를 창출하는 창조 계층이 모여서 인재 네트워크인 창조 자본을 형성하고 이를 통해 도시는 경제적 부를 축적할 수 있는 자생력을 갖게 된다고 본다. 따라서 창조 계층을 끌어들이고 유지하는 것이 도시의 경쟁력을 제고하는 관건이 된다. 창조 계층에는 과학자, 기술자, 예술가, 건축가, 프로그래머, 영화 제작자 등이 포함된다.

(다) 그러나 창조성의 근본 동력을 무엇으로 보든 한 도시가 창조 도시로 성장하려면 창조 산업과 창조 계층을 유인하는 창조 환경이 먼저 마련되어야 한다. 창조 도시에 대한 논의를 주도한 랜드리는 창조성이 도시의 유전자 코드로 바뀌기 위해서는 다음과 같은 환경적 요소들이 필요하다고 보았다. 개인의 자질, 의지와 리더십, 다양한 재능을 가진 사람들과의 접근성, 조직 문화, 지역 정체성, 도시의 공공 공간과 시설, 역동적 네트워크의 구축 등이 그것이다.

(라) 창조 도시의 주된 동력을 창조 산업으로 볼 것인가 창조 계층으로 볼 것인가에 대해서는 견해가 다소 엇갈리고 있다. 창조 도시의 주된 동력으로 창조 산업을 중시하는 관점에서는 창조 산업이 도시에 인적, 사회적, 문화적, 경제적 다양성을 불어넣음으로써 도시의 재구조화를 가져오고 나아가 부가가치와 고용을 창출한다고 주장한다. 창의적 기술과 재능을 소득과 고용의 원천으로 삼는 창조 산업의 예로는 광고, 디자인, 출판, 공연 예술, 컴퓨터 게임 등이 있다.

① (가)-(나)-(다)-(라)　　② (가)-(라)-(나)-(다)　　③ (라)-(나)-(가)-(다)
④ (라)-(나)-(다)-(가)　　⑤ (라)-(가)-(나)-(다)

17. 다음 (가) ~ (라)를 논리적 순서에 맞게 배열한 것은?

> (가) 이에 정부는 1984년 선분양제도를 도입했다. 선분양제도는 주택이 완공되기 전에 이를 입주자에게 분양하고 입주자가 납부한 계약금, 중도금을 통해 주택가격의 80% 정도를 완공 이전에 납부하도록 하여 건설비용에 충당하는 제도를 말한다. 건설사의 금융비용 절감 등을 통해 주택건설자금을 확보하기 용이하기에 활발한 주택공급을 할 수 있게 되었다.
>
> (나) 1980년대 산업화·도시화가 심화되면서 주택난은 사회적으로 가장 큰 문제였다. 이를 해결하기 위해 정부는 주택건설 계획을 추진했다. 하지만 당시 건설사의 자체 자금력으로는 주택 공급 확대를 꿈도 꿀 수 없었다.
>
> (다) 따라서 정부는 1993년 주택분양보증업을 전담하는 주택사업공제조합(현 주택도시보증공사)을 세웠다. 주택분양보증은 건설사가 부도·파산 등으로 분양계약을 이행할 수 없는 경우 납부한 계약금과 중도금의 환급을 책임지는 것으로 계약자의 분양 대금을 보호하고 주택사업자들이 건설자금을 원활히 조달하도록 돕는 역할을 한다.
>
> (라) 그러나 이 제도는 건설회사의 도산이나 부도로 입주자가 위험에 노출될 가능성이 높으며, 완공 이전에 주택가격의 80%를 납부해야 하는 부담을 안게 된다. 또한 완성된 주택이 아닌 모델하우스를 보고 사전에 구입함에 따라 실제 완공된 주택과의 괴리가 발생하는 문제점이 생겼다.

① (가)－(나)－(라)－(다)   ② (나)－(가)－(다)－(라)   ③ (나)－(가)－(라)－(다)

④ (나)－(다)－(가)－(라)   ⑤ (다)－(나)－(라)－(가)

18. 다음 글을 통해 알 수 있는 내용으로 적절한 것은?

식수오염의 방지를 위해서 빠른 시간 내 식수의 분변오염 여부를 밝히고 오염의 정도를 확인하기 위한 목적으로 지표생물의 개념을 도입하였다. 병원성 세균, 바이러스, 원생동물, 기생체 소낭 등과 같은 병원체를 직접 검출하는 것은 비싸고 시간이 많이 걸릴 뿐 아니라 숙달된 기술을 요구하지만 지표생물을 이용하면 이러한 문제를 해결할 수 있다.

식수가 분변으로 오염되어 있다면 분변에 있는 병원체 수와 비례하여 존재하는 비병원성 세균을 지표생물로 이용한다. 대표적인 것이 대장균이다. 대장균은 그 기원이 전부 동물의 배설물에 의한 것이므로 시료에서 대장균의 균체 수가 일정 기준보다 많이 검출되면 그 시료에는 인체에 유해할 만큼의 병원체도 존재한다고 추정할 수 있다. 그러나 온혈동물에게서 배설되는 비슷한 종류의 다른 세균들을 배제하고 대장균만을 측정하는 것은 어렵다. 그렇기 때문에 대장균이 속해 있는 비슷한 세균군을 모두 검사하여 분변오염 여부를 판단하고 이 세균군을 총대장균군이라고 한다.

총대장균군에 포함된 세균이 모두 온혈동물의 분변에서 기원한 것은 아니지만 온혈동물의 배설물을 통해서도 많은 수가 방출되고 그 수는 병원체의 수에 비례한다. 염소 소독과 같은 수질 정화과정에서도 병원체와 유사한 저항성을 가지므로 식수, 오락 및 휴양 용수의 수질 결정에 좋은 지표이다. 지표생물로 사용하는 또 다른 것은 분변성 연쇄상구균군이다. 이는 대장균을 포함하지는 않지만 사람과 온혈동물의 장에 흔히 서식하므로 물의 분변오염 여부를 판정하는 데 이용된다. 이들은 잔류성이 높고 장 밖에서는 증식하지 않기 때문에 시료에서도 그 수가 일정하게 유지되어 좋은 상수소독 처리지표로 활용된다.

① 온혈동물의 분변에서 기원되는 균은 모두 지표생물이 될 수 있다.
② 수질 정화과정에서 총대장균군은 병원체보다 높은 생존율을 보인다.
③ 채취된 시료 속의 총대장균군의 세균 수와 병원체 수는 비례하여 존재한다.
④ 지표생물을 검출하는 것은 병원체를 직접 검출하는 것보다 숙달된 기술을 필요로 한다.
⑤ 분변성 연쇄상구균군은 시료 채취 후 시간이 지남에 따라 시료 안에서 증식하여 정확한 오염 지표로 사용하기 어렵다.

[19 ~ 20] 다음 자료를 보고 이어지는 질문에 답하시오.

회의록			
회의명	신제품 프로모션 기획 2차 회의		
일시	20△△년 9월 30일	장소	별관 3층 소회의실
침석자	개발부 : A 부장, B 과장, C 대리 / 영업부 : D 차상, E 대리, F 사원		
회의내용	1. 목적 　－내년 새롭게 출시하는 화장품을 알리기 위한 프로모션 행사 기획 2. 추진방향 　－다양한 판촉 행사를 기획함으로써 제품의 긍정적 이미지 제고 　－최신 홍보·판촉 행사 트렌드를 따라가되 신선한 기획안 준비 3. 추진내용 및 역할 분담 <table><tr><td>홍보 및 판촉 성공 국내 사례 분석 (최근 1년간 출시된 유사 국내 제품의 특징과 관련 제품 홍보 및 판촉 성공 사례 수집 및 분석)</td><td>개발부</td></tr><tr><td>자사 신제품의 장점과 특징을 타사의 제품과 비교하여 정리</td><td>개발부</td></tr><tr><td>최근 2년간 자사의 홍보 및 판촉 행사 분석</td><td>영업부</td></tr><tr><td>홍보물 유통 경로 체크</td><td>영업부</td></tr><tr><td>신제품 홍보 및 판촉 행사 방안 구상</td><td>개발부, 영업부</td></tr></table> 　－추가 다른 부서 협력 요청 사항 　　1) 최근 자사의 홍보용 콘텐츠 분석 : 미디어제작부(10/7까지) 　　2) 최근 화제성이 높은 해외 판촉 사례 분석 : 마케팅부(10/15까지) 4. 기획 및 준비 기간 : 20△△년 9월 30일 ~ 11월 29일 5. 다음 회의 일정 : 20△△년 10월 8일 　－1차 회의 참석자에서 마케팅부 2명, 미디어제작부 2명 추가 　－최근 자사 홍보 콘텐츠의 경향 분석 및 정리 자료는 미디어제작부에 사전 요청			

19. 회의록을 참고했을 때 다음 회의까지 각 부서별로 수행해야 할 업무로 적절한 것을 〈보기〉에서 모두 고르면?

| 보기 |

가. 영업부 F 사원은 최근 2개년 해외의 홍보 및 판촉 성공 사례를 분석하며 신제품 판촉 행사 방안을 구상한다.

나. 개발부 C 대리는 최근 자사의 홍보 및 판촉 행사를 분석하여 신제품의 특징을 좀 더 차별적으로 부각할 수 있는 새로운 홍보 방안을 구상해 본다.

다. 개발부 B 과장은 자사의 신제품이 가진 특징을 타사의 제품과 차이를 비교·조사하고 제품 판촉 행사 및 홍보를 성공적으로 진행했던 국내의 사례를 살펴본다.

라. 영업부 E 대리는 최근 홍보물 유통 방식에 대하여 조사하고, 신제품 홍보와 관련된 아이디어 구상에 활용한다.

① 가, 나 ② 가, 라 ③ 다, 라
④ 가, 나, 다 ⑤ 나, 다, 라

20. 회의록과 다음 글을 참고하여 구상한 홍보 기획안으로 적절하지 않은 것은?

최근 국내 화장품 로드숍이 사회관계망서비스(SNS)를 활용해 반전을 시도하고 있다. 바로 국내에서 주목받고 SNS에서 해시태그(#기호로 게시글을 묶는 기능)를 만들거나 영향력 있는 개인을 통해 신제품을 소개하는 것이다. 이 방법을 통해 소비자들에게 신제품을 빠르게 홍보할 수 있다. A 기업은 SNS상의 유명 인사를 상품 모델로 내세워 영상을 제작했는데, 그 제품은 일부 매장에서 품절될 정도로 화제가 되었다. 화장품 홍보 게시글을 올리고, 소비자들의 질문에 적극적으로 댓글을 달면서 소통을 이어가기도 했다. B 기업은 화장법을 알리는 영상을 SNS에 게시했다. 제품의 특징을 파악하는 동시에 화장을 손쉽게 배울 수 있다는 이점이 소비자들의 뜨거운 반응을 이끌었다. 또한 최근 여러 기업들은 SNS에 올린 게시물을 통해 손쉽게 상품을 구매할 수 있도록 유도하고 있으며 친숙한 해시태그를 만들어 홍보하거나 각종 이벤트에도 활용하는 모습을 보이고 있다. 이는 주요 소비자층인 20 ~ 30대가 SNS를 많이 이용한다는 점을 염두에 둔 홍보 방식이다.

① SNS 유명 뷰티 인플루언서들에게 자사의 신제품을 무료로 제공하여 체험하게 한 뒤 SNS에 제품 사용 후기 글을 올려 제품을 홍보하도록 제안한다.

② 신제품의 특성에 대한 특색 있고 기억하기 쉬운 해시태그를 만들어 게시물이 쉽게 퍼질 수 있도록 한다.

③ SNS에서 해시태그를 통해 게시글이 빠르게 확산되는 점을 고려하여 제품의 이미지가 하락하지 않도록 용어 사용에 주의한다.

④ 유명 인사의 오프라인 강연을 통해 회사의 이미지를 제고하고 소비자들과 소통한다.

⑤ SNS 계정을 만들어서 자사 화장품에 대한 정보뿐만 아니라 최근 유행하는 화장법을 소개하는 게시글을 올려 소비자들과 활발히 소통한다.

01. 다음 명제에 따라 반드시 참이 되는 결론은?

> • 진달래를 좋아하는 사람은 감성적이다.
> • 백합을 좋아하는 사람은 보라색을 좋아하지 않는다.
> • 감성적인 사람은 보라색을 좋아한다.
> • 그러므로 _____

① 감성적인 사람은 백합을 좋아한다.

② 백합을 좋아하는 사람은 감성적이다.

③ 진달래를 좋아하는 사람은 보라색을 좋아한다.

④ 보라색을 좋아하는 사람은 감성적이다.

⑤ 보라색을 좋아하는 사람은 백합을 좋아한다.

02. 다음 결론이 참이 되는 전제로 적절한 것은?

> **[전제]** • 비행기 티켓을 예매하면 여행가방을 경품으로 받을 것이다.
>   • 태국으로 여행을 가면 연예인을 만날 수 있을 것이다.
>   • _____
>
> **[결론]** • 그러므로 연예인을 만날 수 없다면 비행기 티켓을 예매하지 않을 것이다.

① 비행기 티켓을 예매하면 태국으로 여행을 가지 않을 것이다.

② 연예인을 만나면 여행가방을 경품으로 받지 않을 것이다.

③ 태국으로 여행을 가지 않는다면 여행가방을 경품으로 받지 않을 것이다.

④ 비행기 티켓을 예매하지 않으면 연예인을 만날 것이다.

⑤ 연예인을 만날 수 없으면 태국으로 가지 않을 것이다.

03. 다음 명제가 참이라고 할 때 반드시 참인 것을 〈보기〉에서 모두 고르면?

- 장갑을 낀 사람은 운동화를 신지 않는다.
- 양말을 신은 사람은 운동화를 신는다.
- 운동화를 신은 사람은 모자를 쓴다.
- 장갑을 끼지 않은 사람은 목도리를 하지 않는다.
- 수민이는 목도리를 하고 있다.

───| 보기 |───

(가) 장갑을 낀 사람은 양말을 신지 않는다.
(나) 수민이는 운동화를 신고 있다.
(다) 양말을 신은 사람은 목도리를 하지 않는다.

① (가)만 항상 옳다.　　② (나)만 항상 옳다.　　③ (다)만 항상 옳다.
④ (나), (다) 모두 항상 옳다.　　⑤ (가), (다) 모두 항상 옳다.

04. 다음 명제가 참이라고 할 때 반드시 참인 것을 〈보기〉에서 모두 고르면?

- 드라마 셜록 홈즈를 좋아하는 사람은 영화 반지의 제왕을 좋아하지 않는다.
- 영화 반지의 제왕을 좋아하지 않는 사람은 영화 해리포터 시리즈를 좋아하지 않는다.
- 영화 반지의 제왕을 좋아하는 사람은 영화 스타트랙을 좋아한다.
- 지연이는 영화 해리포터 시리즈를 좋아한다.

───| 보기 |───

(가) 지연이는 영화 스타트랙을 좋아한다.
(나) 지연이는 드라마 셜록 홈즈를 좋아하지 않는다.
(다) 영화 스타트랙을 좋아하는 사람은 드라마 셜록 홈즈를 좋아하지 않는다.

① (가)만 항상 옳다.　　② (나)만 항상 옳다.　　③ (다)만 항상 옳다.
④ (가), (나) 모두 항상 옳다.　　⑤ (나), (다) 모두 항상 옳다.

05. A, B, C 세 사람은 직업이 각각 다르고 판사, 검사, 변호사 중 하나이다. A는 진실만 말하고 B는 거짓만 말할 때 반드시 참인 것은?

> • A : 검사는 거짓말을 하고 있다.
> • B : C는 검사이다.
> • C : B는 변호사이다.

① 검사는 A이다.
② C의 진술은 거짓이다.
③ 변호사는 거짓말을 하고 있다.
④ 모든 경우의 수는 세 가지이다.
⑤ 판사는 진실을 말하고 있다.

06. 카페 원탁에 A ~ F 6명이 같은 간격으로 앉아 커피, 홍차, 콜라 중 하나를 주문하였다. 좌석과 주문한 음료가 다음과 같을 때 확실하게 알 수 있는 사실은?

> • A 옆으로 한 좌석 건너 앉은 E는 콜라를 주문하였다.
> • B의 맞은편에 앉은 사람은 D이다.
> • C의 양 옆에 앉은 사람은 모두 커피를 주문하였다.

① A는 커피를 주문했다.
② B는 A 옆에 앉지 않았다.
③ E의 양 옆은 D와 F였다.
④ F는 홍차를 주문했다.
⑤ 옆에 앉은 사람끼리는 각각 다른 음료를 주문했다.

[07 ~ 08] 다음 자료를 보고 이어지는 질문에 답하시오.

○○기업은 경쟁사에 기밀을 유출한 용의자를 3명으로 추렸다. 진술은 다음과 같다.

사원 A : 저는 거짓말을 하는 것이 아닙니다. 제가 유출하지 않았습니다.

사원 B : 저는 정직합니다. A가 유출했고 거짓말을 하고 있습니다.

사원 C : 저는 사실을 말하고 있습니다. B가 거짓을 말하고 있으므로 B가 범인입니다.

07. 용의자 중 한 명은 거짓만 진술했고 나머지 두 명은 진실만 진술했을 때, 거짓을 말한 사원과 범인을 순서대로 바르게 짝지은 것은?

① 사원 A-사원 B　　　　② 사원 B-사원 A　　　　③ 사원 B-사원 B

④ 사원 C-사원 B　　　　⑤ 사원 C-사원 C

08. 추가 조사를 통해 용의자 중 한 명만 진실을 말했고, 나머지 두 명의 진술은 모두 거짓임을 알게 되었다. 이때 진실을 말한 사원과 범인을 순서대로 바르게 짝지은 것은?

① 사원 A-사원 B　　　　② 사원 B-사원 A　　　　③ 사원 B-사원 B

④ 사원 C-사원 B　　　　⑤ 사원 C-사원 A

[09 ~ 10] 다음 문자들의 배열 규칙을 찾아 빈칸에 들어갈 알맞은 문자를 고르시오.

09.

E   J   I   N   (   )

① P   ② F   ③ M
④ N   ⑤ S

10.

B   C   F   K   (   )

① M   ② N   ③ P
④ R   ⑤ O

[11 ~ 20] 다음 수열의 규칙을 찾아 빈칸에 들어갈 알맞은 수를 고르시오.

11.

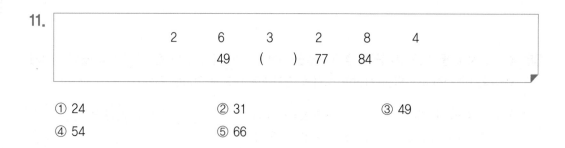

2   6   3   2   8   4
49   (   )   77   84

① 24   ② 31   ③ 49
④ 54   ⑤ 66

12.

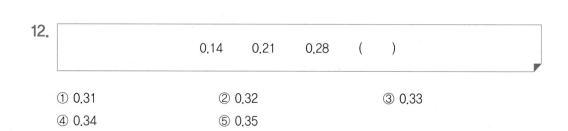

0.14   0.21   0.28   (   )

① 0.31   ② 0.32   ③ 0.33
④ 0.34   ⑤ 0.35

13.

| 97 | 60 | 37 | 23 | 14 | 9 | ( ) |

① 4 ② 5 ③ 6
④ 7 ⑤ 8

14.

$$\frac{5}{10} \quad (\quad) \quad \frac{17}{86} \quad \frac{33}{257} \quad \frac{65}{770}$$

① $\frac{3}{23}$ ② $\frac{5}{25}$ ③ $\frac{7}{27}$
④ $\frac{9}{29}$ ⑤ $\frac{11}{31}$

15.

$$\frac{3}{4} \quad \frac{1}{2} \quad \frac{1}{3} \quad \frac{2}{9} \quad (\quad)$$

① $\frac{4}{27}$ ② $\frac{5}{18}$ ③ $\frac{7}{12}$
④ $\frac{4}{9}$ ⑤ $\frac{4}{15}$

16.

| 10.5 | 3.1 | 1.62 | ( ) | 1.2648 |

① 1.324 ② 1.342 ③ 1.472
④ 1.486 ⑤ 1.494

17.

| 2.25 | 2.59 | 2.94 | 3.3 | ( ) |

① 3.57 ② 3.67 ③ 3.77
④ 3.87 ⑤ 3.97

18.

| 6 13 39 | 3 16 24 | 9 12 ( ) |

① 52 ② 53 ③ 54
④ 55 ⑤ 56

19.

| 8 6 6 | 4 1 9 | 3 2 ( ) |

① 1 ② 2 ③ 3
④ 4 ⑤ 6

20.

| 3 2 6 12 | 2 2 5 9 | 12 3 10 ( ) |

① 25 ② 26 ③ 42
④ 46 ⑤ 50

영역 3 수리

20문항/25분

01. 다음 자료에 대한 설명으로 적절하지 않은 것은?

〈우리나라의 연도별 석유 수입량〉

(단위 : 백만 배럴)

구분	2016년	2017년	2018년	2019년	2020년	2021년
이란	56.1	48.2	44.9	42.4	111.9	147.9
이라크	93.1	90.7	71.2	126.6	138.3	126.2
쿠웨이트	137.6	139.9	136.5	141.9	159.3	160.4
카타르	103.8	86.1	100.1	123.2	88.2	64.9
아랍에미리트	86.5	110.8	108.5	99.8	87.7	91.0
사우디아라비아	303.0	286.6	292.6	305.8	324.4	319.2

〈연도별 국제 유가(WTI)〉

(단위 : 달러/배럴)

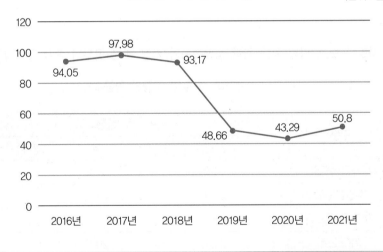

① 매년 사우디아라비아로부터 수입한 석유의 양이 가장 많다.

② 2018년 이후 쿠웨이트로부터 수입한 석유의 가격은 매년 상승한다.

③ 국제 유가가 배럴당 90달러를 초과한 해에 석유 수입이 가장 적은 국가는 이란이다.

④ 각 나라로부터 수입한 석유량의 순위는 매년 다르다.

⑤ 국제 유가가 전년 대비 가장 많이 감소한 해에는 이란과 아랍에미리트를 제외한 모든 국가에서 석유 수입량이 증가하였다.

02. 다음 표를 분석한 내용으로 옳지 않은 것은?

〈우리나라 유제품별 생산 및 소비 실적〉

(단위 : 톤)

유제품별	20X0년		20X1년	
	생산	소비	생산	소비
연유	2,620	1,611	4,214	1,728
버터	1,152	9,800	3,371	10,446
치즈	24,708	99,520	22,522	99,243
발효유	522,005	516,687	557,639	551,595

① 20X1년에 전년 대비 증가한 연유 생산량은 전년 대비 증가한 연유 소비량보다 크다.

② 조사 기간 동안 2년간 치즈의 소비량은 생산량보다 4배 이상 많았다.

③ 20X1년 유제품별 생산량을 높은 순서대로 나열하면 전년도의 순서와 같다.

④ 전년도 대비 20X1년 발효유의 소비량 증가율은 생산량 증가율보다 높다.

⑤ 20X0년에 소비량이 생산량에 비해 가장 많은 유제품은 버터이다.

03. 다음 자료를 보고 일일 평균 차량 통행속도가 가장 빠른 곳부터 순서대로 나열한 것은?

〈시간대 · 도로별 차량의 평균속도〉

(단위 : km/h)

구분	통행속도		
	오전	낮	오후
도시고속도로	54.9	59.2	40.2
주간선도로	27.9	24.5	20.8
보조간선도로	25.2	22.4	19.6
기타도로	23.1	20.5	18.6

① 도시고속도로 - 보조간선도로 - 주간선도로 - 기타도로

② 도시고속도로 - 주간선도로 - 보조간선도로 - 기타도로

③ 도시고속도로 - 주간선도로 - 기타도로 - 보조간선도로

④ 도시고속도로 - 기타도로 - 보조간선도로 - 주간선도로

⑤ 도시고속도로 - 보조간선도로 - 기타도로 - 주간선도로

04. 다음 자료에 대한 설명으로 적절하지 않은 것은?

〈우리나라 1인당 온실가스 배출원별 배출량〉

(단위 : 100만 톤 CO_2eq, 톤 CO_2eq/10억 원, 톤 CO_2eq/명)

구분		1995년	2000년	2005년	2010년	2015년	2020년
온실가스 총배출량		292.9	437.3	500.9	558.8	656.2	690.2
	에너지	241.4	354.2	410.6	466.6	564.9	601.0
	산업공장	19.8	44.1	49.9	54.7	54.0	52.2
	농업	21.3	23.2	21.6	20.8	22.2	20.6
	폐기물	10.4	15.8	18.8	16.7	15.1	16.4
GDP 대비 온실가스 배출량		698.2	695.7	610.2	540.3	518.6	470.6
1인당 온실가스 배출량		6.8	9.2	10.7	11.6	13.2	13.5

① 온실가스 배출원 중 주된 배출원은 에너지 부문이다.

② 2020년 1인당 온실가스 배출량은 1995년에 비해 약 2배 증가하였다.

③ 2005년 온실가스 총배출량 중 에너지 부문을 제외한 나머지 부문이 차지하는 비율은 16%이다.

④ 온실가스 총배출량은 계속해서 증가하고, 2020년 온실가스 총배출량은 1995년 대비 2배 이상 증가하였다.

⑤ GDP 대비 온실가스 배출량이 감소한 것은 온실가스 배출량의 증가 속도보다 GDP 증가 속도가 상대적으로 더 빨랐기 때문이다.

[05 ~ 06] 다음은 국내 문화콘텐츠 산업의 분야별 매출액 · 수출액 · 고용현황에 대한 통계이다. 이어지는 질문에 답하시오.

(단위 : 조 원, 천 달러, 명)

구분	20X1년			20X2년			20X3년		
	매출액	수출액	고용현황	매출액	수출액	고용현황	매출액	수출액	고용현황
출판	20.61	250,764	206,926	21.24	357,881	203,226	21.24	283,439	198,691
만화	0.74	4,209	10,748	0.74	8,153	10,779	0.75	17,213	10,358
음악	2.74	31,269	76,539	2.96	83,262	76,654	3.82	196,113	78,181
게임	6.58	1,240,856	92,533	7.43	1,606,102	94,973	8.80	2,378,078	95,015
영화	3.31	14,122	28,041	3.43	13,583	30,561	3.77	15,829	29,569
애니메이션	0.42	89,651	4,170	0.51	96,827	4,349	0.53	115,941	4,646
방송(영상)	9.88	184,577	34,714	11.18	184,700	34,584	12.75	222,372	38,366
광고	9.19	93,152	33,509	10.32	75,554	34,438	12.17	102,224	34,647
캐릭터	5.36	236,521	23,406	5.90	276,328	25,102	7.21	392,266	26,418
지식정보	6.07	348,906	55,126	7.24	368,174	61,792	9.05	432,256	69,026
콘텐츠솔루션	2.18	114,675	17,089	2.36	118,510	19,540	2.87	146,281	19,813
계	67.08	2,608,702	582,801	73.32	3,189,074	595,998	82.97	4,302,012	604,730

05. 위 자료에 대한 설명으로 옳지 않은 것은?

① 20X2년 문화콘텐츠 산업의 총매출액은 전년 대비 9% 이상 증가하였다.

② 20X1 ~ 20X3년 문화콘텐츠 산업의 매출액 및 수출액은 전 분야에서 꾸준히 증가하였다.

③ 지난 3년간 가장 낮은 고용현황을 보이는 분야는 애니메이션 산업이다.

④ 문화콘텐츠 산업 가운데 주요 수출 종목은 게임과 지식정보 산업이다.

⑤ 20X2년 캐릭터 산업의 매출액 비중은 20X1년보다 높다.

06. 20X3년 기준 매출액이 전년 대비 두 자릿수 이상의 증가율을 기록한 산업은 총 몇 개인가?

① 4개   ② 5개   ③ 6개
④ 7개   ⑤ 10개

07. 다음은 20X9년 유럽 주요 국가의 보건부문 통계 자료이다. 이에 대한 설명으로 옳은 것을 〈보기〉에서 모두 고르면?

구분	기대수명(세)	조사망률(명)	인구 만 명당 의사 수(명)
독일	81.7	11.0	38.0
영구	79.3	10.0	27.0
이탈리아	81.3	10.0	37.0
프랑스	81.0	9.0	36.0
그리스	78.2	12.0	25.0

※ 조사망률 : 인구 천 명당 사망자 수

―――――――| 보기 |―――――――

ㄱ. 유럽에서 기대수명이 가장 낮은 국가는 그리스이다.
ㄴ. 인구 만 명당 의사 수가 많을수록 조사망률은 낮다.
ㄷ. 20X9년 프랑스의 인구가 6,500만 명이라면 사망자는 약 585,000명이다.

① ㄱ   ② ㄷ   ③ ㄱ, ㄴ
④ ㄴ, ㄷ   ⑤ ㄱ, ㄷ

08. 다음은 △△백화점의 분야별 매출액 비중을 나타낸 자료이다. 20X0년과 20X1년 총 매출액은 각각 77억 원, 94억 원이었다. 이에 대한 설명으로 옳은 것은?

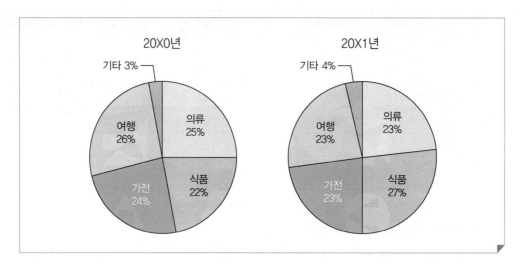

① 20X0년과 20X1년 기타의 매출액 차이는 가전의 차이보다 크다.

② 여행과 의류 매출액의 합은 20X0년이 20X1년보다 크다.

③ 20X0년 대비 20X1년 가전의 매출액 차이는 약 2억 원 이하이다.

④ 20X1년 매출액이 20X0년과 비교해서 세 번째로 크게 변한 것은 여행이다.

⑤ 20X1년 대비 20X0년 매출액 변화 폭이 가장 큰 분야는 식품이다.

[09 ~ 10] 다음 자료를 보고 이어지는 질문에 답하시오.

〈20X3년 주택형태별 에너지 소비 현황〉

(단위 : 천 TOE)

구분	연탄	석유	도시가스	전력	열에너지	기타	합계
단독주택	411.8	2,051.8	2,662.1	2,118.0	–	110.3	7,354
아파트	–	111.4	5,609.3	2,551.5	1,852.9	–	10,125
연립주택	1.4	33.0	1,024.6	371.7	4.3	–	1,435
다세대주택	–	19.7	1,192.6	432.6	–	–	1,645
상가주택	–	10.2	115.8	77.6	15.0	2.4	221
총합	413.2	2,226.1	10,604.4	5,551.4	1,872.2	112.7	20,780

※ 전력 : 전기에너지와 심야전력에너지 포함

※ 기타 : 장작 등 임산 연료

09. 위의 자료에 대한 해석으로 적절한 것은?

① 단독주택은 모든 유형 에너지를 소비한다.

② 모든 주택형태에서 소비되는 에너지 유형은 4가지이다.

③ 아파트는 다른 주택형태에 비해 가구당 에너지 소비량이 많다.

④ 모든 주택형태에서 가장 많이 소비한 에너지 유형은 도시가스이다.

⑤ 단독주택에서 소비한 전력 에너지량은 단독주택 전체 에너지 소비량의 30% 이상을 차지한다.

10. 아파트 전체 에너지 소비량 중 도시가스 소비량이 차지하는 비율은 몇 %인가? (단, 소수점 아래 둘째 자리에서 반올림한다)

① 53.4%　　　　② 55.4%　　　　③ 58.4%

④ 60.4%　　　　⑤ 62.4%

11. 6개의 상품 중에서 2개를 고를 때 가능한 경우의 수는? (단, 순서는 상관하지 않는다)

① 15가지 ② 20가지 ③ 25가지
④ 30가지 ⑤ 36가지

12. A와 B가 16km 떨어진 지점에서 서로를 향해 이동하였다. 두 사람이 이동한 속도가 다음과 같을 때, 두 사람이 만나기까지 소요된 시간과 두 사람이 이동한 거리의 차는 얼마인가?

- A는 걸어서 시속 3km의 속도로 이동하였다.
- B는 자전거를 타고 시속 5km의 속도로 이동하였다.
- 두 사람이 이동한 시간은 동일하다.

① 1시간, 3km ② 1시간, 4km ③ 2시간, 3km
④ 2시간, 4km ⑤ 2시간, 5km

13. A는 인터넷 사이트에서 교육에 사용할 동영상 자료를 다운받았다. 파일을 다운받는 데 소요된 시간과 속도가 다음과 같을 때, A가 다운받은 파일의 크기는?

- 다운로드 속도는 초당 600KB이다.
- 인터넷 사이트에 접속하여 파일을 다운받는 데 소요된 시간은 총 1분 15초이다.
- 파일을 다운받는 데 소요된 시간은 인터넷 사이트에 접속할 때 걸린 시간의 4배이다.

① 20,000KB ② 26,000KB ③ 30,000KB
④ 32,000KB ⑤ 36,000KB

14. K사의 영업팀에는 3명의 대리와 4명의 사원이 있다. 영업팀장은 사내 홍보행사에 참여해 봉사할 직원 2명을 제비뽑기를 통해 결정하기로 했다. 7명의 이름이 적힌 종이가 들어 있는 통에서 2개의 종이를 차례로 꺼낼 때, 적어도 1명의 대리가 포함되어 있을 확률은?

① $\dfrac{2}{7}$ ② $\dfrac{3}{7}$ ③ $\dfrac{4}{7}$

④ $\dfrac{5}{7}$ ⑤ $\dfrac{6}{7}$

15. 컴퓨터를 생산하는 A, B 두 공장의 작년 생산량은 총 2,500대였고 올해 생산량은 A 공장과 B 공장 각각 전년 대비 10%, 20% 증가하였다. 증가한 컴퓨터 대수의 비율이 1 : 3이라면 올해 A 공장의 컴퓨터 생산량은 얼마인가?

① 900대   ② 950대   ③ 1,000대
④ 1,100대   ⑤ 1,200대

16. 어느 장난감 가게에서 A 제품을 3일간 할인하여 판매하기로 하였다. 다음 〈조건〉에 따를 때 A 제품의 할인판매 가격은 얼마인가?

┤ 조건 ├

• A 제품의 정가는 원가의 10%의 마진을 붙여 책정하였다.
• A 제품의 할인판매 가격은 정가보다 2,000원 저렴하다.
• 할인판매 시 제품을 1개 판매할 때마다 1,000원의 이익을 얻을 수 있다.

① 29,000원   ② 30,000원   ③ 31,000원
④ 32,000원   ⑤ 33,000원

17. 5%의 소금물에 10%의 소금물을 더하여 7%의 소금물 500g을 만들려고 한다. 10%의 소금물은 몇 g 더해야 하는가?

① 100g
② 150g
③ 200g
④ 260g
⑤ 380g

18. 유정이 혼자 하면 A일, 세영이 혼자 하면 B일이 걸리는 일이 있다. 유정이 세영과 함께 일을 시작하였으나, 중간에 세영이 그만두어 일이 모두 끝나기까지 15일이 걸렸다. 전체 일한 날 중 세영이 일을 하지 않은 날은 며칠인가?

① $\left\{ 15 - \dfrac{A(B-15)}{A} \right\}$ 일
② $\left\{ 15 - \dfrac{B(A-15)}{A} \right\}$ 일
③ $\left(15 - \dfrac{B-15}{AB} \right)$ 일
④ $\left(15 - \dfrac{AB-15B}{AB} \right)$ 일
⑤ $\left\{ 15 - \dfrac{B(A-15)}{2AB} \right\}$ 일

19. 최 대리는 김 부장의 고등학교 후배로 12살 차이의 띠동갑이다. 4년 전, 최 대리 나이의 3배 값과 김 부장 나이의 2배 값이 같았다면 현재 최 대리의 나이는?

① 28살
② 30살
③ 32살
④ 34살
⑤ 35살

20. A ~ F 여섯 명이 회의를 하기 위해 원형 탁자에 둘러앉았다. 이 중 A와 B가 서로 이웃하게 앉는 경우의 수는?

① 30가지
② 38가지
③ 45가지
④ 48가지
⑤ 50가지

영역 4 도형 ‖ 15문항/20분

[01 ~ 03] 다음 〈보기〉를 통해 도형이 변화하는 규칙을 찾아 '?'에 들어갈 도형을 고르시오.

01.

| 보기 |

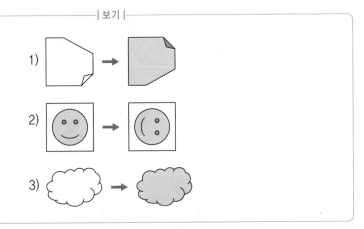

 → 2) → 3) → 1) → ?

①

②

③

④

⑤

02.

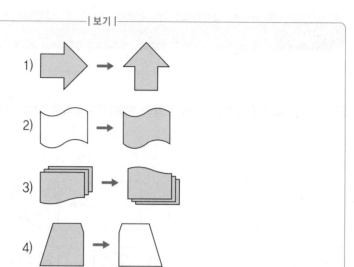

①

②

③

④

⑤

03.

1)

2)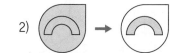

3)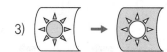

4)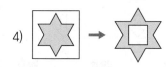

 → 2) → 1) → 3) → 4) → ?

①

②

③

④

⑤

[04 ~ 06] 다음은 각 기호의 규칙에 의한 도형의 변화를 나타낸 것이다. 빈칸에 들어갈 알맞은 도형을 고르시오.

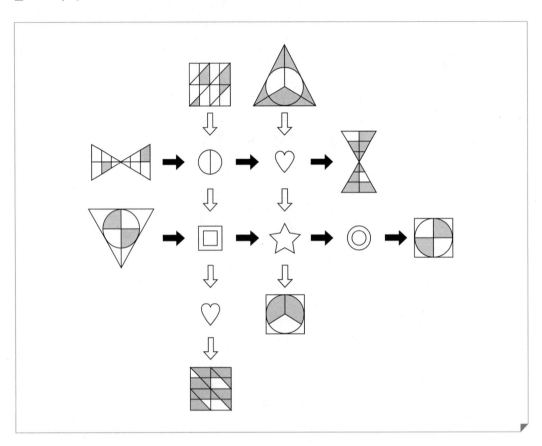

04.

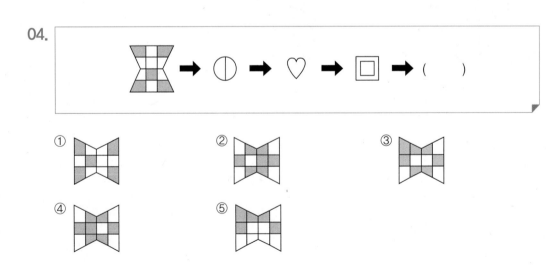

05.

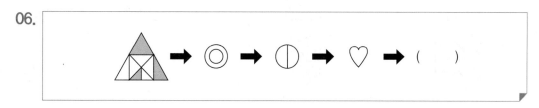

06.

언어
언어·수리
영역별 빈출이론 수리
도형
1회
2회
기출유형문제 3회
4회
5회
인성 검사
면접 가이드

[07 ~ 09] 다음 제시된 규칙을 따를 때 '?'에 들어갈 알맞은 도형을 고르시오.

07.

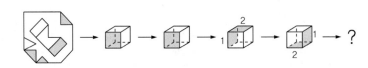

① ② ③

④ ⑤

08.

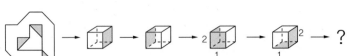

① 　② 　③

④ 　⑤

09.

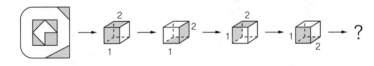

① 　② 　③

④ 　⑤

[10 ~ 11] 다음 규칙에 따라 도형을 변환시킬 때 '?'에 들어갈 도형을 고르시오(단, 조건에 의해 비교할 대상은 각 문제의 처음 제시된 도형이다).

10.

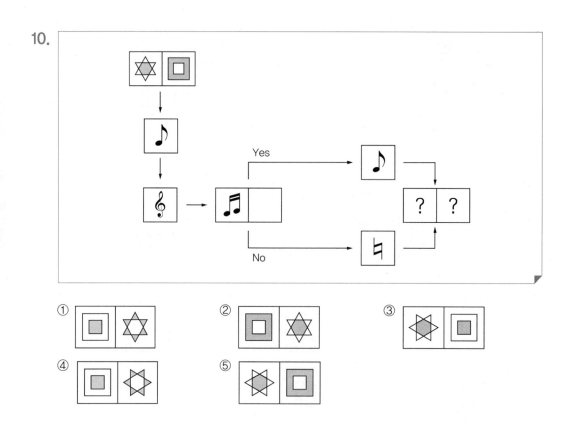

①
②
③
④
⑤

11.

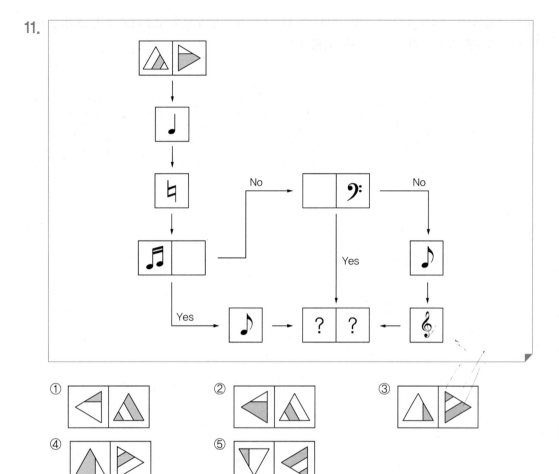

①

②

③

④

⑤

[12 ~ 13] 다음 규칙에 따라 도형을 변환시킬 때 '?'에 들어갈 도형을 고르시오. (단, 조건에 의해 비교할 대상은 각 문제의 처음 제시된 도형이다)

12.

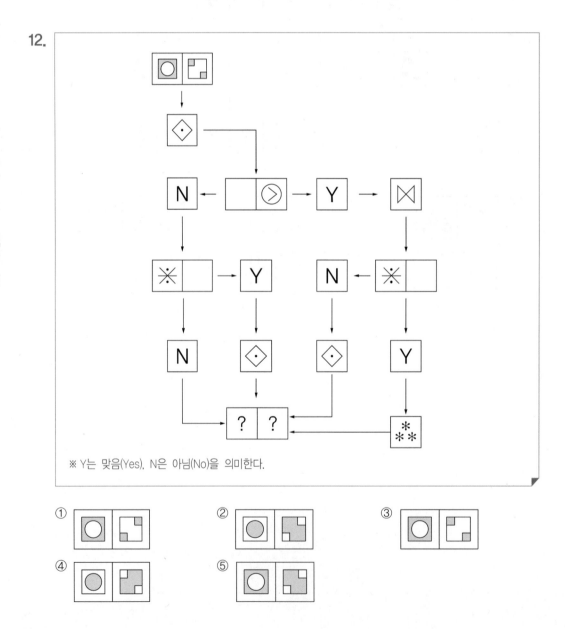

※ Y는 맞음(Yes), N은 아님(No)을 의미한다.

13.

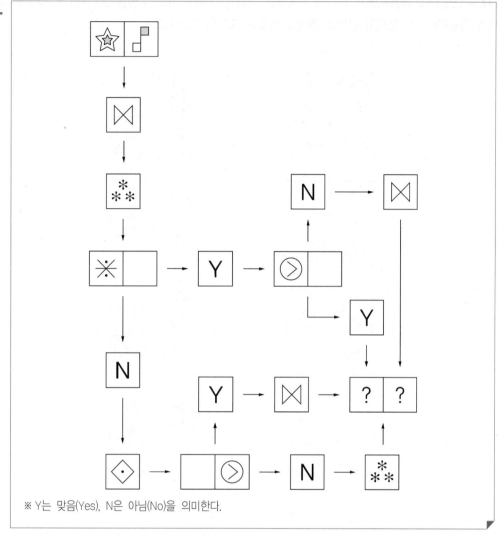

※ Y는 맞음(Yes), N은 아님(No)을 의미한다.

①

②

③

④

⑤

[14 ~ 15] 다음 흐름도에서 각각의 기호들은 정해진 규칙에 따라 도형을 변화시키는 약속을 나타내는 암호이다. 각 문제의 빈칸에 들어갈 알맞은 도형을 고르시오.

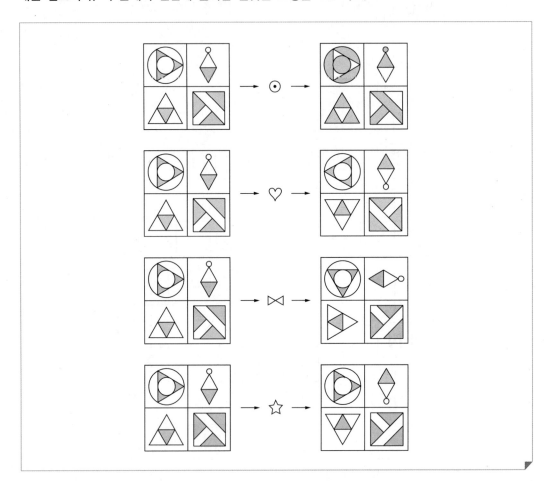

14.

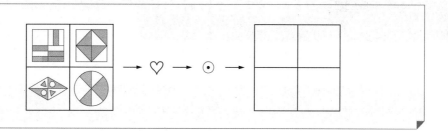

① 　② 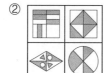　③

④　⑤

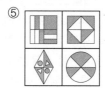

15.

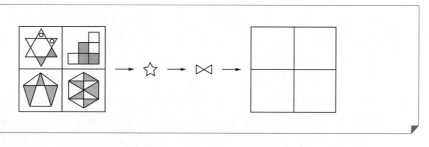

① 　② 　③

④ 　⑤

인적성 **4회 기출유형문제**

문항수 | 75문항
시험시간 | 90분

▶ 정답과 해설 46쪽

영역 **1** 언어 20문항/20분

01. 다음 글의 주제로 적절한 것은?

지구 곳곳에서 심각한 기후 변화가 나타나고 있고 그 원인이 인간의 활동에 있다는 주장은 언뜻 보기에 과학적인 것처럼 들리지만 따지고 보면 진실과는 거리가 먼, 다분히 정치적인 프로파간다에 불과하다. "자동차는 세워 두고 지하철과 천연가스 버스 같은 대중교통을 이용합시다."와 같은 기후 변화와는 사실상 무관한 슬로건에 상당수의 시민이 귀를 기울이도록 만든 것은 환경주의자들의 성과였지만 사회 전체의 차원에서 볼 때 그 성과는 가슴 아파해야 할 낭비의 이면에 불과하다.

희망컨대 이제는 진실을 직시하고 현명해져야 한다. 기후 변화가 일어나는 이유는 인간이 발생시키는 온실가스 때문이 아니라 태양의 활동 때문이라고 보는 것이 합리적이다. 태양 표면의 폭발이나 흑점의 변화는 지구의 기후 변화에 막대한 영향을 미친다. 결과적으로 태양의 활동이 활발해지면 지구의 기온이 올라가고, 태양의 활동이 상대적으로 약해지면 기온이 내려간다. 환경주의자들이 말하는 온난화의 주범은 사실 자동차가 배출하는 가스를 비롯한 온실가스가 아니라 태양이다. 태양 활동의 거시적 주기에 따라 지구 대기의 온도는 올라가다가 다시 낮아지게 될 것이다.

환경과학자 브림블콤은 런던의 대기오염 상황을 16세기 말부터 추적해 올라가서 20세기까지 그 거시적 변화의 추이를 연구했는데, 그 결과 매연의 양과 아황산가스 농도 모두가 19세기 말까지 빠르게 증가했다가 그 이후 아주 빠르게 감소하여 1990년대에는 16세기 말보다도 낮은 수준에 도달했다는 사실이 밝혀졌다. 반면에 브림블콤이 연구 대상으로 삼은 수백 년의 기간 동안 지구의 평균 기온은 지속적으로 상승해 왔다. 두 변수의 이런 독립적인 행태는 인간이 기후에 미치는 영향이 거의 없다는 것을 보여 주는 자료이다.

① 인간의 활동으로 인해 기후에 변화가 생겼다는 인식을 심어 주어야 한다.
② 태양 표면의 폭발이나 흑점의 변화는 지구의 기후 변화에 큰 영향을 미치므로 이에 대한 면밀한 조사가 요구된다.
③ 태양 활동과 온실가스의 연구를 통해 어느 것이 기후 변화에 더 영향을 미치는지 밝혀내야 한다.
④ 지구에 기후 변화를 가져오는 주범은 온실가스가 아니라 태양 활동으로 보는 것이 옳다.
⑤ 대기오염 상황과는 독립적으로, 지구의 평균 기온은 지속적으로 증가해 왔다.

02. 다음 글의 흐름에 따라 ㉠에 들어갈 문장으로 적절한 것은?

> (㉠   ) 도시의 과밀화는 상대적으로 거주공간이 부족하게 되는 결과를 낳았다. 따라서 최대한 많은 가구를 수용하기 위해 한정된 공간에 많은 집들이 근접하여 있고, 그것도 부족하여 상하좌우로 이웃집이 위치해 있다. 그러나 이러한 물리적 이웃이 모두 마음을 줄 수 있는 이웃은 아니다. 전통적인 이웃 형태와 비교하면 더 가까운 위치에, 더 많은 이웃을 갖게 되었지만 사실상 도시의 거주자들은 이사를 자주 하기 때문에 이웃과 깊게 사귈 시간적 여유가 없다. 그뿐만 아니라 폐쇄적인 아파트의 형태와 바쁜 도시 생활로 한가로이 이웃과 대화할 시간을 만들기도 어렵다.

① 현대 도시 생활의 특징은 주거 공간의 밀집화 현상이다.
② 현대 도시 생활의 특징은 가구의 고립화 현상이다.
③ 현대 도시 생활의 특징은 도시화로 인한 활동의 분주함에 있다.
④ 현대 도시 생활의 특징은 개인주의적 경향이 두드러진 점이다.
⑤ 현대 도시 생활의 특징은 전통적 이웃 형태와의 결별이다.

03. 다음 글에서 설명하고 있는 잘못된 문장에 해당하는 것은?

> 국어는 앞뒤 문맥을 통하여 성분의 호응에 어려움을 주지 않는 한 성분 생략이 자유롭다. 이러한 성분 생략이 문맥 호응상 아무 문제없이 이루어지면 다행인데, 문제는 이따금 성분 생략이 아닌 성분 실종으로 변질되어 비문을 초래하게 되는 것이다. 그런 점에서 국어 구조상 의미 소통에 지장이 없는 한, 성분 생략은 국어 문장 구조의 간결성, 함축성, 경제성에 기여하는 긍정적 효과가 있지만 이것이 성분 간에 호응을 어긋나게 하면 성분 실종이 되므로 성분 생략과 성분 실종은 구별해야 한다.

① 학문은 따지고 의심스럽게 보고 다시 검토하는 데에서 출발해야 한다.
② 검찰이 성역 없는 수사를 한다고 해서 수사 결과를 두고 볼 일이다.
③ 토익 시험에 응시하실 분들은 학교에 원서를 접수하십시오.
④ 다솜이의 여름방학 숙제로 제출한 그림은 특이했다.
⑤ 재원이와 철현이는 지난달에 여행을 다녀왔다.

04. 다음 글을 읽고 빈칸에 들어갈 말로 적절한 것은?

죽음의 편재성(偏在性)이란 우리가 언제 어디서든 죽을 수 있다는 것을 뜻한다. 죽음의 편재성은 부인할 수 없는 사실이고, 그 사실은 우리에게 죽음에 대한 공포를 불러일으킨다. 보통 우리는 죽음의 공포를 불러일으키는 것을 회피대상으로 생각하고 가급적 피하려고 한다. 예를 들어 자정에서 새벽 1시까지는 아무도 죽지 않는 세계가 있다고 상상해 보자. 아마도 그 세계의 사람들은 매일 그 시간이 오기를 바랄 것이고 최소한 그 시간 동안에는 죽음의 공포를 느끼지 않을 것이다. 이번에는 어떤 세계에 아무도 죽지 않는 장소가 있다고 상상해 보자. 아마도 그 장소는 발 디딜 틈도 없이 북적일 것이다. 그 장소에서는 죽음의 공포를 피할 수 있기 때문이다. 이런 점들만 생각해 보아도 죽음의 편재성이 우리에게 죽음의 공포를 불러일으키고, 이로 인해 우리는 죽음의 편재성을 회피대상으로 생각한다는 것을 알 수 있다.

그런데 죽음의 편재성과 관련된 이러한 생각이 항상 맞지는 않는다는 것을 보여 주는 사례가 있다. 우리는 죽음의 공포를 기꺼이 감수하면서 즐기는 활동들이 있다는 것을 알고 있다. 혹시 그 활동들이 죽음의 공포를 높이기 때문에 매력적으로 보이는 것은 아닐까? 스카이다이버들은 죽음의 공포를 느끼면서도 그 공포를 무릅쓰고 비행기에서 뛰어내리고 땅으로 떨어지면서 조그마한 낙하산 가방에 자신의 운명을 맡긴다. 이러한 사례가 보여 주는 것은 인간에게 죽음의 공포를 불러일으키는 것이 반드시 회피대상은 아니라는 것이다. 그렇다면 앞서 상상해 본 세계와 관련된 우리의 생각에는 오류가 있다고 할 수 있다. 즉, (

)

① 죽음의 편재성을 반드시 공포를 불러일으키는 대상으로 볼 수는 없다.

② 죽음의 편재성이 불러일으키는 죽음의 공포란, 인간 개개인에 따라 얼마든지 그 크기가 달라질 수 있다.

③ 죽음의 편재성이 가져오는 죽음의 공포는 반드시 피해야 할 회피대상이 아닌, 맞서 대적해야 할 대상으로 인식된다.

④ 죽음의 편재성이 불러일으키는 공포가 유희성을 띤 활동에서는 발생하지 않는다.

⑤ 죽음의 편재성이 인간에게 죽음의 공포를 불러일으킨다고 해서 그것이 반드시 회피대상이라는 결론으로 나아갈 수는 없다.

05. 다음 중 빈칸에 들어갈 말로 적절한 것은?

> 한국 전통 춤이 가진 특성의 하나를 단적으로 나타내는 말로, "손 하나만 들어도 춤이 된다."라는 표현이 있다. 겉으로는 동작이 거의 없는 듯하면서도 그 속에 잠겨 흐르는 미묘한 움직임이 있다는 것이다. 이를 흔히 정중동(靜中動)이라고 한다. ( ) 가장 간소한 형태로 가장 많은 의미를 담아내고, 가장 소극적인 것으로 가장 적극적인 것을 전개하여 불필요한 것이나 잡다한 에피소드를 없애고 사상(事象)의 본질만을 드러낸다.

① 정중동은 우리나라를 대표하는 가장 고귀한 춤이다.

② 정중동은 화려하고 다양한 동작으로 강렬하게 완성된다.

③ 정중동은 여인의 한을 담고 있는 슬픈 몸짓으로 표현된다.

④ 정중동은 수많은 움직임을 하나의 움직임으로 집중하여 완결시킨 경지이다.

⑤ 정중동은 한국인들이 지니고 있는 한의 정서를 표현한다.

06. 다음 글을 읽고 제기할 수 있는 질문으로 적절하지 않은 것은?

> 과연 실학을 근대정신이라 부를 수 있는 것인가? 현재와 동일한 생활 및 시대 형태를 가진 시대를 근대라 한다면, 실학은 결코 근대의 의식도 근대의 정신도 아니다. 실학은 그 비판적인 입장에서 봉건사회의 본질을 해부하고 노동하지 않는 계급을 비방했을 뿐만 아니라 신분 세습과 대토지 사유화를 비판·부인하였다. 그러나 그 비판의 기조는 중국 고대의 태평성대였던 당우삼대에 기반한 것이었으며 비판의 입장도 역사적 한계를 넘어설 만큼 질적으로 다르지 않았다. 이에 반해 서양의 문예부흥은 고대 그리스에서 확립되었던 시민의 자유를 이상으로 하고, 강제·숙명·신비·인습 등의 봉건적 가치를 완전히 척결하였다. 이것은 실학과 좋은 대조를 이룬다. 실학은 봉건사회의 제 현상에 대한 회의와 반항이기는 하였다. 그러나 실학은 여전히 유교를 근저로 하는 봉건사회의 규범 안에서 생겨난 산물이었기에 사실상 보수적 행동으로 이를 따랐던 것이다. 다만 실학은 이러한 정체된 봉건사회를 극복하고 근대라는 별개의 역사와의 접촉을 준비하는 한 시기의 사상이었다. 실학은 근대정신의 내재적인 태반(胎盤) 역할을 담당하였던 것이다.

① 실학이 근대사회의 성립에 끼친 영향은 전혀 없는가?

② 실학이 중국의 고대 사상과 상통한다는 증거는 무엇인가?

③ 과연 서양의 문예부흥이 봉건적 가치를 완전히 척결했는가?

④ 동양과 서양에서 봉건사회를 바라보는 관점의 차이는 없는가?

⑤ 근대에 대한 개념과 기준이 정확한 것인가?

07. 다음 글의 내용과 일치하는 것은?

인간과 동물은 두 가지 주요한 방식으로 환경에 적응한다. 하나는 생물학적 진화이며, 다른 하나는 학습이다. 고등 생명체에서의 생물학적 진화는 수천 년 이상 걸리는 매우 느린 현상인 반면, 학습은 짧은 생애 안에서도 반복적으로 일어난다. 세상에 대한 새로운 정보를 얻는 과정인 학습과 획득된 정보를 기억하는 능력은 적절히 진화된 대부분의 동물들이 갖고 있는 특징이다. 신경계가 복잡할수록 학습 능력은 뛰어나기 때문에 지구상 가장 복잡한 신경계를 갖고 있는 인간은 우수한 학습 능력을 지니고 있다. 이러한 능력 때문에 인간의 문화적 진화가 가능했다. 여기서 문화적 진화란 세대와 세대를 거쳐 환경에 대한 적응 능력과 지식이 발전적으로 전수되는 과정을 의미한다. 사실 우리는 세계와 문명에 대한 새로운 지식들을 학습을 통해 습득한다. 인간 사회의 변화는 생물학적 진화보다는 전적으로 문화적 진화에 의한 것이다. 화석 기록으로 볼 때 수만 년 전의 호모 사피엔스 이래로 뇌의 용적과 구조는 크게 달라지지 않았다. 고대로부터 현재까지 모든 인류의 업적은 문화적 진화의 소산인 것이다.

학습은 인간의 본성에 관한 철학의 쟁점과도 관련되어 있다. 고대의 소크라테스를 비롯하여 많은 철학자들은 인간 정신의 본성에 대하여 질문을 던져왔다. 17세기 말에 이르러 영국과 유럽 대륙에서 두 가지 상반된 견해가 제기되었다. 하나는 로크, 버클리, 흄과 같은 경험론자들의 견해로, 정신에 타고난 관념 또는 선험적 지식이 있다는 것을 부정하고 모든 지식은 감각적 경험과 학습을 통해 형성된다고 본다. 다른 하나는 데카르트, 라이프니츠 등의 합리론자와 칸트의 견해로 정신은 본래 특정한 유형의 지식이나 선험적 지식을 가지고 있으며 이것이 감각 경험을 받아들이고 해석하는 인식의 틀이 된다는 것이다.

① 학습은 생물학적인 진화보다 우월하다.
② 학습은 인간만이 지니고 있는 인간의 고유한 특성이다.
③ 인간 사회의 변화는 생물학적 진화와 문화적 진화가 적절히 혼합되어 이루어진 것이다.
④ 경험론자들은 생물학적 진화보다는 학습을 중요시하였다.
⑤ 인간은 대부분의 동물들과 달리 생물학적 진화가 전혀 이루어지지 않았다.

08. 다음 글의 내용과 일치하는 것은?

초파리는 물리적 자극에 의해 위로 올라가는 성질이 있다. 그런데 파킨슨병에 걸린 초파리는 운동성이 결여되어 물리적 자극을 주어도 위로 올라가지 않는다. 파킨슨병과 관련이 있다고 추정되는 유전자 A와 약물 B를 이용하여 실험을 하였다. 먼저 정상 초파리와 유전자 A가 돌연변이인 초파리를 준비하여 각각 약물 B가 들어 있는 배양기와 들어 있지 않은 배양기에 일정 시간 동안 두었다. 이후 물리적 자극을 주어 이들의 운동성을 테스트한 결과, 약물 B가 들어 있는 배양기의 정상 초파리와 약물 B가 들어 있지 않은 배양기의 정상 초파리 모두 위로 올라가는 성질을 보였다. 반면, 유전자 A가 돌연변이인 초파리는 약물 B를 넣은 배양기에서 위로 올라가지 못하고, 약물 B를 넣지 않은 배양기에서는 위로 올라가는 것을 관찰할 수 있었다.

① 약물 B를 섭취한 초파리의 유전자 A는 돌연변이가 된다.

② 약물 B를 섭취한 정상 초파리는 파킨슨병에 걸릴 확률이 높다.

③ 유전자 A가 돌연변이인 초파리는 약물 B를 섭취하면 파킨슨병에 걸린다.

④ 물리적 자극에 대한 운동성이 비정상인 초파리는 모두 파킨슨병에 걸린 초파리이다.

⑤ 약물 B를 섭취한 정상 초파리와 돌연변이 초파리는 같은 결과를 보인다.

09. 다음 글을 읽고 추론한 내용으로 적절한 것은?

> 우리 민족은 활에 대해 각별한 관심을 가지고 있었으며, 활을 중요한 무기로 여겼다. 이에 따라 활 제작 기술도 발달했는데, 특히 조선 시대의 활인 각궁(角弓)은 매우 뛰어난 성능과 품질을 지니고 있었다. 그렇다면 무엇이 각궁을 최고의 활로 만들었을까?
>
> 활은 복원력을 이용한 무기이다. 복원력은 탄성이 있는 물체가 힘을 받아 휘어졌을 때 원래대로 돌아가는 힘으로, 물체의 재질과 변형 정도에 따라 힘의 크기가 변한다. 이를 활에 적용해 보자. 활의 시위를 당기면 당기는 만큼의 복원력이 발생한다. 복원력은 물리학적인 에너지의 전환 과정이기도 하다. 사람이 시위를 당기면 원래의 위치에서 당긴 거리만큼의 위치 에너지가 화살에 작용하게 된다. 따라서 시위를 활대에서 멀리 당기면 당길수록 더 큰 위치 에너지가 발생하게 된다. 이때 시위를 놓으면 화살은 날아가게 되는데, 바로 이 과정에서 위치 에너지가 운동 에너지로 전환된다. 즉 시위를 당긴 거리만큼 발생한 위치 에너지가 운동 에너지로 바뀌어 화살을 날아가게 하는 것이다.
>
> 또한 복원력은 활대가 휘는 정도와 관련이 있다. 일반적으로 활대가 휘면 휠수록 복원력은 더 커지게 된다. 따라서 좋은 활이 되기 위해서는 더 큰 위치 에너지를 만들어 낼 수 있는 탄성이 좋은 활대가 필요하다. 각궁은 복원력이 뛰어난 활이다. 그 이유는 각궁이 동물의 뿔이나 뼈, 힘줄, 탄성 좋은 나무 등 다양한 재료를 조합해서 만든 합성궁이기 때문이다. 합성궁은 대나무와 같은 한 가지 재료로 만든 활보다 탄력이 좋아서 시위를 풀었을 때 활이 반대 방향으로 굽는 것이 특징이다. 바로 이러한 특성으로 인해 각궁은 뛰어난 사거리와 관통력을 갖게 되었다.

① 고려 시대 때의 활은 여러 재료의 조합이 아닌 한 가지 재료로만 만들어졌다.

② 위치 에너지가 운동 에너지로 전환되는 힘의 크기가 활의 사거리와 관통력을 결정한다.

③ 활대가 많이 휠수록 복원력은 더 커지므로, 활이 많이 휠 수 있다면 가격은 비싸진다.

④ 각궁이 나무로만 만들어진 활보다 탄력이 좋은 이유는 다양한 재료의 조합과 시위를 풀었을 때 활이 반대 방향으로 굽도록 설계된 모양 덕분이다.

⑤ 시위를 많이 당길수록 운동 에너지가 증가하여 복원력이 높아진다.

10. (가) ~ (마)를 문맥에 따라 바르게 나열한 것은?

> (가) 중미 멕시코가 원산지인 고추는 '남만초'나 '왜겨자'라는 이름으로 16세기 말 조선에 전래되어 17세기부터 서서히 보급되다가 17세기 말부터 가루로 만들어져 비로소 김치에 쓰이게 되었다.
>
> (나) 19세기 무렵에 와서 고추는 향신료로서 압도적인 우위를 차지하게 되었다.
>
> (다) 김치와 관련하여 우리나라 향신료의 대명사로 쓰이는 고추는 생각만큼 오랜 역사를 갖고 있지 않다.
>
> (라) 그 결과 후추는 더 이상 고가품이 아니게 되었으며, '산초'라고도 불리는 천초의 경우 지금에 와서는 간혹 추어탕에나 쓰일 정도로 중요하지 않게 되었다.
>
> (마) 조선 전기까지 주요 향신료는 후추, 천초 등이었고, 이 가운데 후추는 값이 비싸 쉽게 얻을 수 없었다.

① (가)-(나)-(마)-(라)-(다)
② (나)-(라)-(다)-(마)-(가)
③ (다)-(가)-(나)-(라)-(마)
④ (다)-(가)-(마)-(나)-(라)
⑤ (마)-(라)-(다)-(가)-(나)

11. (가) ~ (마)를 문맥에 따라 바르게 나열한 것은?

> (가) 이는 전통적 공동체가 힘을 잃은 상황에서 가족이 매우 중요한 역할을 담당했기 때문이다.
>
> (나) 한국 사회의 근대화 과정은 급속한 산업화와 도시화라는 특징을 가진다.
>
> (다) 1960년대 이후 급속한 근대화에 따라 전통적인 농촌공동체를 떠나 도시로 이주하는 사람들이 급격하게 증가하였으며, 이로 인해 전통적인 사회구조가 해체되었다.
>
> (라) 국가의 복지가 부실한 상황에서 가족은 노동력의 재생산 비용을 담당했다.
>
> (마) 이 과정에서 직계가족이 가치판단의 중심이 되는 가족주의가 강조되었다.

① (나)-(다)-(라)-(가)-(마)
② (나)-(다)-(마)-(가)-(라)
③ (다)-(나)-(가)-(라)-(마)
④ (다)-(나)-(마)-(라)-(가)
⑤ (다)-(마)-(라)-(나)-(가)

12. 문맥상 빈칸에 들어갈 단어로 가장 적절한 것은?

> 정부 정책이 추구하는 궁극적 목표는 '국민의 행복 추구'이다. 개인의 행복을 결정하는 요소는 매우 다양하다. 소득 수준, 직업, 주거 환경 등 경제적 측면뿐 아니라 학업 수준, 혼인 여부, 고용 형태 등 사회적 조건 모두가 행복 및 불행을 결정한다. 나아가 가족관계, 인간관계 등에서 비롯되는 개인의 주관적 감정 역시 행복에 영향을 미친다. 따라서 국민의 행복 증진을 위해서는 먼저 '행복에 대한 (   )인 이해'에서 벗어나야 한다. 소득 불평등 해소는 행복 증진의 가장 실제적인 요소이다. 정부의 주요 목표가 국민 행복 증진이라면, 소득 불평등 해소를 위한 구체적 정책 방향을 모색해야 한다.

① 관념적   ② 구체적   ③ 방어적
④ 사회적   ⑤ 합리적

13. 다음 글의 제목으로 적절한 것은?

> 오늘의 급속한 사회적, 직업적 변화 가운데 지속가능한 노동시장 경쟁력과 고용가능성을 갖추는 것은 개인뿐 아니라 국가 차원에서도 중요하게 자리 잡게 되었다. 이는 현대적 환경 변화에 따른 주도적 경력 관리의 책임이 우선적으로는 조직 또는 개인에게 있지만, 지속가능한 성장과 국가 경쟁력 강화를 위해 국가 차원에서의 체계적인 정책 수립과 이에 따른 세부적인 지원 방향 마련이 필요해졌기 때문이다. 거시적 측면에서 볼 때 과학기술의 진보뿐 아니라 경제성장의 둔화, 인구의 고령화, 노동시장의 유연화, 일자리 부조화 등 주요 변화에 따라 개인과 조직 간 심리적 계약의 내용과 형태도 바뀌고 있으며 전 생애 과정을 통한 경력개발의 필요성도 더욱 강조되고 있다. 이는 고용서비스 대상 또는 개인의 특성과 상황에 따라 더욱 다양하게 요구되는 실정이다. 청소년의 경우 4차 산업혁명에 따른 생애 전 영역에서의 변화와 미래 직업세계 변화에 대비할 수 있는 기본적인 태도와 자질, 미래역량을 함양할 수 있도록 정책적 지원이 마련되어야 한다. 대학생의 경우에는 진로취업역량 강화를 위한 더욱 구체적이고 체계적인 정책 방안이 요구된다. 또한 지속가능한 경력개발과 고용가능성 함양을 위해서는 과거 실직자 대상의 취업지원 서비스에서 한 걸음 더 나아가 재직자 대상의 직업능력 향상 및 생애경력설계 지원이 필요하다. 급속한 고령화 현상과 노동시장의 불안정성, 베이비 부머의 일자리 퇴직과 재취업 등으로 공공 고용서비스 영역에서 퇴직을 전후로 한 중·장년 근로자 대상의 정책과 적극적인 지원방안 마련 또한 절실히 요구된다.

① 미시적 관점에서의 노동시장 변화의 이해   ② 지속가능 성장을 위한 노동시장의 유연화
③ 생애경력개발을 위한 정책 지원의 필요성   ④ 4차 산업혁명으로 인한 고용시장의 변화와 전망
⑤ 생산가능인구 감소 시대의 경제성장과 노동시장

14. 다음 글의 내용과 일치하지 않는 것은?

> 뇌가 신체의 각 부분에서 어떤 일이 일어나는지 아는 것은 신체의 특정 기능을 작동시키고 조절하기 위해 필수적이다. 따라서 뇌가 우리의 생명이 의존하고 있는 수많은 신체 기능을 조율하기 위해서는 다양한 신체 기관을 매 순간 표상하는 지도가 필요하다. 그렇게 함으로써 뇌는 생명 조절 기능을 적절하게 수행할 수 있다. 외상이나 감염에 의한 국소적 손상, 심장이나 신장 같은 기관의 기능 부전, 호르몬 불균형 등에서 이런 조절이 일어나는 것을 발견할 수 있다. 그런데 생명의 조절 기능에서 결정적인 역할을 하는 이 신경 지도는 우리가 흔히 '느낌'이라고 부르는 심적 상태와 직접적으로 관련을 맺는다.
>
> 느낌은 어쩌면 생명을 관장하는 뇌의 핵심적 기능을 고려할 때 지극히 부수적인 것으로 생각될 수 있다. 더구나 신체 상태에 대한 신경 지도가 없다면 느낌 역시 애초에 존재하지 않았을 것이다. 생명 조절의 기본적인 절차는 자동적이고 무의식적이기 때문에 의식적인 것으로 간주되는 느낌은 아예 불필요하다는 입장이 있다. 이 입장에서는 뇌가 의식적인 느낌의 도움 없이 신경 지도를 통해 생명 현상을 조율하고 생리적 과정을 실행할 수 있다고 말한다. 그 지도의 내용이 의식적으로 드러날 필요가 없다는 것이다. 그러나 이러한 주장은 부분적으로만 옳다.
>
> 신체 상태를 표상하는 지도가, 생명체 자신이 그런 지도의 존재를 의식하지 못하는 상태에서도 뇌의 생명 관장 활동을 돕는다는 말은 어느 범위까지는 진실이다. 그러나 이러한 주장은 중요한 사실을 간과하고 있다. 이런 신경 지도는 의식적 느낌 없이는 단지 제한된 수준의 도움만을 뇌에 제공할 수 있다는 것이다. 이러한 지도들은 문제의 복잡성이 어느 정도 수준을 넘어서면 혼자서 문제를 해결하지 못하게 된다. 문제가 너무나 복잡해져서 자동적 반응뿐만 아니라 추론과 축적된 지식의 힘을 함께 빌려야 할 경우가 되면 무의식 속의 지도는 뒤로 물러서고 느낌이 구원투수로 나서는 것이다.

① 뇌가 수많은 신체 기능을 조율하기 위해서는 신경 지도가 필요하다.

② 뇌가 느낌의 도움 없이 신경 지도를 통해 생명 현상을 조율할 수 있다고 보는 주장은 부분적으로만 옳다.

③ 일정 수준의 복잡성을 넘어선 문제를 해결하기 위해서는 무의식 속 신경 지도들의 연합이 필요하다.

④ 뇌가 생명 조절 기능을 수행하기 위해서는 신체 각 부분에서 일어나고 있는 현상에 대해 알아야 한다.

⑤ 문제가 복잡해지게 되면 신경 지도만으로는 문제를 해결할 수 없다.

15. 다음 글과 일치하지 않는 내용은?

우리가 흔히 영화를 사실적이라고 할 때, 그것은 영화의 재현 방식에 반응해서 영화 속 내용을 현실처럼 보는 데에 동의함을 뜻한다. 영화 속 내용은 실제 현실과 같지 않다. 우리는 영화가 현실의 복잡성을 똑같이 모방하기를 원하지 않으며 영화 역시 굳이 그러기 위해 노력하지 않는다. 이렇게 관객과 감독 사이에 맺어진 암묵적 합의를 '영화적 관습'이라고 한다. 영화적 관습은 영화사 초기부터 확립되어 온 산물로, 관객과 감독의 소통을 돕는다. 반복적인 영화 관람 행위를 통해 관객은 영화적 관습을 익히고 감독은 그것을 활용하여 관객에게 친숙함을 제공한다.

확립된 관습을 무시하거나 그것에 도전하는 것은 쉬운 일이 아니다. 그런데 프랑스의 누벨바그 감독들은 고전적인 영화 관습을 파괴하며 영화의 현대성을 주도하였다. 이들은 불필요한 사건을 개입시켜 극의 전개를 느슨하게 만들거나 단서나 예고 없이 시간적 순서를 뒤섞어 사건의 인과 관계를 교란하기도 했다. 이들은 자기만족적이고 독창적인 미학적 성취를 위해 영화의 고전적인 관습을 파괴하였다.

상업 영화에서도 부분적인 관습 비틀기가 수시로 일어난다. 이는 흥행을 목적으로 오락적 쾌감을 불러일으키기 위한 것이라는 점에서 누벨바그의 관습 파괴와는 차이가 있다. 가령, 근래 액션 영화의 감독들은 악당의 죽음으로 갈등이 해소되었다고 생각되는 순간, 악당을 다시 살려내어 갈등을 또 한 번 증폭하는 장면을 보여 준다. 이러한 관습 비틀기를 처음 접한 관객들은 당혹스러워하지만 일단 여기에 익숙해지면 느긋하게 '악당의 귀환'을 기대하게 된다.

파괴된 관습이 반복되다 보면 그것이 또 하나의 관습으로 자리를 잡는다. 따라서 영화적 관습은 고정적 규범일 수 없으며 시간에 따라 변하는 것으로 볼 수 있다.

① 관객은 반복적인 영화 관람을 통해 암묵적으로 합의된 영화적 관습을 익힐 수 있다.
② 자기만족을 위해 영화적 관습에 도전하는 행위는 영화의 현대성을 주도한다.
③ 현실의 복잡성을 그대로 모방한 영화는 사실적이라는 평가를 받는다.
④ 영화 속 내용이 시간적 순서에 따라 재현되는 방식은 영화적 관습의 예가 될 수 있다.
⑤ 프랑스의 누벨바그 감독들은 오랜 기간 확립되어 온 영화적 관습을 무시하였다.

16. 다음 글에 대한 이해로 적절하지 않은 것은?

조선시대의 신분제도는 기본적으로 양천제(良賤制)였다. 조선은 국역(國役)을 지는 양인을 보다 많이 확보하기 위해 양천제의 법제화를 적극 추진해 나갔다. 양천제에서 천인은 공민(公民)이 아니었으므로 벼슬할 수 있는 권리가 박탈되었다. 뿐만 아니라 양인·천인 모두가 지게 되어 있는 역(役)의 경우 천인에게 부과된 역은 징벌의 의미를 띤 신역(身役)의 성격으로 남녀 노비 모두에게 부과되었다. 그에 반해 양인이 지는 역은 봉공(奉公)의 의무라는 국역의 성격을 지닌 것으로 남자에게만 부과되었다.

한편 양인 내에는 다양한 신분계층이 존재하였다. 그 중에서도 양반과 중인, 향리, 서얼 등을 제외한 대부분의 사람들은 상민이라고 불렸다. 상민은 보통 사람이란 뜻으로, 어떤 독자적인 신분 결정 요인에 의해 구별된 범주가 아니라 양인 중에서 다른 계층을 제외한 잔여 범주라고 할 수 있다. 따라서 후대로 갈수록 양인의 계층 분화가 진행됨에 따라 상민의 성격은 더욱 분명해졌고 그 범위는 축소되었다. 그럼에도 불구하고 상민은 조선시대 신분제 아래에서 가장 많은 인구를 포괄하는 주요 신분 범주 중 하나였다.

상민은 특히 양반과 대칭되는 개념으로 사용되기 시작하였는데 반상(班常)이란 표현은 이런 의미를 포함하고 있다. 상민을 천하게 부를 때에 '상놈'이라고 한 것도 양반과의 대칭을 염두에 둔 표현이라고 할 수 있다. 상민은 현실적으로 피지배 신분의 위치에 있었지만 법적으로는 양인의 일원으로서 양반과 동등한 권리를 가지고 있었다. 정치적으로 상민은 양반처럼 과거에 응시하여 관직에 나아갈 수 있었고 관학에서 교육받을 수 있는 권리를 가지고 있었다. 사회·경제적으로 거주 이전의 자유나 토지 소유 등 재산권 행사에 있어서도 상민과 양반의 차별은 없었다. 이는 상민이 양인의 일원이기 때문에 가능한 것이었다.

그러나 양천제가 시행되었다고 해서 양인 내부의 계층이동이 자유로웠다거나 대대로 벼슬해 온 양반들의 특권이 부정된 것은 아니었다. 상민은 양인으로서 법제적 권리는 가지고 있었지만 그것을 누리지는 못하였다. 상민이 가진 양인으로서의 권리는 현실에서 구현되기 어려운 경우가 대부분이었다. 상민은 그러한 권리를 누릴 만한 경제적 여건이 되지 않았고, 이를 효과적으로 관철시킬만한 정치적 권력이나 사회적 권위를 갖기 어려웠기 때문이다.

① 천인에게 부과되는 역의 부담은 양인보다 더 막중하였다.

② 상민은 보통 사람이란 뜻으로, 독자적인 신분 결정 요인에 의해 구별된 하나의 신분이었다.

③ 상민은 양반과 동등한 권리를 가지고 있음에도 현실적으로 피지배 신분의 위치에 있어야 했다.

④ 상민은 관학에서 교육을 받거나 과거에 응시할 수 있었다.

⑤ 양천제가 실시되었음에도 상민은 양인의 권리를 누리지 못했다.

17. 다음 중 ㉠과 ㉡에 대한 설명으로 옳지 않은 것은?

우리 헌법 제1조 제2항에서는 '대한민국의 주권은 국민에게 있고, 모든 권력은 국민으로부터 나온다'라고 규정하고 있다. 이 규정은 국가의 모든 권력의 행사가 주권자인 국민의 뜻에 따라 이루어져야 한다는 의미로 해석할 수 있다. 따라서 국회의원이 지역구 주민의 뜻에 따라 입법해야 한다고 생각하는 사람이 있다면, 이 조항을 그러한 생각의 근거로 삼으면 될 것이다. 이 주장에서와 같이 대표자가 자신의 권한을 국민의 뜻에 따라 행사해야 하는 대표 방식을 ㉠ 명령적 위임 방식이라 한다. 명령적 위임 방식에서는 민주주의의 본래 의미가 충실하게 실현될 수 있으나, 현실적으로 표출된 국민의 뜻이 국가 전체의 이익과 다를 경우 바람직하지 않은 결과가 초래될 수 있다.

한편 우리 헌법에서는 '입법권은 국회에 속한다(제40조)', '국회의원은 국가 이익을 우선하여 양심에 따라 직무를 행한다(제46조 제2항)'라고 규정하고 있다. 이 규정은 입법권이 국회에 속하는 이상 입법은 국회의원의 생각에 따라야 한다는 뜻으로, 목적은 국회의원 각자가 현실적으로 표출된 국민의 뜻보다는 국가 이익을 고려하도록 하는 데 있다. 이에 따르면 국회의원이 소속 정당의 지시에도 반드시 따를 필요는 없다. 이와 같이 대표자가 소신에 따라 자유롭게 결정할 수 있도록 하는 대표 방식을 ㉡ 자유 위임 방식이라고 부른다. 자유 위임 방식에서 구체적인 국가 의사 결정은 대표자에게 맡기고, 국민은 대표자 선출권을 통해 간접적으로 대표자를 통제한다. 국회의원의 모든 권한은 국민이 갖는 이 대표자 선출권에 근거하기 때문에 자유 위임 방식은 헌법 제1조 제2항에도 모순되지 않으며. 우리나라는 기본적으로 이 방식의 입장을 취하고 있다.

① ㉠과 ㉡은 입법 활동에서 누구의 의사가 우선시되어야 하는가에 따라 구분된다.

② ㉠이 헌법 제1조 제2항을 따르는 것과 달리 ㉡은 모든 권력이 국민으로부터 나온다는 입장에 반대한다.

③ ㉠은 국민이 국회의원의 입법 활동을 직접적으로 통제할 수 있다는 입장을 취한다.

④ 국회의원이 자신의 소신에 따라 의사를 결정할 수 있다면 ㉡과 같은 입장을 취하는 것이다.

⑤ 국회의원의 소신을 중시하는 ㉡이더라도 국민의 의견은 간과되지 않는다.

[온라인] 인적성검사

18. 다음 글의 주제로 적절한 것은?

경쟁이라는 말은 어원적으로 '함께 추구한다'는 뜻을 내포한다. 경쟁의 논리가 기술의 진보와 생산성 향상에 크게 기여했음은 부인할 수 없다. 인간의 욕구 수준을 계속 높여 감으로써 새로운 진보와 창조를 가능케 한 것이다. 정치적인 측면에서도 경쟁 심리는 민주주의 발전의 핵심적인 동인(動因)이었다. 정치적 의지를 관철시키려는 이익집단 또는 정당 간의 치열한 경쟁을 통해 민주주의가 뿌리를 내릴 수 있었기 때문이다.

그러나 오늘날의 경쟁은 어원적 의미와는 달리 변질되어 통용된다. 경쟁은 더 이상 목적을 달성하기 위한 수단들 가운데 하나가 아니다. 경쟁은 그 자체가 하나의 범세계적인 지배 이데올로기로 자리 잡게 되었다.

경쟁 논리가 지배하는 사회에서는 승리자와 패배자가 확연히 구분된다. 경쟁 사회에서는 협상을 통해 갈등을 해소하거나 타협점을 찾을 여지가 없다. 그저 경쟁에서 상대방을 이기면 된다는 간단한 논리가 존재할 뿐이다.

① 경쟁의 어원　　② 경쟁의 목적　　③ 경쟁의 변모
④ 경쟁의 공정성　　⑤ 경쟁의 부작용

19. 다음 글을 읽고 유추할 수 없는 것은?

경제 위기가 여성 노동에 미치는 영향에 관한 연구에서 나타나는 입장은 크게 세 가지로 분류할 수 있다. 첫째는 안전판 가설로, 여성 노동력은 주기적인 경기 변동의 충격을 흡수하는 일종의 산업예비군적 노동력으로써 경기 상승 국면에서는 충원되고 하강 국면에서는 축출된다는 가설이다. 둘째는 대체 가설로, 불황기에 기업은 비용 절감과 생산의 유연성 증대를 위해 남성 노동력을 대신하여 여성 노동력을 사용하기 때문에 여성의 고용이 완만하게 증가한다고 분석한다. 마지막으로 분절 가설에서는 여성 노동력이 특정 산업과 직무에 고용되어 있는 성별 직무 분리 때문에 여성의 고용 추이가 경기 변화의 영향을 남성 노동과 무관하게 받는다고 주장한다.

그런데 서구의 1970 ~ 1980년대 경기 침체기 여성 노동 변화에 대한 경험적 연구에 따르면, 이 기간에도 여성 고용은 전반적으로 증가하였으며 불황의 초기 국면에서는 여성 고용이 감소하지만 불황이 심화되면서부터는 여성 고용이 오히려 증가하는 경향을 보였다. 또한 경제 위기 자체보다도 산업별·규모별·직업별 구조적 변동이 여성 노동에 더 큰 영향을 미치는 것으로 나타났다. 이것은 세 가지 가설이 경기의 국면과 산업 부문에 따라 차별적으로 설명력을 갖는다는 것을 의미한다.

① 노동 시장에서 여성 노동은 남성 노동과 상호 작용하면서 존재한다.

② 추측의 산물인 가설은 경험 자료를 근거로 기각되거나 채택된다.

③ 경기 변동과 관계없이 여성의 경제 활동 참여가 지속적으로 증가하고 있다.

④ 복잡한 사회 상황을 특정의 입장에서 명료하게 해명하기는 어렵다.

⑤ 대체 가설에 따르면 여성의 임금은 남성보다 낮게 산정되어 있다.

20. '신축 아파트의 내부 대기에는 건설된 지 오래된 아파트의 내부 대기보다 유해물질이 더 많이 포함되어 있다'를 주장하기 위해 〈보기〉의 내용에 추가해야 할 내용은?

───────| 보기 |───────

새로 건설되는 아파트들은 주로 대도시나 신도시 개발이 활발히 진행되는 지역에 위치하는 경우가 많다. 그런데 공사 시 발생하는 먼지 및 유해물질과 교통 혼잡에 따른 차량 배기가스 등이 이 지역의 대기를 오염시킨다. 이렇게 오염된 대기는 아파트 안에도 축적되어 내부 대기를 오염시킨다.

① 오래된 아파트는 내부가 낡고 환기가 원활하게 되지 않아 세균과 곰팡이가 잘 번식하므로 내부 대기가 오염되기 쉽다.

② 대규모로 건설되는 새 아파트에는 입주한 인구만큼 자동차나 편의 시설이 늘어나, 이로 인한 배기가스와 오염물질 때문에 아파트의 내부 대기 또한 오염될 가능성이 높다.

③ 새 아파트를 시공할 때 사용되는 벽지나 건축자재 등에서 벤젠, 폼알데하이드, 석면, 일산화탄소, 부유세균 등의 발암 · 오염물질이 발생하여 내부 대기가 오염된다.

④ 교통량의 차이가 있는 수도권과 지방의 아파트 내부 대기를 비교해 보면, 수도권에 위치한 아파트의 내부 대기가 지방에 있는 아파트보다 더 오염되어 있으므로 교통량에 따른 대기의 오염도를 짐작해 볼 수 있다.

⑤ 새 아파트 신축 시 대기의 유해 물질을 줄이기 위해 자연친화적인 페인트와 건축 자재를 이용하는 기업들이 증가하고 있다.

01. ○○기업에서는 신입사원과 선임들이 팀을 이루어 멘토링 프로그램을 진행하려고 한다. 다음 조건을 참고할 때, 옳지 않은 것은?

───────| 조건 |───────

- 신입사원은 A, B, C, D, E 5명이고 선임은 (가), (나), (다) 3명이다.
- B와 E는 같은 팀이다.
- (다) 선임은 C와 같은 팀이다.
- D는 (가) 선임과 같은 팀이 아니다.
- A, B, C, D, E 중 (가) 선임과 팀을 이룬 사람은 1명이다.
- 선임 (가), (나), (다)는 신입사원 2명 또는 1명과 팀을 이루며, 팀을 이루지 않는 사람은 없다.

① 선임 (나)는 B의 멘토이다.　　　　　② 선임 (다)는 D의 멘토이다.

③ A와 C의 멘토는 같다.　　　　　　　④ A와 D는 같은 팀이 아니다.

⑤ C와 D는 같은 팀이다.

02. 기획팀원들을 2개 팀으로 나누어 프로젝트를 진행하려고 한다. 다음 〈조건〉을 참고할 때, 같은 팀이 될 수 없는 구성은?

───────| 조건 |───────

- 기획팀원은 A, B, C, D, E, F 6명이다.
- 각 팀은 3명씩 구성한다.
- C와 E는 같은 팀이 될 수 없다.
- B가 속한 팀에는 A와 F 중 한 명이 반드시 속해 있어야 한다.

① A, B, C　　　　　　② A, D, E　　　　　　③ A, E, F

④ B, C, F　　　　　　⑤ D, E, F

03. 다음 A, B의 명제가 참일 때, 빈칸에 들어갈 알맞은 명제는?

A. 게으르지 않은 사람은 운동을 싫어하지 않는다.
B. 긍정적이지 않은 사람은 운동을 싫어한다.
C. 그러므로 (   )

---

① 긍정적이지 않은 사람은 게으르다.
② 운동을 싫어하는 사람은 긍정적이다.
③ 운동을 싫어하지 않는 사람은 긍정적이지 않다.
④ 긍정적이지 않은 사람은 운동을 싫어하지 않는다.
⑤ 긍정적인 사람은 게으른 사람이다.

04. 다음 명제들을 근거로 추론한 내용 중 항상 참인 것은?

• 1호선을 타 본 사람은 2호선도 타 보았다.
• 2호선을 타 본 사람은 5호선도 타 보았다.
• 5호선을 타 본 사람은 3호선을 타 보지 않았다.
• 3호선을 타 본 사람은 4호선을 타 보지 않았다.
• 4호선을 타 본 사람은 1호선을 타 보지 않았다.

---

① 5호선을 타 보지 않은 사람은 1호선을 타 보았다.
② 3호선을 타 본 사람은 1호선을 타 보지 않았다.
③ 4호선을 타 보지 않은 사람은 5호선을 타 보았다.
④ 2호선을 타 본 사람은 4호선을 타 보았다.
⑤ 5호선을 타 보지 않은 사람은 3호선을 타 보았다.

05. 다음 〈조건〉이 모두 성립할 때, 반드시 참인 것은?

> **⎮조건⎮**
>
> • 안경을 쓰면 사물이 또렷하게 보인다.
> • 헤드폰을 쓰면 소리가 크게 들린다.
> • 안경을 쓰면 소리가 작게 들린다.
> • 헤드폰을 쓰면 사물이 흐리게 보인다.

① 안경을 쓰면 헤드폰을 쓴 것이다.
② 소리가 크게 들리면 헤드폰을 쓴 것이다.
③ 헤드폰을 쓰면 안경을 쓰지 않은 것이다.
④ 사물이 또렷하게 보이면 안경을 쓴 것이다.
⑤ 소리가 작게 들리면 사물이 또렷하게 보인다.

06. 다음 〈조건〉이 모두 성립할 때, 반드시 참인 것은?

> **⎮조건⎮**
>
> • 법학을 공부하는 사람은 모두 행정학 수업을 듣는다.
> • 경제학 수업을 듣는 사람은 역사를 공부하지 않는다.
> • 법학을 공부하는 사람은 철학을 공부한다.
> • 경제학 수업을 듣지 않는 사람은 행정학 수업을 듣지 않는다.

① 경제학 수업을 듣는 사람은 법학을 공부한다.
② 철학을 공부하는 사람은 행정학 수업을 듣는다.
③ 역사를 공부하는 사람은 법학을 공부하지 않는다.
④ 법학을 공부하는 사람은 경제학 수업을 듣지 않는다.
⑤ 행정학 수업을 듣지 않으면 철학을 공부한다.

07. 다음 〈조건〉이 모두 성립할 때, 반드시 참인 것은?

| 조건 |

- 지금 출전하는 선수는 공격수이다.
- 유효슈팅이 많은 선수는 골을 많이 넣는다.
- 공격수는 골을 많이 넣는다.

① 지금 출전하는 선수는 골을 많이 넣는다.

② 공격수가 아니면 골을 많이 넣지 않는 선수이다.

③ 골을 많이 넣는 선수는 유효슈팅이 많은 선수이다.

④ 유효슈팅이 많지 않으면 지금 출전하는 선수이다.

⑤ 지금 출전하지 않는 선수는 골을 많이 넣지 않는다.

08. 인사팀 직원 8명(A, B, C, D, E, F, G, H)이 한쪽 면에 4명씩 마주 보며 앉는 직사각형 테이블에 다음과 같이 앉아서 회의를 하고 있다. 각 직원들이 앉은 자리에 대한 설명으로 옳은 것은?

ㄱ. A와 F는 서로 마주 보고 앉아 있다.

ㄴ. C와 E는 가장 멀리 떨어져 앉아 있다.

ㄷ. G와 B의 사이에는 F가 앉아 있다.

ㄹ. C와 B의 사이에는 두 사람이 앉아 있다.

① H와 E 사이에는 어느 경우에나 두 사람이 앉게 된다.

② B와 마주 보고 앉는 사람은 H이다.

③ A의 한쪽 옆자리에 D가 앉아 있다면 C는 H와 마주 보고 앉아 있다.

④ G의 옆자리에는 H 또는 D가 앉게 된다.

⑤ B는 어느 경우에나 H와 가장 멀리 떨어져 앉게 된다.

[09 ~ 10] 다음 문자들의 배열 규칙을 찾아 빈칸에 들어갈 알맞은 문자를 고르시오.

09.

| A B E J Q Z ( ) |

① A   ② I   ③ K
④ L   ⑤ M

10.

| C D F J ( ) |

① K   ② L   ③ R
④ S   ⑤ T

[11 ~ 20] 다음 수열의 일정한 규칙을 찾아 빈칸에 들어갈 알맞은 숫자를 고르시오.

11.

| 1   -1   1   1   2   -2   6   ( ) |

① -3   ② 1   ③ 3
④ 6   ⑤ 8

12.

| 2 4 7 12 19 30 ( ) |

① 43 ② 44 ③ 45
④ 46 ⑤ 50

13.

| 7 8 15 23 38 61 ( ) |

① 91 ② 93 ③ 95
④ 98 ⑤ 99

14.

| 3 6 11 20 37 ( ) |

① 65 ② 68 ③ 70
④ 72 ⑤ 75

15.

$$\frac{3}{7} \quad \frac{5}{21} \quad \frac{7}{63} \quad (\quad) \quad \frac{11}{567}$$

① $\frac{9}{126}$ ② $\frac{9}{189}$ ③ $\frac{9}{243}$

④ $\frac{9}{378}$ ⑤ $\frac{9}{400}$

16.

1.2 2 1.5 5 2.1 11 2.4 14 ( ) 20

① 2.7 ② 3 ③ 3.2
④ 4 ⑤ 4.1

17.

2 3 7 13 27 ( ) 107 213

① 35 ② 48 ③ 53
④ 68 ⑤ 70

18.

| | 0.8 | 0.59 | 0.38 | ( ) | −0.04 |

① 0.21 ② 0.17 ③ 0.14
④ 0.08 ⑤ 0.15

19.

| | 2 | −1 | 2 | 1 | 4 | −2 | 12 | ( ) |

① −4 ② 4 ③ −6
④ 6 ⑤ 8

20.

| | 15 | 17 | 21 | 29 | 45 | ( ) |

① 55 ② 61 ③ 77
④ 82 ⑤ 68

영역 3 수리 20문항/25분

01. 다음은 유료방송서비스 가입자에 관한 표이다. 이에 대한 설명으로 옳은 것은?

(단위 : 명)

구분				20X1년	20X2년	20X3년
유료방송서비스 전체				19,419,782	22,062,740	22,294,159
유선방송	종합유선방송	디지털방송	유료시청	1,901,770	2,662,677	2,853,398
			무료시청	10,981	12,386	12,400
		아날로그방송	유료시청	12,900,924	12,093,121	11,894,754
			무료시청	199,552	285,671	277,092
		총계		15,013,227	15,053,855	15,037,644
	중계유선방송			216,573	176,106	184,178
	총계			15,229,800	15,229,961	15,221,822
일반위성방송				2,338,378	2,457,408	2,486,922
위성DMB				1,851,604	2,001,460	2,007,293
IPTV	실시간 IPTV			–	1,741,455	1,963,784
	Pre IPTV(VOD)			–	632,456	614,338
	총계			–	2,373,911	2,578,122

※ 유료방송서비스 중 둘 이상의 유료방송에 가입한 중복 가입자를 제외하지 않고 단순 합산함.

① 20X3년도 IPTV의 가입자 수는 전년 대비 약 10% 이상 증가하였다.

② 아날로그방송의 유·무료시청 가입자 수 모두 지속적으로 감소하고 있다.

③ 20X1년 유선방송에서 중계유선방송이 차지하는 비율은 1.5%가 채 되지 않는다.

④ 20X1 ~ 20X3년간 유료방송 전체 가입자 수의 평균은 약 2천 2백만 명이다.

⑤ 아날로그 방송의 유료시청 가입자 수가 해마다 감소하는 원인은 디지털 방송의 유료시청 가입자 수 증가에서 찾을 수 있다.

02. 다음은 지역별 학교 현황과 대학진학률에 관한 표이다. 이에 대한 설명으로 옳은 것은?

〈표 1〉 지역별 학교 현황

(단위 : 개)

구분	초등학교	중학교	고등학교	대학교	합계
서울	591	377	314	52	1,334
경기도	1,434	721	592	68	2,815
강원도	353	163	117	18	651
충청도	873	410	262	53	1,598
전라도	1,107	556	354	58	2,075
경상도	1,718	932	677	98	3,425
제주도	116	43	30	5	194

〈표 2〉 지역별 고등학교 졸업생의 대학진학률

(단위 : %)

구분	20X6년	20X7년	20X8년	20X9년
서울	65.6	64.7	64.2	62.8
경기도	81.1	80.6	78.5	74.7
강원도	92.9	90.8	88.4	84.2
충청도	88.2	86.7	84.0	80.1
전라도	91.3	88.1	86.9	81.9
경상도	91.8	89.6	88.2	83.8
제주도	92.6	91.5	90.2	87.6

① 20X9년 전국 고등학교 졸업생의 대학진학률 평균은 약 79.3%이다.

② 대학진학률의 순위는 각 지역의 대학교 개수와 서로 밀접한 관련이 있다.

③ 전체 학교의 개수가 많은 지역일수록 대학교의 개수도 많다.

④ 20X6년 대비 20X9년의 대학진학률 감소폭이 가장 작은 지역은 경기도이다.

⑤ 20X8년 전라도의 고등학교 졸업생 대학진학률은 20X7년에 비해 1.2% 감소하였다.

03. 다음은 H사의 전년 대비 이익증가율을 나타낸 그래프이다. 이에 대한 분석으로 적절한 것은?

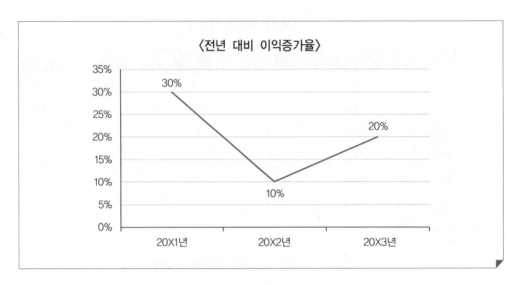

〈전년 대비 이익증가율〉

① 20X3년의 이익은 20X0년에 비해 60% 증가하였다.

② 전년 대비 이익증가액이 가장 큰 해는 20X3년이다.

③ 20X2년의 이익은 20X0년보다 더 적다.

④ 20X1년 대비 20X3년의 이익은 30%보다 적게 증가하였다.

⑤ 20X1년의 전년 대비 이익증가액은 20X2년의 전년 대비 이익증가액보다 더 크다.

04. 다음은 B 지역의 사업체와 종사자 분포를 나타낸 자료이다. 올바른 분석이 아닌 것은?

구분	사업체(개)	종사자(명)	남자(명)	여자(명)
농업	200	400	250	150
어업	50	100	35	65
광업	300	600	500	100
제조업	900	3,300	1,500	1,800
건설업	150	350	300	50
도매업	300	1,100	650	450
숙박업	100	250	50	200
합계	2,000	6,100	3,285	2,815

① 사업체당 평균 종사자 수는 제조업과 도매업이 가장 많다.

② 업종별 종사자의 남녀 구성비 중 남성과 여성의 구성비가 가장 낮은 업종은 남녀가 동일하다.

③ 업종별 종사자 수에서 여성의 구성비가 가장 높은 업종은 숙박업이다.

④ 업종별 종사자 수에서 여성의 구성비가 남성의 구성비보다 높은 업종은 3개이다.

⑤ B 지역의 사업체 1개당 평균 남자 종사자의 수는 도매업종 사업체 1개당 평균 여자 종사자의 수보다 많다.

05. 다음은 20X5 ~ 20X9년 동안 해외여행자 수의 전년 대비 증가율 추이를 나타낸 자료이다. 이에 대한 설명으로 옳은 것은?

〈목적별 해외여행자 수의 전년 대비 증가율〉

(단위 : %, 명)

구분	계	관광	업무	기타
20X5년	23.4 (8,426,867)	24.6 (7,028,001)	16.9 (1,120,230)	21.4 (278,636)
20X6년	14.7	15.3	9.3	19.1
20X7년	12.8	12.1	22.6	23.3
20X8년	−3.3	−4.2	0.7	−3.9
20X9년	10.9	13.1	0.5	18.6

※ (   ) 안의 수치는 20X5년의 해외여행자 수이다.

① 전체 해외여행자 수의 전년 대비 증가 수는 20X7년이 20X6년보다 많다.

② 20X5년 대비 20X9년 업무 목적의 해외여행자 수는 감소하였다.

③ 20X5 ~ 20X9년 동안 관광 목적의 해외여행자 수가 전년 대비 가장 크게 감소한 해는 20X8년 이다.

④ 20X6년 대비 20X8년 업무 목적의 해외여행자의 증가 수는 30만 명 이상이다.

⑤ 20X5 ~ 20X9년 동안 관광 목적의 해외여행자 수가 전년 대비 감소했던 해는 없다.

06. 다음은 이동통신시장 추이에 대한 자료이다. 이에 대한 설명으로 옳지 않은 것을 〈보기〉에서 모두 고른 것은?

〈자료 1〉 4대 이동통신사업자 매출액

(단위 : 백만 달러)

구분	A사	B사	C사	D사	합계
20X6년	3,701	3,645	2,547	2,958	12,851
20X7년	3,969	3,876	2,603	3,134	13,582
20X8년	3,875	4,084	2,681	3,223	13,863
20X9년 1 ~ 9월	2,709	3,134	1,956	2,154	9,953

〈자료 2〉 이동전화 가입 대수 및 보급률

(단위 : 백만 대, %)

구분	20X4년	20X5년	20X6년	20X7년	20X8년
가입 대수	52.9	65.9	70.1	73.8	76.9
보급률	88.8	109.4	115.5	121.0	125.3

※ 보급률(%) = $\dfrac{\text{이동전화 가입 대수}}{\text{전체 인구}} \times 100$

─────| 보기 |─────

㉠ 20X7년 4대 이동통신사업자 중 A, C사의 매출액 합은 전체 매출액 합계의 50%를 넘는다.

㉡ 20X8년에 A사와 B사의 매출액 순위가 역전된 것을 제외하고는, 20X6년부터 20X8년 까지의 매출액 순위는 동일하다.

㉢ A사의 20X9년 10 ~ 12월 월평균 매출액이 1 ~ 9월의 월평균 매출액과 동일하다면, A사의 20X9년 전체 매출액은 약 36억 천2백만 달러가 된다.

㉣ 20X8년 보급률을 통해 그 해의 전체 인구가 약 7천만여 명임을 알 수 있다.

① ㉠, ㉡   ② ㉠, ㉣   ③ ㉡, ㉢
④ ㉡, ㉣   ⑤ ㉢, ㉣

[07 ~ 08] 다음 자료를 보고 이어지는 질문에 답하시오.

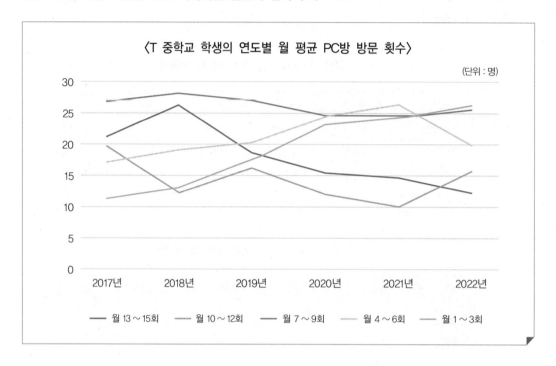

〈T 중학교 학생의 연도별 월 평균 PC방 방문 횟수〉

(단위 : 명)

범례: 월 13~15회, 월 10~12회, 월 7~9회, 월 4~6회, 월 1~3회

07. 2017 ~ 2020년 기간 동안 PC방 방문 횟수의 응답자 증감 추이가 동일한 빈도로 짝지어진 것은?

① 월 1 ~ 3회, 월 4 ~ 6회
② 월 4 ~ 6회, 월 7 ~ 9회
③ 월 1 ~ 3회, 월 13 ~ 15회
④ 월 1 ~ 3회, 월 7 ~ 9회
⑤ 월 1 ~ 3회, 월 10 ~ 12회

08. 위의 자료에 대한 설명으로 옳은 것은?

① 전체 기간 동안 매년 응답자 수가 증가한 빈도는 2개 항목이다.
② 5개 빈도 항목 모두 응답자 수가 전년보다 감소한 시기는 한 번이다.
③ 2022년에 전년보다 응답자 수가 증가한 빈도는 3개 항목이다.
④ 2017년보다 2022년에 응답자 수가 더 많은 빈도 항목은 1개이다.
⑤ 5개 빈도 항목의 응답자 수가 모두 15명이 넘는 해는 2개 연도이다.

09. 다음 중 자료에 대한 설명으로 옳지 않은 것은?

〈가구주 연령대별 가구당 자산 보유액〉

(단위 : 만 원, %)

구분		전체	30세 미만	30대	40대	50대	60세 이상
평균	20X0년	42,036	9,892	31,503	44,776	48,441	41,738
	20X1년	43,191	10,994	32,638	46,947	49,345	42,026
	증감률	2.7	11.1	㉠	4.8	1.9	0.7

〈가구주 종사상지위별 가구당 자산 보유액〉

(단위 : 만 원, %)

구분		전체	상용근로자	임시·일용근로자	자영업자	기타 (무직 등)
평균	20X0년	42,036	46,695	18,070	53,347	33,715
	20X1년	43,191	48,532	19,498	54,869	34,180
	증감률	2.7	㉡	7.9	2.9	1.4

① ㉠에 들어갈 수치는 3.6이다.

② ㉡에 들어갈 수치는 3.9이다.

③ 연령대별로 보면, 50대보다 30세 미만에서 20X1년의 전년 대비 자산 보유액의 증감률이 더 작다.

④ 가구주 종사상지위별로 보면, 20X1년 상용근로자의 자산 보유액이 4억 8,532만 원으로 전년 대비 3.9% 증가하였다.

⑤ 가구주 종사상지위별로 보면, 20X1년 임시·일용근로자의 자산 보유액이 1억 9,498만 원으로 전년 대비 7.9% 증가하였다.

10. 다음 중 〈자료 1, 2〉에 대한 설명으로 옳지 않은 것은?

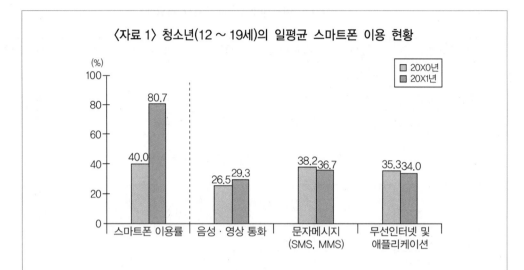

〈자료 1〉 청소년(12 ~ 19세)의 일평균 스마트폰 이용 현황

〈자료 2〉 청소년(12 ~ 19세)의 스마트폰 이용 시간

(단위 : 시간, %)

구분	일평균 이용 시간	시간별 이용률				
		계	1시간 미만	1시간 이상 ~ 2시간 미만	2시간 이상 ~ 3시간 미만	3시간 이상
20X0년	2.7	100.0	16.0	24.3	18.0	41.7
20X1년	2.6	100.0	7.7	28.9	27.0	36.4

① 청소년들은 스마트폰으로 음성·영상 통화보다 문자메시지를 더 많이 사용한다.
② 20X1년 청소년의 스마트폰 일평균 이용 시간은 전년과 비슷한 수준이다.
③ 청소년의 스마트폰 일평균 이용 시간은 시간별 이용률에서 가장 많은 비중을 차지하는 이용 시간 보다 많다.
④ 20X1년 청소년의 일평균 스마트폰 이용률은 전년에 비해 40%p 이상 증가하였다.
⑤ 20X0년과 20X1년, 3시간 이상 스마트폰을 사용한다고 답한 청소년들의 정확한 수는 알 수 없다.

11. ○○ 카페에서 무료음료쿠폰 뽑기 이벤트를 진행하고 있다. 총 5개의 쿠폰이 가로세로가 각각 5칸씩 총 25칸으로 구성된 박스의 한 칸에 하나씩 들어 있다. 한 사람당 칸을 고를 수 있는 기회가 세 번씩 주어진다고 했을 때, 두 번째 선택에서 쿠폰이 있는 칸을 고를 확률은 얼마인가? (단, 소수점 첫째 자리에서 반올림한다)

① 9%   ② 11%   ③ 14%
④ 16%   ⑤ 17%

12. 회사에서 3km 떨어진 거래처에 가기 위해 분당 60m의 속도로 걷던 도중 약속시간에 늦을 것 같아 회사와 거래처의 중간 지점에 위치한 카페에서부터는 분당 80m의 속도로 바꿔 걸었더니 40분 만에 거래처에 도착하였다. 회사에서 카페까지의 거리는 얼마인가?

① 600m   ② 800m   ③ 1,000m
④ 1,100m   ⑤ 1,200m

13. 16장의 종이에 큰 활자와 작은 활자를 사용하여 21,000자의 활자를 찍어야 하는데, 큰 활자는 한 장에 1,200자가 들어가고, 작은 활자는 한 장에 1,500자가 들어간다. 1,500자가 들어간 종이는 몇 장인가? (단, 종이 한 장당 들어가는 활자는 큰 활자 또는 작은 활자 중 한 종류여야만 한다)

① 6장   ② 7장   ③ 8장
④ 9장   ⑤ 10장

14. 가습기와 서랍장을 각각 1개를 사서 총 183,520원을 지불하였다. 이때 가습기는 정가의 15%를, 서랍장은 정가의 25%를 할인받아 평균 20%의 할인을 받고 구매한 것이라면, 가습기의 정가는 얼마인가?

① 89,500원   ② 92,100원   ③ 106,300원

④ 114,700원   ⑤ 125,000원

15. 현재 지점에서 20km 떨어진 A 지점까지 3시간 이내로 왕복을 하려고 한다. A 지점까지 갈 때 15km/h의 속력으로 달렸다면, 돌아올 때는 최소한 몇 km/h의 속력으로 달려야 하는가?

① 8km/h   ② 8.5km/h   ③ 10km/h

④ 12km/h   ⑤ 15km/h

16. 호수의 둘레를 따라 나무를 10m 간격으로 심을 경우와 15m 간격으로 심을 경우에 심을 수 있는 나무의 개수는 5그루 차이가 난다. 이 호수에 25m 간격으로 나무를 심는다면 총 몇 그루의 나무를 심을 수 있는가?

① 4그루   ② 5그루   ③ 6그루

④ 7그루   ⑤ 8그루

17. 어떤 회사에 사원 Y명과 사장 한 명이 근무하는데, 사원들의 평균 월급은 X원이고 사장의 월급은 그것의 3배이다. 사원들의 월급과 사장의 월급을 더한 회사 전체 평균 월급은 얼마인가?

① $\dfrac{X(3X+1)}{Y}$ 원

② $\dfrac{3(X+XY)}{XY}$ 원

③ $\dfrac{3(X+1)}{X+Y}$ 원

④ $\dfrac{X(Y+3)}{Y+1}$ 원

⑤ $\dfrac{XY}{3(X+Y)}$ 원

18. 우진이 하면 A일, 정은이 하면 B일이 걸리는 일이 있다. 처음 3일은 정은이 혼자, 나머지는 우진이 혼자 했다면, 우진이 일한 날은 총 며칠인가?

① $\dfrac{A(3+B)}{AB}$ 일

② $\dfrac{A-3B}{AB}$ 일

③ $\dfrac{A(B-3)}{B}$ 일

④ $\dfrac{B(A-3)}{B}$ 일

⑤ $\dfrac{3A(B-1)}{B}$ 일

19. 지호는 반지름이 25cm인 굴렁쇠를 직선으로 된 도로에서 60m 굴렀다. 이때 굴렁쇠는 약 몇 번을 회전하게 되는가? (단, π는 3.14로 계산하며, 소수점 아래 첫째 자리에서 반올림한다)

① 21번

② 27번

③ 35번

④ 36번

⑤ 38번

20. 25%의 소금물 600g을 증발시켜 30%의 소금물을 만들려고 할 때, 몇 g의 물을 증발시켜야 하는가?

① 50g

② 60g

③ 80g

④ 90g

⑤ 100g

영역 4 도형

15문항/20분

[01 ~ 03] 다음 흐름도에서 각각의 기호들은 정해진 규칙에 따라 도형을 변환시키는 약속을 나타내는 암호이다. 각 문제의 빈칸에 들어갈 알맞은 도형을 고르시오.

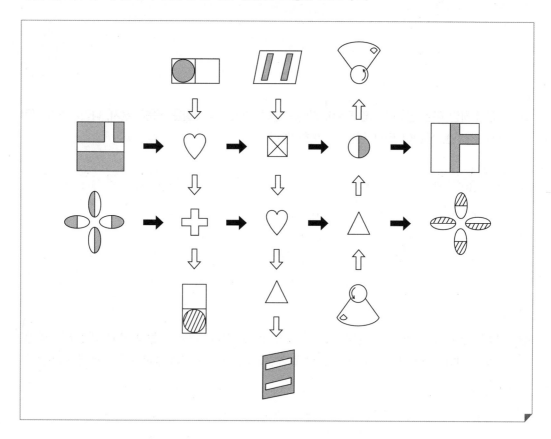

01.

①   ②  ③

④ 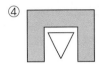 ⑤

02.

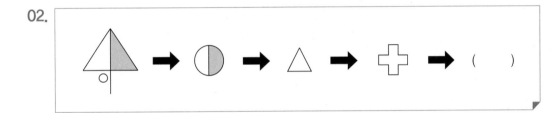

①   ②   ③

④   ⑤

03.

①   ②   ③   ④   ⑤

[04 ~ 05] 다음은 각 〈규칙〉에 따라 변화하는 도형을 나타낸 것이다. 〈규칙〉에 따라 '?'에 들어갈 도형으로 알맞은 것을 고르시오.

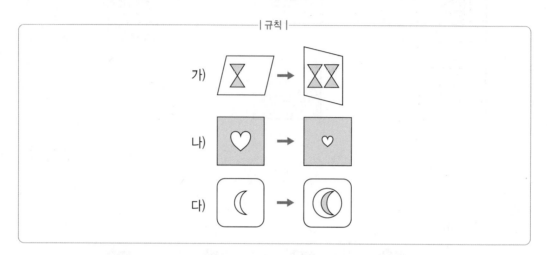

04.

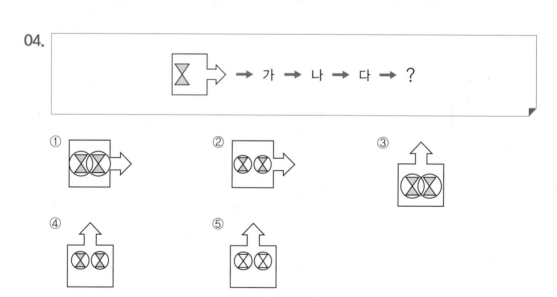

05.

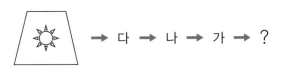 → 다 → 나 → 가 → ?

①

②

③

④

⑤

[06 ~ 10] 다음 제시된 규칙을 따를 때 '?'에 들어갈 알맞은 도형을 고르시오.

06.

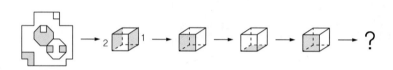

07.

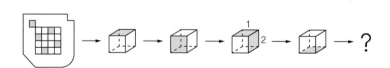

① 　② 　③

④ 　⑤

08.

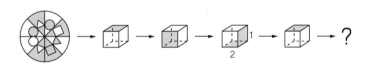

① 　② 　③

④ 　⑤

09.

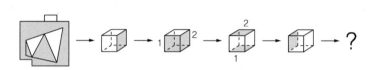

① ② ③

④ ⑤

10.

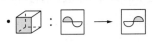

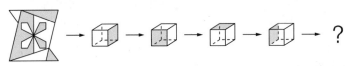

① ② ③

④ ⑤

[11 ~ 13] 다음의 〈조건 1〉에서 각각의 문자는 정해진 규칙에 따라 도형을 변환하는 암호의 약속이고, 〈조건 2〉는 해당 칸의 도형으로 조건에 따른 동일 여부를 판단하는 기호이다. 이를 보고 OUTPUT에 들어갈 알맞은 도형을 고르시오(단, 조건에 의해 비교할 대상은 INPUT에 제시된 도형이다).

〈조건 1 – 변환 조건〉

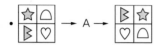 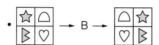

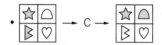

〈조건 2 – 비교 조건〉

- ○ : 모양 비교 조건
- △ : 색깔 비교 조건
- ◇ : 모양 · 색깔 비교 조건

11.

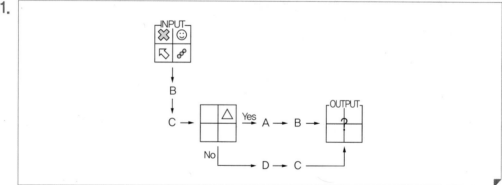

① | ↖ | ✕ |
| 🔗 | ☺ |

② | ↖ | 🔗 |
| ☺ | ✕ |

③ | ☺ | 🔗 |
| ✕ | ↖ |

④ | ☺ | ✕ |
| 🔗 | ↖ |

⑤ | ☺ | 🔗 |
| ✕ | ↖ |

12.

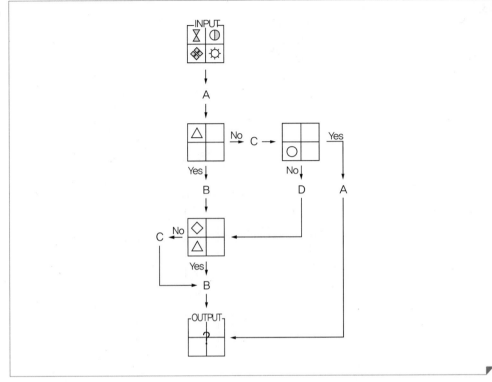

①

②

③

④

⑤

13.

INPUT

↓

C

↓

D

↓

B → [ ] —Yes→ A

No ↓   ↓

No ——————→ D

↓   ↓

[ ] ←Yes— [△]   [△] —Yes→ C

Yes   No   No

↓   ↓   ↓

→ B → OUTPUT ← ←

①

②

③

④

⑤

[14 ~ 15] 다음 규칙에 따라 도형을 변환시킬 때 '?'에 들어갈 도형을 고르시오(단, 조건에 의해 비교할 대상은 각 문제의 처음에 제시된 도형이다).

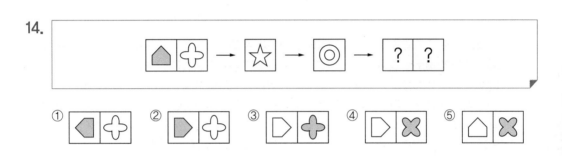

14.

15.

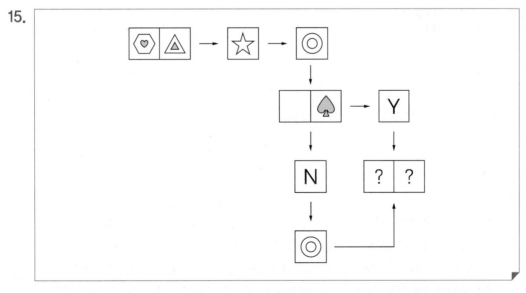

인적성 **5회 기출유형문제**

문항수 | 75문항
시험시간 | 90분

▶ 정답과 해설 61쪽

영역 1 언어   20문항/20분

01. 다음 글의 주제로 가장 적절한 것은?

최근 다도해 지역을 해양사의 관점에서 새롭게 주목하는 논의가 많아졌다. 그들은 주로 다도해 지역의 해로를 통한 국제 교역과 사신의 왕래 등을 거론하면서 해로 및 포구의 기능과 해양 문화의 개방성을 강조하고 있다. 한편 다도해는 오래전부터 유배지로 이용되었다는 사실이 자주 언급됨으로써 그동안 우리에게 고립과 단절의 이미지로 강하게 남아 있었다. 이처럼 다도해는 개방성의 측면과 고립성의 측면에서 모두 조명될 수 있는데, 이는 섬이 바다에 의해 격리되는 한편 바다를 통해 외부 세계와 연결되기 때문이다.

다도해의 문화적 특징을 말할 때 흔히 육지에 비해 옛 모습의 문화가 많이 남아 있다는 점이 거론된다. 섬은 단절된 곳이므로 육지에서는 이미 사라진 문화가 섬에는 아직 많이 남아 있다고 여기는 것이다. 또한 섬이라는 특수성 때문에 무속이 성하고 마을굿도 풍성하다고 생각하는 이들도 있다. 이러한 견해는 다도해를 고립되고 정체된 곳이라고 생각하는 관점과 통한다. 실제로는 육지에도 무당과 굿당이 많은데도 관념적으로 섬을 특별하게 여기는 것이다.

이런 관점에서 '진도 다시래기'와 같은 축제식 장례 풍속을 다도해 토속 문화의 대표적인 사례로 드는 경우도 있다. 지금도 진도나 신안 등지에 가면 상가(喪家)에서 노래하고 춤을 추며 굿을 하는 것을 볼 수 있는데, 이런 모습은 고대 역사서의 기록과 흡사하므로 그 풍속이 고풍스러운 것은 분명하다. 하지만 기존 연구에서 밝혀졌듯이 진도 다시래기가 지금의 모습을 갖추게 된 데에는 육지의 남사당패와 같은 유희 유랑 집단에서 유입된 요소들의 영향도 적지 않다. 이런 연구 결과는 다도해의 문화적 특징을 일방적인 관점에서 접근해서는 안 된다는 점을 시사한다.

① 다도해의 역사를 재조명함으로써 우리의 해양사를 제대로 이해할 수 있다.
② 다도해의 풍속을 섬이라는 고립과 단절의 관점으로만 이해해서는 안 된다.
③ 다도해의 문화적 특징을 제대로 파악하기 위해서는 육지의 풍속과 비교해야 한다.
④ 다도해의 개방성과 고립성은 다도해의 토속 문화를 구축하는 데 많은 영향을 끼쳤다.
⑤ 진도 다시래기와 같은 축제식 장례 풍속은 육지에서 영향을 받았다.

02. 다음 기사문의 ㉠에 들어갈 문장으로 가장 적절한 것은?

스마트폰 속 콜탄 0.02g … "(　　　　　　㉠　　　　　　)"

스마트폰 한 대에 들어가는 탄탈룸의 양은 총 0.02g. 22g가량 쓰이는 알루미늄의 1,100분의 1 수준이다. 이 소량의 자원 때문에 전쟁이 그치지 않았다. 콩고민주공화국(이하 민주콩고)의 얘기다. 콩고에는 전 세계 콜럼바이트－탄타라이트(콜탄)의 70 ～ 80%가 매장돼 있다. '자원의 저주'다.

콜탄은 처리 과정을 거쳐 탄탈룸이 된다. 합금하면 강도가 세지고 전하량도 높아 광학용 분산유리와 TV · 절삭공구 · 항공기 재료 등에 쓰이며 휴대폰에도 들어간다. 콜탄 생산량의 3분의 2는 전자제품의 캐퍼시터를 만드는 데 쓰인다. 캐퍼시터는 전류를 조절해 단말기의 부품이 제 기능을 발휘하도록 만드는 장치다.

지난해 콜탄 1위 생산국은 민주콩고, 2위는 르완다로, 두 나라가 전 세계 생산량의 66%를 차지하고 있다. 미국 지질조사국(USGS)에 의하면 미국에서만 1년 새 소비량이 27% 늘었다. 지난해 9월 1kg당 값이 224달러였다. 1월의 193달러에서 16%가 올랐다. 스마트폰이 나오기 직전인 2006년 1kg당 70달러에서 300% 넘게 올랐다. 지난해 전 세계 채굴량은 1,800t이다.

이 콜탄이 민주콩고의 내전 장기화에 한몫했다는 주장이 곳곳에서 나왔다. 휴대폰 이용자들이 기기를 바꿀 때마다 콩고 국민 수십 명이 죽는다는 말도 있다. '피 서린 휴대폰(bloody mobile)'이란 표현이 나올 정도다. 콩고 내전은 1996년 시작돼 2003년 공식 종료됐다. 이후로도 크고 작은 분쟁이 그치질 않고 있다. 이 기간에 500만 명이 희생됐다. 전문가 ○○○ 교수는 "민주콩고에서는 우간다 · 르완다와의 접경에서 아직 분쟁이 일어나고 있다"며 "콜탄이 많이 나오는 동북부 지역도 그중 하나"라고 말했다.

---

① 콩고와 르완다가 콜탄을 독점하고 있다.

② 폰 가격이 급등하는 이유가 있었다.

③ 폰을 바꿀 때마다 콩고 주민 죽는다.

④ 콜탄이 휴대폰의 가장 중요한 소재로 부각되었다.

⑤ 콩고의 내전이 장기화되고 있다.

03. 다음 (가) ~ (바)를 논리적 순서에 맞게 배열한 것은?

> (가) 그런데 많은 문화가 혼재돼 문화 상대주의가 만연한 곳에서는 사람들은 자신이 보루로 삼을 문화의 형태나 기둥을 잃게 되며, 자기상실에 빠져들어 불안한 상태에 던져지게 된다.
>
> (나) 이에 따라 사람은 사회의 불안정성이나 불확실성을 견딜 정신적 지주를 가질 수 있다.
>
> (다) 따라서 모든 문화가 지리적 풍토를 벗어나 지구 전체로 퍼져나가는 21세기에는 문화의 혼재에서 오는 아이덴티티(Identity) 상실의 시대가 도래할지도 모른다.
>
> (라) 그 문화적 풍토에서 나고 자란 사람은 그 형태 속에서 자기 자신의 아이덴티티를 형성한다.
>
> (마) 종교로 봐도, 언어로 봐도, 습관으로 봐도, 문화라는 것은 각각 서로 다른 형태를 갖고 있다.
>
> (바) 가치의 상대성을 주장하는 것은 그 나름대로 옳지만 그게 너무 과해질 경우, 줏대를 잃게 되어 신념을 가질 수 없게 되는 것이다.

① (다)−(바)−(마)−(라)−(가)−(나)   ② (마)−(가)−(바)−(나)−(다)−(라)
③ (바)−(마)−(나)−(라)−(다)−(가)   ④ (바)−(가)−(라)−(마)−(나)−(다)
⑤ (마)−(라)−(나)−(가)−(바)−(다)

04. 다음 (가) ~ (마)를 논리적 순서에 맞게 나열한 것은?

> (가) 하지만 한번 결합된 목재들은 분해가 불가능할 정도로 아주 튼튼하게 맞물린다.
>
> (나) 쇠못으로 결합하는 방법은 쉽고 간단하지만 결합 부위가 오래 견디지 못하고 삐걱거리게 된다.
>
> (다) 그에 비해 짜 맞춤 기법은 서로 모양을 맞추는 정교한 작업 때문에 많은 시간이 필요하다.
>
> (라) 목재와 목재를 연결하는 기술에는 쇠못으로 결합하는 방법과 목재들을 서로 물리도록 깎아 결합하는 짜 맞춤 기법이 있다.
>
> (마) 이러한 짜 맞춤 기법에는 목재의 재질이나 만들고자 하는 제품의 종류(집, 가구 등)에 따라 '심장부 짜임', '연귀촉 짜임'과 같은 다양한 기법이 있다.

① (나)−(다)−(마)−(가)−(라)   ② (나)−(다)−(라)−(가)−(마)
③ (라)−(마)−(나)−(가)−(다)   ④ (라)−(나)−(다)−(가)−(마)
⑤ (라)−(나)−(마)−(가)−(다)

05. 다음 글을 읽고 알 수 있는 내용으로 적절하지 않은 것은?

자외선은 피리미딘(Pyrimidine)의 두 분자를 연결하는 이합체(Dimer)를 만듦으로써 DNA가 관여하는 유전인자를 손상시킨다. 정상인의 피부 세포에는 자외선에 의해 손상된 피부를 치유하는 효소가 있다. 그러나 이 효소가 부족하거나 문제가 있으면 피부에 질병이 발생할 확률이 높아진다.

인간의 피부색은 출생지 태양빛의 세기와 일치하도록 되어 있다. 인간은 태어날 때 멜라닌 색소를 갖고 태어나는데 그 양은 백인, 황색인, 흑인 순으로 증가한다. 그러나 거대한 민족 이동은 이 균형을 깨뜨렸다. 더운 지방의 백인은 피부 화상과 피부암으로 고통 받고, 추운 지방의 흑인은 비타민D 결핍증에 잘 걸린다. 멜라닌은 일반적으로 2단계에 걸쳐 태양빛과 반응한다. 첫 번째 단계에서는 피부 표면에 있는 산화되지 않은 옅은 색의 멜라닌이 태양빛에 의하여 암갈색으로 변하면서 산화한다. 이 반응은 한 시간 이내에 일어나며 피부를 그을리게 하고 하루가 지나면 흔적이 사라지게 된다. 두 번째 단계에서는 피부 단백질에 풍부하게 존재하는 아미노산 티로신(Tyrosine)으로부터 새로운 멜라닌이 합성된다. 햇볕에 노출되는 시간이 길어질수록 멜라닌 합성이 많아지고 또 이 고분자 화합물의 깊이가 깊어져 더 진한 색을 띠게 된다. 이와 같이 생성된 멜라닌 색소는 오랫동안 지속된다.

평소에 피부를 관리하지 않으면 생길 수 있는 피부암 중 가장 위험한 것은 흑색송(Melanoma)이다. 흑색종은 햇볕에 노출되면 발생할 확률이 증가하지만 1920년대 이후 노출되지 않은 부위에서도 발견된다는 보고가 있었다. 우리나라 병원에서는 별 이야기를 하지 않던 검은 점에 대해 미국에서는 신경을 쓰는 이유는 바로 악성피부암인 흑색종(Melanoma) 때문이었다. 미국인들에게 피부암은 발생률 1위의 암으로 전체 암의 50%에 육박한다. 그중 악성인 흑색종은 전체 피부암의 2%도 안 되지만 피부암 사망자의 80%가 흑색종일 만큼 치명적이다.

① 피부가 햇볕에 노출되는 시간과 멜라닌 합성은 정비례한다.

② 피부 질병이 생기는 것은 성별의 차이와 관련이 있다.

③ 피부암의 한 종류인 흑색종(Melanoma)은 햇볕에 노출되지 않는 부위에서도 발생할 수 있다.

④ 태양빛에 피부가 그을리는 것은 멜라닌이 암갈색으로 변하면서 산화되기 때문이다.

⑤ 백인, 황색인, 흑인 순으로 멜라닌 색소의 양이 증가한다.

06. 다음 (가)~(마)를 논리적 순서에 맞게 나열한 것은?

> (가) 본질은 어떤 사물의 불변하는 측면 혹은 그 사물을 다른 사물과 구별시켜 주는 특성을 의미하는데, 본질주의자는 이러한 사물 본연의 핵심적인 측면을 중시한다.
>
> (나) 예를 들어 책상의 본질적 기능이 책을 놓고 보는 것이라면, 책상에서 밥을 먹는 것은 비본질적 행위이고 이러한 비본질적 행위는 잘못된 것이라고 본다.
>
> (다) 책상 자체가 원래 '책을 놓고 보는 것'이라는 본질을 미리 갖고 있었던 것이 아니라 인간이 책상에서 책을 보거나 글을 쓰면서, 즉 책상에 대해 인간이 경험적으로 행동을 해 보고 난 후에 책상의 본질을 그렇게 규정한 것이라 할 수 있다.
>
> (라) '본질이란 무엇인가'라는 질문은 서양 철학의 핵심적 질문이다. 탈레스가 세계의 본질을 '물'이라고 이야기했을 때부터 서양 철학은 거의 모든 것들에 대해 불변하는 측면과 그렇지 않은 측면을 탐구하기 시작했다.
>
> (마) 그런데 본질주의자들이 강조하는 사물의 본질이란 사실 사후적으로 구성된 것이라 할 수 있다.

① (가)-(나)-(마)-(다)-(라)　　　② (가)-(라)-(마)-(나)-(다)

③ (라)-(마)-(나)-(다)-(가)　　　④ (라)-(가)-(다)-(마)-(나)

⑤ (라)-(가)-(나)-(마)-(다)

07. 다음 (가)~(바)를 논리적 순서에 맞게 나열한 것은?

> (가) 하지만 최근 상대방의 얼굴을 보면서 대화하는 화상통화가 개발되어 이러한 문제점의 많은 부분이 해결되고 있다.
>
> (나) 환자와 의사의 관계는 의료의 질을 결정하는 가장 중요한 요소이며, 환자와 의사 사이의 의사소통은 가장 기본적인 진료수단이다.
>
> (다) 이는 전통적인 진료실의 대면 접촉보다 제한이 많아 원격 진료의 단점으로 지적되었다.
>
> (라) 그러나 통신 매체를 이용한 의사소통은 얼굴을 마주한 의사소통보다 상대방의 실재감을 느끼기 어렵다.
>
> (마) 진단이나 치료결정의 절반 이상이 면담에서 얻은 정보로 결정된다는 사실은 의사소통의 중요성을 단적으로 보여 준다.
>
> (바) 최근에는 의사소통의 수단으로 통신 매체가 발달하며 이를 이용한 원격진료의 사례가 늘어나고 있다.

① (나)-(마)-(바)-(라)-(다)-(가) ② (나)-(마)-(다)-(바)-(라)-(가)
③ (마)-(나)-(라)-(가)-(다)-(바) ④ (마)-(나)-(바)-(가)-(라)-(다)
⑤ (마)-(나)-(다)-(바)-(가)-(라)

08. 다음 글의 내용과 일치하는 것은?

> 인간은 누구나 건전하고 생산적인 사회에서 타인과 함께 평화롭게 살아가길 원한다. 하지만 도덕적이고 문명화된 사회를 가능하게 하는 기본적인 사회 원리를 수용할 경우에만 인간은 생산적인 사회에서 평화롭게 살 수 있다. 기본적인 사회 원리를 수용한다면, 개인의 권리는 침해당하지 않는다. 인간의 본성에 의해 요구되는 인간 생존의 기본 조건, 즉 생각의 자유와 자신의 이성적 판단에 따라 행동할 수 있는 자유가 인정되지 않는다면, 개인의 권리는 침해당하게 된다.
>
> 또한 물리적 힘의 사용이 허용되는 경우에도 개인의 권리가 침해당할 수 있다. 어떤 사람이 다른 사람의 삶을 빼앗거나 그 사람의 의지에 반하는 것을 강요하기 위해서는 물리적 수단을 사용할 수밖에 없기 때문이다. 이성적인 수단인 토론이나 설득을 사용하여 다른 사람의 의견이나 행동에 영향을 미친다면, 개인의 권리는 침해당하지 않는다. 인간이 생산적인 사회에서 평화롭게 살 수 있는 것은 매우 중요하다. 왜냐하면 그럴 때야 비로소 인간은 사회로부터 지식 교환의 가치를 얻을 수 있기 때문이다.

① 인간에게 생각과 행동의 자유가 인정된다면 물리적 힘의 사용은 사라질 것이다.
② 모든 사람들이 생산적인 사회에서 평화롭게 살기를 원하는 것은 아니다.
③ 개인의 권리가 침해되는 사건은 물리적 수단의 용인과 전혀 관련이 없다.
④ 타인의 의지에 반하는 행동을 요청할 때에는 토론과 설득만이 이성적인 수단이 된다.
⑤ 인간이 사회로부터 지식 교환의 가치를 얻을 수 없다면 그 사회는 생산적인 사회가 아니다.

09. 다음 개요의 밑줄 친 부분에 들어갈 내용으로 알맞은 것은?

Ⅰ. 서론 : 가족 내 갈등이 심화되고 있는 실태

Ⅱ. 본론 1 : 갈등 심화의 원인

   1. 가족 차원

      가. 대화 시간 부족으로 인한 유대감 약화

      나. 가족 관계의 중요성에 대한 가족 구성원의 인식 약화

   2. 사회 차원

      가. 가족 내 의사소통 방식에 대한 교육 부족

      나. 가족 관계를 약화시키는 경쟁적 사회 분위기

Ⅲ. 본론 2 : 갈등 해소 방안

   1. 가족 차원

      가. 대화 시간 확보를 통한 유대감 강화

      나. 가족 관계의 중요성을 돌아보기 위한 노력

   2. 사회 차원

      가. 가족 내 바람직한 의사소통 방식을 교육하기 위한 프로그램 마련

      나. 경쟁적 사회 분위기를 해소할 수 있는 캠페인 전개

Ⅳ. 결론 : _____

---

① 가족 내 갈등 심화와 그 해소 방안

② 가족주의를 지향하는 전통문화 회복 운동 전개

③ 이웃 가족들과의 교류 활성화를 위한 사회적 지원 미흡

④ 가족 내 갈등 해소를 위한 가족 · 사회 차원의 노력 촉구

⑤ 가족 내 갈등 해소를 위한 사회 제도 및 정책의 개선 필요

10. 다음 글의 내용과 일치하는 것은?

> 파놉티콘은 영국의 철학자이자 사회 개혁가인 제레미 벤담의 유토피아적 열망에 의해 구상된 일종의 감옥 형식의 건축양식을 말한다. 파놉티콘은 중앙에 존재하는 감시탑의 주위를 독방들이 원형으로 둘러싸도록 배치되어 있다. 이러한 구조에 따라 독방에 있는 죄수들은 간수 또는 감시자의 관찰에 노출되지만, 죄수는 감시자를 볼 수 없다. 그 결과, 죄수들은 감시자가 없어도 부재를 인식하지 못하기 때문에 실제로 감시자가 있는 것과 같은 효과가 나타나게 된다. 보이지 않는 사람들에 의해 언제 감시되고 있을지 모른다는 생각 자체가 지속적인 통제를 가능하게 해 주는 것이다. 이처럼 죄수들은 중앙 감시탑에 있는 권력에 대한 종속적 관계를 내면화하여 스스로 자신을 감시하는 '주체'가 된다. 벤담은 최소한의 비용, 최소한의 감시로 최대의 효과를 누릴 수 있다는 점에서 파놉티콘이 사회 개혁을 가능하게 해 주는 가장 효율적인 수단이 될 수 있다고 생각했지만, 이는 결국 받아들여지지 않았다.

① 파놉티콘은 권력에 따른 시선의 불균형을 확인시켜 주는 장치이다.

② 파놉티콘은 타자에 의한 이중 통제 장치이다.

③ 파놉티콘의 원리는 감옥 이외의 다른 사회 부문에 적용될 수 없다.

④ 파놉티콘의 가장 큰 장점은 죄수들이 서로를 감시할 수 있다는 점이다.

⑤ 파놉티콘은 감시 권력을 가시화함으로써 죄수들에게 불안감을 조성한다.

11. 다음 글의 내용과 일치하는 것은?

> 현대 자본주의 사회에서 대중은 예술미보다 상품미에 더 민감하다. 상품미란 이윤을 얻기 위해 대량으로 생산하는 상품이 가지는 아름다움을 의미한다. 같은 값이면 다홍치마라고, 요즘은 생산자는 상품을 더 많이 팔기 위해 디자인과 색상에 신경을 쓰고, 소비자는 같은 제품이라도 겉모습이 화려하거나 아름다운 것을 구입하려고 한다. 결국 우리가 주위에서 보는 거의 모든 상품은 상품미를 추구하고 있는 셈이다. 그래서인지 모든 것을 다 상품으로 취급하는 자본주의 사회에서는 돈벌이를 위해서라면 사물, 심지어는 인간까지도 상품미를 추구하는 대상으로 삼는다.

① 현대 사회의 소비자들은 동일한 제품이라면 외양이 고운 것을 선택한다.

② 기업에서 사람을 상품화하는 것은 비난받아 마땅한 일이다.

③ 가치관이 뚜렷한 소비자들은 제품의 디자인보다 활용도를 따진다.

④ 상품미는 제품의 아름다움으로서 이익과 관련이 없다.

⑤ 아직까지는 상품미를 추구하는 상품을 주변에서 보기 어렵다.

12. 다음 글의 내용과 일치하지 않은 것은?

인간의 복잡하고 정교한 면역계는 세균이나 바이러스 같은 병원체의 침입에 맞서서 우리를 지켜 주지만 병원체가 몸 안으로 들어오고 난 다음에야 비로소 침입한 병원체를 제거하는 과정을 시작한다. 이 과정은 염증이나 발열 같은 적잖은 생물학적 비용과 위험을 동반한다. 인류의 진화과정은 이러한 개체군의 번영을 훼방하는 비용을 치러야 할 상황을 미리 제거하거나 줄이는 방향으로 진행되었다. 이 과정은 인류에게 병원체를 옮길 만한 사람과 어울리지 않고 거리를 두려는 자연적인 성향을 만들어주었는데, 그 결과 누런 콧물이나 변색된 피부처럼 병원체에 감염되었음을 암시하는 단서를 보이는 대상에 대해 혐오나 기피의 정서가 작동하여 감염 위험이 줄어들게 되었다.

그러나 이와 비슷한 위험은 병에 걸린 것처럼 보이지 않는 대상에게도 해당된다. 기생체와 숙주 사이에서 진행된 공진화의 과정은 지역에 따라 상이한 병원체들과 그것들에 대한 면역력을 지닌 거주민들을 만들어 냈다. 처음에는 광범위한 지역에 동일한 기생체와 숙주들이 분포해 있다 하더라도 지역에 따라 상이한 기생체가 숙주의 방어를 깨고 침입하는 데 성공하기 때문이다. 숙주는 해당 기생체에 대한 면역을 갖게 되면서 지역에 따라 기생체의 성쇠와 분포가 달라지고 숙주의 면역계도 다르게 진화한다. 결과적으로 그 지역의 토착 병원균들을 다스리는 면역 능력을 비슷하게 가진 사람들이 한 곳에 모여 살게 되는 것이다. 그러므로 다른 지역의 토착 병원균에 적응하여 살아온 외지인과 접촉했다가는 자신의 면역계로 감당할 수 없는 낯선 병원균에 무방비로 노출될 수 있으며 이러한 위험은 피하는 것이 상책으로 여겨져 왔다. 그래서 앞서 언급한 질병의 외형적 단서들에 대해서뿐만이 아니라 단지 어떤 사람이 우리 집단에 속하지 않는 외지인임을 알려 주는 단서, 예컨대 이곳 사람들과 다른 문화나 가치관을 가졌다고 보이는 경우, 그런 사람을 배척하거나 꺼리는 기제가 작동하게 되는 것이다. 따라서 외지인을 배척하고 같은 지역 사람들끼리 결속하는 성향은 전염성 질병으로부터 스스로를 보호하는 효율적인 장치였다.

① 인간의 면역계는 병원체가 몸 안으로 들어오기 전에는 활동하지 않는다.
② 같은 지역에 거주하는 사람들은 토착 병원균에 대해 유사한 면역 능력을 가진다.
③ 문화와 가치관으로 지역을 구분하게 되면서 지역 간의 교류는 더욱 단절되었다.
④ 외지인에 대한 경계는 전염성 질병으로부터 스스로를 보호하기 위하여 나타나게 되었다.
⑤ 인류의 진화과정은 생물학적 비용을 치러야 할 상황을 제거하거나 줄이는 방향으로 진행되었다.

13. 다음 글의 내용과 일치하지 않은 것은?

중세 이탈리아 상인들은 어떤 물건들을 취급해서 막대한 부를 축적했을까? 피렌체 출신의 상인 페골로티의 '상업 실무'와 발루타(Valuta)라 불리는 일종의 상품 시세표는 그에 대한 답을 말해 준다. 두 기록에 따르면 중세 말 이탈리아 상인들이 일상적으로 취급했던 품목은 대략 2백 개 정도였다고 한다. 상업 실무에 언급된 상품은 총 288가지였지만 같은 종류의 상품들이 생산지, 가공 상태, 품질 등에 따라 중복된 것을 제외하면 대략 193종의 품목이 이탈리아 상인들을 통해 유통되고 있었다.

페골로티의 목록에서 눈에 띄는 점은 이 상품들이 향신료로 불렸다는 것이다. 오늘날 엄격한 의미의 향신료로 간주되지 않는 꿀, 설탕, 쌀, 오렌지, 다트 등의 식품들과 명반, 백연 등의 염색 재료들 그리고 원면, 밀랍, 종이와 같은 산업 원료들까지도 중세 향신료로 분류되었다. 193개의 중세 향신료 중에서 오늘날에도 여전히 향신료로 간주되는 것들은 극소수이다. 이 중 인도와 중국을 포함한 동방으로부터 온 상품들은 31개 정도이며 그중에서도 진정한 의미의 향신료는 후추, 생강, 육계, 계피, 정향, 소두구, 갈링가, 육두구 정도였다.

고대부터 시작된 아시아산 향신료에 대한 유럽인들의 열광적인 소비는 시간이 갈수록 늘어났다. 유럽인들은 아시아 향신료에 매료되었고, 이탈리아 상인들은 늘어나는 향신료 수요를 충족시키면서 막대한 이익을 얻었다. 향신료에 대한 수요가 많았던 이유 중 하나는 다양한 용도 덕분이었다. 음식에 향미를 더해 주기도 하고 육식을 금하는 사순절 동안 생선만 먹는 지루함을 달래주었으며 신을 부르거나 악마를 쫓아내고 전염병을 치료하는 용도 등으로 활용되기도 하였다. 중세 고급 요리에서 향신료는 없어서는 안 되는 필수 품목이었다.

① 중세 이탈리아 상인들은 약 200여 개의 물품을 취급하였다.
② 중세 이탈리아 상인들이 취급한 물품은 일정 기준에 의해 분류되어 있었다.
③ 중세 이탈리아 상인들은 양념류와 식품 등을 향신료로 분류하였다.
④ 중세 유럽인들이 향신료를 좋아했던 이유 중 하나는 향신료가 음식을 대신할 수 있었기 때문이다.
⑤ 중세 유럽에서 유행하던 향신료 중에서는 아시아로부터 온 것도 있었다.

14. 다음 글의 내용과 일치하지 않은 것은?

12세기 이전까지 유럽에서의 독서는 신앙심을 고취하기 위하여 주로 성경이나 주석서를 천천히 반복해서 읽는 방식으로 이루어졌다. 그런데 12세기에 들어 그리스 고전이 이슬람 세계로부터 대거 유입되고 학문적 저술의 양이 폭발적으로 늘어나게 되자 독서 문화에도 변화가 일어나기 시작했다.

이 시기의 독서는 폭넓고 풍부한 지식의 습득을 목적으로 삼게 되었다. 하지만 방대한 양의 저서를 두루 구해 읽는다는 것은 시간적으로나 경제적으로나 불가능한 일이었다. 이에 책의 중요한 내용을 뽑아 간략하게 정리한 요약집, 백과사전과 같은 다양한 참고 도서의 발행이 성행하였다. 이러한 책들은 텍스트가 장, 절로 나누어져 있고 중요한 구절 표시가 있는가 하면, 차례나 찾아보기 같은 보조 장치가 마련되어 있는 등 이전과 다른 새로운 방식으로 편집되었다. 이를 활용하여 독자들은 다양한 정보와 해석을 편리하고 빠르게 찾고, 이렇게 얻은 지식들을 논증의 도구로 활용할 수 있게 되었다.

그러나 이와 같은 참고 도서를 위주로 한 독서가 유행하면서 사람들은 점차 원전 독서를 등한시하여 원전이 담고 있는 풍부함을 맛볼 수 없게 되었다. 주요 부분을 발췌하여 읽는 것은 텍스트의 의미를 효율적으로 파악하게 하는 이점은 있었지만 그 속에 담긴 깊은 뜻을 이해하기에는 한계가 있었다.

① 12세기 이후에는 독서가 목적을 성취하기 위한 도구로 전락했다.
② 12세기 이후의 독서는 효율성을 극대화하는 방식으로 이루어졌다.
③ 12세기 이전에는 차례나 찾아보기 같은 보조 장치가 존재하지 않았다.
④ 12세기 이후 유행한 참고 도서는 원전의 깊음과 풍부함을 담아낼 수 없었다.
⑤ 독서 목적의 변화는 새로운 편집 방식을 야기했다.

15. 다음 글의 결론으로 적절한 것은?

어떤 시점에 당신만이 느끼는 어떤 감각을 W라는 용어로 표현한다고 해보자. 그 이후에 가끔 그 감각을 느끼게 되면, "W라고 불리는 그 감각이 나타났다."라고 당신은 말할 것이다. 그렇지만 당신이 그 용어를 올바르게 사용했는지 아닌지를 어떻게 알 수 있는가? 첫 번째 감각을 잘못 기억할 수도 있는 것이고, 실제로는 희미하고 어렴풋한 유사성밖에 없는데도 첫 번째 감각과 두 번째 감각 사이에 밀접한 유사성이 있다고 착각할 수도 있는 것이다. 더구나 그것이 착각인지 아닌지를 판단할 근거가 없다. 만약 W라는 용어의 의미가 당신만이 느끼는 그 감각에만 해당한다면, W라는 용어의 올바른 사용과 잘못된 사용을 구분할 방법은 어디에도 없게 될 것이다.

① 감각은 느낄 때마다 다르기 때문에 같은 감각이란 존재하지 않는다.

② 감각에 관하여 만든 용어는 올바른지 올바르지 못한지 잘 구분해야 한다.

③ 감각에 관하여 만들어진 용어는 잘못된 기억과 착각을 유발한다.

④ 혼자 느끼는 감각에 관하여 만든 용어는 무의미하다.

⑤ 개인이 용어를 규정짓는 것은 다수에 의했을 때에 비하여 그 적절성이 떨어진다.

16. 다음 글의 주제로 가장 적절한 것은?

> 우리는 학교에서 한글 맞춤법이나 표준어 규정과 같은 어문 규범을 교육받고 학습한다. 어문 규범은 언중들의 원활한 의사소통을 위해 만들어진 공통된 기준이며 사회적으로 정한 약속이기 때문이다. 그러나 문제는 급변하는 환경에 따라 변화하는 언어 현실에서 언중들이 이와 같은 어문 규범을 철저하게 지키며 언어생활을 하기란 쉽지 않다는 것이다. 그래서 이러한 언어 현실과 어문 규범의 괴리를 줄이고자 하는 여러 주장과 노력이 우리 사회에 나타나고 있다.
>
> 최근, 어문 규범이 언어 현실을 따라오기에는 한계가 있기 때문에 어문 규범을 폐지하고 아예 언중의 자율에 맡기자는 주장이 있다. 또한 어문 규범의 총칙이나 원칙과 같은 큰 틀은 유지하되, 세부적인 항목 등은 사전에 맡기자는 주장도 있다. 그러나 어문 규범을 부정하는 주장이나 사전으로 어문 규범을 대신하자는 주장에는 문제점이 있다. 전자의 경우, 언어의 생성이나 변화가 언중 각각의 자율에 의해 이루어져 오히려 의사소통의 불편함을 야기할 수 있다. 후자는 우리나라의 사전 편찬 역사가 짧기 때문에 어문 규범의 모든 역할을 사전이 담당하기에는 무리가 있으며, 언어 현실의 다양한 변화를 사전에 전부 반영하기 어렵다는 문제점이 있다.

① 의사소통의 편리함을 위해서는 어문 규범을 철저히 지켜야 한다.

② 언어 현실과 어문 규범의 괴리를 해소하기 위한 방법을 모색하는 노력이 나타나고 있다.

③ 빠르게 변하는 현실 속에서 어문 규범은 제 기능을 발휘하지 못하므로 폐지해야 한다.

④ 언어의 변화와 생성은 사람들의 의사소통을 혼란스럽게 할 수 있기 때문에 최대한 자제해야 한다.

⑤ 어문 규범과 언어 현실의 괴리를 없애기 위해서는 언중의 자율과 사전의 역할 확대가 복합적으로 진행되어야 한다.

17. 다음 글을 통해 추론할 수 있는 내용으로 적절하지 않은 것은?

오늘날 프랑스 영토의 윤곽은 9세기에 샤를마뉴 황제가 유럽 전역을 평정한 후, 그의 후손들 사이에 벌어진 영토 분쟁의 결과로 만들어졌다. 제국 분할을 둘러싸고 그의 후손들 사이에 빚어진 갈등은 제국을 독차지하려던 로타르의 군대 그리고 루이와 샤를의 동맹군 사이의 전쟁으로 확대되었다. 결국 동맹군의 승리로 전쟁이 끝나면서 왕자들 사이에 제국의 영토를 분할하는 원칙을 명시한 베르됭 조약이 체결되었다. 영토 분할을 위임받은 로마 교회는 조세 수입이나 영토 면적보다는 '세속어'를 그 경계의 기준으로 삼는 것이 더 공정하다는 결론을 내렸고, 그래서 게르만어를 사용하는 지역과 로망어를 사용하는 지역을 각각 루이와 샤를에게 할당했다. 그리고 힘없는 로타르에게는 이들 두 국가를 가르는 완충지대로서, 이탈리아 북부 롬바르디아 지역으로부터 프랑스의 프로방스 지방, 스위스, 스트라스부르, 북해까지 이어지는 긴 복도 모양의 영토가 주어졌다.

루이와 샤를은 베르됭 조약 체결에 앞서 스트라스부르에서 서로의 동맹을 다지는 서약 문서를 상대방이 분할 받은 영토의 세속어로 작성하여 교환하고, 곧이어 각자 자신의 군사들로부터 자신이 분할 받은 영토의 세속어로 충성 맹세를 받았다. 학자들은 두 사람이 서로의 동맹에 충실할 것을 상대측 영토의 세속어로 서약했다는 점에 주목한다. 또한 역사적 자료에 의해 루이와 샤를 모두 게르만어를 모어로 사용하였다는 사실이 알려져 있다. 그러므로 루이와 샤를 중 적어도 한 명은 서약 문서를 자신의 모어로 작성한 것이 아니라는 것이다. 게다가 그들의 군대는 필요에 따라 여기저기서 수시로 징집된 다양한 언어권의 병사들로 구성되어 있었으므로 세속어의 사용이 군사들의 이해를 목적으로 한다는 설명에는 설득력이 없다. 결국 학자들은 상대측 영토의 세속어 사용이 상대 국민의 정체성과 그에 따른 권력의 합법성을 상호 인정하기 위한 상징행위로서 의미를 갖는다고 결론을 내렸다.

① 로타르 군대는 제국을 독차지하려는 전쟁에서 패했다.
② 로마 교회는 조세 수입과 면적을 기준으로 영토 분할을 지시했다.
③ 루이는 로망어로 서약 문서를 작성하였다.
④ 샤를은 자신의 군사들로부터 로망어로 된 충성 맹세를 받았다.
⑤ 루이와 샤를의 군대는 다양한 언어권 출신의 병사들로 이뤄졌다.

18. 다음 글을 통해 추론할 수 있는 내용으로 적절하지 않은 것은?

우리가 기억하는 것들은 크게 서술 정보와 비서술 정보로 나뉜다. 서술 정보란 학교 공부, 영화 줄거리, 장소나 위치, 사람 얼굴처럼 말로 표현할 수 있는 정보이다. 반면 비서술 정보는 몸으로 습득하는 운동 기술, 습관, 버릇, 반사적 행동 등과 같이 말로 표현할 수 없는 정보이다. 이 중에서 서술 정보를 처리하는 중요한 기능을 담당하는 것은 뇌의 내측두엽에 있는 해마로 알려져 있다. 교통사고를 당해 해마 부위가 손상된 이후 서술 기억 능력이 손상된 사람의 예가 그 사실을 뒷받침한다. 그렇지만 그는 교통사고 이전의 오래된 기억은 모두 회상해냈다. 해마가 장기 기억을 저장하는 장소는 아닌 것이다. 많은 학자들은 서술 정보가 오랫동안 저장되는 곳으로 대뇌피질을 들고 있다.

그러면 비서술 정보는 어디에 저장될까? 운동 기술은 대뇌의 선조체나 소뇌에 저장되며, 계속적인 자극에 둔감해지는 '습관화'나 한 번 자극을 받은 뒤 그와 비슷한 자극에 계속 반응하는 '민감화' 기억은 감각이나 운동 체계를 관장하는 신경망에 저장된다고 알려져 있다. 감정이나 공포와 관련된 기억은 편도체에 저장된다.

① 서술 정보와 비서술 정보는 말로 표현할 수 있느냐의 여부에 따라 구분된다.

② 장기 기억되는 서술 정보는 대뇌피질에 분산되어 저장된다.

③ 뇌가 받아들인 기억 정보는 유형에 따라 각각 다른 장소에 저장된다.

④ 비서술 정보는 자극의 횟수에 의해 기억 여부가 결정된다.

⑤ 사고로 해마가 손상되었을 경우 기억에 문제가 생길 수 있다.

19. 다음 글의 빈칸에 들어갈 문장으로 적절한 것은?

읽는 문화의 실종, 그것이 바로 현대사회의 특징이다. 신문의 판매 부수는 날로 감소해가는 반면 텔레비전의 시청률은 점점 높아지고 있다. 출판 시장 역시 마찬가지이다. 깨알 같은 글로 구성된 책보다 그림과 여백이 압도적으로 많이 들어간 만화 형태의 책들이 증가하고 있다. 보는 문화가 읽는 문화를 대체하고 있는 것이다. 읽는 일에는 피로가 동반하지만 보는 놀이에는 휴식이 따라온다는 인식으로 인해, 일을 저버리고 놀이만 좇는 문화가 범람하고 있다. 그러나 보는 놀이만으로는 주체적이고 능동적인 생각이 촉진되지 않는다. 읽는 일이 장려되지 않는 한 (   ) 책의 문화는 읽는 일과 직결되며, 생각하는 사회를 만드는 지름길이다.

① 놀이에 대한 현대인들의 열망은 더욱 커질 것이다.
② 우리 사회는 생각 없는 사회로 치달을 수밖에 없다.
③ '읽는 문화'와 '보는 문화'는 상생할 수 없다.
④ 현대인이 이룩한 문화 사회는 무너지고 말 것이다.
⑤ 현대사회는 특징 없는 문화만을 향유하게 될 것이다.

20. 다음 밑줄 친 ㉠에 대한 뜻으로 적절한 것은?

㉠연고(緣故)에 대한 집착이 너무 강력하면 타인이나 타집단에 대하여 공격적인 배타성을 보인다는 점에서 연고주의라는 비판을 받기도 한다. 하지만 종친회, 향우회, 동문회 등은 가족적 친밀성을 사회적 수준으로 확대하는 데 기여함은 물론, 계급·계층 간 융화와 공동체적 신뢰를 강화하는 계기가 되기도 한다. 이처럼 연고에 근거한 다양한 결사의 구성은 공동체적 삶에 있어 불가피할 뿐만 아니라, 민주주의 사회의 안정과 지속을 정당화하는 방편이기도 한다.

① 사람들 사이에 서로 맺어지는 관계
② 혈연·정분·법률 따위에 의한 특별한 관계
③ 어떤 일이 일어나게 된 원인이나 조건
④ 나이가 많음.
⑤ 하늘이 베푼 인연

01. 다음 명제가 모두 참일 때 옳지 않은 것은?

> • A 거래처에 발주했다면, B 거래처에는 발주하지 않았다.
> • C 거래처에 발주하지 않았다면, D 거래처에 발주했다.
> • D 거래처에 발주했다면, B 거래처에도 발주했다.

① A 거래처에 발주했다면, C 거래처에도 발주했다.

② A 거래처에 발주했다면, D 거래처에 발주하지 않았다.

③ B 거래처에 발주하지 않았다면, C 거래처에도 발주하지 않았다.

④ C 거래처에 발주하지 않았다면, A 거래처에도 발주하지 않았다.

⑤ D 거래처에 발주했다면, A 거래처에는 발주하지 않았다.

02. 다음 중 3명은 진실을, 2명은 거짓을 말하고 있다면, 회의에 참석하지도 않았고 거짓을 말하고 있는 사람은?

> • A 사원 : 저는 회의에 참석하였습니다.
> • B 사원 : A와 C는 둘 다 회의에 참석하였습니다.
> • C 사원 : A는 회의에 참석하지 않았습니다.
> • D 사원 : E만 회의에 참석하지 않았습니다.
> • E 사원 : A, D와 저만 회의에 참석하였습니다.

① A   ② B   ③ C

④ C, D   ⑤ E

03. 다음 명제들이 참이라고 할 때, 반드시 참인 명제가 아닌 것을 〈보기〉에서 모두 고르면?

> • 나는 음악을 감상하면 졸리지 않다.
> • 나는 졸리지 않으면 책을 읽는다.
> • 나는 자전거를 타면 커피를 마시지 않는다.
> • 나는 커피를 마시지 않으면 책을 읽지 않는다.
> • 나는 커피를 마시면 졸리지 않다.

| 보기 |

> ㉠ 나는 자전거를 타면 음악을 감상하지 않는다.
> ㉡ 나는 커피를 마시지 않으면 졸리다.
> ㉢ 나는 커피를 마시면 음악을 감상하지 않는다.
> ㉣ 나는 책을 읽으면 졸리지 않다.
> ㉤ 나는 졸리면 자전거를 탄다.

① ㉠, ㉡   ② ㉡, ㉢   ③ ㉡, ㉣

④ ㉢, ㉤   ⑤ ㉣, ㉤

04. 다음은 같은 날 건강검진을 받은 윤슬, 도담, 아름, 들찬, 벼리의 검진 결과에 대한 진술이다. 진술이 모두 참일 때 5명의 키를 작은 순서대로 바르게 나열한 것은?

> • 도담이 가장 작다.
> • 들찬은 아름보다 크다.
> • 윤슬은 들찬보다 크지만 가장 큰 사람은 아니다.

① 도담-벼리-아름-들찬-윤슬   ② 도담-들찬-아름-윤슬-벼리

③ 도담-아름-들찬-윤슬-벼리   ④ 도담-아름-들찬-벼리-윤슬

⑤ 도담-벼리-윤슬-아름-들찬

05. 다음 명제가 모두 참일 때, 반드시 참이라고 추론할 수 없는 것은?

> • 클라이밍을 좋아하는 사람은 고양이를 좋아하지 않는다.
> • 루지를 좋아하는 사람은 달리기를 잘한다.
> • 달리기를 잘하는 사람은 클라이밍을 좋아한다.
> • 고양이를 좋아하는 사람은 서핑을 할 수 있다.

① 고양이를 좋아하는 사람은 클라이밍을 좋아하지 않는다.
② 서핑을 할 수 없는 사람은 달리기를 잘하지 않는다.
③ 달리기를 잘하지 않는 사람은 루지를 좋아하지 않는다.
④ 루지를 좋아하는 사람은 고양이를 좋아하지 않는다.
⑤ 달리기를 잘하는 사람은 고양이를 좋아하지 않는다.

06. 자율주행 자동차가 출시되면서 해당 자동차를 운행하기 위해서는 자율주행 면허증이 있어야 한다는 법이 신설되었다. 이에 따라 반드시 조사해야 하는 2명은 누구인가?

> • A는 자율주행 면허증이 없지만 자율주행 자동차 운행 여부도 알 수 없다.
> • B는 자율주행 자동차를 운행하지 않았지만 자율주행 면허증 여부는 알 수 없다.
> • C는 자율주행 자동차 운행 여부는 알 수 없지만 자율주행 면허증이 있다.
> • D는 자율주행 면허증 여부를 알 수 없고 자율주행 자동차를 운행하였다.

① A, B   ② A, D   ③ B, C
④ B, D   ⑤ C, D

07. 다음 〈조건〉을 근거하여 부서의 예산이 적은 팀부터 순서대로 바르게 나열한 것은?

─────| 조건 |─────

- 마케팅팀의 예산은 경리팀 예산의 세 배 이상이다.
- 생산팀의 예산은 마케팅팀의 예산과 같다.
- 영입팀의 예신은 마케팅팀의 예산과 연구팀의 예산을 합한 것과 같다.
- 마케팅팀의 예산은 경리팀의 예산과 비서팀의 예산을 합한 것과 같다.
- 비서팀의 예산은 연구팀의 예산과 같다.

① 비서팀 – 경리팀 – 마케팅팀 – 영업팀
② 비서팀 – 마케팅팀 – 경리팀 – 영업팀
③ 경리팀 – 비서팀 – 마케팅팀 – 생산팀
④ 경리팀 – 연구팀 – 생산팀 – 영업팀
⑤ 경리팀 – 마케팅팀 – 비서팀 – 생산팀

08. 다음 〈조건〉을 바탕으로 〈보기〉에서 옳은 것을 모두 고른 것은?

─────| 조건 |─────

- 안이 보이지 않는 상자 안에 크기와 모양이 같은 사탕 6개가 들어있다.
- 6개의 사탕은 딸기맛 3개, 포도맛 2개, 사과맛 1개이고, 각 색깔에 따른 점수는 순서대로 1점(딸기맛), 5점(포도맛), 10점(사과맛)이다.
- A ~ F 여섯 사람이 각각 한 개의 사탕을 뽑는다.
- 뽑은 결과 A와 D는 서로 같은 맛 사탕을, B, C, F는 각각 서로 다른 맛 사탕을 뽑았다.

─────| 보기 |─────

㉠ E는 10점을 얻지 못했다.
㉡ A와 D의 점수의 합은 10점이다.
㉢ E와 F가 같은 맛의 사탕을 뽑았다면 B와 C의 점수의 합은 11점이다.
㉣ E는 1점을 얻을 수 없다.
㉤ C가 뽑은 사탕이 딸기맛이면 F가 뽑은 사탕은 사과맛이다.

① ㉠, ㉡, ㉢
② ㉠, ㉡, ㉣
③ ㉠, ㉢, ㉣
④ ㉡, ㉢, ㉤
⑤ ㉢, ㉣, ㉤

[09 ~ 10] 다음 문자들의 배열 규칙을 찾아 빈칸에 들어갈 알맞은 문자를 고르시오.

09.

E   H   F   J   H   M   ( )

① K   ② L   ③ M
④ N   ⑤ O

10.

D   G   F   I   H   ( )

① J   ② K   ③ M
④ Q   ⑤ R

[11 ~ 20] 다음 수열의 규칙을 찾아 빈칸에 들어갈 알맞은 숫자를 고르시오.

11.

20   21   19   22   18   23   ( )

① 17   ② 20   ③ 21
④ 23   ⑤ 26

12.

1   2   4   7   13   17   40   ( )   121

① 37   ② 42   ③ 84
④ 115   ⑤ 121

13.

15	4	25	15	35	26	45	( )	

① 31 ② 35 ③ 37
④ 41 ⑤ 43

14.

$$\frac{2}{7} \quad \frac{1}{7} \quad \frac{2}{21} \quad \frac{1}{14} \quad \frac{2}{35} \quad \frac{1}{21} \quad (\ ) \quad \frac{1}{28}$$

① $\frac{1}{29}$ ② $\frac{1}{31}$ ③ $\frac{2}{37}$

④ $\frac{2}{49}$ ⑤ $\frac{7}{50}$

15.

$$-1 \quad -2 \quad -4 \quad -4 \quad -7 \quad -8 \quad -10 \quad -16 \quad (\ )$$

① -13 ② -15 ③ -18
④ -22 ⑤ -25

16.

$$2 \quad 1 \quad 3 \quad \frac{3}{2} \quad \frac{7}{2} \quad \frac{7}{4} \quad \frac{15}{4} \quad (\ )$$

① $\frac{15}{6}$ ② $\frac{15}{8}$ ③ $\frac{18}{4}$

④ $\frac{31}{4}$ ⑤ $\frac{35}{4}$

17.

| 7 | 31 | −3 | 22 | −11 | 15 | −17 | ( ) |

① 5   ② 7   ③ 8
④ 9   ⑤ 10

18.

| 3.1 | 5.2 | 8.4 | 12.7 | 18.1 | ( ) |

① 23.6   ② 23.8   ③ 24.6
④ 25.6   ⑤ 38.9

19.

| 6 | 3 | 9 | 2 | 1 | 3 | 4 | ( ) |

① 1   ② 3   ③ 5
④ 7   ⑤ 9

20.

| 1 | 3 | 4 | −1 | 3 | −4 | −1 | −3 | ( ) |

① 4   ② 2   ③ −5
④ −4   ⑤ −9

영역 3 수리   20문항/25분

01. 다음 자료에 대한 설명으로 옳지 않은 것은? (단, 소수점 셋째 자리에서 반올림한다)

〈K 글로벌회사의 연도별 임직원 현황〉

(단위 : 명)

구분		20X1년	20X2년	20X3년
국적	한국	9,566	10,197	9,070
	중국	2,636	3,748	4,853
	일본	1,615	2,353	2,749
	대만	1,333	1,585	2,032
	기타	97	115	153
	계	15,247	17,998	18,857
고용형태	정규직	14,173	16,007	17,341
	비정규직	1,074	1,991	1,516
	계	15,247	17,998	18,857
연령	30대 이하	8,914	8,933	10,947
	40대	5,181	7,113	6,210
	50대 이상	1,152	1,952	1,700
	계	15,247	17,998	18,857
직급	사원	12,365	14,800	15,504
	간부	2,801	3,109	3,255
	임원	81	89	98
	계	15,247	17,998	18,857

① 20X3년의 임직원 수 중 전년 대비 가장 많이 증가한 임직원의 국적은 나머지 국적에서 증가한 임직원 수의 합보다 크다.

② 20X3년에는 전년에 비해 비정규직 임직원이 차지하는 비율이 약 3%p 감소하였다.

③ 20X1년 대비 20X3년 연령별 임직원 수 증가율이 가장 큰 연령대는 50대 이상이다.

④ 전체 임직원 중 사원이 차지하는 비율은 매년 증가하는 추세이다.

⑤ 20X2년과 20X3년의 40대 이상 임직원 비율은 약 8.42%p 정도 차이난다.

02. 다음 자료에 대한 해석으로 적절하지 않은 것은?

〈자료 1〉 국내 인구이동

(단위 : 천 명, %, 건)

구분		20X1년	20X2년	20X3년	20X4년	20X5년
총이동	이동자 수	7,412	7,629	7,755	7,378	7,154
	이동률	14.7	15.0	15.2	14.0	13.8
	전입신고건수	4,505	4,657	4,761	4,570	4,570
	이동자 성비(여자=100)	102.3	102.9	103.2	103.9	104.1

※ 이동률(%) : (연간 이동자수÷주민등록 연앙인구)×100

※ 주민등록 연앙인구 : 한 해의 중앙일(7월 1일)에 해당하는 인구로 당해년 평균 인구의 개념이다.

※ 전입신고건수 : 동일시점에 동일세대 구성원이 동시에 전입신고한 경우 함께 신고한 세대원수에 상관없이 1건으로 집계

〈자료 2〉 권역별 순이동자수

(단위 : 천 명)

구분	20X1년	20X2년	20X3년	20X4년	20X5년
수도권	-4	-21	-33	-1	16
중부권	28	39	49	41	42
호남권	-7	-6	-8	-16	-18
영남권	-25	-23	-22	-40	-54

※ 순이동=전입-전출

※ 전입 : 행정 읍면동 경계를 넘어 다른 지역에서 특정 지역으로 이동해 온 경우

※ 전출 : 행정 읍면동 경계를 넘어 특정 지역에서 다른 지역으로 이동해 간 경우

① 20X2년에는 여자 100명이 이동할 때 남자 102.9명이 이동했다.

② 국내 인구 이동률은 20X3년 이후 계속해서 감소하고 있는 추세이다.

③ 20X1 ～ 20X4년까지 수도권으로 전입한 인구가 전출한 인구보다 많다.

④ 20X1 ～ 20X5년까지 중부권은 전입이 전출보다 많다.

⑤ 20X5년 국내 이동자 수는 총 715만 4천 명으로 전년 대비 약 3% 감소하였다.

03. 다음 자료에 대한 설명으로 옳은 것은?

〈한국, 중국, 일본의 배타적 경제수역(EEZ) 내 조업현황〉

(단위 : 척, 일, 톤)

해역	어선 국적	구분	2021년 12월	2022년 11월	2022년 12월
한국 EEZ	일본	입어척수	30	70	57
		조업일수	166	1,061	277
		어획량	338	2,176	1,177
	중국	입어척수	1,556	1,468	1,536
		조업일수	27,070	28,454	27,946
		어획량	18,911	9,445	21,230
중국 EEZ	한국	입어척수	68	58	62
		조업일수	1,211	789	1,122
		어획량	463	64	401
일본 EEZ	한국	입어척수	335	242	368
		조업일수	3,992	1,340	3,236
		어획량	5,949	500	8,233

① 2022년 12월 중국 EEZ 내 한국어선 조업일수는 전월 대비 감소하였다.

② 2022년 11월 한국어선의 일본 EEZ 입어척수는 전년 동월 대비 감소하였다.

③ 2022년 12월 일본 EEZ 내 한국어선의 조업일수는 같은 기간 중국 EEZ 내 한국어선 조업일수의 3배 이상이다.

④ 2022년 12월 일본어선의 한국 EEZ 내 입어척수당 조업일수는 전년 동월 대비 증가하였다.

⑤ 2022년 11월 일본어선과 중국어선의 한국 EEZ 내 어획량 합은 같은 기간 중국 EEZ와 일본 EEZ 내 한국어선 어획량 합의 20배 이상이다.

04. 다음은 20XX년 5월 전체 영화 박스오피스 상위 10위에 관한 자료이다. 이에 대한 설명으로 적절하지 않은 것은? (단, 12 · 15세 등급 영화는 만 12 · 15세부터 관람할 수 있다)

집계기간 : 20XX년 5월 1일 ~ 31일						
순위	영화제목	배급사	개봉일	등급	스크린수(관)	관객 수(명)
1	신세계	C사	4. 23.	15세	1,977	4,808,821
2	위대한 쇼맨	L사	4. 9.	12세	1,203	2,684,545
3	날씨의 아이	M사	4. 9.	15세	1,041	1,890,041
4	킬러의 보디가드	A사	5. 13.	전체	1,453	1,747,568
5	패왕별희	B사	5. 1.	12세	1,265	1,545,428
6	비커밍제인	C사	5. 1.	12세	936	697,964
7	오퍼나지	C사	5. 1.	15세	1,081	491,532
8	동감	A사	5. 17.	15세	837	464,015
9	이별의 아침에	W사	5. 10.	전체	763	408,088
10	언더워터	L사	4. 1.	12세	1,016	393,524

① 20XX년 5월 박스오피스 상위 10개 중 C사가 배급한 영화가 가장 많다.

② 20XX년 5월 박스오피스 상위 10개 중 20XX년 5월 6일에 갑(만 12세)과 을(만 13세)이 함께 볼 수 있었던 영화는 총 4편이다.

③ 20XX년 5월 '신세계'의 관객 수는 '언더워터'의 관객 수보다 10배 이상 많다.

④ 스크린당 관객 수는 '오퍼나지'가 '동감'보다 많다.

⑤ 4월 개봉작의 총 관객 수가 5월 개봉작의 총 관객 수보다 많다.

05. 다음은 20X9년 7월 연령별 비경제활동인구에 관한 자료이다. 이에 대한 설명으로 옳은 것은?

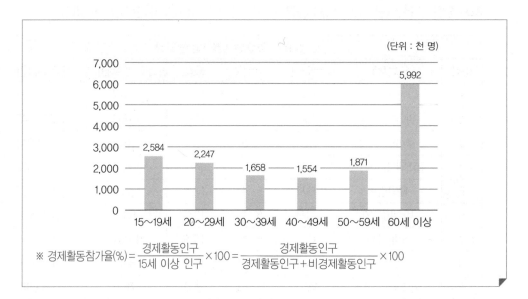

① 각 연령대별 비경제활동인구의 비율이 가장 적은 연령대는 40대다.

② 40대까지 연령대가 높아질수록 비경제활동인구는 10% 이상씩 감소한다.

③ 60세 이상을 제외한 나머지 연령대의 비경제활동인구의 합은 1천만 명 이상이다.

④ 60세 이상 비경제활동인구가 30% 감소하면 전체 비경제활동인구는 10% 이상 감소한다.

⑤ 15세 이상 인구가 5천만 명일 때, 경제활동참가율은 60%에 못 미친다.

06. 다음 중 자료에 대한 설명으로 옳지 않은 것을 〈보기〉에서 모두 고르면?

〈전공과 직업의 일치 여부〉

(단위 : %)

구분		일치한다	보통이다	일치하지 않는다	계
성별	남	33.3	40.4	26.3	100
	여	33.7	32.1	26.3	100
연령대별	10 ~ 20대	31.6	38.0	30.4	100
	30 ~ 40대	33.0	38.3	28.7	100
	50대 이상	36.7	30.7	32.6	100
직종별	전문직	45.3	30.5	24.2	100
	사무직	29.7	41.9	28.4	100
	서비스직	22.3	25.2	52.5	100
	기타	31.0	51.9	17.1	100

──| 보기 |──

ⓐ 전공과 직업이 일치한다고 응답한 비율이 가장 높은 항목은 성별에서는 여성, 연령대별에서는 50대 이상, 직종별에서는 전문직으로 나타났다.

ⓑ 만약 조사대상이 600명, 남녀 비율이 2 : 3이라면, 여성 중 전공과 직업이 일치한다고 응답한 사람은 120명 이하이다.

ⓒ 만약 조사대상이 1,000명이고 그중 서비스직에 종사하는 사람이 35%라면, 서비스직에 종사하는 사람 중 전공과 직업이 일치하지 않는다고 응답한 사람은 185명 이상이다.

① ⓐ　　　　　　　② ⓑ　　　　　　　③ ⓒ

④ ⓐ, ⓒ　　　　　　⑤ ⓑ, ⓒ

07. 다음 자료에 대한 설명으로 옳은 것을 〈보기〉에서 모두 고르면?

〈A, B, C 기업 사원의 근무조건 만족도 평가〉

(단위 : 명)

구분	불만	어느 쪽도 아니다	만족	계
A사	29	36	47	112
B사	73	11	58	142
C사	71	41	24	136
계	173	88	129	390

| 보기 |

㉠ 이 설문조사에서 현재의 근무조건에 대해 불만을 나타낸 사람은 과반수가 되지 않는다.
㉡ '불만' 응답률이 가장 높은 기업은 C사이다.
㉢ '어느 쪽도 아니다'라고 회답한 사람이 가장 적은 B사는 가장 근무조건이 좋은 기업이다.
㉣ '만족'이라고 답변한 사람이 가장 많은 B사가 근무조건이 가장 좋은 회사이다.

① ㉠, ㉡   ② ㉠, ㉢   ③ ㉡, ㉣
④ ㉢, ㉣   ⑤ ㉡, ㉢

08. 다음 자료에 대한 설명으로 적절하지 않은 것은?

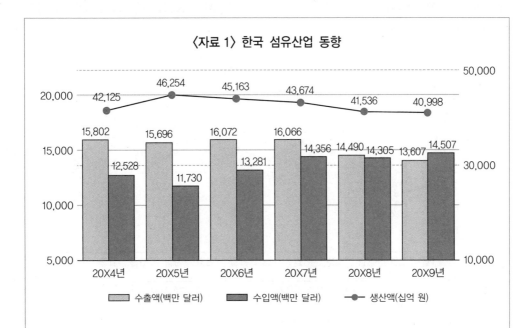

〈자료 1〉 한국 섬유산업 동향

〈자료 2〉 20X9년 세계 주요국별 섬유 수출 현황

(단위 : 억 달러)

순위	국가	금액	순위	국가	금액
	세계	7,263	8	홍콩	236
1	중국	2,629	9	미국	186
2	인도	342	10	스페인	170
3	이탈리아	334	11	프랑스	150
4	베트남	308	12	벨기에	144
5	독일	307	13	대한민국	136
6	방글라데시	304	14	네덜란드	132
7	터키	260	15	파키스탄	128

※ 기타 국가는 위 목록에서 제외함.

① 20X5년부터 20X9년까지 한국 섬유산업의 생산액은 지속적으로 감소하고 있다.

② 20X5년 한국 섬유산업 수출액은 전년 대비 236백만 달러 감소했다.

③ 20X8년 한국 섬유산업 수입액은 20X5년 대비 2,575백만 달러 증가했다.

④ 20X9년 이탈리아 섬유 수출액은 한국 섬유 수출액보다 약 145% 더 많다.

⑤ 20X6년 한국 섬유 수출액은 20X9년 프랑스의 섬유 수출액보다 더 많다.

[09 ~ 10] 다음은 A시에서 202X년에 발생한 월별 교통사고 발생건수 비율을 나타낸 그래프이다. 이어지는 질문에 답하시오(단, A시의 202X년 전체 교통사고 발생건수는 총 256,000건이고 음주 교통사고 발생건수는 총 25,000건이다).

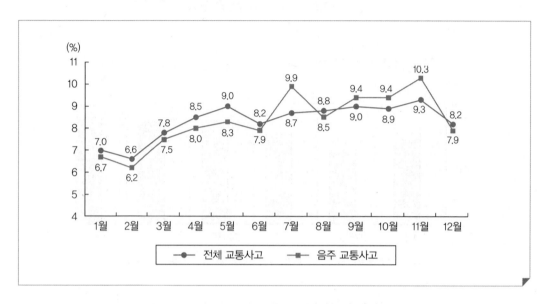

09. 전체 교통사고 발생건수 비율이 가장 낮은 달의 음주 교통사고를 제외한 해당 달의 전체 교통사고 발생건수는 몇 건인가?

① 15,346건　　　　　② 15,589건　　　　　③ 16,256건
④ 16,752건　　　　　⑤ 17,259건

10. 전월 대비 음주 교통사고 발생건수 비율이 가장 많이 증가한 달의 전체 교통사고 발생건수는 몇 건인가?

① 21,458건　　　　　② 22,272건　　　　　③ 23,808건
④ 24,658건　　　　　⑤ 25,072건

11. A, B, C가 식목일에 함께 나무를 심기로 했다. A는 20분마다 3그루의 나무를 심고 B는 30분마다 4그루의 나무를, C는 45분마다 5그루의 나무를 심는다면 일정한 시간 동안 A, B, C가 심는 나무 수의 비율은?

① 3 : 4 : 5   ② 9 : 8 : 6   ③ 27 : 24 : 20

④ 32 : 26 : 22   ⑤ 33 : 25 : 22

12. 어떤 프로그램에 데이터를 입력하는 데 A 혼자하면 30분이 걸리고 B 혼자하면 45분이 걸린다. 이 과정을 처음에는 A 혼자 하다가 중간에 B가 이어받아 혼자 작업을 모두 끝마쳤다. A가 입력한 시간이 B보다 15분 더 길었다면 이 작업을 끝마치는 데 걸린 총 시간은?

① 31분   ② 33분   ③ 35분

④ 37분   ⑤ 40분

13. 정아에게는 43세의 남편과 10세, 6세의 두 딸이 있다. A년 후 정아네 부부의 나이 합이 두 딸 나이 합의 4배가 되고 남편의 나이가 두 딸 나이의 합보다 24살이 많아진다면 정아의 현재 나이는?

① 35세   ② 36세   ③ 37세

④ 38세   ⑤ 39세

14. 8%의 소금물 500g에 소금을 더 추가하여 20%의 소금물을 만들려고 할 때, 필요한 소금의 양은?

① 75g   ② 80g   ③ 85g

④ 90g   ⑤ 100g

15. 둘레의 길이가 10km인 공원을 소희는 Akm/h, 민희는 Bkm/h의 속력으로 걷는다. 두 사람이 어느 한 지점에서 서로 반대 방향으로 동시에 출발한 후, 처음으로 다시 만날 때까지 걸리는 시간은?

① $\dfrac{A+B}{10}$ 시간

② $\dfrac{A}{B}$ 시간

③ $\dfrac{10}{A+B}$ 시간

④ $\dfrac{10(A+B)}{A-B}$ 시간

⑤ $\dfrac{A+B}{A-B}$ 시간

16. 프로야구 통계에 따르면 S 야구팀은 이전 경기에서 승리했을 경우 다음 경기에서도 승리할 확률이 $\dfrac{1}{5}$이고, 이전 경기에서 패배했을 경우에는 다음 경기에서 승리할 확률이 $\dfrac{3}{5}$이라고 한다. 만약 S 야구팀이 1차전에서 패배했다면 3차전에서 승리할 확률은 얼마인가?

① $\dfrac{9}{25}$

② $\dfrac{11}{25}$

③ $\dfrac{13}{25}$

④ $\dfrac{14}{25}$

⑤ $\dfrac{16}{25}$

17. 갑, 을, 병 세 사람이 가위바위보 한 번을 통해 승부를 지으려고 한다. 이때 적어도 한 명이 지게 되는 경우의 수는 얼마인가?

① 13가지
② 15가지
③ 18가지
④ 20가지
⑤ 21가지

18. 각 자릿수의 합이 7인 두 자리의 자연수에서 십의 자리의 숫자와 일의 자리의 숫자를 바꾸면 처음 수의 2배에 2를 더한 것과 같다고 한다. 이때 처음의 수는?

① 16 ② 25 ③ 34
④ 43 ⑤ 45

19. 원가가 1,300원인 제품에 300원의 이익을 남겨 700개를 판매하였다. 100개당 2개의 불량품이 나온다고 할 때 최종 이익은 얼마인가? (단, 불량품은 모든 판매가 끝난 후에 일괄적으로 환불하는 것으로 한다)

① 187,600원 ② 191,400원 ③ 196,500원
④ 201,600원 ⑤ 220,000원

20. K 기업을 다니는 B 사원의 이번 주 근무 기록이 다음과 같을 때, 주말을 제외한 이번 주 근무 시간의 분산은 얼마인가?

〈근무 기록〉

구분	월	화	수	목	금
시간	9	8	9	10	7

① 1 ② 1.04 ③ 1.08
④ 1.12 ⑤ 1.16

영역 4 도형

15문항/20분

[01 ~ 03] 다음 흐름도에서 각각의 기호들은 정해진 규칙에 따라 도형을 변화시키는 약속을 나타내는 암호이다. 각 문제의 빈칸에 들어갈 알맞은 도형을 고르시오.

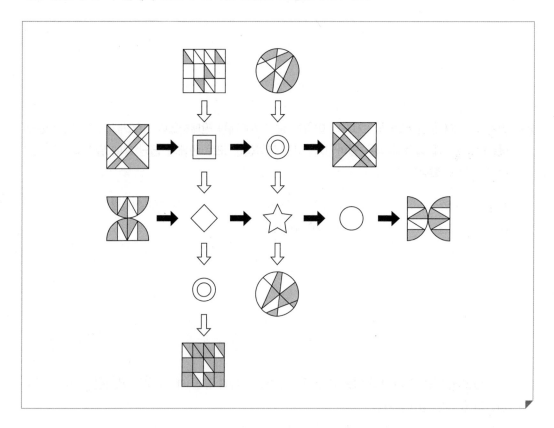

01.

① ② ③

 ④ ⑤

02.

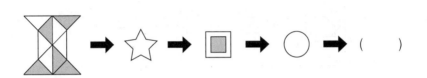

① ② ③

④ ⑤

03.

① ② ③

④ ⑤

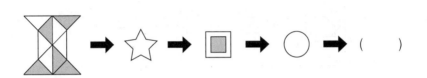

[04 ~ 06] 다음 제시된 규칙을 따를 때 '?'에 들어갈 알맞은 도형을 고르시오.

04.

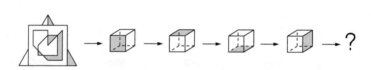

① ② ③

④ ⑤

05.

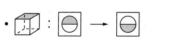

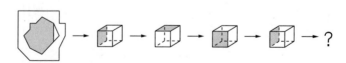

① ② ③

④ ⑤

06.

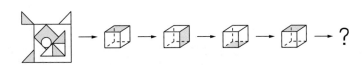

① ② ③

④ ⑤

[07 ~ 08] 주어진 규칙에 따라 도형을 변환시킬 때 '?'에 해당하는 도형을 고르시오(단, 조건에 의해 비교할 대상은 각 문제의 처음에 제시된 도형이다).

| 규칙 |

¢	£	¥	∠	⊥
상하대칭	좌우대칭	색깔 반전	시계 방향으로 90° 회전	해당 칸 모양 비교

07.

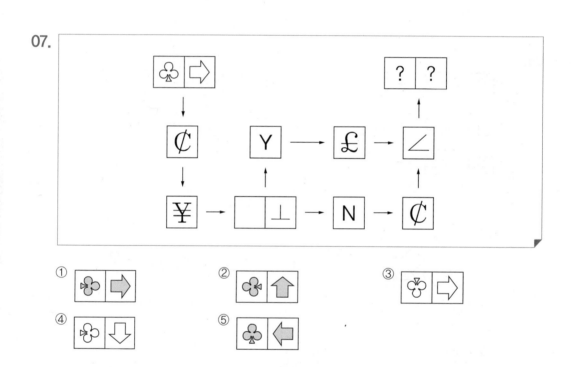

①
②
③
④
⑤

08.

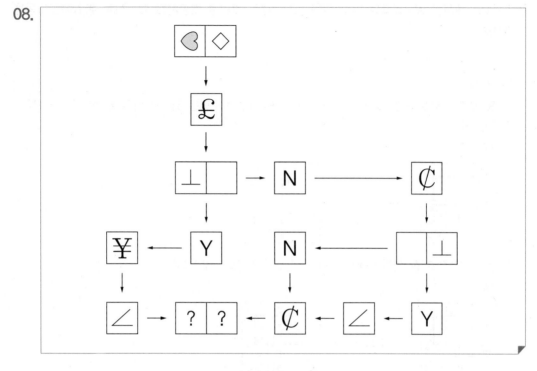

① ♡ ◇

② ♥ ◇

③ ♡ ◈

④ ♥ ◇

⑤ ♡ ◇

[09 ~ 10] 제시된 알고리즘에 따라 다음 [규칙]대로 그림을 변환시킬 때 '?'에 해당하는 그림을 고르시오.

[규칙 1]

1. 표 전체가 시계 방향으로 90° 회전한다(단, 표 내부의 도형은 위치만 바뀔 뿐 방향은 바뀌지 않는다).

   〈예시〉

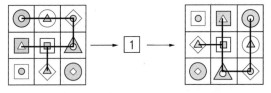

2. 열이 우측으로 한 칸씩 이동한다(단, 연결선은 이동하지 않는다).

   〈예시〉

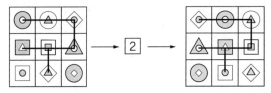

3. 표 내부 도형의 색이 반전된다.

   〈예시〉

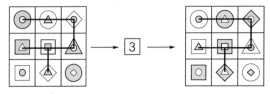

4. 연결선의 위치가 반전된다.

   〈예시〉

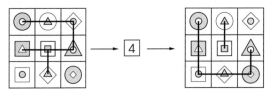

[규칙 2]

- A : 지정된 칸의 도형 중 안쪽 도형의 색깔이 지정된 칸의 색깔과 일치하는가?
- B : 연결선의 형태가 다음 그림과 일치하는가?

09.

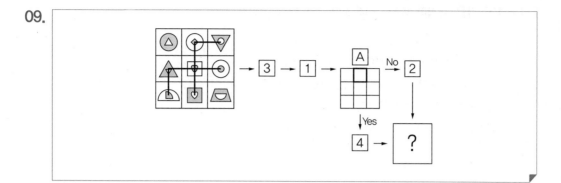

① 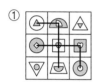　② 　③ 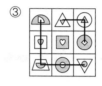　④ 　⑤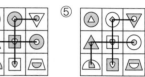

10.

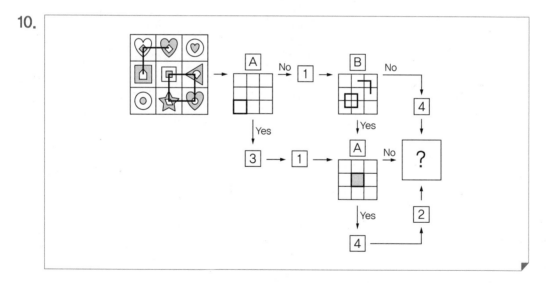

① 　② 　③ 　④ 　⑤

[11 ~ 13] 다음 규칙에 따라 '?'에 들어갈 도형을 고르시오.

┤ 규칙 ├

$: 가장 바깥 도형을 시계 방향으로 90° 회전시킨다.

& : 가장 안쪽 도형을 반시계 방향으로 90° 회전시킨다.

: 전체 도형을 180° 회전시킨다.

※ : 가장 안쪽 도형의 모양으로 테두리를 그린다.

11.

① 　　② 　　③

④ 　　⑤

12.

① 　② 　③

④ 　⑤

13.

① 　② 　③

④ 　⑤

[14 ~ 15] 다음 제시되는 도형에 〈규칙〉을 적용하여 마지막에 도출되는 도형을 고르시오(단, 조건에 의해 비교할 대상은 각 문제의 처음에 제시된 도형이다).

| 규칙 |

♨	∞	♡	△	✳	#
색깔 반전	180° 회전	좌·우 위치 바꿈	해당 칸 모양·색깔 비교	시계 방향으로 90° 회전	해당 칸 모양 비교

14.

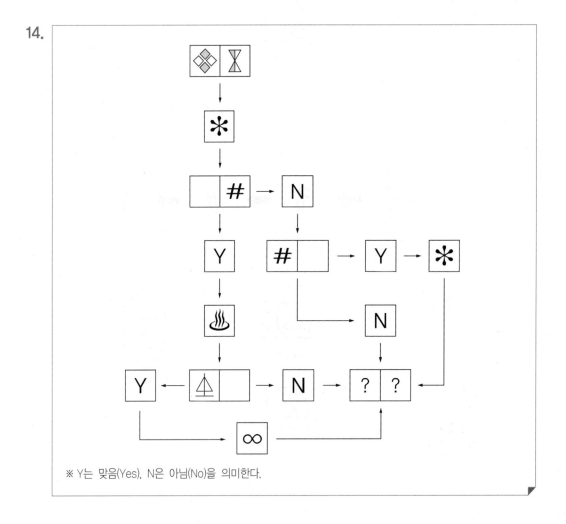

※ Y는 맞음(Yes), N은 아님(No)을 의미한다.

① 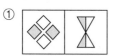 ② 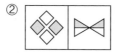 ③

④  ⑤

15.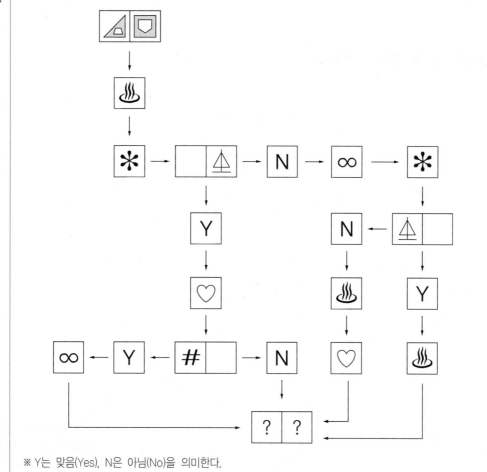

① 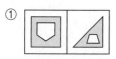 ② 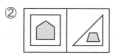 ③

④ 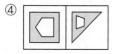 ⑤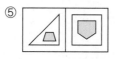

파트 3 인성검사

01 인성검사의 이해

1 인성검사, 왜 필요한가?

채용기업은 지원자가 '직무적합성'을 지닌 사람인지를 인성검사와 직무적성검사를 통해 판단한다. 인성검사에서 말하는 인성(人性)이란 그 사람의 성품, 즉 각 개인이 가지는 사고와 태도 및 행동 특성을 의미한다. 인성은 사람의 생김새처럼 사람마다 다르기 때문에 몇 가지 유형으로 분류하고 이에 맞추어 판단한다는 것 자체가 억지스럽고 어불성설일지 모른다. 그럼에도 불구하고 기업들의 입장에서는 입사를 희망하는 사람이 어떤 성품을 가졌는지 정보가 필요하다. 그래야 해당 기업의 인재상과 적합하고 담당할 업무에 적격한 인재를 채용할 수 있기 때문이다.

지원자의 성격이 외향적인지 내향적인지, 어떤 직무와 어울리는지, 조직에서 다른 사람과 원만하게 생활할 수 있는지, 업무 수행 중 문제가 생겼을 때 어떻게 대처하고 해결할 수 있는지 등에 대한 전반적인 개성은 자기소개서나 면접을 통해 어느 정도 파악할 수 있다. 그러나 이것들만으로 인성을 충분히 파악할 수 없기 때문에 객관화되고 정형화된 인성검사로 지원자의 성격을 판단하고 있다.

채용기업은 직무적성검사를 높은 점수로 통과한 지원자라 하더라도, 해당 기업과 거리가 있는 성품을 가졌다면 탈락시키게 된다. 일반적으로 직무적성검사 통과자 중 인성검사로 탈락하는 비율이 10% 내외가 된다고 알려져 있다. 물론 인성검사를 탈락하였다 하더라도 특별히 인성에 문제가 있는 사람이 아니라면 절망할 필요는 없다. 자신을 되돌아보고 다음 기회를 대비하면 되기 때문이다. 탈락한 기업이 원하는 인재상이 아니었다면 맞는 기업을 찾으면 되고, 경쟁자가 많았기 때문이라면 자신을 다듬어 경쟁력을 높이면 될 것이다.

2 인성검사의 특징

우리나라 대다수 채용기업은 인재개발 및 인적자원을 연구하는 한국행동과학연구소(KIRBS), 에스에이치알(SHR), 한국사회적성개발원(KSAD), 한국인재개발진흥원(KPDI) 등 전문기관에 인성검사를 의뢰하고 있다.

이 기관들의 인성검사 개발 목적은 비슷하지만 기관마다 검사 유형이나 평가 척도는 약간씩 차이가 있다. 또 지원하는 기업이 어느 기관에서 개발한 검사지로 인성검사를 실시하는지는 사전에 알 수도 없다. 그렇지만 공통으로 적용하는 척도와 기준에 따라 구성된 여러 형태의 인성검사지로 사전 테스트를 해보고 자신의 인성이 어떻게 평가되는가를 미리 알아보는 것은 가능하다.

인성검사는 필기시험 당일 직무적성검사와 함께 실시하는 경우와 직무적성검사 합격자에 한하여 면접과 함께 실시하는 경우가 있다. 인성검사의 문항은 100문항 내외에서부터 최대 500문항까지 다양하다. 인성검사에서 주어지는 시간은 문항 수에 비례하여 30 ~ 100분 정도가 된다.

문항 자체는 단순한 질문으로 어려울 것은 없지만 제시된 상황에서 본인의 행동을 결정하는 것이 쉽지만은 않다. 문항 수가 많을 경우 이에 비례하여 시간도 길게 주어지지만, 단순하고 유사하며 반복되는 질문에 방심하여 집중하지 못하고 실수하는 경우가 있으므로 컨디션 관리와 집중력 유지에 노력하여야 한다. 특히 같거나 유사한 물음에 다른 답을 하는 경우가 가장 위험하다.

3 인성검사 척도 및 구성

1 미네소타 다면적 인성검사(MMPI)

MMPI(Minnesota Multiphasic Personality Inventory)는 1943년 미국 미네소타 대학교수인 해서웨이와 매킨리가 개발한 대표적인 자기보고형 성향 검사로서, 오늘날 가장 대표적으로 사용되는 객관적 심리검사 중 하나이다. MMPI는 약 550개의 문제로 구성되어 있으며, 각 문항을 읽고 '예' 또는 '아니오'로 대답하게 되어 있다.

MMPI는 4개의 타당도 척도와 10개의 임상척도로 구분된다. 500개가 넘는 문항들 중 중복되는 문항들이 포함되어 있는데 내용이 똑같은 문항도 10문항 이상 포함되어 있다. 이 반복 문항들은 응시자가 얼마나 일관성 있게 검사에 임했는지를 판단하는 지표로 사용된다.

구분	척도명	약자	주요 내용
타당도 척도 (바른 태도로 임했는지, 신뢰할 수 있는 결론인지 등을 판단)	무응답 척도 (Can not say)	?	응답하지 않은 문제와 복수로 답한 문제들의 총합으로 빠진 문제를 최소한으로 줄이는 것이 중요하다.
	허구 척도 (Lie)	L	자신을 좋은 사람으로 보이게 하려고 고의적으로 정직하지 못한 답을 판단하는 척도이다. 허구 척도가 높으면 장점까지 인정받지 못하는 결과가 발생한다.
	신뢰 척도 (Frequency)	F	검사 문제에 빗나간 답을 한 경향을 평가하는 척도로 정상적인 집단의 10% 이하의 응답을 기준으로 일반적인 경향과 다른 정도를 측정한다.
	교정 척도 (Defensiveness)	K	정신적 장애가 있음에도 다른 척도에서 정상적인 면을 보이는 사람을 구별하는 척도로 허구 척도보다 높은 고차원으로 거짓 응답을 하는 경향이 나타난다.
임상척도 (정상적 행동과 그렇지 않은 행동의 종류를 구분하는 척도, 척도마다 다른 기준으로 점수가 매겨짐)	건강염려증 (Hypochondriasis)	Hs	신체에 대한 지나친 집착이나 신경질적 혹은 병적 불안을 측정하는 척도로 이러한 건강염려증이 타인에게 어떤 영향을 미치는지도 측정한다.
	우울증 (Depression)	D	슬픔·비관 정도를 측정하는 척도로 타인과의 관계 또는 본인 상태에 대한 주관적 감정을 나타낸다.
	히스테리 (Hysteria)	Hy	갈등을 부정하는 정도를 측정하는 척도로 신체 증상을 호소하는 경우와 적대감을 부인하며 우회적인 방식으로 드러내는 경우 등이 있다.
	반사회성 (Psychopathic Deviate)	Pd	가정 및 사회에 대한 불신과 불만을 측정하는 척도로 비도덕적 혹은 반사회적 성향 등을 판단한다.
	남성-여성특성 (Masculinity-Feminity)	Mf	남녀가 보이는 흥미와 취향, 적극성과 수동성 등을 측정하는 척도이다. 성에 따른 유연한 사고와 융통성 등을 평가한다.

편집증 (Paranoia)	Pa	과대망상, 피해 망상, 의심 등 편집증에 대한 정도를 측정하는 척도로 열등감, 비사교적 행동, 타인에 대한 불만과 같은 내용을 질문한다.
강박증 (Psychasthenia)	Pt	과대 근심, 강박관념, 죄책감, 공포, 불안감, 정리정돈 등을 측정하는 척도로 만성 불안 등을 측정한다.
정신분열증 (Schizophrenia)	Sc	정신적 혼란을 측정하는 척도로 자폐적 성향이나 타인과의 감성 교류, 충동 억제불능, 성적 관심, 사회적 고립 등을 평가한다.
경조증 (Hypomania)	Ma	정신적 에너지를 측정하는 척도로 생각의 다양성 및 과장성, 행동의 불안정성, 흥분성 등을 나타낸다.
사회적 내향성 (Social introversion)	Si	대인관계 기피, 사회적 접촉 회피, 비사회성 등의 요인을 측정하는 척도로 외향성 및 내향성을 구분한다.

2 캘리포니아 성격검사(CPI)

CPI(California Psychological Inventory)는 캘리포니아 대학의 연구팀이 개발한 인성검사로 MMPI와 함께 세계에서 가장 널리 사용되고 있는 인성검사 툴이다. CPI는 다양한 인성 요인을 통해 지원자가 답변한 응답 왜곡 가능성, 조직 역량 등을 측정한다. MMPI가 주로 정서적 측면을 진단하는 특징을 보인다면 CPI는 정상적인 사람의 심리적 특성을 주로 진단한다.

CPI는 약 480개 문항으로 구성되어 있으며 다음과 같은 18개의 척도로 구분된다.

구분	척도명	주요 내용
제1군 척도 (대인관계 적절성 측정)	지배성(Do)	리더십, 통솔력, 대인관계에서의 주도권을 측정한다.
	지위능력성(Cs)	내부에 잠재되어 있는 내적 포부, 자기 확신 등을 측정한다.
	사교성(Sy)	참여 기질이 활달한 사람과 그렇지 않은 사람을 구분한다.
	사회적 자발성(Sp)	사회 안에서의 안정감, 자발성, 사교성 등을 측정한다.
	자기 수용성(Sa)	개인적 가치관, 자기 확신, 자기 수용력 등을 측정한다.
	행복감(Wb)	생활의 만족감, 행복감을 측정하며 긍정적인 사람으로 보이고자 거짓 응답하는 사람을 구분하는 용도로도 사용된다.
제2군 척도 (성격과 사회화, 책임감 측정)	책임감(Re)	법과 질서에 대한 양심, 책임감, 신뢰성 등을 측정한다.
	사회성(So)	가치 내면화 정도, 사회 이탈 행동 가능성 등을 측정한다.
	자기 통제성(Sc)	자기조절, 자기통제의 적절성, 충동 억제력 등을 측정한다.
	관용성(To)	사회적 신념, 편견과 고정관념 등에 대한 태도를 측정한다.
	호감성(Gi)	타인이 자신을 어떻게 보는지에 대한 민감도를 측정하며 좋은 사람으로 보이고자 거짓 응답하는 사람을 구분한다.
	임의성(Cm)	사회에 보수적 태도를 보이고 생각 없이 적당히 응답한 사람을 판단하는 타당성 척도로도 사용된다.

제3군 척도 (인지적, 학업적 특성 측정)	순응적 성취(Ac)	성취동기, 내면의 인식, 조직 내 성취 욕구 등을 측정한다.
	독립적 성취(Ai)	독립적 사고, 창의성, 자기실현을 위한 능력 등을 측정한다.
	지적 효율성(Le)	지적 능률, 지능과 연관이 있는 성격 특성 등을 측정한다.
제4군 척도 (제1 ~ 3군과 무관한 척도의 혼합)	심리적 예민성(Py)	타인의 감정 및 경험에 대해 공감하는 정도를 측정한다.
	융통성(Fx)	개인적 사고와 사회적 행동에 대한 유연성을 측정한다.
	여향성(Fe)	남녀 비교에 따른 흥미의 남향성 및 여향성을 측정한다.

3 SHL 직업성격검사(OPQ)

OPQ(Occupational Personality Questionnaire)는 세계적으로 많은 외국 기업에서 널리 쓰이는 CEB 사의 SHL 직무능력검사에 포함된 직업성격검사이다. 4개의 질문이 한 세트로 되어 있고 총 68세트 정도 출제되고 있다. 4개의 질문 안에서 '자기에게 가장 잘 맞는 것'과 '자기에게 가장 맞지 않는 것을 1개씩 골라 '예', '아니오'로 체크하는 방식이다. 단순하게 모든 척도가 높다고 좋은 것은 아니며 척도가 낮은 편이 좋은 경우도 있다.

기업에 따라 척도의 평가 기준은 다르다. 희망하는 기업의 특성을 연구하고, 그 기업의 채용 기준을 예측하는 것이 중요하다.

척도	내용	질문 예
설득력	사람을 설득하는 것을 좋아하는 경향	- 새로운 것을 사람에게 권하는 것을 잘한다. - 교섭하는 것에 걱정이 없다. - 기획하고 판매하는 것에 자신이 있다.
지도력	사람을 지도하는 것을 좋아하는 경향	- 사람을 다루는 것을 잘한다. - 팀을 아우르는 것을 잘한다. - 사람에게 지시하는 것을 잘한다.
독자성	다른 사람의 영향을 받지 않고, 스스로 생각해서 행동하는 것을 좋아하는 경향	- 모든 것을 자신의 생각대로 하는 편이다. - 주변의 평가는 신경 쓰지 않는다. - 유혹에 강한 편이다.
외향성	외향적이고 사교적인 것을 좋아하는 경향	- 다른 사람의 주목을 끄는 것을 좋아한다. - 사람들이 모인 곳에서 중심이 되는 편이다. - 담소를 나눌 때 주변을 즐겁게 해준다.
우호성	친구가 많고 대세의 사람이 되는 것을 좋아하는 경향	- 친구와 함께 있는 것을 좋아한다. - 무엇이라도 얘기할 수 있는 친구가 많다. - 친구와 함께 무언가를 하는 것이 많다.
사회성	세상 물정에 밝고 사람 앞에서도 낯을 가리지 않는 성격	- 자신감이 있고 유쾌하게 발표할 수 있다. - 공적인 곳에서 인사하는 것을 잘한다. - 사람들 앞에서 발표하는 것이 어렵지 않다.

겸손성	사람에 대해서 겸손하게 행동하고 누구라도 똑같이 사귀는 경향	− 자신의 성과를 그다지 내세우지 않는다. − 절제를 잘하는 편이다. − 사회적인 지위에 무관심하다.
협의성	사람들에게 의견을 물으면서 일을 진행하는 경향	− 사람들의 의견을 구하며 일하는 편이다. − 타인의 의견을 묻고 일을 진행시킨다. − 친구와 상담해서 계획을 세운다.
돌봄	측은해 하는 마음이 있고, 사람을 돌봐주는 것을 좋아하는 경향	− 개인적인 상담에 친절하게 답해준다. − 다른 사람의 상담을 진행하는 경우가 많다. − 후배의 어려움을 돌보는 것을 좋아한다.
구체적인 사물에 대한 관심	물건을 고치거나 만드는 것을 좋아하는 경향	− 고장 난 물건을 수리하는 것이 재미있다. − 상태가 안 좋은 기계도 잘 사용한다. − 말하기보다는 행동하기를 좋아한다.
데이터에 대한 관심	데이터를 정리해서 생각하는 것을 좋아하는 경향	− 통계 등의 데이터를 분석하는 것을 좋아한다. − 표를 만들거나 정리하는 것을 좋아한다. − 숫자를 다루는 것을 좋아한다.
미적가치에 대한 관심	미적인 것이나 예술적인 것을 좋아하는 경향	− 디자인 감각이 뛰어나다. − 미술이나 음악을 좋아한다. − 미적인 감각에 자신이 있다.
인간에 대한 관심	사람의 행동에 동기나 배경을 분석하는 것을 좋아하는 경향	− 다른 사람을 분석하는 편이다. − 타인의 행동을 보면 동기를 알 수 있다. − 다른 사람의 행동을 잘 관찰한다.
정통성	이미 있는 가치관을 소중히 하고, 익숙한 방법으로 사물을 행하는 방법을 좋아하는 경향	− 실적이 보장되는 확실한 방법을 취한다. − 낡은 가치관을 존중하는 편이다. − 보수적인 편이다.
변화 지향	변화를 추구하고, 변화를 받아들이는 것을 좋아하는 경향	− 새로운 것을 하는 것을 좋아한다. − 해외여행을 좋아한다. − 경험이 없는 것이라도 시도해보는 것을 좋아한다.
개념성	지식욕이 있고, 논리적으로 생각하는 것을 좋아하는 경향	− 개념적인 사고가 가능하다. − 분석적인 사고를 좋아한다. − 순서를 만들고 단계에 따라 생각한다.
창조성	새로운 공부를 더하는 것을 좋아하는 경향	− 새로운 것을 추구한다. − 독창성이 있다. − 신선한 아이디어를 낸다.
계획성	앞을 생각해서 사물을 예상하고, 계획적으로 실행하는 것을 좋아하는 경향	− 과거를 돌이켜보며 계획을 세운다. − 앞날을 예상하며 행동한다. − 실수를 돌아보며 대책을 강구하는 편이다.

치밀함	정확한 순서를 세워서 진행하는 것을 좋아하는 경향	– 사소한 실수는 거의 하지 않는다. – 정확하게 요구되는 것을 좋아한다. – 사소한 것에도 주의하는 편이다.
꼼꼼함	꼼꼼하게 마지막까지 어떤 일을 마무리 짓는 경향	– 맡은 일을 마지막까지 해결한다. – 마감 시한은 반드시 지킨다. – 시작한 일은 중간에 그만두지 않는다.
여유	평소에 긴장을 풀고, 스트레스에 강한 경향	– 감정의 회복이 빠르다. – 분별 없이 함부로 행동하지 않는다. – 스트레스에 잘 대처한다.
근심 · 걱정	어떤 일이 잘 진행되지 않으면 불안을 느끼고, 중요한 약속이나 일의 앞에는 긴장하는 경향	– 예정대로 잘 되지 않으면 근심 걱정이 많다. – 신경 쓰이는 일이 있으면 불안하다. – 중요한 만남 전에는 기분이 편하지 않다.
호방함	사람들이 자신을 어떻게 생각하는지를 신경 쓰지 않는 경향	– 사람들이 자신을 어떻게 생각하는지 그다지 신경 쓰지 않는다. – 상처받아도 동요하지 않고 아무렇지 않은 태도를 취한다. – 사람들의 비판을 신경 쓰지 않는다.
억제	감정을 표현하지 않는 경향	– 쉽게 감정적이 되지 않는다. – 분노를 억누른다. – 격분하지 않는다.
낙관적	사물을 낙관적으로 보는 경향	– 낙관적으로 생각하고 일을 진행시킨다. – 문제가 일어나도 낙관적으로 생각한다.
비판적	비판적으로 사물을 생각하고, 이론 · 문장 등의 오류에 신경 쓰는 경향	– 이론의 모순을 찾아낸다. – 계획이 갖춰지지 않음이 신경 쓰인다. – 누구도 신경 쓰지 않는 오류를 찾아낸다.
행동력	운동을 좋아하고, 민첩하게 행동하는 경향	– 동작이 날렵하다. – 여가를 활동적으로 보낸다. – 몸을 움직이는 것을 좋아한다.
경쟁성	지는 것을 싫어하는 경향	– 승부를 겨루게 되면 지는 것을 싫어한다. – 상대를 이기는 것을 좋아한다. – 싸워보지 않고 포기하는 것을 싫어한다.
출세 지향	출세하는 것을 중요하게 생각하고, 야심적인 목표를 향해 노력하는 경향	– 출세 지향적인 성격이다. – 어려운 목표도 달성할 수 있다. – 실력으로 평가받는 사회가 좋다.
결단력	빠르게 판단하는 경향	– 답을 빠르게 찾아낸다. – 문제에 대한 빠른 상황 파악이 가능하다. – 위험을 감수하고도 결단을 내리는 편이다.

🔍 4 인성검사 합격 전략

1 포장하지 않은 솔직한 답변

"다른 사람을 험담한 적이 한 번도 없다.", "물건을 훔치고 싶다고 생각해본 적이 없다."

이 질문에 당신은 '그렇다', '아니다' 중 무엇을 선택할 것인가? 채용기업이 인성검사를 실시하는 가장 큰 이유는 '이 사람이 어떤 성향을 가진 사람인가'를 효율적으로 파악하기 위해서이다.

인성검사는 도덕적 가치가 빼어나게 높은 사람을 판별하려는 것도 아니고, 성인군자를 가려내기 위함도 아니다. 인간의 보편적 성향과 상식적 사고를 고려할 때, 도덕적 질문에 지나치게 겸손한 답변을 체크하면 오히려 솔직하지 못한 것으로 간주되거나 인성을 제대로 판단하지 못해 무효 처리가 되기도 한다. 자신의 성격을 포장하여 작위적인 답변을 하지 않도록 솔직하게 임하는 것이 예기치 않은 결과를 피하는 첫 번째 전략이 된다.

2 필터링 함정을 피하고 일관성 유지

앞서 강조한 솔직함은 일관성과 연결된다. 인성검사를 구성하는 많은 척도는 여러 형태의 문장 속에 동일한 요소를 적용해 반복되기도 한다. 예컨대 '나는 매우 활동적인 사람이다'와 '나는 운동을 매우 좋아한다'라는 질문에 '그렇다'고 체크한 사람이 '휴일에는 집에서 조용히 쉬며 독서하는 것이 좋다'에도 '그렇다'고 체크한다면 일관성이 없다고 평가될 수 있다.

그러나 일관성 있는 답변에만 매달리면 '이 사람이 같은 답변만 체크하기 위해 이 부분만 신경 썼구나'하는 필터링 함정에 빠질 수도 있다. 비슷하게 보이는 문장이 무조건 같은 내용이라고 판단하여 똑같이 답하는 것도 주의해야 한다. 일관성보다 중요한 것은 솔직함이다.

솔직함이 전제되지 않은 일관성은 허위 척도 필터링에서 드러나게 되어 있다. 유사한 질문의 응답이 터무니 없이 다르거나 양극단에 치우치지 않는 정도라면 약간의 차이는 크게 문제되지 않는다. 중요한 것은 솔직함과 일관성이 하나의 연장선에 있다는 점을 명심하자.

3 지원한 직무와 관련을 고려

다양한 분야의 많은 계열사와 크나큰 조직을 통솔하는 대기업은 여러 사람이 조직적으로 움직이는 만큼 각 직무에 걸맞은 능력을 갖춘 인재가 필요하다. 그래서 기업은 매년 신규채용으로 입사한 신입사원들의 젊은 패기와 참신한 능력을 성장 동력으로 활용한다.

기업은 사교성 있고 활달한 사람만을 원하지 않는다. 해당 직군과 직무에 따라 필요로 하는 사원의 능력과 개성이 다르기 때문에, 지원자가 희망하는 계열사나 부서의 직무가 무엇인지 제대로 파악하여 자신의 성향과 맞는지에 대한 고민은 반드시 필요하다. 같은 질문이라도 기업이 원하는 인재상이나 부서의 직무에 따라 판단 척도가 달라질 수 있다.

4 평상심으로 빠짐없이, 그리고 컨디션 관리

역시 솔직함과 연결된 내용이다. 한 질문에 오래 고민하고 신경 쓰면 불필요한 생각이 개입될 소지가 크다. 이는 직관을 떠나 이성적 판단에 따라 포장할 위험이 높아진다는 뜻이기도 하다. 오래 생각하지 말고 자신의 평상시 생각과 감정대로 답하는 것이 중요하며, 가능한 건너뛰지 말고 모든 질문에 답하도록 한다. 300 ~ 400개 정도 문항을 출제하는 기업이 많기 때문에, 끝까지 집중하여 임하는 것이 중요하다. 특히 적성검사와 같은 날 실시하는 경우, 적성검사를 마친 후 연이어 보기 때문에 신체적 · 정신적으로 피로한 상태에서 자세가 흐트러질 수도 있다. 따라서 컨디션을 유지하면서 문항당 7 ~ 10초 이상 쓰지 않도록 하고, 문항 수가 많을 때는 답안지에 바로 바로 표기하자.

02 인성검사 연습

1 인성검사 출제유형

KT그룹은 인성검사로 자신들이 추구하는 인재상인 '끊임없이 도전하는 인재, 벽 없이 소통하는 인재, 고객을 존중하는 인재, 기본과 원칙을 지키는 인재'에 적합한 인재를 찾기 위해 가치관과 태도를 측정한다. 응시자 개인의 사고와 태도·행동 특성 등을 알 수 있는 단순한 유사 질문이 반복되므로 특별하게 정해진 답은 없다. 하지만 반복되는 질문들을 거짓말 척도 등으로 활용하여 판단하므로 일관성을 가지고 솔직하게 답하는 것이 매우 중요하다.

2 문항 군 개별 항목 체크

1 두 가지 유형의 문항 군으로 구성된 검사지를 보고 자신에게 해당되는 항목에 표시한다.

2 문항 수가 많으면 일관된 답변이 어려울 수도 있으므로 최대한 꾸밈없이 자신의 가치관과 신념을 바탕으로 솔직하게 답하도록 노력한다.

인성검사 Tip

1. 직관적으로 솔직하게 답한다.
2. 모든 문제를 신중하게 풀도록 한다.
3. 비교적 일관성을 유지할 수 있도록 한다.
4. 평소의 경험과 선호도를 자연스럽게 답한다.
5. 각 문항에 너무 골똘히 생각하거나 고민하지 않는다.
6. 지원한 분야와 나의 성격의 연관성을 미리 생각하고 분석해 본다.

3 유형 연습

[01~104] 다음 질문에 해당된다고 생각하면 Yes, 해당되지 않는다고 생각하면 No를 고르시오. 건너뛰지 말고 모두 응답해 주십시오.

번호	질문	예/아니오	
		Yes	No
01	노력해도 고쳐지지 않는 버릇이 2개 이상 있다.	Ⓨ	Ⓝ
02	과학을 좋아한다.	Ⓨ	Ⓝ
03	평소 배변을 참기 힘들다.	Ⓨ	Ⓝ
04	우리 가족은 언제나 화목하다.	Ⓨ	Ⓝ
05	남녀가 함께 있을 때 남자는 대부분 성적인 생각을 한다.	Ⓨ	Ⓝ
06	나는 자주 집을 떠나고 싶다.	Ⓨ	Ⓝ
07	나는 손재주가 좋다.	Ⓨ	Ⓝ
08	보상이 괜찮다면 공연단체를 따라다니고 싶다.	Ⓨ	Ⓝ
09	나는 가끔 욕지거리를 하고 싶다.	Ⓨ	Ⓝ
10	나는 같은 꿈을 반복해서 꾼 적이 있다.	Ⓨ	Ⓝ
11	옷을 아무렇게나 입고 다니는 사람은 싫다.	Ⓨ	Ⓝ
12	권투시합을 해보고 싶다는 생각을 한 적이 있다.	Ⓨ	Ⓝ
13	나는 규칙적인 생활방식을 좋아한다.	Ⓨ	Ⓝ
14	창의적인 일을 좋아한다.	Ⓨ	Ⓝ
15	가끔 어디론가 떠나고 싶다는 생각을 한다.	Ⓨ	Ⓝ
16	어렸을 때 도둑질을 해본 적이 있다.	Ⓨ	Ⓝ
17	많은 사람들 앞에서 이야기하는 것은 긴장된다.	Ⓨ	Ⓝ
18	나는 가끔 크게 낙담할 때가 있다.	Ⓨ	Ⓝ
19	큰돈을 사기 칠 능력이 있는 사람은 그 돈을 가질 자격이 있다.	Ⓨ	Ⓝ
20	나는 다른 사람을 돕는 것이 좋다.	Ⓨ	Ⓝ
21	나는 자주 피로감을 느낀다.	Ⓨ	Ⓝ
22	사람들에게 명령이나 지시하는 것을 좋아한다.	Ⓨ	Ⓝ
23	우리 가족은 항상 화목하다.	Ⓨ	Ⓝ

24	나는 예술가가 되고 싶다.	Ⓨ	Ⓝ
25	항상 미리 계획을 세우고 일한다.	Ⓨ	Ⓝ
26	가끔 욕을 하고 싶었던 적이 있다.	Ⓨ	Ⓝ
27	나는 가끔 물건을 집어 던지고 싶을 때가 있다.	Ⓨ	Ⓝ
28	나는 부모님과 대화를 많이 한다.	Ⓨ	Ⓝ
29	사람들은 종종 이상한 방식으로 성관계를 한다.	Ⓨ	Ⓝ
30	나는 불에 매혹을 느낀다.	Ⓨ	Ⓝ
31	완벽하게 사기를 칠 수 있다면, 많은 돈을 사기쳐도 상관없다.	Ⓨ	Ⓝ
32	나는 국민의 의무를 다하고 있다고 생각한다.	Ⓨ	Ⓝ
33	나는 이성에 관한 생각에서 벗어나고 싶다.	Ⓨ	Ⓝ
34	나는 확실히 자신감이 부족한 편이다.	Ⓨ	Ⓝ
35	나는 체계적이고 규칙적인 일을 좋아한다.	Ⓨ	Ⓝ
36	나는 새로운 학문을 배우는 것을 좋아한다.	Ⓨ	Ⓝ
37	사람들은 이익이 된다면 거짓말을 해서라도 성취한다.	Ⓨ	Ⓝ
38	사람들은 도움받기 위해서 불쌍한 척을 한다.	Ⓨ	Ⓝ
39	나는 야비한 짓을 해본 적이 없다.	Ⓨ	Ⓝ
40	한 번씩 욕을 하고 싶을 때가 있다.	Ⓨ	Ⓝ
41	어릴 때 물건을 훔쳐본 적이 있다.	Ⓨ	Ⓝ
42	자살을 생각해본 적이 있다.	Ⓨ	Ⓝ
43	다른 사람을 배려하는 것도 중요하지만 나의 이익이 우선이다.	Ⓨ	Ⓝ
44	비판적인 상황에서도 감정을 잘 조절한다.	Ⓨ	Ⓝ
45	약속은 반드시 지킨다.	Ⓨ	Ⓝ
46	자신의 판단에 확신이 있다.	Ⓨ	Ⓝ
47	매뉴얼에 따라 착실하게 일을 한다.	Ⓨ	Ⓝ
48	전통에 얽매일 필요는 없다고 생각한다.	Ⓨ	Ⓝ
49	끈기가 있고 성실하다.	Ⓨ	Ⓝ
50	누구와도 금방 친해질 수 있다.	Ⓨ	Ⓝ
51	임기응변으로 대응하는 것을 잘한다.	Ⓨ	Ⓝ

52	상상력이 많은 편이다.	Y	N
53	다른 사람들의 이야기를 귀담아 듣는다.	Y	N
54	쉽게 좌절하거나 의기소침해지지 않는다.	Y	N
55	다른 사람들보다 체계적으로 일을 처리한다.	Y	N
56	일을 할 때 자료를 많이 활용하는 편이나.	Y	N
57	문제를 신속하게 해결한다.	Y	N
58	의사결정 시 다수결의 원칙에 따른다.	Y	N
59	동료의 잘못된 생각을 잘 지적해준다.	Y	N
60	상반된 의견을 가진 사람과도 논쟁하여 반드시 승복시킨다.	Y	N
61	계획적으로 일처리를 한다.	Y	N
62	질서와 규율을 따르는 것을 좋아한다.	Y	N
63	팀 내에서 주로 주도적인 역할을 한다.	Y	N
64	공을 내세우지 않는다.	Y	N
65	약속을 중요시한다.	Y	N
66	항상 일에 대한 결과를 얻고자 한다.	Y	N
67	질서보다는 자유를 존중한다.	Y	N
68	일에 있어 안전을 취하는 타입이다.	Y	N
69	상사의 앞이라도 자신의 의견은 흔들리지 않는다.	Y	N
70	독자적인 신념을 가지고 있다.	Y	N
71	시작한 일은 반드시 완성시킨다.	Y	N
72	유행을 따르는 편이다.	Y	N
73	스트레스를 받으면 바로 푸는 편이다.	Y	N
74	소심하다고 생각한다.	Y	N
75	순간의 위기를 모면하기 위해 꾀병을 부린 적이 있다.	Y	N
76	누가 잘 되는 모습을 보면 갑자기 내가 비참해진다.	Y	N
77	시끌벅적하고 정신없는 모임을 좋아하는 편이다.	Y	N
78	내가 가진 지식을 다른 분야의 아이디어와 연결하여 활용한다.	Y	N
79	절실해 보이는 사람에게 내가 가진 것을 양보할 수 있다.	Y	N

80	나는 그 어떤 상황에서도 거짓말은 하지 않는다.	Ⓨ	Ⓝ
81	나는 센스 있게 집을 꾸밀 자신이 있다.	Ⓨ	Ⓝ
82	사소한 절차를 어기더라도 일을 빨리 진행하는 것이 우선이다.	Ⓨ	Ⓝ
83	대화하는 일을 몸 쓰는 일보다 선호한다.	Ⓨ	Ⓝ
84	나는 항상 상대방의 말을 끝까지 집중해서 듣는다.	Ⓨ	Ⓝ
85	나는 상황의 변화를 빠르게 인지한다.	Ⓨ	Ⓝ
86	정해진 원칙과 계획대로만 일을 진행해야 실수를 하지 않는다.	Ⓨ	Ⓝ
87	책임이 두려워 내 잘못을 다른 사람의 탓으로 돌린 적이 있다.	Ⓨ	Ⓝ
88	나는 여러 사람들과 함께 일하는 것이 좋다.	Ⓨ	Ⓝ
89	나는 누구의 지시를 받는 것보다 스스로 해야 할 일을 찾아서 해야 한다.	Ⓨ	Ⓝ
90	야단을 맞으면서 왜 혼나는지 몰랐던 적이 있다.	Ⓨ	Ⓝ
91	나는 언제나 모두의 이익을 생각하면서 일한다.	Ⓨ	Ⓝ
92	친구가 평소와는 다른 행동을 하면 바로 알아챈다.	Ⓨ	Ⓝ
93	어려운 내용은 이해하는데 너무 오래 걸려서 싫다.	Ⓨ	Ⓝ
94	나는 누구와도 어렵지 않게 어울릴 수 있다.	Ⓨ	Ⓝ
95	나의 부족한 점을 남들에게 숨기지 않는다.	Ⓨ	Ⓝ
96	비록 나와 관계없는 사람일지라도 도움을 요청하면 도와준다.	Ⓨ	Ⓝ
97	여러 사람들과 가깝게 지내는 것은 불편하다.	Ⓨ	Ⓝ
98	나는 사람들의 감정 상태를 잘 알아차린다.	Ⓨ	Ⓝ
99	나는 상대방이 나보다 먼저 하고 싶어 하는 말이 있는지 살핀다.	Ⓨ	Ⓝ
100	내 이익을 위해 편법을 사용할 수 있다면 그렇게 하겠다.	Ⓨ	Ⓝ
101	궁금했던 내용을 잘 알기 위해 공부하는 것은 즐거운 일이다.	Ⓨ	Ⓝ
102	팀 활동을 할 때는 나의 일보다 팀의 일이 우선순위에 있다.	Ⓨ	Ⓝ
103	나는 팀 과제에서 팀원들이 문제를 해결하도록 이끌 수 있다.	Ⓨ	Ⓝ
104	잘못을 숨기기보다는 솔직히 말하고 질타를 받는 것이 낫다.	Ⓨ	Ⓝ

[105~129] 다음 각 문제에 있는 네 가지 문항 중에서 본인의 행동 성향과 가장 가까운 것은 '가깝다'에 표시하고, 가장 거리가 먼 것은 '멀다'에 표시하시오.

번호	문항	응답	
		가깝다	멀다
105	① 나는 매일 가계부를 쓴다.		
	② 나는 외모를 가꾸는 것에 관심이 많다.	①	①
	③ 나는 눈썰미가 좋다.	②	②
		③	③
	④ 나는 컴퓨터를 잘 다루는 편이다.	④	④
106	① 나는 내성적인 편이다.	가깝다	멀다
	② 나는 다양한 문화를 이해할 수 있다.	①	①
	③ 나는 새로운 것을 즐기는 편이다.	②	②
		③	③
	④ 나는 스카이 다이빙을 좋아한다.	④	④
107	① 나는 미술에 관심이 없다.	가깝다	멀다
	② 나는 리스크를 회피하는 편이다.	①	①
	③ 나는 계획을 세워 행동하는 것을 좋아한다.	②	②
		③	③
	④ 나는 마감 시간은 칼같이 지킨다.	④	④
108	① 나는 변화를 추구하는 편이다.	가깝다	멀다
	② 나는 혁신적이지 않다.	①	①
	③ 나는 위험한 상황은 일단 피하고 본다.	②	②
		③	③
	④ 나는 스쿠버 다이빙을 배워본 적이 있다.	④	④
109	① 나는 모험을 싫어한다.	가깝다	멀다
	② 나는 배우는 것을 좋아한다.	①	①
	③ 나는 안정을 추구하는 편이다.	②	②
		③	③
	④ 나는 솔직한 편이다.	④	④
110	① 나는 매사에 긍정적이다.	가깝다	멀다
	② 나는 미래를 낙관적으로 본다.	①	①
	③ 나는 항상 열심히 노력한다.	②	②
		③	③
	④ 나는 사람들과 잘 어울린다.	④	④

111	① 나는 활동적이다	가깝다	멀다
	② 나는 겸손하다.	①	①
	③ 나는 리더십이 강하다.	②	②
		③	③
	④ 나는 대인관계가 좋다.	④	④

112	① 나는 자료를 분석하거나 해석하는 것을 좋아한다.	가깝다	멀다
	② 나는 항상 신속하게 결단을 내린다.	①	①
	③ 나는 새로운 사람들과 금세 친해진다.	②	②
		③	③
	④ 나는 팀에서 주로 지시를 하는 편이다.	④	④

113	① 나는 다른 사람들의 의견을 잘 들어준다.	가깝다	멀다
	② 나는 나의 생각을 조리 있게 전달할 수 있다.	①	①
	③ 나는 다른 사람의 의견에 대해 반박할 수 있다.	②	②
		③	③
	④ 나는 실용적인 것을 좋아한다.	④	④

114	① 나는 누군가로부터 비난을 받으면 마음속에 담아 둔다.	가깝다	멀다
	② 나는 내향적이다.	①	①
	③ 나는 계획대로 행동하는 편이다.	②	②
		③	③
	④ 나는 실용 서적을 참고하는 것을 좋아한다.	④	④

115	① 나는 새로운 환경에 금방 적응하는 편이다.	가깝다	멀다
	② 나는 친구들과 어울리는 것을 좋아한다.	①	①
	③ 나는 모임을 주도하는 편이다.	②	②
		③	③
	④ 나는 낯선 사람들을 만나도 어색하지 않다.	④	④

116	① 나는 다른 사람들의 말을 잘 듣지 않는다.	가깝다	멀다
	② 나는 모임에서 말을 거의 하지 않는다.	①	①
	③ 나는 경쟁에서 항상 이기려고 한다.	②	②
		③	③
	④ 나는 조용한 곳을 좋아한다.	④	④

117	① 나는 다른 사람에게 관심이 많다.	가깝다	멀다
	② 나는 주장이 강한 편이다.	①	①
	③ 나는 어떤 모임에서든 팀원을 잘 이끌어 간다.	②	②
		③	③
	④ 나는 한번 시작한 일은 끝까지 한다.	④	④

118	① 나는 격렬한 운동을 좋아한다.	가깝다	멀다
	② 나는 항상 새로운 아이디어를 제시한다.	①	①
	③ 나는 결단력이 있다.	②	②
	④ 나는 안정성이 가장 중요하다고 생각한다.	③	③
		④	④

119	① 나는 예술적인 취미가 있나.	가깝다	멀다
	② 나는 의사결정을 할 때 다른 사람들을 참여시킨다.	①	①
	③ 나는 체계적으로 일한다.	②	②
	④ 나는 고장난 제품은 수리해서 사용한다.	③	③
		④	④

120	① 나는 여러 사람들과 함께 일하는 것을 좋아한다.	가깝다	멀다
	② 나는 가정보다 회사 일을 중시한다.	①	①
	③ 나는 다른 사람에게 자랑을 잘한다.	②	②
	④ 나는 미래에 대한 계획을 철저히 세운다.	③	③
		④	④

121	① 나는 상황판단이 빠른 편이다.	가깝다	멀다
	② 나는 일 처리를 꼼꼼히 하지 않고는 견딜 수 없다.	①	①
	③ 나는 사람들이 많은 곳에 가면 쉽게 불안해지곤 한다.	②	②
	④ 나는 통계과 수치를 분석하는 업무을 좋아한다.	③	③
		④	④

122	① 나는 권위적이지 않다.	가깝다	멀다
	② 나는 무엇이든 미리 준비한다.	①	①
	③ 나는 무슨 일이 있더라도 이겨야 직성이 풀린다.	②	②
	④ 나는 사람들과의 모임을 좋아한다.	③	③
		④	④

123	① 나는 시를 좋아한다.	가깝다	멀다
	② 나는 인생이 지루하게 느껴진 적이 있다.	①	①
	③ 나는 숫자를 다루는 것을 좋아한다.	②	②
	④ 나는 자료를 해석하는 것을 좋아한다.	③	③
		④	④

124	① 나는 조직에서 중요한 역할을 한다.	가깝다	멀다
	② 나는 다른 사람의 말에 쉽게 흔들린다.	①	①
	③ 나는 뚜렷한 주관을 가지고 스스로 문제를 해결한다.	②	②
	④ 나는 리더가 되기를 원한다.	③	③
		④	④

125	① 극복하지 못할 장애물을 없다고 생각한다.	가깝다	멀다
	② 일어날 일에 대해서 미리 예상하고 준비하는 편이다.	①	①
	③ 위기는 기회라는 말에 동의한다.	②	②
		③	③
	④ 잘 모르는 것은 반드시 찾아봐야 한다.	④	④

126	① 동문회에 나가는 것이 즐겁다.	가깝다	멀다
	② 혼자서 일하는 것보다 팀으로 하는 것이 좋다.	①	①
	③ 상대방의 기분을 세심하게 살핀다.	②	②
		③	③
	④ 한 달 동안 필요한 돈이 얼마인지 파악하고 있다.	④	④

127	① 나는 설득을 잘하는 사람이다.	가깝다	멀다
	② '왜?'라는 질문을 자주 한다.	①	①
	③ 다른 나라의 음식을 시도해 보는 것을 좋아한다.	②	②
		③	③
	④ 유행에 민감하다.	④	④

128	① 주변에서 자신감이 넘친다는 평가를 듣는다.	가깝다	멀다
	② 새로운 기회를 만들기 위해 다방면으로 노력한다.	①	①
	③ 어떤 모임에서든 중심 멤버가 되는 경우가 많다.	②	②
		③	③
	④ 생활패턴이 규칙적인 편이다.	④	④

129	① 아이디어가 풍부하다.	가깝다	멀다
	② 상황에 대한 나의 감정을 잘 설명한다.	①	①
	③ 팀원들과의 관계는 늘 좋았던 편이다.	②	②
		③	③
	④ 친절하다는 말을 많이 듣는다.	④	④

언어

언어·수추리

수리

도형

1회

2회

3회

4회

5회

인성검사

면접가이드

파트 4 면접가이드

면접의 이해

1 면접이란?

일을 하는 데 필요한 능력(직무역량, 직무지식, 인재상 등)을 지원자가 보유하고 있는지를 다양한 면접기법을 활용하여 확인하는 절차이다. 자신의 환경, 성취, 관심사, 경험 등에 대해 이야기하여 본인이 적합하다는 것을 보여 줄 기회를 제공하고, 면접관은 평가에 필요한 정보를 수집하고 평가하는 것이다.

- 지원자의 태도, 적성, 능력에 대한 정보를 심층적으로 파악하기 위한 선발 방법
- 선발의 최종 의사결정에 주로 사용되는 선발 방법
- 전 세계적으로 선발에서 가장 많이 사용되는 핵심적이고 중요한 방법

2 면접의 특징

서류전형이나 인적성검사에서 드러나지 않는 것들을 볼 수 있는 기회를 제공한다.

- 직무수행과 관련된 다양한 지원자 행동에 대한 관찰이 가능하다.
- 면접관이 알고자 하는 정보를 심층적으로 파악할 수 있다.
- 서류상의 미비한 사항과 의심스러운 부분을 확인할 수 있다.
- 커뮤니케이션, 대인관계행동 등 행동·언어적 정보도 얻을 수 있다.

3 면접의 평가요소

1 인재적합도

해당 기관이나 기업별 인재상에 대한 인성 평가

2 조직적합도

조직에 대한 이해와 관련 상황에 대한 평가

3 직무적합도

직무에 대한 지식과 기술, 태도에 대한 평가

4 면접의 유형

구조화된 정도에 따른 분류

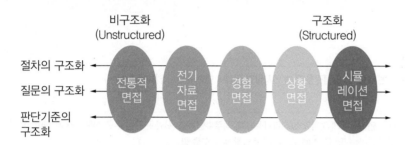

비구조화 (Unstructured)　　　　　　구조화 (Structured)

절차의 구조화

질문의 구조화

판단기준의 구조화

전통적 면접　전기 자료 면접　경험 면접　상황 면접　시뮬 레이션 면접

1 구조화 면접(Structured Interview)

사전에 계획을 세워 질문의 내용과 방법, 지원자의 답변 유형에 따른 추가 질문과 그에 대한 평가역량이 정해져 있는 면접 방식(표준화 면접)

- 표준화된 질문이나 평가요소가 면접 전 확정되며, 지원자는 편성된 조나 면접관에 영향을 받지 않고 동일한 질문과 시간을 부여받을 수 있음.
- 조직 또는 직무별로 주요하게 도출된 역량을 기반으로 평가요소가 구성되어, 조직 또는 직무에서 필요한 역량을 가진 지원자를 선발할 수 있음.
- 표준화된 형식을 사용하는 특성 때문에 비구조화 면접에 비해 신뢰성과 타당성, 객관성이 높음.

2 비구조화 면접(Unstructured Interview)

면접 계획을 세울 때 면접 목적만 명시하고 내용이나 방법은 면접관에게 전적으로 일임하는 방식(비표준화 면접)

- 표준화된 질문이나 평가요소 없이 면접이 진행되며, 편성된 조나 면접관에 따라 지원자에게 주어지는 질문이나 시간이 다름.
- 면접관의 주관적인 판단에 따라 평가가 이루어져 평가 오류가 빈번히 일어남.
- 상황 대처나 언변이 뛰어난 지원자에게 유리한 면접이 될 수 있음.

02 구조화 면접 기법

👥 1 경험면접(Behavioral Event Interview)

면접 프로세스

안내 — 지원자는 입실 후, 면접관을 통해 인사말과 면접에 대한 간단한 안내를 받음.

⌄

질문 — 지원자는 면접관에게 평가요소(직업기초능력, 직무수행능력 등)와 관련된 주요 질문을 받게 되며, 질문에서 의도하는 평가요소를 고려하여 응답할 수 있도록 함.

⌄

세부질문 — •지원자가 응답한 내용을 토대로 해당 평가기준들을 충족시키는지 파악하기 위한 세부질문이 이루어짐.
•구체적인 행동·생각 등에 대해 응답할수록 높은 점수를 얻을 수 있음.

• 방식
  해당 역량의 발휘가 요구되는 일반적인 상황을 제시하고, 그러한 상황에서 어떻게 행동했었는지(과거경험)를 이야기하도록 함.

• 판단기준
  해당 역량의 수준, 경험자체의 구체성, 진실성 등

• 특징
  추상적인 생각이나 의견 제시가 아닌 과거 경험 및 행동 중심의 질의가 이루어지므로 지원자는 사전에 본인의 과거 경험 및 사례를 정리하여 면접에 대비할 수 있음.

• 예시

지원분야		지원자		면접관	(인)

경영자원관리
조직이 보유한 인적자원을 효율적으로 활용하여, 조직 내 유·무형 자산 및 재무자원을 효율적으로 관리한다.

주질문
A. 어떤 과제를 처리할 때 기존에 팀이 사용했던 방식의 문제점을 찾아내 이를 보완하여 과제를 더욱 효율적으로 처리했던 경험에 대해 이야기해 주시기 바랍니다.

세부질문
[상황 및 과제] 사례와 관련해 당시 상황에 대해 이야기해 주시기 바랍니다.
[역할] 당시 지원자께서 맡았던 역할은 무엇이었습니까?
[행동] 사례와 관련해 구성원들의 설득을 이끌어 내기 위해 어떤 노력을 하였습니까?
[결과] 결과는 어땠습니까?

기대행동	평점
업무진행에 있어 한정된 자원을 효율적으로 활용한다.	① − ② − ③ − ④ − ⑤
구성원들의 능력과 성향을 파악해 효율적으로 업무를 배분한다.	① − ② − ③ − ④ − ⑤
효과적 인적/물적 자원관리를 통해 맡은 일을 무리 없이 잘 마무리한다.	① − ② − ③ − ④ − ⑤

척도해설

1 : 행동증거가 거의 드러나지 않음	2 : 행동증거가 미약하게 드러남	3 : 행동증거가 어느 정도 드러남	4 : 행동증거가 명확하게 드러남	5 : 뛰어난 수준의 행동증거가 드러남
관찰기록 :				
총평 :				

※ 실제 적용되는 평가지는 기업/기관마다 다름.

2 상황면접(Situational Interview)

면접 프로세스

안내 ⟩ 지원자는 입실 후, 면접관을 통해 인사말과 면접에 대한 간단한 안내를 받음.

▽

질문 ⟩ • 지원자는 상황질문지를 검토하거나 면접관을 통해 상황 및 질문을 제공받음.
• 면접관의 질문이나 질문지의 의도를 파악하여 응답할 수 있도록 함.

▽

세부질문 ⟩ • 지원자가 응답한 내용을 토대로 해당 평가기준들을 충족시키는지 파악하기 위한 세부질문이 이루어짐.
• 구체적인 행동·생각 등에 대해 응답할수록 높은 점수를 얻을 수 있음.

• **방식**
직무 수행 시 접할 수 있는 상황들을 제시하고, 그러한 상황에서 어떻게 행동할 것인지(행동의도)를 이야기하도록 함.

• **판단기준**
해당 상황에 맞는 해당 역량의 구체적 행동지표

• **특징**
지원자의 가치관, 태도, 사고방식 등의 요소를 평가하는 데 용이함.

언어 / 언어·추리 / 수리 / 도형 / 영역별 빈출이론 / 1회 / 2회 / 3회 / 4회 / 5회 / 기출유형문제 / 인성검사 / 면접가이드

• 예시

지원분야		지원자		면접관		(인)

유관부서협업
타 부서의 업무협조요청 등에 적극적으로 협력하고 갈등 상황이 발생하지 않도록 이해관계를 조율하며 관련 부서의 협업을 효과적으로 이끌어 낸다.

주질문
당신은 생산관리팀의 팀원으로, 2개월 뒤에 제품 A를 출시하기 위해 생산팀의 생산 계획을 수립한 상황입니다. 그러나 원가가 곧 실적으로 이어지는 구매팀에서는 최대한 원가를 줄여 전반적 단가를 낮추려고 원가절감을 위한 제안을 하였으나, 연구개발팀에서는 구매팀이 제안한 방식으로 제품을 생산할 경우 대부분이 구매팀의 실적으로 산정될 것이므로 제대로 확인도 해보지 않은 채 적합하지 않은 방식이라고 판단하고 있습니다. 당신은 어떻게 하겠습니까?

세부질문
[상황 및 과제] 이 상황의 핵심적인 이슈는 무엇이라고 생각합니까?
[역할] 당신의 역할을 더 잘 수행하기 위해서는 어떤 점을 고려해야 하겠습니까? 왜 그렇게 생각합니까?
[행동] 당면한 과제를 해결하기 위해서 구체적으로 어떤 조치를 취하겠습니까? 그 이유는 무엇입니까?
[결과] 그 결과는 어떻게 될 것이라고 생각합니까? 그 이유는 무엇입니까?

척도해설

1 : 행동증거가 거의 드러나지 않음	2 : 행동증거가 미약하게 드러남	3 : 행동증거가 어느 정도 드러남	4 : 행동증거가 명확하게 드러남	5 : 뛰어난 수준의 행동증거가 드러남
관찰기록 :				
총평 :				

※ 실제 적용되는 평가지는 기업/기관마다 다름.

🔍 3 발표면접(Presentation)

면접 프로세스

안내
- 입실 후 지원자는 면접관으로부터 인사말과 발표면접에 대해 간략히 안내받음.
- 면접 전 지원자는 과제 검토 및 발표 준비시간을 가짐.

↓

발표
- 지원자들이 과제 주제와 관련하여 정해진 시간 동안 발표를 실시함.
- 면접관은 발표내용 중 평가요소와 관련해 나타난 가점 및 감점요소들을 평가하게 됨.

↓

질문응답
- 발표 종료 후 면접관은 정해진 시간 동안 지원자의 발표내용과 관련해 구체적인 내용을 확인하기 위한 질문을 함.
- 지원자는 면접관의 질문의도를 정확히 파악하여 적절히 응답할 수 있도록 함.
- 응답 시 명확하고 자신있게 전달할 수 있도록 함.

- 방식

  지원자가 특정 주제와 관련된 자료(신문기사, 그래프 등)를 검토하고, 그에 대한 자신의 생각을 면접관 앞에서 발표하며, 추가 질의응답이 이루어짐.

- 판단기준

  지원자의 사고력, 논리력, 문제해결능력 등

- 특징

  과제를 부여한 후, 지원자들이 과제를 수행하는 과정과 결과를 관찰·평가함. 과제수행의 결과뿐 아니라 과제수행 과정에서의 행동을 모두 평가함.

4 토론면접(Group Discussion)

면접 프로세스

안내
- 입실 후, 지원자들은 면접관으로부터 토론 면접의 전반적인 과정에 대해 안내받음.
- 지원자는 정해진 자리에 착석함.

토론
- 지원자들이 과제 주제와 관련하여 정해진 시간 동안 토론을 실시함(시간은 기관별 상이).
- 지원자들은 면접 전 과제 검토 및 토론 준비시간을 가짐.
- 토론이 진행되는 동안, 지원자들은 다른 토론자들의 발언을 경청하여 적절히 본인의 의사를 전달할 수 있도록 함. 더불어 적극적인 태도로 토론면접에 임하는 것도 중요함.

마무리
(5분 이내)
- 면접 종료 전, 지원자들은 토론을 통해 도출한 결론에 대해 첨언하고 적절히 마무리 지음.
- 본인의 의견을 전달하는 것과 동시에 다른 토론자를 배려하는 모습도 중요함.

- 방식

  상호갈등적 요소를 가진 과제 또는 공통의 과제를 해결하는 내용의 토론 과제(신문기사, 그래프 등)를 제시하고, 그 과정에서의 개인 간의 상호작용 행동을 관찰함.

- 판단기준

  팀워크, 갈등 조정, 의사소통능력 등

- 특징

  면접에서 최종안을 도출하는 것도 중요하나 주장의 옳고 그름이 아닌 결론을 도출하는 과정과 말하는 자세 등도 중요함.

5 역할연기면접(Role Play Interview)

- 방식

  기업 내 발생 가능한 상황에서 부딪히게 되는 문제와 역할을 가상적으로 설정하여 특정 역할을 맡은 사람과 상호작용하고 문제를 해결해 나가도록 함.

- 판단기준

  대처능력, 대인관계능력, 의사소통능력 등

- 특징

  실제 상황과 유사한 가상 상황에서 지원자의 성격이나 대처 행동 등을 관찰할 수 있음.

6 집단면접(Group Activity)

- 방식

  지원자들이 팀(집단)으로 협력하여 정해진 시간 안에 활동 또는 게임을 하며 면접관들은 지원자들의 행동을 관찰함.

- 판단기준

  대인관계능력, 팀워크, 창의성 등

- 특징

  기존 면접보다 오랜 시간 관찰을 하여 지원자들의 평소 습관이나 행동들을 관찰하려는 데 목적이 있음.

03 면접 최신 기출 주제

KT 그룹 면접 질문

• 2023 하반기 면접 기출 질문

1차 실무면접

- B2C와 B2B영업의 차이를 설명하시오.
- 20대 고객을 끌어들일 방법이 있다면 말해 보시오.
- 당사의 미래 경쟁사를 말해보고 그 이유를 설명하시오.
- OSI 7계층 모델에 대해 설명하시오.
- 공모전에서 수상한 성과가 있는데 그 성과를 얻는 데 가장 결정적인 영향을 끼쳤다고 생각되는 일을 말해 보시오.
- 자기소개서의 수요조사를 한 경험에서 어떠한 방식으로 조사를 했는지 설명하시오.
- 자사에서 운영하는 사업이 매력적이라 지원했는데 다른 회사의 사업이 매력적이라면 이직할 것인가?
- 데이터 분석 능력을 실제 직무에서 어떻게 활용할 수 있는 지 말해 보시오.
- 전공과 지원한 분야가 다른데 전공분야를 실무에서 어떻게 활용할 수 있는지 말해 보시오.
- IoT가 발달하면 사물—사람 간 소통과 사람—사람 간 소통 중 어떤 소통이 더 활발해질지 말해보고 그 이유를 설명하시오.
- AI가 인사 직무를 대체한다면 인사담당자가 할 일은 무엇이라고 생각하는가?
- 열심히 했고 결과도 좋은데 상사가 알아주지 않는다면 어떻게 대처할 것인가?
- AICC를 적용할 수 있는 사업체를 두 곳 이상 말해 보시오.

2차 임원면접

- 목표한 실적을 달성하지 못했을 때 어떻게 대처할 것인가?
- 공백기가 있는데 그 때 무엇을 하며 지냈는가?
- 지원한 분야에서 가장 중요하다고 생각되는 것을 말하고 이유를 제시하시오.
- 최근 관심사 및 개발자로서 중시하는 것이 있다면 말해 보시오.
- 회사의 재무제표를 본 적이 있는가, 있다면 느낀 점을 말해 보시오.
- 입사 후 들어간 팀의 의사소통 방식이 나와 맞지 않다면 어떻게 할 것인가?
- 하기 싫은 일을 해본 경험과 느낀 점에 대해 말해 보시오.
- 워라밸에 대해서 어떻게 생각하는지 말해 보시오.
- 관련 학과를 전공하지 않았는데 해당분야를 지원한 이유를 말해 보시오.
- 원하는 직무가 아닌 다른 직무로 배치될 경우 어떻게 하겠는가?

• 2023 상반기 면접 기출 질문

1차 실무면접

- 통신사를 지원한 이유는 무엇인가?
- 망중립성 폐지에 찬성하는가, 반대하는가?
- APT 공격에 대해 자세히 설명해보시오.
- 단통법에 대한 생각을 말하시오.
- 3G와 4G의 차이점에 대해 말하시오.
- 와이파이에 대해 설명해보시오.
- 프로젝트 진행 시 갈등이 발생한 적 있다면 그 이유는 무엇인가?
- 빅데이터의 정의, 사례, 심층 기술 동작 원리에 대해 설명하시오.
- 4차 산업혁명시대에서 회사가 나아갈 방향은?
- 대리점주와 갈등이 발생했을 때 어떻게 해결할 것인가?
- TCP/UDP에 사용된 프로토콜과 이용 포트는?

2차 임원면접

- 향후 회사에 기여하고 싶은 분야는 무엇인가?
- 자신의 노력을 다른 사람이 알아주지 못할 때 어떻게 대처할 것인가?
- 인턴활동 중 가장 기억에 남는 에피소드는 무엇인가?
- 다른 직무로 배치되었을 때 어떻게 대처할 것인가?
- 윤리적으로 옳지 않은 행동을 발견했을 때 어떻게 반응할 것인지 말하시오.
- 부당한 지시를 받으면 어떻게 행동할 것인가?
- KT 서비스를 어디까지 사용해보았는가?
- 최근 사람에게 화낸 적이 있다면 그 이유는 무엇인가?

• 그 외 면접 기출 질문

KT의 주 고객층인 20대를 대상으로 한 마케팅 전략에 대해 말하시오.

3screen 전략 및 콘텐츠 / 단말 통합형 비즈니스 모델기반의 상품 활성화 방안을 제시해 보시오.

우리 회사 상품이나 서비스 / 제품의 경쟁우위 전략을 발표하시오.

CSR / 상권분석 / KT-WIZ와 연계된 마케팅 방안을 말하시오.

KT 제품 & 상품의 영업 / 마케팅전략을 말하시오.

KT가 가지고 있는 인프라와 자회사들의 특성을 고려하여 KT가 고객에게 전혀 새로운 가치를 제공할 수 있는 사업 분야를 개발한다면?

새로운 서비스 개발에 관해 말하시오.

KT 상품 및 브랜드의 경쟁우위전략을 말하시오.

KT의 신사업 방안을 발표하시오.

IPTV 활성화 및 관련 방안을 발표하시오.

영업사원의 실적을 향상시킬 수 있는 방안을 말하시오.

A 상권과 B 상권 중 어느 상권에 대리점을 신설해야 하는가?

A 기업과 B 기업의 장단점 자료를 비교하였을 때 어느 기업과 함께 할 것인가?

지도를 보고 대리점을 개설할 곳과 그 이유를 설명하고 합의를 도출한다면?

누군가를 설득해 본 경험이 있다면 말해보시오.

집단에서 리더의 역할을 잘 수행해 낸 경험을 말해보시오.

비즈니스 영어가 가능한가?

5G의 장단점은 무엇인가?

5G 관련 KT의 사업 중 아는 것이 있는가?

통신기업들이 에너지 사업으로 진출하는 이유가 무엇인가?

KT의 상품 중 추천하고 싶은 상품은?

우정이란 무엇이라고 생각하는가?

스피치를 할 때 가장 중요한 것은 무엇인가?

KT에 와서 해보고 싶은 일은?

본인만의 차별화된 경쟁력은?

자신의 약점을 극복하기 위해 했던 일을 말해보시오.

아르바이트 경험을 통해 배운 점을 말해보시오.

회사에 잘 적응할 수 있는 본인만의 방법은?

가장 실패했던 경험은 무엇이며 그것을 통해 배운 점은 무엇인가?

2분간 자신을 어필해 보시오.

보안 분야의 이슈를 말해보시오.

스스로 리더십을 발휘하여 난관을 극복한 사례를 말해보시오.

본 회사에 대해 얼마나 알고 있는가? 아는 대로 말해보시오.

아이가 아프거나 무슨 일이 생기면 어떻게 대철할 것인가?

본인이 가장 큰 장점이라고 생각하는 부분에 대해 3가지만 말하시오.

Needs와 Wants의 차이는?

KT의 계열사를 아는 것이 있는가?

우리 기업을 듣고 떠오르는 이미지와 요즘 이슈 한 가지를 말하시오.

업무로 아프리카 오지로 가야 한다고 하면?

과거 경험 중 자신이 생각하기에 가장 자랑스러운 성취는 무엇인가?

모든 사람들이 악법이라고 말하는 법이 있다 어떻게 대응하겠는가?

어떤 유형의 친구를 좋아하는가?

아무도 없는 한밤중에 운전을 하고 있는데 신호등이 빨간색이다. 어떻게 하겠는가?

회사관점에서 창의적인 사람과 열정적인 사람 중 어느 유형의 사람을 더 필요로 하겠는가?

마지막으로 본인을 채용해야 하는 이유를 말해보시오.

성명표기란

(주민등록 앞자리 생년월일)

수험번호

수험생 유의사항

언어

문번	답란
1	① ② ③ ④ ⑤
2	① ② ③ ④ ⑤
3	① ② ③ ④ ⑤
4	① ② ③ ④ ⑤
5	① ② ③ ④ ⑤
6	① ② ③ ④ ⑤
7	① ② ③ ④ ⑤
8	① ② ③ ④ ⑤
9	① ② ③ ④ ⑤
10	① ② ③ ④ ⑤
11	① ② ③ ④ ⑤
12	① ② ③ ④ ⑤
13	① ② ③ ④ ⑤
14	① ② ③ ④ ⑤
15	① ② ③ ④ ⑤
16	① ② ③ ④ ⑤
17	① ② ③ ④ ⑤
18	① ② ③ ④ ⑤
19	① ② ③ ④ ⑤
20	① ② ③ ④ ⑤

언어 · 수추리

문번	답란
1	① ② ③ ④ ⑤
2	① ② ③ ④ ⑤
3	① ② ③ ④ ⑤
4	① ② ③ ④ ⑤
5	① ② ③ ④ ⑤
6	① ② ③ ④ ⑤
7	① ② ③ ④ ⑤
8	① ② ③ ④ ⑤
9	① ② ③ ④ ⑤
10	① ② ③ ④ ⑤
11	① ② ③ ④ ⑤
12	① ② ③ ④ ⑤
13	① ② ③ ④ ⑤
14	① ② ③ ④ ⑤
15	① ② ③ ④ ⑤
16	① ② ③ ④ ⑤
17	① ② ③ ④ ⑤
18	① ② ③ ④ ⑤
19	① ② ③ ④ ⑤
20	① ② ③ ④ ⑤

수리

문번	답란
1	① ② ③ ④ ⑤
2	① ② ③ ④ ⑤
3	① ② ③ ④ ⑤
4	① ② ③ ④ ⑤
5	① ② ③ ④ ⑤
6	① ② ③ ④ ⑤
7	① ② ③ ④ ⑤
8	① ② ③ ④ ⑤
9	① ② ③ ④ ⑤
10	① ② ③ ④ ⑤
11	① ② ③ ④ ⑤
12	① ② ③ ④ ⑤
13	① ② ③ ④ ⑤
14	① ② ③ ④ ⑤
15	① ② ③ ④ ⑤
16	① ② ③ ④ ⑤
17	① ② ③ ④ ⑤
18	① ② ③ ④ ⑤
19	① ② ③ ④ ⑤
20	① ② ③ ④ ⑤

도식추리

문번	답란
1	① ② ③ ④ ⑤
2	① ② ③ ④ ⑤
3	① ② ③ ④ ⑤
4	① ② ③ ④ ⑤
5	① ② ③ ④ ⑤
6	① ② ③ ④ ⑤
7	① ② ③ ④ ⑤
8	① ② ③ ④ ⑤
9	① ② ③ ④ ⑤
10	① ② ③ ④ ⑤
11	① ② ③ ④ ⑤
12	① ② ③ ④ ⑤
13	① ② ③ ④ ⑤
14	① ② ③ ④ ⑤
15	① ② ③ ④ ⑤

인적성검사

KT그룹 온라인 인적성검사

감독관 확인란

2회 기출유형문제

언어

문번	답란
1	① ② ③ ④ ⑤
2	① ② ③ ④ ⑤
3	① ② ③ ④ ⑤
4	① ② ③ ④ ⑤
5	① ② ③ ④ ⑤
6	① ② ③ ④ ⑤
7	① ② ③ ④ ⑤
8	① ② ③ ④ ⑤
9	① ② ③ ④ ⑤
10	① ② ③ ④ ⑤
11	① ② ③ ④ ⑤
12	① ② ③ ④ ⑤
13	① ② ③ ④ ⑤
14	① ② ③ ④ ⑤
15	① ② ③ ④ ⑤
16	① ② ③ ④ ⑤
17	① ② ③ ④ ⑤
18	① ② ③ ④ ⑤
19	① ② ③ ④ ⑤
20	① ② ③ ④ ⑤

언어 · 수추리

문번	답란
1	① ② ③ ④ ⑤
2	① ② ③ ④ ⑤
3	① ② ③ ④ ⑤
4	① ② ③ ④ ⑤
5	① ② ③ ④ ⑤
6	① ② ③ ④ ⑤
7	① ② ③ ④ ⑤
8	① ② ③ ④ ⑤
9	① ② ③ ④ ⑤
10	① ② ③ ④ ⑤
11	① ② ③ ④ ⑤
12	① ② ③ ④ ⑤
13	① ② ③ ④ ⑤
14	① ② ③ ④ ⑤
15	① ② ③ ④ ⑤
16	① ② ③ ④ ⑤
17	① ② ③ ④ ⑤
18	① ② ③ ④ ⑤
19	① ② ③ ④ ⑤
20	① ② ③ ④ ⑤

수리

문번	답란
1	① ② ③ ④ ⑤
2	① ② ③ ④ ⑤
3	① ② ③ ④ ⑤
4	① ② ③ ④ ⑤
5	① ② ③ ④ ⑤
6	① ② ③ ④ ⑤
7	① ② ③ ④ ⑤
8	① ② ③ ④ ⑤
9	① ② ③ ④ ⑤
10	① ② ③ ④ ⑤
11	① ② ③ ④ ⑤
12	① ② ③ ④ ⑤
13	① ② ③ ④ ⑤
14	① ② ③ ④ ⑤
15	① ② ③ ④ ⑤
16	① ② ③ ④ ⑤
17	① ② ③ ④ ⑤
18	① ② ③ ④ ⑤
19	① ② ③ ④ ⑤
20	① ② ③ ④ ⑤

도식추리

문번	답란
1	① ② ③ ④ ⑤
2	① ② ③ ④ ⑤
3	① ② ③ ④ ⑤
4	① ② ③ ④ ⑤
5	① ② ③ ④ ⑤
6	① ② ③ ④ ⑤
7	① ② ③ ④ ⑤
8	① ② ③ ④ ⑤
9	① ② ③ ④ ⑤
10	① ② ③ ④ ⑤
11	① ② ③ ④ ⑤
12	① ② ③ ④ ⑤
13	① ② ③ ④ ⑤
14	① ② ③ ④ ⑤
15	① ② ③ ④ ⑤

성명표기란

수험번호

생년월일 (주민등록 앞자리 생년제외 월일)

수험생 유의사항

※ 답안은 반드시 컴퓨터용 사인펜으로 보기와 같이 바르게 표기해야 합니다.
〈보기〉 ① ② ③ ❹ ⑤

※ 성명표기란 위 칸에는 성명을 한글로 쓰고 아래 칸에는 성명을 정확하게 표기하십시오. (맨 왼쪽 칸부터 성과 이름은 붙여 씁니다)

※ 수험번호/월일 위 칸에는 아라비아 숫자로 쓰고 아래 칸에는 숫자와 일치하게 표기하십시오.

※ 월일은 반드시 본인 주민등록번호의 생년을 제외한 월 두 자리, 일 두 자리를 표기하십시오. (예) 1994년 1월 12일 → 0112

KT그룹 온라인 인적성검사

3회 기출유형문제

감독관
확인란

성명표기란

수험번호

수험생 유의사항

※ 답안은 반드시 컴퓨터용 사인펜으로 바르게 표기해야 합니다.
〈보기〉 ① ② ③ ❹ ⑤

※ 성명표기란 위 칸에는 성명을 한글로 쓰고 아래 칸에는 성명을 정확하게 표기하십시오.

※ 수험번호/월일 위 칸에는 아라비아 숫자로 쓰고 아래 칸에는 숫자와 일치하게 표기하십시오.

※ 월일은 반드시 본인 주민등록번호의 생년을 제외한 월 두 자리, 일 두 자리를 표기하십시오.
(예) 1994년 1월 12일 → 0112

인적성검사

문번	답란					문번	답란					문번	답란					문번	답란				
언어						**언어·수추리**						**수리**						**도식추리**					
1	①	②	③	④	⑤	1	①	②	③	④	⑤	1	①	②	③	④	⑤	1	①	②	③	④	⑤
2	①	②	③	④	⑤	2	①	②	③	④	⑤	2	①	②	③	④	⑤	2	①	②	③	④	⑤
3	①	②	③	④	⑤	3	①	②	③	④	⑤	3	①	②	③	④	⑤	3	①	②	③	④	⑤
4	①	②	③	④	⑤	4	①	②	③	④	⑤	4	①	②	③	④	⑤	4	①	②	③	④	⑤
5	①	②	③	④	⑤	5	①	②	③	④	⑤	5	①	②	③	④	⑤	5	①	②	③	④	⑤
6	①	②	③	④	⑤	6	①	②	③	④	⑤	6	①	②	③	④	⑤	6	①	②	③	④	⑤
7	①	②	③	④	⑤	7	①	②	③	④	⑤	7	①	②	③	④	⑤	7	①	②	③	④	⑤
8	①	②	③	④	⑤	8	①	②	③	④	⑤	8	①	②	③	④	⑤	8	①	②	③	④	⑤
9	①	②	③	④	⑤	9	①	②	③	④	⑤	9	①	②	③	④	⑤	9	①	②	③	④	⑤
10	①	②	③	④	⑤	10	①	②	③	④	⑤	10	①	②	③	④	⑤	10	①	②	③	④	⑤
11	①	②	③	④	⑤	11	①	②	③	④	⑤	11	①	②	③	④	⑤	11	①	②	③	④	⑤
12	①	②	③	④	⑤	12	①	②	③	④	⑤	12	①	②	③	④	⑤	12	①	②	③	④	⑤
13	①	②	③	④	⑤	13	①	②	③	④	⑤	13	①	②	③	④	⑤	13	①	②	③	④	⑤
14	①	②	③	④	⑤	14	①	②	③	④	⑤	14	①	②	③	④	⑤	14	①	②	③	④	⑤
15	①	②	③	④	⑤	15	①	②	③	④	⑤	15	①	②	③	④	⑤	15	①	②	③	④	⑤
16	①	②	③	④	⑤	16	①	②	③	④	⑤	16	①	②	③	④	⑤						
17	①	②	③	④	⑤	17	①	②	③	④	⑤	17	①	②	③	④	⑤						
18	①	②	③	④	⑤	18	①	②	③	④	⑤	18	①	②	③	④	⑤						
19	①	②	③	④	⑤	19	①	②	③	④	⑤	19	①	②	③	④	⑤						
20	①	②	③	④	⑤	20	①	②	③	④	⑤	20	①	②	③	④	⑤						

KT그룹 온라인 인적성검사

4회 기출유형문제

인적성검사

감독관 확인란

수험번호

주민등록 앞자리 생년제외 월일

성명표기란

수험생 유의사항

※ 답안은 반드시 컴퓨터용 사인펜으로 보기와 같이 바르게 표기해야 합니다.
　〈보기〉 ① ② ③ ● ⑤

※ 성명표기란 위 칸에는 성명을 한글로 쓰고 아래 칸에는 성명을 정확하게 표기하십시오. (맨 왼쪽 칸부터 성과 이름은 붙여 씁니다)

※ 수험번호/월일 위 칸에는 아라비아 숫자로 쓰고 아래 칸에는 숫자와 일치하게 표기하십시오.

※ 월일은 반드시 본인 주민등록번호의 생년월일 제외한 월 두 자리, 일 두 자리를 표기하십시오.
　(예) 1994년 1월 12일 → 0112

언어

문번	답란
1	① ② ③ ④ ⑤
2	① ② ③ ④ ⑤
3	① ② ③ ④ ⑤
4	① ② ③ ④ ⑤
5	① ② ③ ④ ⑤
6	① ② ③ ④ ⑤
7	① ② ③ ④ ⑤
8	① ② ③ ④ ⑤
9	① ② ③ ④ ⑤
10	① ② ③ ④ ⑤
11	① ② ③ ④ ⑤
12	① ② ③ ④ ⑤
13	① ② ③ ④ ⑤
14	① ② ③ ④ ⑤
15	① ② ③ ④ ⑤
16	① ② ③ ④ ⑤
17	① ② ③ ④ ⑤
18	① ② ③ ④ ⑤
19	① ② ③ ④ ⑤
20	① ② ③ ④ ⑤

언어 · 수추리

문번	답란
1	① ② ③ ④ ⑤
2	① ② ③ ④ ⑤
3	① ② ③ ④ ⑤
4	① ② ③ ④ ⑤
5	① ② ③ ④ ⑤
6	① ② ③ ④ ⑤
7	① ② ③ ④ ⑤
8	① ② ③ ④ ⑤
9	① ② ③ ④ ⑤
10	① ② ③ ④ ⑤
11	① ② ③ ④ ⑤
12	① ② ③ ④ ⑤
13	① ② ③ ④ ⑤
14	① ② ③ ④ ⑤
15	① ② ③ ④ ⑤
16	① ② ③ ④ ⑤
17	① ② ③ ④ ⑤
18	① ② ③ ④ ⑤
19	① ② ③ ④ ⑤
20	① ② ③ ④ ⑤

수리

문번	답란
1	① ② ③ ④ ⑤
2	① ② ③ ④ ⑤
3	① ② ③ ④ ⑤
4	① ② ③ ④ ⑤
5	① ② ③ ④ ⑤
6	① ② ③ ④ ⑤
7	① ② ③ ④ ⑤
8	① ② ③ ④ ⑤
9	① ② ③ ④ ⑤
10	① ② ③ ④ ⑤
11	① ② ③ ④ ⑤
12	① ② ③ ④ ⑤
13	① ② ③ ④ ⑤
14	① ② ③ ④ ⑤
15	① ② ③ ④ ⑤
16	① ② ③ ④ ⑤
17	① ② ③ ④ ⑤
18	① ② ③ ④ ⑤
19	① ② ③ ④ ⑤
20	① ② ③ ④ ⑤

도식추리

문번	답란
1	① ② ③ ④ ⑤
2	① ② ③ ④ ⑤
3	① ② ③ ④ ⑤
4	① ② ③ ④ ⑤
5	① ② ③ ④ ⑤
6	① ② ③ ④ ⑤
7	① ② ③ ④ ⑤
8	① ② ③ ④ ⑤
9	① ② ③ ④ ⑤
10	① ② ③ ④ ⑤
11	① ② ③ ④ ⑤
12	① ② ③ ④ ⑤
13	① ② ③ ④ ⑤
14	① ② ③ ④ ⑤
15	① ② ③ ④ ⑤

감독관
확인란

KT그룹 온라인 인적성검사

5회 기출유형문제

인적성검사

성명표기란

수험번호

(주민등록 앞자리, 생년제외)월일

| ⑨ ⑧ ⑦ ⑥ ⑤ ④ ③ ② ① ⓪ |
| ⑨ ⑧ ⑦ ⑥ ⑤ ④ ③ ② ① ⓪ |
| ⑨ ⑧ ⑦ ⑥ ⑤ ④ ③ ② ① ⓪ |
| ⑨ ⑧ ⑦ ⑥ ⑤ ④ ③ ② ① ⓪ |

수험생 유의사항

※ 답안은 반드시 컴퓨터용 사인펜으로 표기하십시오.
〈보기〉 ① ② ③ ❹ ⑤
※ 성명표기란 위 칸에는 성명을 한글로 쓰고 아래 칸에는 성명을 정확하게 표기하십시오. (맨 왼쪽 칸부터 성과 이름은 붙여 씁니다)
※ 수험번호란 위 칸에는 아라비아 숫자로 쓰고 아래 칸에는 숫자와 일치하게 표기하십시오.
※ 월일은 반드시 본인 주민등록번호의 생년을 제외한 월 두 자리, 일 두 자리를 표기하십시오. (예) 1994년 1월 12일 → 0112

언어

문번	답란
1	① ② ③ ④ ⑤
2	① ② ③ ④ ⑤
3	① ② ③ ④ ⑤
4	① ② ③ ④ ⑤
5	① ② ③ ④ ⑤
6	① ② ③ ④ ⑤
7	① ② ③ ④ ⑤
8	① ② ③ ④ ⑤
9	① ② ③ ④ ⑤
10	① ② ③ ④ ⑤
11	① ② ③ ④ ⑤
12	① ② ③ ④ ⑤
13	① ② ③ ④ ⑤
14	① ② ③ ④ ⑤
15	① ② ③ ④ ⑤
16	① ② ③ ④ ⑤
17	① ② ③ ④ ⑤
18	① ② ③ ④ ⑤
19	① ② ③ ④ ⑤
20	① ② ③ ④ ⑤

언어 · 수추리

문번	답란
1	① ② ③ ④ ⑤
2	① ② ③ ④ ⑤
3	① ② ③ ④ ⑤
4	① ② ③ ④ ⑤
5	① ② ③ ④ ⑤
6	① ② ③ ④ ⑤
7	① ② ③ ④ ⑤
8	① ② ③ ④ ⑤
9	① ② ③ ④ ⑤
10	① ② ③ ④ ⑤
11	① ② ③ ④ ⑤
12	① ② ③ ④ ⑤
13	① ② ③ ④ ⑤
14	① ② ③ ④ ⑤
15	① ② ③ ④ ⑤
16	① ② ③ ④ ⑤
17	① ② ③ ④ ⑤
18	① ② ③ ④ ⑤
19	① ② ③ ④ ⑤
20	① ② ③ ④ ⑤

수리

문번	답란
1	① ② ③ ④ ⑤
2	① ② ③ ④ ⑤
3	① ② ③ ④ ⑤
4	① ② ③ ④ ⑤
5	① ② ③ ④ ⑤
6	① ② ③ ④ ⑤
7	① ② ③ ④ ⑤
8	① ② ③ ④ ⑤
9	① ② ③ ④ ⑤
10	① ② ③ ④ ⑤
11	① ② ③ ④ ⑤
12	① ② ③ ④ ⑤
13	① ② ③ ④ ⑤
14	① ② ③ ④ ⑤
15	① ② ③ ④ ⑤
16	① ② ③ ④ ⑤
17	① ② ③ ④ ⑤
18	① ② ③ ④ ⑤
19	① ② ③ ④ ⑤
20	① ② ③ ④ ⑤

도식추리

문번	답란
1	① ② ③ ④ ⑤
2	① ② ③ ④ ⑤
3	① ② ③ ④ ⑤
4	① ② ③ ④ ⑤
5	① ② ③ ④ ⑤
6	① ② ③ ④ ⑤
7	① ② ③ ④ ⑤
8	① ② ③ ④ ⑤
9	① ② ③ ④ ⑤
10	① ② ③ ④ ⑤
11	① ② ③ ④ ⑤
12	① ② ③ ④ ⑤
13	① ② ③ ④ ⑤
14	① ② ③ ④ ⑤
15	① ② ③ ④ ⑤

gosinet (주)고시넷

KT그룹 온라인 인적성검사

기출유형문제_연습용

인적성검사

| 감독관 확인란 |

성명표기란

수험번호

(주민등록 앞자리 생년제외) 월일

수험생 유의사항

※ 답안은 반드시 컴퓨터용 사인펜으로 보기와 같이 바르게 표기해야 합니다.
  〈보기〉 ① ② ③ ❹ ⑤

※ 성명표기란 위 칸에는 성명을 한글로 쓰고 아래 칸에는 성명을 정확하게 표기하십시오. (맨 왼쪽 칸부터 성과 이름은 붙여 씁니다)

※ 수험번호/월일 위 칸에는 아라비아 숫자로 쓰고 아래 칸에는 숫자와 일치하게 표기하십시오.

※ 월일은 반드시 본인 주민등록번호의 생년월일을 제외한 월 두 자리, 일 두 자리를 표기하십시오. (예) 1994년 1월 12일 → 0112

인성 (문번 1~20) — 답란 ① ② ③ ④ ⑤

언어·수추리 (문번 1~20) — 답란 ① ② ③ ④ ⑤

수리 (문번 1~20) — 답란 ① ② ③ ④ ⑤

도식추리 (문번 1~15) — 답란 ① ② ③ ④ ⑤

대기업 · 금융

저마다의 일생에는,

특히 그 일생이 동터 오르는 여명기에는

모든 것을 결정짓는 한 순간이 있다.

그 순간을 다시 찾아내는 것은 어렵다.

그것은 다른 수많은 순간들의 퇴적 속에

깊이 묻혀있다.

- 장 그르니에, 섬 LES ILES

2024 | KT그룹 인적성검사

고시넷 대기업

KT그룹 온라인 인적성검사

종합인적성검사

최신기출유형 모의고사 5회

정답과 해설

gosinet
(주)고시넷

최신 대기업 인적성검사

20대기업
온·오프라인 인적성검사
통합기본서
핵심정리_핸드북 제공

최신기출유형+실전문제

2024 | KT그룹 인적성검사

고시넷
대기업

KT그룹 온라인 인적성검사
종합인적성검사
최신기출유형 모의고사
5회

정답과 해설

인적성 | **정답과 해설**

📝 파트2 기출유형모의고사

1회 언어

▶ 문제 78쪽

01	③	02	③	03	③	04	④	05	③
06	①	07	⑤	08	①	09	①	10	④
11	③	12	④	13	②	14	③	15	⑤
16	③	17	⑤	18	①	19	③	20	①

01

| 정답 | ③

| 해설 | 제시된 글은 농업 투자 설명회를 활성화해야 한다고 주장한다. (나)에서는 이러한 주장을 위한 대략적인 방안으로 '다양한 정보 전달'을 해결책으로 제시한다. (가)에서는 농업 경영체나 예비 창업농이 투자에 필요한 설명 자료를 효과적으로 전달할 줄 알아야 한다고 언급했다. (다)에서는 (나)와 (가)에서 언급한 바를 실행하기 위한 구체적인 방안으로 투자 설명회를 제시하였다. 따라서 (나)−(가)−(다) 순이 가장 적절하다.

02

| 정답 | ③

| 해설 | (가)를 제외한 문단이 모두 4차 산업혁명의 부정적 측면에 대하여 언급하고 있으므로 가장 먼저 (가)를 배치하고 그 다음에 '하지만'으로 시작하는 (다)를 배치하는 것이 자연스럽다. 이때 (다)에서 노동 시장의 붕괴에 대해 언급하였으므로 노동 시장에 대한 구체적인 예시를 들고 있는 (나)를 세 번째 순서로 배치한다. 마지막으로 대응 전략을 논하는 (라)가 배치되어야 한다. 따라서 올바른 순서는 (가)−(다)−(나)−(라)이다.

03

| 정답 | ③

| 해설 | 메타인지는 자신이 아는 것과 모르는 것을 정확히 파악하고, 자신에게 부족한 부분을 어떻게 보완할 것인지 적절한 전략을 세울 줄 아는 능력을 말한다. 메타인지가 없는 사람의 경우 자신이 잘 알고 있는 부분을 계속 들여다보면서 시간을 허비하게 된다. 따라서 자신이 알고 있는 부분을 강화할 수 있게 한다는 설명은 메타인지의 특징으로 적절하지 않다.

04

| 정답 | ④

| 해설 | 마지막 문단에서 화이트박스 암호도 변조 행위나 역공학에 의한 공격을 받는다면 노출될 가능성이 있다고 명시하고 있다.

05

| 정답 | ③

| 해설 | '3−4) 주변의 냉대와 차별'은 다문화 가정 지원서비스가 아닌 사회적인 문제점으로 3의 하위 항목으로 어울리지 않으나 다문화 가정 지원서비스의 문제점과 해결 방안을 찾고 있는 글의 흐름상 결론으로도 적절하지 않다.

| 오답풀이 |

① 단어의 개념은 서론에 들어가야 자연스럽다.

② 선진국의 사례는 국내 다문화 가정의 서비스 개선에 도움이 될 참고자료가 될 수 있으므로 4의 하위 항목으로 이동하는 것은 적절하다.

⑤ 결론 부분에 지원서비스를 개선함으로써 얻을 수 있는 전망, 즉 국가적 이익을 넣는 것은 적절하다.

06

|정답| ①

|해설| CCTV 비관론자는 범죄전이효과가 나타나 감소한 범죄만큼 타 지역 범죄가 늘었다고 생각할 것이다.

|오답풀이|

② 이익확산이론은 잠재적 범죄자들이 다른 지역도 똑같이 CCTV가 설치되어 있을 것으로 오인하여 범행을 단념한다고 본다.

③ 경찰은 CCTV 설치 장소로 범죄 다발 지역을 선호하는 경향이 있다.

④ 방송사 카메라가 방송용 몰래카메라 콘텐츠를 찍지 않아도 CCTV로서 지위를 가진다.

⑤ 범죄전이효과에 따르면 범죄자들이 CCTV가 없는 곳으로 이동한다.

07

|정답| ⑤

|해설| 간접세는 물건 가격에 세금이 포함돼 있어 세원 파악이 쉽고, 조세부담자의 저항이 거의 없어 쉽게 징수할 수 있으나 직접세는 조세부담자가 직접적으로 느끼는 세금 부담이므로 조세 저항이 더 심할 것이다.

|오답풀이|

① 간접세의 납세 의무가 있는 주체는 대개 소비자가 아니라 생산자이다.

② 비례세는 같은 금액을 내는 세금이 아니라 소득에 비례하여 세금을 징수하는 세금이다.

③ 누진세 강화는 소득이 높은 사람에게 더 많은 세금을 부과하므로 부의 재분배의 기능을 수행한다.

④ 부가가치세는 물품에 일률적으로 부과하는 것이므로 누진세가 아니다.

08

|정답| ①

|해설| 제시된 글은 불꽃의 색을 분리시키는 분광 분석법에 대해 설명하고 있다. 첫 번째 문장을 보면 물질의 불꽃색은 구별이 가능한 것으로 나타나 있다. 또한 불꽃의 색을 분리하는 분광 분석법을 통해 새로운 금속 원소를 발견하였다고 하였으므로, 물질은 고유한 불꽃색을 가지고 있고 그 불꽃색을 통해 물질을 구별할 수 있다는 것을 전제로 하고 있음을 알 수 있다.

09

|정답| ①

|해설| 첫 번째 문단을 보면 나라를 위해 헌신한 이들에게 적절한 보상과 지원제도를 마련하기 위해서는 적지 않은 국가 재정이 소요되므로 한정된 재정을 활용하여 그 효과를 극대화하기 위해 고민해야 한다고 나와 있다. 두 번째 문단을 보면 또 다른 고민으로 지원을 위한 재정이 국민들의 세금에 의해 마련되므로 결코 허투루 사용되어서는 안 된다는 내용이 나온다. 따라서 국민들이 세금을 납부하는 것이 의무사항이기는 하지만 나라는 이러한 예산을 신중하게 사용해야 한다는 내용이 이어져야 자연스럽다.

10

|정답| ④

|해설| 빈칸 앞부분에서 '집을 사랑한다는 것은 또 우리의 정체성이 스스로 결정되는 것이 아님을 인정하는 것이다.'라고 하였고 뒷부분을 보면 '우리의 약한 면을 보상하기 위해서다.'라고 하였으므로 빈칸에는 들어갈 내용으로 ④가 가장 적절하다.

|오답풀이|

① 첫 번째 문단에서 벽지, 벤치, 그림 등이 언급되나 자아 실종 방지에 대한 기대감으로 이러한 물품들을 배치한다는 내용이지 배치 행위가 자아 실종을 막아 준다는 합당한 근거가 제시되지 않았다.

③ 제시된 글에서 전반적으로 다루고 있는 내용은 타인과의 관계가 아니다.

11

|정답| ③

|해설| 모든 문화는 키치적 속성과 '좋은' 예술의 속성을 동시에 가지고 있으나, 어떤 것이 키치이고 어떤 것이 좋은

것인지는 대중적 선택에 의해 결정될 수 있다고 하였다. 이 때 대중의 선택이란 사회 흐름에 따라 변화할 수 있으므로 ③이 적절하다.

| 오답풀이 |

①, ② 대중문화는 키치와 고급 예술을 모두 아우르는 개념으로 볼 수 있다.

④, ⑤ 키치에 대한 설명에 가깝다.

12

| 정답 | ④

| 해설 | 제시된 글은 화이트가 주목한 역사의 이야기식 서술에 관한 내용이며, 세 번째 문단이 전체 내용을 정리하여 포괄하고 있다. 글을 요약하면 이야기식 서술은 역사에 문학적 형식을 부여하여 역사의 흐름을 인위적으로 구분할 뿐만 아니라 의미도 함께 부여한다는 것이다.

13

| 정답 | ②

| 해설 | 자신만의 고착화된 논리나 기준에 매몰되어 다른 의견을 수용하지 못하는 자세를 비유적으로 표현하는 것이 '프로크루스테스의 침대'이다. 이와 가장 부합하는 상황은 ②이다.

14

| 정답 | ③

| 해설 | 드론을 활용한 메뚜기떼 방제 작업은 인도에서 실시하였다.

| 오답풀이 |

① 세 번째 문단에서 사막 메뚜기가 인간의 식량까지 모두 없애 버리기 때문에 공포의 대상이며 그 피해가 아프리카를 넘어 아시아까지 확산된다는 내용을 통해 확인할 수 있다.

15

| 정답 | ⑤

| 해설 | 단순한 이익추구가 문제되는 것이 아니라 배타적 권리를 주장하고 사적 이익만을 추구하는 것이 사회적 공동체의 원리와 대립하여 문제되는 것이다.

| 오답풀이 |

① 두 번째 문단의 '한국 특유의 배타적 가족주의와 ~'에서 알 수 있다.

② 세 번째 문단의 '가족은 더 이상 전체 사회에 유익한 일차 집단이 될 수 없다'에서 알 수 있다.

③ 세 번째 문단의 '그럼에도 불구하고 가족에 대한 비판을 금기시하고 신성화하는 이데올로기를 고집한다면 ~'에서 알 수 있다.

④ 제시문에서 불균등한 분배 → 계층 간 격차 확대 → 다음 세대로 전승으로 불평등 구조가 재생산되고 있다고 말하고 있으며 이 재생산 구조가 배타적 가족주의와 만나 다른 가족의 경제적 빈곤을 악화시키는 현상을 확대한다고 설명한다.

16

| 정답 | ③

| 해설 | 제시된 글의 핵심 주장은 올바른 칭찬을 위해서는 결과보다는 과정을 칭찬해야 한다는 것이다. 그에 대한 반박으로는 과정을 칭찬하는 데에만 집중하면 도리어 결과를 소홀히 할 수 있다는 것이 가장 적절하다.

17

| 정답 | ⑤

| 해설 | 간접 또는 직접인용의 방식을 통하여 주장을 뒷받침한 부분은 찾아볼 수 없다.

| 오답풀이 |

① 인간의 긍정적 성품과 덕성에 깊은 관심을 보이는 긍정심리학자의 예로 러프를 소개하였다.

② 아리스토텔레스의 행복 개념에 대한 세 가지 측면, 심리적 안녕의 6가지 요소 등은 열거를 통한 보다 구체적이고 명확한 가치관을 설명하는 기술 방식이다.

③ 아리스토텔레스의 행복 개념, 러프, 매슬로우, 로저스 등을 언급한 것은 모두 유사한 생각을 가진 타인을 제시해 자신의 주장을 제시하는 방식으로 볼 수 있다.

④ 자기실현적 행복관에 따른 최선의 삶에 대한 의미를 서두에 밝히고, 이후 그에 대한 보충 설명과 학자들의 논리를 예시하며 주장에 대한 논거를 제시하였다.

18

| 정답 | ①

| 해설 | 제시된 글은 상대방에게 말할 때 '까'를 활용한 열린 질문으로 말하면 저항이 적어져 마음이 열리게 되고, 질문에 대해 스스로 생각하여 내린 결론을 거부감 없이 받아들인다고 설명하고 있다. 따라서 적절한 것은 ①이다.

19

| 정답 | ③

| 해설 | 제시된 글에서는 무조건적인 자유가 오히려 타인의 자유를 해치기 때문에 제한되는 경우가 많으나 사람들이 타인의 자유를 해치지만 않는다면 최대한의 자유를 보장해야 한다고 주장하고 있다.

20

| 정답 | ①

| 해설 | '예상'은 '어떤 일을 직접 당하기 전에 미리 생각하여 둠. 또는 그런 내용'을 뜻하는 명사이다. 노인 인구는 이미 존재하는 수치이므로 앞으로 일어날 일을 미리 생각하여 둔다는 시간적 개념이 포함된 '예상'은 적절하지 않은 단어이다.

1회 언어 · 수추리

▸문제 96쪽

01	④	02	②	03	④	04	③	05	④
06	②	07	⑤	08	④	09	③	10	⑤
11	①	12	⑤	13	④	14	⑤	15	④
16	④	17	③	18	①	19	②	20	①

01

| 정답 | ④

| 해설 | 두 번째 정보와 다섯 번째, 여섯 번째 정보를 정리하면 E, F → G → D → A이다. 세 번째와 마지막 정보를 보면 G를 만난 후 C를 만나는데 D와 A 사이에 다른 사람을 만나므로 G → D → C → A 순이다. B와 E, F는 첫 번째 정보에서 B는 처음에 만나는 사람이 아니며, 네 번째 정보에서 F보다 먼저 만난다고 하였으므로 E → B → F 순임을 알 수 있다. 이를 정리하면 E → B → F → G → D → C → A이다. 따라서 세 번째로 만나는 사람은 F이다.

02

| 정답 | ②

| 해설 | 첫 번째 명제와 두 번째 명제는 삼단논법에 의해 '팀 프로젝트를 잘하는 직원 → 좋은 대학을 나옴 → 영어를 잘함'이 성립한다. 따라서 '팀 프로젝트를 잘하는 직원은 모두 영어를 잘한다.'가 성립한다.

03

| 정답 | ④

| 해설 | 첫 번째 조건에서 시나리오 작가의 위층에는 아무도 살지 않는다고 했으므로 작가는 5층에 거주한다. 또 영화 감독은 시나리오 작가가 두 개의 층을 내려가서 만나므로 3층에 거주한다. 두 번째 조건에서 경찰은 1층, 마지막 조건에서 큐레이터는 2층에 거주하므로 4층에 거주하는 사람은 교사이다.

04

|정답| ③

|해설| 물결무늬 넥타이를 한 면접관이 맨 오른쪽에 앉아 있고, 마 면접관은 물방울무늬 넥타이를 하고 있으므로 마 면접관은 맨 오른쪽에 앉지 못한다. 구 면접관은 고 면접관 옆에 앉는데 좌, 우를 알 수 없으나 연이어 있다는 것을 알 수 있다. 따라서 마-구-고 또는 마-고-구 순으로 앉는다는 것을 알 수 있어 마 면접관이 맨 왼쪽에 앉아 있다는 것은 항상 참이 된다.

05

|정답| ④

|해설| 〈조건〉에 따라 종목별로 가르쳐 주는 사람과 배우는 사람을 구분하면 다음과 같다.

구분	축구	야구	농구	배구	탁구
가르쳐 주는 사람	B	C	A	E	
배우는 사람	A	D		C	

따라서 탁구를 가르쳐 주는 사람은 D이고, 가르쳐 주는 사람에게 배우지 않으므로 B는 D에게 탁구를 배우며 남은 E는 농구를 배운다는 것을 알 수 있다. 이를 정리하면 다음과 같다.

구분	축구	야구	농구	배구	탁구
가르쳐 주는 사람	B	C	A	E	D
배우는 사람	A	D	E	C	B

즉 'D는 B에게 탁구를 가르친다'는 옳은 설명이다.

06

|정답| ②

|해설| 불을 무서워하는 사람은 고소공포증이 있는데 그중 어떤 사람은 겁이 있어 귀신을 무서워하므로, 불을 무서워하는 모든 사람이 귀신을 무서워한다는 것은 반드시 참이라고 할 수 없다.

|오답풀이|
① 두 번째 명제의 대우이므로 반드시 참이다.
③ 첫 번째 명제의 대우이므로 반드시 참이다.
④ 두 번째 명제와 세 번째 명제에 따라 반드시 참이다.
⑤ 세 번째 명제의 대우이므로 반드시 참이다.

07

|정답| ⑤

|해설| 진술 두 개 중 하나는 진실, 하나는 거짓이므로 하나를 진실이나 거짓인 경우로 하여 결과를 도출한다.

1) 유정이 보를 낸 경우
    유정이 보를 낸 경우 수연은 가위를 내지 않았고, 수연이 가위를 내지 않았다면 세이는 보를 냈다. 그런데 세이의 진술에서 세이가 가위를 냈다는 진술이 거짓이 되면 수연도 가위를 냈다는 진술이 참이 되어야 하므로 옳지 않다.

2) 유정이 보를 내지 않은 경우
    수연은 가위, 세이는 보도 가위도 내지 않아 바위를 내게 된다. 도연과 루아는 유정에 따라 두 가지 경우로 나타나므로 이를 정리하면 다음과 같다.

유정	바위
수연	가위
세이	바위
루아	보 또는 가위 바위 중 하나
도연	바위 또는 보

유정	가위
수연	가위
세이	바위
루아	보
도연	가위

따라서 반드시 진실인 것은 ⑤이다.

08

| 정답 | ④

| 해설 | 제시된 명제를 $p \sim u$ 정리하면 다음과 같다.

p : 대전으로 출장 간다.　q : 부산으로 출장 간다.

r : 광주로 출장 간다.　s : 원주로 출장 간다.

t : 대구로 출장 간다.　u : 제주로 출장 간다.

(가) $p \rightarrow q$ (대우 : $\sim q \rightarrow \sim p$)

(나) $\sim p \rightarrow \sim r$ (대우 : $r \rightarrow p$)

(다) $\sim s \rightarrow \sim t$ (대우 : $t \rightarrow s$)

(라) $\sim s \rightarrow \sim p$ (대우 : $p \rightarrow s$)

(마) $\sim u \rightarrow \sim q$ (대우 : $q \rightarrow u$)

'제주로 출장 가지 않는 사람은 광주에도 가지 않는다.'는
$\sim u \rightarrow \sim q \rightarrow \sim p \rightarrow \sim r$이므로 참이다.

| 오답풀이 |

① 조건 중에 제주로 출장을 간다는 전제의 명제가 없으므로 알 수 없다.

② $\sim q \rightarrow \sim p \rightarrow \sim r$인 것은 알 수 있으나 대구에도 가지 않는지는 알 수 없다.

③ $r \rightarrow p \rightarrow q \rightarrow u$이거나 $r \rightarrow p \rightarrow s$ 이지만 대구에도 가는지는 알 수 없다.

⑤ $q \rightarrow u$임은 알 수 있으나 원주에도 가는지는 알 수 없다.

09

| 정답 | ③

| 해설 | 일반 알파벳 순서를 이용하여 푼다.

$G \rightarrow K \rightarrow O \rightarrow S \rightarrow W \rightarrow A \rightarrow (\ )$

$\underset{+4}{7} \rightarrow \underset{+4}{11} \rightarrow \underset{+4}{15} \rightarrow \underset{+4}{19} \rightarrow \underset{+4}{23} \rightarrow \underset{+4}{1(=27)} \rightarrow 5$

따라서 빈칸에 들어갈 문자는 5에 해당하는 E이다.

보충 플러스+

알파벳 순서(순서 패턴)

A	B	C	D	E	F	G	H	I	J	K	L	M
1	2	3	4	5	6	7	8	9	10	11	12	13
N	O	P	Q	R	S	T	U	V	W	X	Y	Z
14	15	16	17	18	19	20	21	22	23	24	25	26

10

| 정답 | ⑤

| 해설 | 일반 알파벳 순서를 이용하여 푼다.

$Z \rightarrow A \rightarrow C \rightarrow F \rightarrow J \rightarrow (\ )$

$\underset{+1}{26} \rightarrow \underset{+2}{1(=27)} \rightarrow \underset{+3}{3(=29)} \rightarrow \underset{+4}{6(=32)} \rightarrow \underset{+5}{10(=36)} \rightarrow 15(=41)$

따라서 빈칸에 들어갈 문자는 15에 해당하는 O이다.

11

| 정답 | ①

| 해설 | 일반 알파벳 순서를 이용하여 푼다.

$B \rightarrow D \rightarrow F \rightarrow H \rightarrow J \rightarrow (\ )$

$\underset{+2}{2} \rightarrow \underset{+2}{4} \rightarrow \underset{+2}{6} \rightarrow \underset{+2}{8} \rightarrow \underset{+2}{10} \rightarrow 12$

따라서 빈칸에 들어갈 문자는 12에 해당하는 L이다.

12

| 정답 | ⑤

| 해설 | 일반 알파벳 순서를 이용하여 푼다.

$A \rightarrow K \rightarrow U \rightarrow E \rightarrow O \rightarrow (\ )$

$\underset{+10}{1} \rightarrow \underset{+10}{11} \rightarrow \underset{+10}{21} \rightarrow \underset{+10}{5(=31)} \rightarrow \underset{+10}{15(=41)} \rightarrow 25(=51)$

따라서 빈칸에 들어갈 문자는 25(=51)에 해당하는 Y이다.

13

| 정답 | ④

| 해설 |

$1 \underset{\times 2}{\longrightarrow} 2 \underset{\times 3}{\longrightarrow} 6 \underset{\times 4}{\longrightarrow} 24 \underset{\times 5}{\longrightarrow} 120 \underset{\times 6}{\longrightarrow} (\ )$

따라서 빈칸에 들어갈 숫자는 $120 \times 6 = 720$이다.

14

|정답| ⑤

|해설|

121	100	81	64	49	( )
↑	↑	↑	↑	↑	↑
11^2	10^2	9^2	8^2	7^2	6^2

따라서 빈칸에 들어갈 숫자는 36이다.

15

|정답| ④

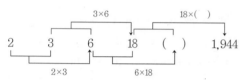

따라서 빈칸에 들어갈 숫자는 108이다.

16

|정답| ④

|해설|

$$2 \xrightarrow{\times 5} 10 \xrightarrow{-3} 7 \xrightarrow{\times 5} 35 \xrightarrow{-3} 32 \xrightarrow{\times 5} 160 \xrightarrow{-3} (\ )$$

따라서 빈칸에 들어갈 숫자는 157이다.

17

|정답| ③

|해설| 분자는 2씩, 분모는 1씩 증가한다. 약분되는 분수에 주의한다.

$$\frac{1+2}{2+1} \rightarrow \frac{3+2}{3+1} \rightarrow \frac{5+2}{4+1} \rightarrow \frac{7+2}{5+1} \rightarrow \frac{9+2}{6+1} \rightarrow (\ )$$

따라서 빈칸에 들어갈 숫자는 $\frac{11}{7}$ 이다.

18

|정답| ①

|해설|

$$-4 \xrightarrow{+6} 2 \xrightarrow{-4} -2 \xrightarrow{+6} 4 \xrightarrow{-4} 0 \xrightarrow{+6} 6 \xrightarrow{-4} (\ )$$

따라서 빈칸에 들어갈 숫자는 $6-4=2$이다.

19

|정답| ②

|해설| 앞의 두 수를 더한 값이 세 번째 수가 된다.

$8+5=13$ / $9+7=16$ / $7+4=(\ )$

따라서 빈칸에 들어갈 숫자는 11이다.

20

|정답| ①

|해설|

$$1.5 \xrightarrow{+0.5} 2 \xrightarrow{-0.6} 1.4 \xrightarrow{+0.7} 2.1 \xrightarrow{-0.8} 1.3 \xrightarrow{+0.9} 2.2 \xrightarrow{-1.0} (\ )$$

따라서 빈칸에 들어갈 숫자는 1.2이다.

|별해|

홀수 번째 자리에 있는 숫자는 0.1씩 작아지고, 짝수 번째 자리에 있는 숫자는 0.1씩 커진다. 따라서 홀수 번째 자리에 있는 빈칸에는 $1.3-0.1=1.2$가 들어가게 된다.

1회 수리

▸문제 103쪽

01	②	02	②	03	③	04	④	05	⑤
06	②	07	③	08	③	09	②	10	②
11	③	12	③	13	④	14	③	15	⑤
16	②	17	①	18	②	19	③	20	①

01

|정답| ②

|해설| ⓒ 1인 가구와 4인 가구의 합이 50%이므로 2 ~ 3인 가구는 50% 이하일 것이다.

|오답풀이|

㉠ 최소 평균 가구원 수를 구하기 위해서는 그래프에 제시되지 않은 나머지 가구를 모두 2인 가구로 전제하여 계산해야 한다(100−26−22=52). 따라서 2021년 평균 가구원 수는 최소 $1×0.26+4×0.22+2×0.52=2.18$(명)이다.

ⓒ 2005년의 평균 가구원 수는 3.42명으로 2000년의 2.74명에 비해 증가하였다.

ⓔ 2005년 1인 가구 비율은 2000년 대비 $\frac{12.9-9.1}{9.1}×100$ ≒42(%) 증가하였다.

02

|정답| ②

|해설| 〈표 1〉에서 개방형 총 직위 수 중 충원 직위 수가 차지하는 비율이 클 것 같아 보이는 해를 선별하여 계산한다. 20X4년은 87.8%, 20X6년은 87.3%, 20X7년은 88.3%, 20X8년은 93.6%로 20X8년이 가장 높다.

|오답풀이|

① 미충원 직위 수는 개방형 총 직위 수에서 충원 직위 수를 제외하면 된다. 20X4년 이후 미충원 직위 수는 20X4년 16명, 20X5년 21명, 20X6년 18명, 20X7년 18명, 20X8년 10명, 20X9년 22명이므로 매년 감소했다는 것은 옳지 않다.

③ 내부 임용의 비율은 20X7년 $\frac{75}{136}×100$≒55.1(%), 20X8년 $\frac{79}{146}×100$≒54.1(%), 20X9년 $\frac{81}{143}×100$≒56.6(%)로 60%가 채 되지 않는다.

④ A 부처의 내부 임용 비율은 $\frac{117}{201}×100$≒58.2(%), B 부처의 내부 임용 비율은 $\frac{153}{182}×100$≒84.1(%)이므로 B 부처가 약 25.9%p 더 높다.

⑤ 개방형 총 직위 수는 20X3 ~ 20X9년까지 지속적으로 증가 추세에 있다.

03

|정답| ③

|해설| 각 광종별 부존량 1위 국가들의 세계 매장량에 대한 점유비중은 다음과 같다.

• 철광석 : $\frac{35,000}{170,000}×100$≒20.6(%)

• 동광석 : $\frac{190,000}{690,000}×100$≒27.5(%)

• 보크사이트 : $\frac{7,400}{28,000}×100$≒26.4(%)

• 아연 : $\frac{64,000}{250,000}×100$≒25.6(%)

• 니켈 : $\frac{18,000}{74,000}×100$≒24.3(%)

따라서 모두 20% 이상인 것을 확인할 수 있다.

|오답풀이|

① 호주만 5개 광종 부존량 상위 5개국에 모두 속해 있음을 알 수 있다.

② 철광석과 보크사이트는 각각 71.8%로 70%를 넘고 있으나, 나머지 광종은 동광석 61.4%, 아연 64.0%, 니켈 67.6%로 70%에 미치지 못한다.

④ 아연은 $\frac{64,000}{160,000}×100$=40.0(%)이나, 동광석은 $\frac{190,000}{424,000}×100$≒44.8(%)로 가장 높은 비중을 보이고 있다.

⑤ 전 세계에서 광종별 호주의 부존량 비중은 다음과 같다.

- 철광석 : $\dfrac{35,000}{170,000} \times 100 ≒ 20.6(\%)$

- 동광석 : $\dfrac{87,000}{690,000} \times 100 ≒ 12.6(\%)$

- 보크사이트 : $\dfrac{6,000}{28,000} \times 100 ≒ 21.4(\%)$

- 아연 : $\dfrac{64,000}{250,000} \times 100 ≒ 25.6(\%)$

- 니켈 : $\dfrac{18,000}{74,000} \times 100 ≒ 24.3(\%)$

따라서 호주의 부존량 비중은 아연이 가장 큰 것을 알 수 있다.

04

| 정답 | ④

| 해설 | 해외 부동산펀드 지역 분포에서 미국 44.2%, 유럽 26.5%, 아시아 등 기타 29.3%로 가장 많은 비중을 차지하는 것은 미국이다.

| 오답풀이 |

① 해외 부동산펀드 투자 대상에서 오피스는 53%로 절반 이상을 차지한다.

② 해외 부동산펀드 투자 대상 중 그 항목을 명확히 알 수 없는 '기타 및 복수 대상 투자'는 24%로 약 4분의 1을 차지한다.

③ 해외 부동산펀드 투자 대상 가운데 주택은 2%로 5%인 창고물류센터보다 그 비중이 작다.

⑤ 해외 부동산펀드 분포 지역에서 미국을 제외한 유럽과 아시아 등 기타 지역의 비중은 55.8%이다.

05

| 정답 | ⑤

| 해설 | 공공부문 전체의 전년 대비 20X3년 일자리 증가율은

$\dfrac{(206.2+34.8)-(201.3+35.3)}{201.3+35.3} \times 100 = \dfrac{4.4}{236.6} \times 100$

≒ 1.9(%)이다.

이 추세가 유지된다면 2년 뒤의 일자리는 $(206.2+34.8) \times 1.019^2 = 241 \times 1.019^2 ≒ 250.2$(만 개)가 될 것이다.

| 오답풀이 |

① 20X2년 중앙정부 소속 일자리의 전년 대비 증가율은 약 0.8%로 1%에 못 미친다.

② 20X3년 중앙정부 소속 일자리는 77.4만 개로 공공부문 전체 일자리 206.2+34.8=241(만 개)의 $\dfrac{77.4}{241} \times 100$ ≒ 32.1(%)를 차지한다.

④ 20X3년의 지방정부 소속 일자리의 0.2%는 약 0.25만 개, 같은 해 금융공기업 소속 일자리의 10%는 0.26만 개다.

06

| 정답 | ②

| 해설 | 누계 수치에서 3개 연도의 수치를 빼면 20X7년 이전의 수치를 알 수 있다. 제주공항의 경우, 3개 연도의 이용자 수가 3,609+5,732+5,713=15,054(백 명)으로 34,127백 명에서 이를 뺀 19,073백 명보다 더 적다.

| 오답풀이 |

③ 20X7년에는 인천공항, 김해공항, 김포공항, 제주공항의 순으로 합계 인원 수가 많았으나, 20X9년에는 인천공항, 김해공항, 김포공항 다음으로 대구공항이 4위가 된 것을 알 수 있다.

④ '기타'의 3개 연도 등록자 수는 176+1,394+2,310=3,880(백 명)이므로 등록자 누계인 5,036백 명의 $\dfrac{3,880}{5,036} \times 100 ≒ 77(\%)$이다.

⑤ 등록자 수와 이용자 수의 합계는 인천항이 622백 명 → 757백 명 → 806백 명으로 매년 증가하였으나, 부산항은 1,466백 명 → 1,710백 명 → 1,177백 명으로 20X8년 증가 후 20X9년에 감소하였다.

07

| 정답 | ③

| 해설 | 연도별 전년 대비 비용 증감률을 구하면 다음과 같다.

구분	전년 대비 비용 증감률(%)
20X4년	$\dfrac{165,000-180,000}{180,000}\times100 ≒ -8.3(\%)$
20X5년	$\dfrac{190,000-165,000}{165,000}\times100 ≒ 15.2(\%)$
20X6년	$\dfrac{184,300-190,000}{190,000}\times100 ≒ -3(\%)$
20X7년	$\dfrac{166,300-184,300}{184,300}\times100 ≒ -9.8(\%)$
20X8년	$\dfrac{178,000-166,300}{166,300}\times100 ≒ 7.0(\%)$
20X9년	$\dfrac{173,000-178,000}{178,000}\times100 ≒ -2.8(\%)$

전년 대비 비용 증감률의 절댓값이 가장 높았던 해는 20X5년으로, 이는 비용이 가장 많았던 해이다.

| 오답풀이 |

① 연도별 이익과 전년 대비 이익 증감률을 구하면 다음과 같다.

구분	이익(만 원)	전년 대비 이익 증감률(%)
20X3년	$240,000-180,000$ $=60,000$	—
20X4년	$250,000-165,000$ $=85,000$	$\dfrac{85,000-60,000}{60,000}$ $\times100≒41.7(\%)$
20X5년	$255,000-190,000$ $=65,000$	$\dfrac{65,000-85,000}{85,000}$ $\times100≒-23.5(\%)$
20X6년	$244,000-184,300$ $=59,700$	$\dfrac{59,700-65,000}{65,000}$ $\times100≒-8.2(\%)$
20X7년	$230,000-166,300$ $=63,700$	$\dfrac{63,700-59,700}{59,700}$ $\times100≒6.7(\%)$
20X8년	$240,000-178,000$ $=62,000$	$\dfrac{62,000-63,700}{63,700}$ $\times100≒-2.7(\%)$
20X9년	$230,000-173,000$ $=57,000$	$\dfrac{57,000-62,000}{62,000}$ $\times100≒-8.1(\%)$

이익이 가장 많았던 해는 20X4년으로, 전년 대비 이익 증감률의 절댓값도 가장 높다.

② 이익이 가장 적었던 해는 20X9년으로, 전년 대비 비용 증감률의 절댓값도 가장 낮다.

④ 연도별 전년 대비 매출 증감률을 구하면 다음과 같다.

구분	전년 대비 매출 증감률(%)
20X4년	$\dfrac{250,000-240,000}{240,000}\times100 ≒ 4.2(\%)$
20X5년	$\dfrac{255,000-250,000}{250,000}\times100 ≒ 2(\%)$
20X6년	$\dfrac{244,000-255,000}{255,000}\times100 ≒ -4.3(\%)$
20X7년	$\dfrac{230,000-244,000}{244,000}\times100 ≒ -5.7(\%)$
20X8년	$\dfrac{240,000-230,000}{230,000}\times100 ≒ 4.3(\%)$
20X9년	$\dfrac{230,000-240,000}{240,000}\times100 ≒ -4.2(\%)$

전년 대비 매출 증감률의 절댓값이 가장 높았던 해는 20X7년으로, 매출이 가장 많았던 해가 아니다. 매출이 가장 많았던 해는 20X5년이다.

⑤ 전년 대비 매출 증감률의 절댓값이 가장 낮았던 해는 20X5년으로, 매출과 비용 모두 가장 많았던 해이다.

08

| 정답 | ③

| 해설 | ⓒ 비수도권의 전기 요금 변동률이 수도권의 전기 요금 변동률보다 높은 연도는 20X2년, 20X5년으로 2개이다.

ⓒ 수도권과 비수도권의 전기 요금 변동률 차이가 가장 크게 나타나는 연도는 20X9년으로 1.2%p 차이가 난다.

| 오답풀이 |

㉠ 20X5년에는 전년 대비 전기 요금 변동률이 감소하였으므로 옳지 않은 설명이다.

㉣ 수도권의 경우 20X4년, 비수도권의 경우 20X9년에 전년 대비 전기 요금 변동률 차이가 가장 크다.

09

| 정답 | ②

| 해설 | • 20X1년 소각 처리한 양 : 12,292(톤/일)

• 20X5년 소각 처리한 양 : 17,200(톤/일)

따라서 20X1년 대비 20X5년도에 소각 처리한 불량품은

$\dfrac{17,200-12,292}{12,292} \times 100 ≒ 39.9(\%)$ 증가하였다.

10

| 정답 | ②

| 해설 | 직원 A ~ D의 주평균 야근 빈도의 총합은 8일이다. 이를 활용하여 직원 A ~ D의 주평균 야근 비중을 구하면 다음과 같다.

• 직원 A : $\dfrac{1.2}{8} \times 100 = 15(\%)$

• 직원 B : $\dfrac{2.5}{8} \times 100 = 31.25(\%)$

• 직원 C : $\dfrac{0.8}{8} \times 100 = 10(\%)$

• 직원 D : $\dfrac{3.5}{8} \times 100 = 43.75(\%)$

따라서 ㉠은 43.75, ㉡은 15, ㉢은 31.25, ㉣은 10이 된다.

11

| 정답 | ③

| 해설 | A 경로와 B 경로의 거리의 합이 5.2km이므로 구해야 할 B 경로의 길이를 $x$km라 하면, A 경로의 길이는 $(5.2-x)$km가 된다. 따라서 다음과 같은 식이 성립한다.

$\dfrac{5.2-x}{3} + \dfrac{x}{4} = 1.5$

$4(5.2-x)+3x = 1.5 \times 12$

$20.8-4x+3x = 18$

$\therefore \ x=2.8(\text{km})$

따라서 B 경로의 길이는 2.8km이다.

12

| 정답 | ③

| 해설 | 이웃하는 3권을 하나로 볼 때 3권을 일렬로 꽂는 방법의 수는 $_3P_3 = 3! = 6$(가지)이다.

또, 이웃하는 3권을 서로 바꾸어 일렬로 꽂는 방법의 수는 $_3P_3 = 3! = 6$(가지)이다.

따라서 구하는 방법의 수는 $_3P_3 \times _3P_3 = 6 \times 6 = 36$(가지)이다.

13

| 정답 | ④

| 해설 | 부가세 15%를 포함하지 않은 원래의 피자 가격을 x원이라고 하면, 식은 다음과 같다.

$x + \left(x \times \dfrac{15}{100} \right) = 18,400$

$x = 16,000(원)$

따라서 부가세 10%를 포함한 피자의 가격은

$16,000 + \left(16,000 \times \dfrac{10}{100} \right) = 17,600(원)$이다.

14

| 정답 | ③

| 해설 | A의 톱니 수와 B의 톱니 수의 최소공배수는

$$2 \underline{)\ 6\quad 8}$$
$$\times \ 3 \times 4 = 24$$

24이므로 두 톱니바퀴는 한 지점에서 맞물린 후 24개의 톱니가 지나고 다시 그 지점에서 맞물린다. 따라서 A는 $24 \div 6 = 4$(바퀴), B는 $24 \div 8 = 3$(바퀴)를 회전해야 다시 그 지점에서 맞물릴 수 있다.

15

| 정답 | ⑤

| 해설 | A 사원이 하루에 할 수 있는 일의 양을 x이라고 할 때, B 사원은 A 사원보다 하루에 1.2배 더 많은 일을 할 수 있으므로 B 사원이 하루에 할 수 있는 일의 양은 $1.2x$

이다. 이때 두 사원이 일을 동시에 하면 5일이 걸린다고 하였으므로, 일의 총량을 1이라고 할 때 $5(x+1.2x)=1$이 성립한다.

따라서 $x=\dfrac{1}{5\times 2.2}=\dfrac{1}{11}$이므로 같은 일을 A 사원 혼자 한다면 총 11일이 소요된다.

16

|정답| ②

|해설| 박 씨의 현재 나이를 x세라 하면 A년 후의 남편의 나이는 $(43+A)$세, 박 씨의 나이는 $(x+A)$세, 3명의 아이의 나이는 $(8+A)$세, $(6+A)$세, $(4+A)$세이다. A년 후의 나이를 계산하면 다음과 같다.

• 부부 나이의 합이 자녀들 나이의 합의 두 배
$(43+A)+(x+A)=2\{(8+A)+(6+A)+(4+A)\}$
$43+x+2A=2(3A+18)$
$\therefore\ x=4A-7$

• 남편 나이가 자녀들 나이의 합보다 1살 많음.
$43+A=\{(8+A)+(6+A)+(4+A)\}+1$
$43+A=3A+19$
$\therefore\ A=12(년)$

따라서 박 씨의 현재 나이는 $4A-7=4\times 12-7=41(세)$이다.

17

|정답| ①

|해설| 참가비가 50,000원일 때 직원 90명이 참가하고, 참가비를 1,000원 내릴 때마다 신청하는 직원이 5명씩 늘어난다. 그러므로 1,000원씩 x번 내렸다고 가정하면 참가 인원수는 $(90+5x)$명이다.

$(50,000-1,000x)(90+5x)=5,000(50-x)(18+x)$
$=5,000(-x^2+32x+900)=-5,000(x^2-32x-900)$
$=-5,000(x-16)^2+5,780,000$

따라서 $x=16$일 때 직원 참가비는 최대가 된다. 그러므로 예산이 최대가 될 때의 참가비는 $50,000-16,000=34,000$(원)이 된다.

18

|정답| ②

|해설| 89점을 받은 횟수를 x회, 94점을 받은 횟수를 y회라 하면
$x+y=10$ ···················· ㉠
$\dfrac{89x+94y}{10}=91$ ···················· ㉡

㉡을 정리하면 $89x+94y=910$ ·········· ㉢

㉠$\times 94-$㉢을 하면
$5x=30$ $\therefore x=6(회)$, $y=4(회)$

따라서 94점은 4회 받았다.

19

|정답| ③

|해설| 전체 원두 중 $\dfrac{1}{3}$을 친구에게 나눠주고, 남은 원두 중 $\dfrac{2}{5}$를 부모님께 선물로 보내 드렸으므로 현재까지 남은 원두는 전체의 $\dfrac{2}{3}\times\dfrac{3}{5}=\dfrac{2}{5}$이다. 따라서 현재까지 남은 원두는 $2,000\times\dfrac{2}{5}=800(\mathrm{g})$이다. 일주일간 원두 200g을 소비하였으므로 600g의 원두가 남고, 다시 이 중 $\dfrac{7}{12}$을 후배 사원에게 나눠주었으므로 남은 원두는 $600\times\dfrac{5}{12}=250(\mathrm{g})$이다.

20

|정답| ①

|해설| B 소금물의 농도를 $x\%$, C 소금물의 농도를 $y\%$라고 하면,
$\left(\dfrac{10}{100}\times 200\right)+\left(\dfrac{x}{100}\times 400\right)+\left(\dfrac{y}{100}\times 300\right)$
$=\dfrac{6}{100}\times 900$
$4x+3y=34$ ···················· ㉠

$$\left(\frac{10}{100}\times500\right)+\left(\frac{x}{100}\times400\right)+\left(\frac{y}{100}\times100\right)$$

$$=\frac{8}{100}\times1{,}000$$

$4x+y=30$ ⋯⋯⋯⋯⋯⋯⋯⋯⋯⋯⋯⋯⋯ ㉡

㉠, ㉡을 연립하여 풀면, $x=7$, $y=2$

따라서 B, C 소금물의 농도는 각각 7%, 2%이다.

 1회 **도형**

▶ 문제 115쪽

01	③	02	①	03	④	04	①	05	①
06	⑤	07	⑤	08	②	09	④	10	④
11	⑤	12	②	13	③	14	③	15	③

01

|정답| ③

|해설| 각 규칙은 다음과 같다.

A : 좌우 위치 교체 후 색 반전

B : 좌우 위치 교체

02

|정답| ①

|해설| 각 규칙은 다음과 같다.

A : 좌우 위치 교체

B : 내부 도형 시계 방향으로 90° 회전

C : 좌우 위치 교체 후 색 반전

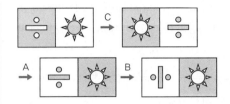

03

|정답| ④

|해설| 각 규칙은 다음과 같다.

A : 좌우 위치 교체

B : 내 · 외부 도형 색 반전

C : 내부 도형 좌우 위치 교체

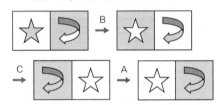

04

|정답| ①

|해설| 각 규칙은 다음과 같다.

A : 외부 도형 색 반전

B : 내부 도형 반시계 방향으로 90° 회전

C : 내부 도형 상하 반전 후 색 반전

규칙 C를 적용한 후 ○ 위치 내부 도형의 색이 처음과 달라졌으므로 규칙 B를 적용해야 한다.

05

| 정답 | ①

| 해설 | 각 규칙은 다음과 같다.

☆ : 왼쪽 도형은 상하 대칭, 오른쪽 도형은 좌우 대칭

❋ : 내부 도형 좌우 교체

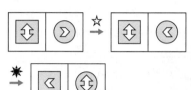

06

| 정답 | ⑤

| 해설 | **05**의 규칙을 적용하면 다음과 같다.

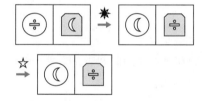

07

| 정답 | ⑤

| 해설 | 각 규칙은 다음과 같다.

A : 내 · 외부 도형 색 반전

B : 시계 방향으로 내부 도형 한 칸씩 이동

C : 내부 도형 색 반전

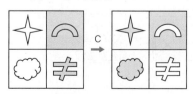

규칙 C를 적용한 후 ○ 위치 내부 도형의 색이 처음과 달라 졌으므로 규칙 C를 적용해야 한다.

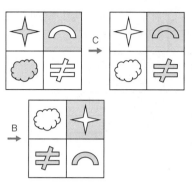

08

| 정답 | ②

| 해설 | **07**의 규칙을 적용하면 다음과 같다.

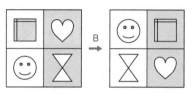

규칙 B를 적용한 후 ○ 위치 내부 도형의 색이 처음과 같으 므로 규칙 C를 적용해야 한다.

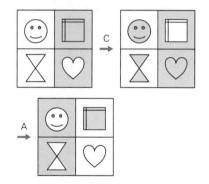

09

| 정답 | ④

| 해설 | **07**의 규칙을 적용하면 다음과 같다.

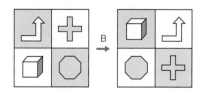

규칙 B를 적용한 후 ○ 위치 내부 도형의 색이 처음과 달라졌으므로 규칙 C를 적용해야 한다.

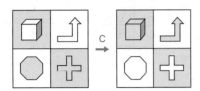

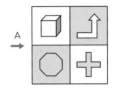

13

|정답| ③

|해설| **12**의 규칙을 적용하면 다음과 같다.

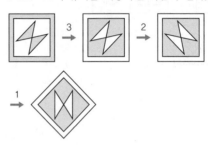

10

|정답| ④

|해설| 각 규칙은 다음과 같다.

1 : 반시계 방향으로 90° 회전

2 : 좌우 대칭

3 : 색 반전 후, 중앙에 흰색 원 추가

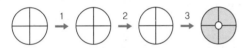

14

|정답| ③

|해설| 각 규칙은 다음과 같다.

a : 시계 방향으로 90° 회전 후, 내·외부 도형 색 반전

b : 시계 방향으로 90° 회전

c : 외부 도형은 반시계 방향으로 90° 회전, 내부 도형은 시계 방향으로 90° 회전

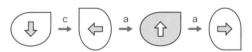

11

|정답| ⑤

|해설| **10**의 규칙을 적용하면 다음과 같다.

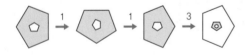

15

|정답| ③

|해설| **14**의 규칙을 적용하면 다음과 같다.

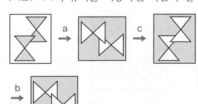

12

|정답| ②

|해설| 각 규칙은 다음과 같다.

1 : 시계 방향으로 45° 회전

2 : 상하 대칭

3 : 색 반전

2회 언어

▶ 문제 126쪽

01	①	02	③	03	③	04	⑤	05	①
06	③	07	④	08	④	09	③	10	⑤
11	⑤	12	①	13	②	14	③	15	④
16	⑤	17	⑤	18	③	19	⑤	20	⑤

01

|정답| ①

|해설| 원시공동체에서는 사냥감을 저장할 수 없어 탐할 수 있는 이익이 많이 없었기 때문에 탐욕을 절제하는 생활을 할 수밖에 없었다. 하지만 신석기시대에 이르러 저장 가능한 가축과 곡물의 생산이 시작되고 잉여 생산물이 생겨나면서 약탈로부터 얻는 이익이 커졌고 이에 따라 착취와 전쟁이 본격적으로 시작되었다. 즉 이 글은 식량의 저장과 잉여생산물의 탄생으로 인한 약탈의 본격화로 요약될 수 있다.

02

|정답| ③

|해설| FDMA는 형성 전 단절 방식을, CDMA는 단절 전 형성 방식을 사용하는데, 핸드오버의 명령이 어느 방식에서 더 빠르게 이루어지는지 그리고 어떤 방식의 연결이 더 간편한지에 대해서는 제시된 글을 통해 알 수 없다.

|오답풀이|

① 핸드오버는 이동단말기와 기지국 사이의 신호 세기가 특정 값 이하로 떨어지면 명령되는데, 신호는 이동단말기와 기지국의 거리가 가까울수록 강해지고 멀수록 약해진다.

②, ④ CDMA에서 사용하는 단절 전 형성 방식은 각 기지국이 같은 주파수를 사용하고 있을 경우에 사용되는 방식으로, 이동단말기와 기존 기지국 간 통화 채널이 단절되기 전 새로운 기지국과 통화 채널을 형성하여 두 기지국과 동시에 통화 채널을 형성할 수 있다.

⑤ 이동단말기와 기지국 사이의 신호 세기가 특정 값 이하로 떨어지게 되면 핸드오버가 명령된다고 하였으므로 신호의 세기가 특정 값보다 높다면 핸드오버가 명령되지 않음을 알 수 있다.

03

|정답| ③

|해설| (나)에서 '그는'이라고 시작되므로 특정 인물에 대해 앞서 이야기하는 (라)가 (나) 앞에 나와야 한다. (가)에서 자신의 이름을 따서 도시 명을 정했다고 말하므로 (나)에 나온 도시건설에 대한 부연설명임을 알 수 있다. 그러므로 (라)-(나)-(가)의 순서대로 문단이 배치된다. 다음으로 (마)에서 '이 도시는'이 나오므로 상트페테르부르크에 대해 말하는 (가) 뒤에 배치된다. (마)에서 이후 발전 상황에 대해 이야기하고 있고 (다)는 이러한 위상이 지금가지 이어진다고 했으므로 (마)-(다)로 배치된다. 따라서 글의 (라)-(나)-(가)-(마)-(다) 순이 적절하다.

04

|정답| ⑤

|해설| 모든 선택지가 (라)로 시작하고 있으므로 (라)의 내용을 먼저 살펴보면 19세기 일부 인류학자들의 주장에 대한 설명임을 알 수 있다. (마)에서는 '그들'이라는 단어로 19세기 일부 인류학자들을 포괄하며 (라)의 주장에 대해 구체적으로 설명하고 있다. 따라서 (라)-(마)로 이어짐을 알 수 있다. (다)에서는 역접의 접속사 '그러나'를 사용하여 (라), (마)에서 언급한 일부 인류학자의 주장이 비판을 받게 되었다고 내용을 전환하고 있으며, (가)에서는 비판을 받은 이유를, (나)에서는 비판을 받은 이후 20세기 인류학자들의 변화에 대해 설명하고 있으므로 (다)-(가)-(나)로 이어지게 된다. 따라서 (라)-(마)-(다)-(가)-(나) 순이 적절하다.

05

|정답| ①

|해설| 모든 선택지가 (라)로 시작하기 때문에 (라)와 이어지는 문장을 찾아야 한다. (라)에서는 농촌 고령화의 심각성을 언급하고 있으므로, 뒤에 그 원인을 설명하는 (가)가 오는 것이 자연스럽다. 다음으로 (가)의 상황에서 고령층이 하고 있는 일을 설명하는 (나)로 이어지고, 이러한 노력들에도 불구하고도 고령화 문제 해결의 어려움을 이야기하고 있는 (다)가 올 수 있다. 따라서 (라)-(가)-(나)-(다) 순이 적절하다.

06

|정답| ③

|해설| (마)에서 멜라민이 주로 공업용에서 쓰이는 화학물질이라는 일반적 용도를 언급하였고, (가)는 멜라민이 인체에 들어왔을 때 초래하는 악영향을 설명하였다. 이를 이어받아 (다)에서는 미국 FDA가 멜라민 제한섭취량을 권고한 것을 부연하고 있으며, (나)와 (라)는 그러한 권고에도 불구하고 기준치를 넘은 멜라민을 사용하여 인명 사고를 일으킨 중국의 사례를 소개하고 있다. 따라서 (마)-(가)-(다)-(나)-(라) 순이 적절하다.

07

|정답| ④

|해설| 퍼퓸은 향이 12시간 정도 지속된다고 하였으므로 향이 아침부터 밤까지 지속되기를 원한다면 퍼퓸을 구입해야 한다.

|오답풀이|

① 향수 원액의 농도와 가격의 관계에 대해서는 언급되어 있지 않다.

② 라스팅 노트가 6시간 지속되는 향수가 가장 좋은 향수라고 언급되어 있다.

③ '귀 뒤나 손목, 팔꿈치 안쪽 등 맥박이 뛰는 부분'이라고 언급했으나 목에 대한 언급은 없다.

⑤ 라스팅 노트에서는 향수 본래의 향취가 나므로 알코올이 향취를 다 날아가게 한다는 설명은 옳지 않다.

08

|정답| ④

|해설| 빈칸의 앞 문장과 뒤 문장을 살펴보면 앞 문장에서는 ○○제작사의 변호사 A가 디자인 등록에 대한 부정적 의견을 말하고 있으며 뒤 문장에서는 △○제작사의 변호사 B가 이에 반하는 목소리를 내고 있다. 각 변호사의 주장이 서로 상반되기 때문에 빈칸에는 '반면'이 들어가야 한다.

09

|정답| ③

|해설| 제시된 글에서는 몸과 마음을 이원론적으로 분리하여 구분하면서, 신체로부터 독립되어 존재할 수 있는 것을 '능동적 지성', '비물질적인 지성', '비물질적 영혼'과 같은 단어로 표현하고 있다. '심신의 유기체'는 몸과 마음을 분리하지 않고 하나로 보는 것을 의미한다.

10

|정답| ⑤

|해설| • 주지 : 첫 문장을 통해 이야기를 이해하고 기억하는 데에는 글의 구조가 큰 영향을 미친다는 글의 주제를 알 수 있다.

• 부연 : 두 번째 문장은 그러한 글의 구조에는 상위 구조와 하위 구조가 있는데, 상위 구조에 속한 요소들이 더 잘 기억된다고 주제를 덧붙여 설명하고 있다.

• 예시 : 왜 상위 구조가 더 잘 기억되는지를 심청전을 예로 들어 설명하고 있다.

11

|정답| ⑤

|해설| 단보는 백성을 해치지 않기 위해 오랑캐에게 땅을 내주었으므로, 돈이나 물질보다 사람의 생명이 가장 소중하다는 뜻의 속담인 ⑤가 가장 적절하다.

|오답풀이|

① 백성의 소리가 곧 하늘의 소리이므로, 지도자는 백성의 마음에 귀를 기울여야 함을 뜻한다.

② 개인뿐 아니라 나라조차도 남의 가난한 살림을 돕는 데는 끝이 없다는 뜻이다.

③ 말 못 하는 사람이 가뜩이나 말이 안 통하는 오랑캐와 만났다는 뜻으로, 말을 하지 않는 경우를 이른다.

④ 사또가 길을 떠날 때 일을 돕는 비장은 그 준비를 갖추느라 바쁘다는 뜻으로, 윗사람의 일 때문에 고된 일을 하게 됨을 이른다.

12

| 정답 | ①

| 해설 | 제시된 글은 이동통신에 사용되는 주파수 대역의 전자파가 성인에 비해 어린이들에게 더 많이 흡수되며, 이러한 전자파가 어린이들에게 안 좋은 영향을 미칠 수 있다는 내용을 담고 있다. 따라서 '휴대폰 전자파는 성인보다 어린이들에게 더 해로울 수 있다'고 요약할 수 있다.

| 오답풀이 |

② 휴대폰의 전자파가 어린이에게 좋지 않은 영향을 미친다고 하였지만, 어린이에게 휴대폰을 사용하게 해서는 안 된다는 당위적인 표현이 나타나 있지는 않다.

13

| 정답 | ②

| 해설 | 제시된 글은 이분법적 사고와 부분만을 보고 전체를 판단하는 것의 위험성을 예시로 들어 설명하고 있다. 3문단에서는 '으스댔다', '우겼다', '푸념했다', '넋두리했다', '뇌까렸다', '잡아뗐다', '말해서 빈축을 사고 있다' 등의 서술어를 열거해 주관적 서술로 감정적 심리 반응을 유발하는 것이 극단적인 이분법적 사고로 이어질 수 있음을 강조하고 있다.

14

| 정답 | ③

| 해설 | ㉠의 뒤에서 옷차림새나 말투 등으로 느낌이 형성될 수 있음을 이야기하고 있다. 따라서 ③이 적절하다.

15

| 정답 | ④

| 해설 | 오프라 윈프리는 출연자의 마음을 이해하는 데 있어 뛰어났으며 상대방을 설득하기 위한 방법으로 이해와 공감을 제시했다. 따라서 ④가 적절하다.

16

| 정답 | ⑤

| 해설 | (가)는 저소득층 가정에 보급한 정보 통신기기가 아이들의 성적향상에 별다른 영향을 미치지 못한다는 것을, (나)는 정보 통신기기의 활용에 대한 부모들의 관리와 통제가 학업성적에 영향을 준다는 것을 설명하고 있다. 따라서 아이들의 학업성적에는 정보 통신기기의 보급보다 기기 활용에 대한 관리와 통제가 더 중요하다는 것을 결론으로 도출할 수 있다.

17

| 정답 | ⑤

| 해설 | 제시된 글의 중심내용은 언어결정론자들은 우리의 생각과 판단이 언어에 의해 결정된다고 주장하지만, 인간의 사고는 언어보다 경험에 의해 영향을 받는다는 것이다. 따라서 ⑤가 가장 적절하다.

18

| 정답 | ③

| 해설 | 제시된 글은 도시공원의 역할과 중요성에 관해 설명하고 있으며 현재 도시공원의 문제점에 대해 언급하고 있다. 또한 도시공원의 문제점을 개선하여 모두가 동등하게 이용할 수 있게 해야 한다는 점을 강조하고 있다. 따라서 ③이 글의 제목으로 가장 적절하다.

19

| 정답 | ⑤

| 해설 | 글의 주제와 결론이 서로 연관될 수 있도록 (마)에는 '생활 체육 활성화를 위한 정책 수립과 지원 촉구'가 들어가는 것이 적합하다.

| 오답풀이 |

① 서론의 두 번째 내용이 생활 체육의 필요성을 사회적인 측면에서 바라본 것이므로, 첫 번째 내용에는 개인적인 측면이 들어가는 것이 적절하다.

②, ③, ④ 본론 1의 장애 요인과 본론 2의 활성화 방안이 서로 연관되어 있으므로 적절한 내용이 들어갔다고 볼 수 있다.

20

| 정답 | ⑤

| 해설 | 지원금 액수가 증가하였음에도 불구하고 출산율이 오르지 않았다는 것을 강조하는 내용이므로 단순한 지원금 증액보다 출산을 유도하기 위한 근본적인 대책이 필요하다는 문제제기가 글의 주된 내용이다. 따라서 ⑤는 적절하지 않다.

2회 언어 · 수추리

▶ 문제 140쪽

01	①	02	①	03	①	04	②	05	④
06	④	07	⑤	08	③	09	①	10	②
11	④	12	④	13	②	14	③	15	①
16	③	17	③	18	④	19	③	20	②

01

| 정답 | ①

| 해설 | 2개 이상의 동호회 활동을 할 수 없으므로 마라톤부원과 산악회 부원, 축구부원 수의 총합은 13명이다. 또한

제시된 정보로부터 각 동호회의 활동 인원수는 축구부 > 마라톤부 > 산악회 순으로 많으며, 활동 인원수가 각각 모두 다름을 알 수 있다. 이 조건을 만족하는 경우의 수는 축구부, 마라톤부, 산악회 순으로 (10, 2, 1), (9, 3, 1), (8, 4, 1), (8, 3, 2), (7, 5, 1), (7, 4, 2), (6, 5, 2), (6, 4, 3) 총 8가지이다.

A. 마라톤부원이 4명이라면 축구부원은 8명일 수도, 7명일 수도, 6명일 수도 있다.

| 오답풀이 |

B. 산악회 부원이 3명이라면 축구부원은 반드시 6명이다.

C. 축구부원이 9명이라면 산악회 부원은 반드시 1명이다.

02

| 정답 | ①

| 해설 | 갑의 진술 중 갑이 찬성한 것이 진실이고 을이 기권한 것이 거짓이라면 을의 진술에서 을이 기권한 것이 거짓이라면 병이 찬성한 것이 진실이 된다. 이를 종합하면 병의 진술에서 병이 기권한 것은 거짓이 되는데 을이 기권한 것이 진실이 되면 앞의 진술들과 모순이 된다. 따라서 갑, 을, 병의 진술에서 을이 기권한 것이 진실이 되고 다른 진술은 거짓이 된다. 정과 무의 진술에서는 다음의 두 가지 경우가 발생한다.

1) 무가 반대한 것이 진실인 경우
   정이 찬성한 것은 거짓이고, 갑이 반대한 것도 거짓이 된다. 이 경우, 갑은 찬성도, 반대도 하지 않고 기권을 했을 것이라 추론할 수 있다.

2) 무가 반대한 것이 거짓인 경우
   정은 찬성하였고, 갑은 반대한 것이 진실이다. 이 경우, 갑은 찬성하지 않고 반대를 한 것이라 추론할 수 있다.

| 오답풀이 |

④ 정은 찬성하지 않을 수도 있고, 찬성할 수도 있기 때문에 반드시 진실이라고 단정지을 수 없다.

03

| 정답 | ①

| 해설 | 학생처를 두 번째에 배치하면 교무처와의 사이에 두 팀이 배치되므로 교무처는 다섯 번째에 배치된다. 교무처

와 연구처는 연이어 배치되는데 연구처가 네 번째에 배치될 경우 사무국과 입학본부가 연이어 있지 못하므로 연구처는 여섯 번째 자리에 배치된다. 따라서 최종 배치는 순서는 기획협력처 - 학생처 - 사무국(입학본부) - 입학본부(사무국) - 교무처 - 연구처이다.

04

|정답| ②

|해설| 1, 3 ~ 6번째 진술을 표로 정리하면 다음과 같다.

첫 번째 방	두 번째 방	세 번째 방	네 번째 방
	C	B	
	종로	잠실	송파

두 번째 진술에서 B는 D의 옆방에 있다고 했으므로 B와 D는 세 번째 방, 네 번째 방 중 각각 한 곳에 살고 있음을 알 수 있다. 그런데 B는 세 번째 방에 살고 있지 않으므로 D가 세 번째 방, B는 네 번째 방에 살고 있다.

첫 번째 방	두 번째 방	세 번째 방	네 번째 방
A	C	D	B
	종로	잠실	송파

이에 따라 A는 종로, C는 왕십리에 집을 뒀음을 알 수 있다. 정리하면 다음과 같다.

첫 번째 방	두 번째 방	세 번째 방	네 번째 방
A	C	D	B
종로	왕십리	잠실	송파

따라서 왕십리에 집을 둔 학생은 C이다.

|오답풀이|

① D는 세 번째 방을 사용하고 있다.

③ A는 첫 번째 방을 사용하고 있다.

④ A ~ D는 순서대로 각각 종로, 송파, 왕십리, 잠실에 집을 두고 있다.

⑤ B는 네 번째 방을 사용하고 있다.

05

|정답| ④

|해설| 제시된 정보들은 모두 거짓이므로 각 신입사원이 배정받은 팀이 아닌 곳을 표에 정리하면 다음과 같다.

구분	영업팀	홍보팀	재무팀	개발팀	설계팀
김정식			×		
김병연	×	×			×
허초희		×			×
백기행	×		×	×	×
정지용	×		×		

따라서 배정받은 팀을 정확하게 알 수 있는 신입사원은 백기행이다.

06

|정답| ④

|해설| 네 번째 조건에 따라 B, C는 1, 3, 5등이 가능하고 D는 2, 4등이 가능하다. 세 번째 조건에 따라 E와 C의 등수는 연속해야 하므로 E는 2, 4등이 가능하고 두 번째 조건에 따라 A와 D의 등수는 연속해야 하므로 A는 1, 3, 5등이 가능함을 알 수 있다. 정리하면 A, B, C 중 1, 3, 5등이 있고 D, E 중 2, 4등이 있다.

그런데 첫 번째 조건에 따라 D는 E보다 등수가 높아야 하므로 D가 2등, E가 4등이 되며, B는 E보다 등수가 높으므로 5등이 될 수 없다. 또한 D가 2등이므로 두 번째 조건에 따라 A도 5등이 될 수 없다. 따라서 C가 5등이 된다.

따라서 가능한 달리기 등수는 A-D-B-E-C 혹은 B-D-A-E-C로, E는 어떠한 경우에도 4등이 된다.

07

|정답| ⑤

|해설| 진술들에 의하면 퇴근한 순서는 다음과 같다.

D 사원 - A 사원 - C 사원 - E 사원 또는 B 사원

E 사원과 B 사원 중 누가 먼저 퇴근했는지를 알 수 없으므로 E 사원보다 먼저 퇴근한 사람이 모두 몇 명인지 정확히 알 수 없다.

08

| 정답 | ③

| 해설 | 첫 번째 명제는 '사람을 사귀는 것이 어렵지 않은 사람은 성격이 외향적이다'로 볼 수 있고, 두 번째 명제는 '말하는 것을 좋아하는 사람은 외국어를 쉽게 배운다'로 볼 수 있다. 두 번째 명제의 '말하는 것을 좋아하는 사람'의 자리에 '외향적인 성격'이 들어가면 '외향적인 성격은 외국어를 쉽게 배운다'가 성립한다. 따라서 이를 위해 '외향적인 성격은 말하는 것을 좋아한다'라는 명제가 필요하다.

09

| 정답 | ①

| 해설 |

$$C \longrightarrow F \longrightarrow E \longrightarrow H \longrightarrow G \longrightarrow (\quad)$$
$$3 \xrightarrow{+3} 6 \xrightarrow{-1} 5 \xrightarrow{+3} 8 \xrightarrow{-1} 7 \xrightarrow{+3} (\quad)$$

따라서 빈칸에 들어갈 문자는 10에 해당하는 J이다.

10

| 정답 | ②

| 해설 | 알파벳 순서를 숫자로 변환하여 푼다.

$$M \longrightarrow L \longrightarrow P \longrightarrow O \longrightarrow S \longrightarrow (\quad)$$
$$13 \xrightarrow{-1} 12 \xrightarrow{+4} 16 \xrightarrow{-1} 15 \xrightarrow{+4} 19 \xrightarrow{-1} (\quad)$$

따라서 빈칸에 들어갈 문자는 18에 해당하는 R이다.

11

| 정답 | ④

| 해설 |

$$21 \xrightarrow{-2^1} 19 \xrightarrow{-2^2} 15 \xrightarrow{-2^3} 7 \xrightarrow{-2^4} (\quad) \xrightarrow{-2^5} -41 \xrightarrow{-2^6} -105$$

따라서 빈칸에 들어갈 숫자는 -9이다.

12

| 정답 | ④

| 해설 |

$$7 \quad \overset{+5}{\underset{}{}} \quad 15 \quad 12 \quad \overset{+4}{\underset{-2}{}} \quad 13 \quad 16 \quad \overset{+3}{\underset{-1}{}} \quad 12 \quad 19 \quad \overset{+2}{\underset{0}{}} \quad 12 \quad (\quad)$$

따라서 빈칸에 들어갈 숫자는 21이다.

13

| 정답 | ②

| 해설 |

$$2.2 \xrightarrow{+2.1} 4.3 \xrightarrow{+2.3} 6.6 \xrightarrow{+2.5} 9.1 \xrightarrow{+2.7} 11.8 \xrightarrow{+2.9} 14.7 \xrightarrow{+3.1} (\quad)$$

따라서 빈칸에 들어갈 숫자는 17.8이다.

14

| 정답 | ③

| 해설 |

$$\begin{array}{ccccccccccc} & 2\times2 & & 2\times4 & & 2\times6 & & 2\times8 & & 2\times10 & \\ & \downarrow & & \downarrow & & \downarrow & & \downarrow & & \downarrow & \\ 3 & 4 & 9 & 8 & 15 & 12 & 21 & 16 & 27 & 20 & (\quad) \\ \uparrow & & \uparrow & & \uparrow & & \uparrow & & \uparrow & & \uparrow \\ 3\times1 & & 3\times3 & & 3\times5 & & 3\times7 & & 3\times9 & & 3\times11 \end{array}$$

따라서 빈칸에 들어갈 숫자는 33이다.

15

| 정답 | ①

| 해설 |

$$3 \xrightarrow{+2} 5 \xrightarrow{+3} 8 \xrightarrow{+5} 13 \xrightarrow{+8} 21 \xrightarrow{+12} (\quad) \xrightarrow{+17} 50$$
$$\underset{+1}{} \quad \underset{+2}{} \quad \underset{+3}{} \quad \underset{+4}{} \quad \underset{+5}{}$$

따라서 빈칸에 들어갈 숫자는 33이다.

16

|정답| ③

|해설|

$$1 \xrightarrow{+4} 5 \xrightarrow{\times 4} 20 \xrightarrow{-4} 16 \xrightarrow{+3} 19 \xrightarrow{\times 3} 57$$
$$\xrightarrow{-3} 54 \xrightarrow{+2} 56 \xrightarrow{\times 2} (\quad) \xrightarrow{-2} 110$$

따라서 빈칸에 들어갈 숫자는 112이다.

17

|정답| ③

|해설| 세 번째 수는 첫 번째와 두 번째 수를 곱하고 3을 더한 값이다.

- $6 \quad 4 \quad 27 \rightarrow 6 \times 4 + 3 = 27$
- $5 \quad (\quad) \quad 33 \rightarrow 5 \times (\quad) + 3 = 33$
- $5 \quad 5 \quad 28 \rightarrow 5 \times 5 + 3 = 28$

따라서 빈칸에 들어갈 숫자는 6이다.

18

|정답| ④

|해설| 네 번째 수는 첫 번째 수와 두 번째 수의 합을 제곱한 뒤 세 번째 수를 곱한 값이다.

- $2 \quad 1 \quad 2 \quad 18 \rightarrow (2+1)^2 \times 2 = 18$
- $2 \quad 3 \quad 10 \quad 250 \rightarrow (2+3)^2 \times 10 = 250$
- $3 \quad 4 \quad 5 \quad (\quad) \rightarrow (3+4)^2 \times 5 = (\quad)$

따라서 빈칸에 들어갈 숫자는 245이다.

19

|정답| ③

|해설|

$$2 \quad 7 \quad 10 \quad 17 \quad 23 \quad 34 \quad 43 \quad (\quad)$$

따라서 빈칸에 들어갈 숫자는 62이다.

20

|정답| ②

|해설|

$$2.3 \xrightarrow{+1.6} 3.9 \xrightarrow{+2.8} 6.7 \xrightarrow{+4} 10.7 \xrightarrow{+5.2} 15.9 \xrightarrow{+6.4} (\quad)$$

따라서 빈칸에 들어갈 숫자는 22.3이다.

| 2회 | 수리 |

▶ 문제 148쪽

01	④	02	②	03	⑤	04	③	05	⑤
06	④	07	④	08	④	09	③	10	②
11	①	12	⑤	13	③	14	⑤	15	②
16	①	17	③	18	④	19	⑤	20	①

01

|정답| ④

|해설| 20X6년은 40,406명, 20X7년은 42,630명, 20X8년은 44,121명, 20X9년은 48,042명으로 20X6년부터 20X9년까지 소방인력은 매년 4만 명 이상임을 알 수 있다.

|오답풀이|

① 전년 대비 소방인력 수의 증가율은

$$\frac{\text{당년의 소방인력 수} - \text{전년 소방인력 수}}{\text{전년 소방인력 수}} \times 100$$으로 계산할 수 있는데, 가장 큰 비율로 증가한 해는 20X9년

$$\left(\frac{48,042 - 44,121}{44,121} \times 100 ≒ 8.9(\%) \right)$$이다.

② 20X1년에는 전체 공무원 대비 소방인력 비율이 3.8%로 4%를 초과하지 않는다.

③ 20X9년의 소방인력 수는 48,042명이고 8년 전인 20X1년에는 33,992명이므로, 20X9년 소방인력 수는 20X1년에 비해 14,050명 늘어났음을 알 수 있다.

⑤ 20X1년 전체 공무원 수는 $\frac{33,992}{0.038} ≒ 894,526$(명)으로 100만 명 미만이다.

02

| 정답 | ②

| 해설 | 연구 인력과 지원 인력의 평균연령 차이를 살펴보면 20X5년 1.7세, 20X6년 2세, 20X7년 4.9세, 20X8년 4.9세, 20X9년 5.7세이므로 20X7년과 20X8년의 차이가 같아 전년 대비 계속 커진다고 볼 수 없다.

| 오답풀이 |

① 20X8년의 지원 인력 정원은 20명이고 현원은 21명이므로 충원율은 $\frac{21}{20} \times 100 = 105(\%)$로 100을 넘는다.

③ 매년 지원 인력은 늘어나지만 박사학위 소지자 수는 동일하므로 그 비율은 줄어든다.

④ 20X6년 이후 지원 인력의 평균 연봉 지급액은 20X9년까지 계속 연구 인력보다 적었다.

⑤ $\frac{120 - 95}{95} \times 100 = 26.3157 \cdots (\%)$로 정원 증가율은 26%를 초과한다.

03

| 정답 | ⑤

| 해설 | 20X0년의 스마트폰 사용 실태 조사 응답자 수가 제시되어 있지 않기 때문에 알 수 없다.

| 오답풀이 |

① 20X1년 국내 이동통신 가입자 수는 약 5천만 명이고, 국내 스마트폰 가입자 수는 약 4천만 명이므로 5명 중 4명이 스마트폰을 사용한다고 볼 수 있다.

② • 20X0년 하루 평균 스마트폰 사용 시간 : 2시간 13분 =133분
  • 20X1년 하루 평균 스마트폰 사용 시간 : 2시간 51분 =171분
  따라서 20X1년 하루 평균 스마트폰 사용 시간은 전년 대비 $\frac{171 - 133}{133} \times 100 = 28.57 \cdots \fallingdotseq 28(\%)$ 증가하였다.

③ 스마트폰 하루 사용 시간이 2시간 이상이라고 대답한 응답자의 비율은 20X0년에는 29.8+27=56.8(%), 20X1년에는 26.3+45.7=72(%)이므로, 72-56.8=15.2(%p) 증가했다.

④ • 20X1년 주 사용 서비스 1위 응답자 수 :
  $12,561,236 \times \frac{79.4}{100} = 9,973,621.384$(명)
  • 20X1년 주 사용 서비스 4, 5위 응답자 수 :
  $12,561,236 \times \frac{(40 + 29.6)}{100} = 8,742,620.256$(명)
  따라서 그 차이는 9,973,621-8,742,620=1,231,001(명)으로, 약 120만 명이 된다.

04

| 정답 | ③

| 해설 | 5개 도시의 월별 미세먼지(PM2.5) 대기오염도 평균을 구하면 다음과 같다.

• 1월 : $\frac{29 + 27 + 21 + 26 + 27}{5} = 26 (\mu g/m^3)$

• 2월 : $\frac{28 + 23 + 22 + 26 + 21}{5} = 24 (\mu g/m^3)$

• 3월 : $\frac{25 + 21 + 16 + 20 + 18}{5} = 20 (\mu g/m^3)$

• 4월 : $\frac{21 + 16 + 17 + 18 + 17}{5} = 17.8 (\mu g/m^3)$

• 5월 : $\frac{19 + 15 + 17 + 20 + 18}{5} = 17.8 (\mu g/m^3)$

따라서 미세먼지(PM2.5) 대기오염도는 평균적으로 1월에 가장 높았다.

| 오답풀이 |

① 1월, 3월은 부산이 가장 낮았고, 2월은 광주가 가장 낮았으며, 4월, 5월은 인천이 가장 낮았다.

② 1 ~ 4월은 서울이 가장 높았으나 5월은 대구가 가장 높았다.

④ 부산의 경우 2월, 4월에 증가, 5월에 동일하였고, 대구의 경우 2월에 동일, 5월에 증가하였으며, 광주의 경우 5월에 증가하였다.

⑤ 조사기간 중 가장 낮은 수치를 기록한 곳은 5월에 15μg/m^{3}를 기록한 인천이다.

05

| 정답 | ⑤

| 해설 | 2021년 일반 신문을 본다고 응답한 남자의 비율은 79.5% 중 61.9%, 여자의 비율은 65.8% 중 50.0%이다. 2021년 조사 대상 남녀의 수가 같으므로 전체 인구를 1이라 했을 때 남자의 비율은 $0.795 \times 0.619 = 0.49(\%)$, 여자의 비율은 $0.658 \times 0.5 = 0.33(\%)$로 남자가 더 많음을 알 수 있다.

| 오답풀이 |

① 일반 신문을 보는 사람의 비율이 인터넷 신문을 보는 사람의 비율보다 더 적으므로 최대 67.8%이다.

②, ④ 주어진 정보만으로는 알 수 없다.

③ $79.5 \times \dfrac{80.6}{100} = 64.08(\%)$이다.

06

| 정답 | ④

| 해설 | ⓒ 20X6년의 수입금액을 x억 달러라 하면, $\dfrac{x - 4,257}{4,257} \times 100 = 14.6(\%)$, x는 약 4,878억 달러가 된다.

ⓜ 20X5년 전체 무역금액인 $4,674 + 4,257 = 8,931$(억 달러)에서 수출금액의 비율을 구하면 $\dfrac{4,674}{8,931} \times 100 = 52.3$(%)정도를 차지한다.

| 오답풀이 |

㉠ • 20X3 ~ 20X5년의 평균 수출액 :

$\dfrac{4,220 + 3,635 + 4,674}{3} = 4,176$(억 달러)

• 20X3 ~ 20X5년의 평균 수입액 :

$\dfrac{4,353 + 3,231 + 4,257}{3} = 3,947$(억 달러)

따라서 평균 무역금액은 $\dfrac{4,176 + 3,947}{2} = 4,061.5$, 약 4,062억 달러이다.

㉡ 수출과 수입의 격차를 보려면 무역수지(수출 – 수입)를 보면 된다. 무역수지가 417로 가장 높은 20X5년이 수출과 수입의 차이가 가장 크다.

㉣ 무역수지가 적자였던 해는 20X3년도이다.

07

| 정답 | ④

| 해설 | 20X5년 전체 수출액은 4,674억 달러로, 그중 자동차가 39.3%를 차지한다고 하면 $4,674 \times \dfrac{39.3}{100} = 1,836.882$, 즉, 자동차의 수출금액은 약 1,836억 달러이다.

08

| 정답 | ④

| 해설 | 20X5년 대비 20X6년 전체 지원자 수의 감소율을 구하면 $\dfrac{2,652 - 3,231}{3,231} \times 100 = -17.9(\%)$이므로 25%가 아닌 약 17.9% 감소하였다.

| 오답풀이 |

① 〈자료 2〉에서 해외 지원자 비율을 보면 전반적으로 감소하는 추세임을 알 수 있다.

② 〈자료 1〉에서 20X9년 전체 지원자 수 대비 국내 지원자의 비율을 계산해 보면 $\dfrac{1,462}{2,475} \times 100 = 59.1(\%)$이다.

③ 〈자료 1〉의 수치를 통해 20X3년 대비 20X9년 전체 지원자 수는 $3,899 - 2,475 = 1,424$(명) 감소했음을 알 수 있다.

⑤ 〈자료 1〉을 통해 (A)와 (B)를 구하면 다음과 같다.

(A) $= \dfrac{1,462}{2,475} \times 100 = 59.1(\%)$

(B) $= \dfrac{1,013}{2,475} \times 100 = 40.9(\%)$

따라서 (A)-(B)는 18.2%p이다.

09

| 정답 | ③

| 해설 | 선택지에 제시된 지역의 재해율을 계산하면 다음과 같다.

• 서울특별시 : $\dfrac{13,660}{2,974,209} \times 100 = 0.46(\%)$

• 강원도 : $\dfrac{3,934}{375,840} \times 100 = 1.05(\%)$

• 전라북도 : $\dfrac{3,594}{334,537} \times 100 = 1.07(\%)$

• 경상남도 : $\dfrac{11,412}{1,182,260} \times 100 = 0.97(\%)$

• 인천광역시 : $\dfrac{5,517}{602,112} \times 100 = 0.92(\%)$

따라서 재해율이 가장 높은 지역은 전라북도이다.

10

|정답| ②

|해설| 두 사람이 만나기까지 이동한 시간을 x시간으로 두면 다음과 같은 식이 성립한다.

$4x + 6x = 12$

$10x = 12$

$\therefore x = 1 + \dfrac{12}{60}$

따라서 인성과 효진은 1시간 12분이 지난 후 만난다.

11

|정답| ①

|해설| • 화요일에 눈이 올 경우 : 월요일에 눈이 내렸으므로 화요일에 눈이 올 확률은 $\dfrac{2}{5}$이며, 그 다음 날인 수요일에도 눈이 내릴 확률은 $\dfrac{2}{5} \times \dfrac{2}{5} = \dfrac{4}{25}$이다.

• 화요일에 눈이 오지 않을 경우 : 화요일에 눈이 오지 않을 확률은 $1 - \dfrac{2}{5} = \dfrac{3}{5}$이며, 그 다음 날인 수요일에 눈이 내릴 확률은 $\dfrac{3}{5} \times \dfrac{1}{6} = \dfrac{1}{10}$이 된다. 따라서 수요일에 눈이 올 확률은 $\dfrac{4}{25} + \dfrac{1}{10} = \dfrac{13}{50}$이다.

12

|정답| ⑤

|해설| 6명의 사원 중 나란히 앉는 두 명의 직원을 하나로 묶어서 생각하면 5명을 원탁에 앉히는 모든 경우의 수를 구

하는 것과 같으므로 $4! = 4 \times 3 \times 2 \times 1 = 24$(가지)이다. 이때 나란히 앉는 두 명이 서로 자리를 바꿀 수 있으므로 모든 경우의 수는 $24 \times 2 = 48$(가지)이 된다.

13

|정답| ③

|해설| 흰색 A4 용지 한 박스의 단가를 x원이라 하면, 컬러 A4 용지 한 박스의 단가는 $2x$원이므로

$(50 \times x) + (10 \times 2x) - 5,000 = 1,675,000$

$70x = 1,680,000$

$x = 24,000$

따라서 흰색 A4 용지 한 박스의 단가는 24,000원이다.

14

|정답| ⑤

|해설| A는 16일 모두 일한 것이므로 일한 양은 $\dfrac{1}{18} \times 16$이고, B가 일한 양은 $1 - \left(\dfrac{1}{18} \times 16 \right) = \dfrac{1}{9}$이다. B가 일한 기간을 x(일)이라고 했을 때, B는 $\dfrac{1}{9}$만큼 일을 했으므로 $\dfrac{1}{27} \times x = \dfrac{1}{9}$의 식이 성립하고, $x = 3$(일)이 된다. 따라서 B가 일에 참여하지 않은 날은 $16 - 3 = 13$(일)이다.

15

|정답| ②

|해설| 사용금액을 x원이라 하면 다음과 같은 식이 성립한다.

$x + 0.04x = 54,080$ $\qquad x(1 + 0.04) = 54,080$

$x = 52,000$

따라서 이자는 청구금액에서 사용금액을 제한 $54,080 - 52,000 = 2,080$(원)이다.

16

|정답| ①

|해설| 현재 아버지의 나이를 x세라 하면, 현재 어머니의 나이는 $\dfrac{4}{5}x$세이다.

2년 후의 조건으로 식을 세우면 다음과 같다.

$\dfrac{4}{5}x+2+\dfrac{1}{3}(x+2)=65$

$12x+30+5x+10=975$

$17x=935 \qquad x=55$

따라서 아버지의 나이는 55세, 어머니와 아들의 나이는 각각 44세와 17세로, 이들 3명의 나이를 모두 합하면 $55+44+17=116$(세)이 된다.

17

|정답| ③

|해설| 각각의 평균을 식으로 나타내면 다음과 같다.

$\dfrac{A+B+C+D}{4}=18 \qquad A+B+C+D=72$ ········ ㉠

$\dfrac{B+C}{2}=17 \qquad B+C=34$ ················· ㉡

$\dfrac{B+C+D}{3}=20 \qquad B+C+D=60$ ················· ㉢

㉠, ㉡, ㉢을 연립하여 풀면 $A=12$, $D=26$

따라서 A와 D의 평균은 $\dfrac{12+26}{2}=19$이다.

18

|정답| ④

|해설| 방의 수를 x개, 신입사원의 수를 y명이라 하면 다음과 같은 식이 성립한다.

$6x+4=y$ ···························· ㉠

$8(x-3)-6=y$ ······················ ㉡

㉠, ㉡을 연립하여 풀면

$6x+4=8(x-3)-6 \qquad x=17$

따라서 신입사원의 수는 $6\times17+4=106$(명)이 된다.

19

|정답| ⑤

|해설| 맞힌 문제의 개수를 x, 틀린 문제의 개수를 y라 하면, 전체 문제 개수가 25개이며 맞혔을 때 4점, 틀렸을 때 -2점이므로 다음 두 식이 성립한다.

$x+y=25$ ·················· ㉠

$4x-2y=58$ ················· ㉡

㉠×2+㉡을 하면 $x=18$, $y=7$이 됨을 알 수 있다.

따라서 맞힌 문제는 모두 18개이다.

20

|정답| ①

|해설| 하루에 최대 3명까지 10명을 4일로 나누는 방법은 (3명, 3명, 3명, 1명) 또는 (3명, 3명, 2명, 2명)으로 두 가지이다. 날짜가 4개이므로 첫 번째 방법을 날짜별로 배치하는 경우의 수는 ${}_4C_1=4$(가지), 두 번째 방법은 ${}_4C_2=6$(가지)이다. 따라서 전체 경우의 수는 $4+6=10$(가지)이다.

2회 도형

▶ 문제 158쪽

01	①	02	②	03	④	04	④	05	②
06	②	07	②	08	②	09	④	10	③
11	①	12	③	13	①	14	④	15	④

01

|정답| ①

|해설| 기호의 규칙을 살펴보면 다음과 같다.

- ⊙ : 색 반전
- ☆ : 가장 바깥쪽에 원 추가
- ⊠ : 180° 회전(원점 대칭)
- ♀ : 좌우대칭(Y축 대칭)

• ◇ : 시계 방향으로 90° 회전

• ☼ : 상하대칭(X축 대칭)

02

|정답| ②

|해설| **01**의 해설을 참고하면 다음과 같다.

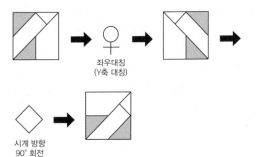

03

|정답| ④

|해설| **01**의 해설을 참고하면 다음과 같다.

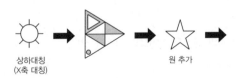

04

|정답| ④

|해설| 각 기호의 규칙을 정리하면 다음과 같다.

✖ : 좌우 위치 교체 후, 색 반전

✛ : 외부 도형 좌우 교체

↕ : 외부 도형과 내부 도형 위치 교체

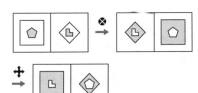

05

|정답| ②

|해설| **04**의 규칙을 따르면 다음과 같다.

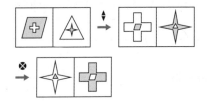

06

|정답| ②

|해설| **04**의 규칙을 따르면 다음과 같다.

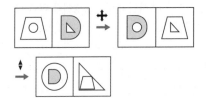

07

| 정답 | ②

| 해설 | • 🔲 : 좌우대칭

• 🔲 : 색 반전

• 🔲 : 상하대칭

• 🔲 : 반시계 방향 90° 회전(−90°)

• 🔲 : 시계 방향 90° 회전

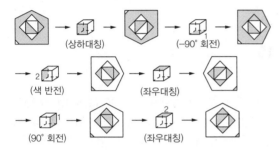

08

| 정답 | ②

| 해설 | • 🔲 : 좌우대칭

• 🔲 : 반시계 방향 90° 회전(−90°)

• 🔲 : 색 반전

• 🔲 : 상하대칭

• 🔲 : 시계 방향 90° 회전

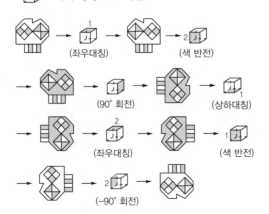

09

| 정답 | ②

| 해설 | • 🔲 : 색 반전

• 🔲 : 반시계 방향 90° 회전(−90°)

• 🔲 : 상하대칭

• 🔲 : 좌우대칭

• 🔲 : 시계 방향 90° 회전

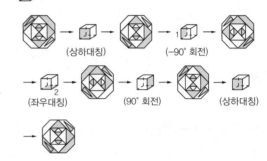

10

| 정답 | ③

| 해설 |

11

| 정답 | ①

| 해설 |

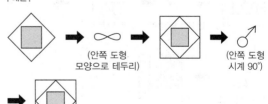

12

|정답| ③

|해설|

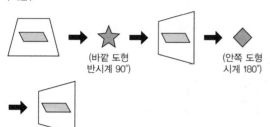

13

|정답| ①

|해설| → △ → ▷ 를 통해 △가 좌우대칭(Y축 대칭)이라는 것을 알 수 있다. 첫 번째 세로열과 두 번째 가로열에는 공통으로 ◈가 들어가 있고, 두 열 모두 마지막 도형이 처음 도형과 색이 반대인 것으로 보아 ◈는 색 반전 기호임을 알 수 있다. 이를 적용하면 두 번째 가로열 변화를 통해 ♡는 반시계 방향으로 90°회전 기호인 것도 알 수 있다.

나머지 열의 변화도 역의 과정을 거쳐 살펴 이를 종합해 보면 다음과 같다.

1. ◎ : 180° 회전(원점 대칭)

2. ◈ : 색 반전

3. ☆ : 시계 방향으로 90° 회전

4. ♡ : 반시계 방향으로 90° 회전

5. △ : 좌우대칭(Y축 대칭)

따라서 문제의 과정을 거친 결과는 다음과 같다.

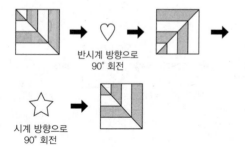

14

|정답| ④

|해설| 문제의 과정을 거친 결과는 다음과 같다.

15

|정답| ④

|해설| ♡의 반시계 방향 90° 회전 후 ◎의 180° 회전(원점 대칭)은 시계 방향으로 90° 회전하는 것과 같다. 따라서 문제의 과정을 거친 결과는 다음과 같다.

④ 긍정적인 행동의 이유에 대해서는 내부적 요소로, 부정적 행동의 이유에 대해서는 외부적 요소로 돌리는 행위이며 두 번째 문단에서 찾을 수 있다.

3회 언어

▶ 문제 168쪽

01	③	02	⑤	03	⑤	04	③	05	①
06	③	07	③	08	②	09	②	10	②
11	③	12	②	13	④	14	②	15	②
16	②	17	③	18	③	19	③	20	④

01

| 정답 | ③

| 해설 | 첫 번째 문단과 두 번째 문단에서는 실재했던 전쟁을 배경으로 한 소설들의 허구화에 대해 구체적인 예를 들며 설명하고 있으며, 세 번째 문단에서는 이러한 소설 작품에 나타난 전쟁을 새롭게 조명함으로써 폭력성·비극성과도 같은 전쟁의 성격을 확인할 수 있는 등 전쟁에 대한 새로운 인식을 제공한다는 내용이 제시되어 있다. 따라서 ③이 가장 적절하다.

| 오답풀이 |

② 전쟁을 소재로 한 문학에 관해 이야기하고 있지만, 문학에 의해 영향을 받은 전쟁에 대한 내용은 제시되어 있지 않다.

④ 소설에 나타난 전쟁의 비극성이 아닌 소설을 통해 새롭게 인식된 전쟁의 비극성에 관해 설명하고 있다.

02

| 정답 | ⑤

| 해설 | 마지막 문단에서 내용을 찾을 수 있으며 네 번째 문단에서도 확인할 수 있다.

| 오답풀이 |

① 구실 만들기 전략은 자기반성은 하지 않고 남의 탓으로 돌리는 행위이며 마지막 문단에서 찾을 수 있다.

② 이기적 편향을 나타내는 적절한 말로 두 번째 문단에서 찾을 수 있다.

③ 타인이 아닌 자신의 자존심을 위한 행위임을 글 전체에서 말하고 있다.

03

| 정답 | ⑤

| 해설 | 제시된 글에서는 남성과 여성이라는 이분법적 젠더 구조가 이성과 감성, 주체와 객체 등과 같은 이항 대립구조를 발생시키는데 이들은 두 요소 간의 위계질서를 양산한다는 점에서 문제적이라고 지적하였다. 따라서 남성이 더 우월하다는 견해를 억압한다고 보기 어렵다.

04

| 정답 | ③

| 해설 | 제시된 글의 마지막 문장을 통해 사료 고증에만 의존하는 것에 대한 드로이젠의 부정적 견해를 알 수 있다.

| 오답풀이 |

① 랑케와 드로이젠의 상반된 주장에 대해 소개하고 있으므로 필자의 개인적인 주관 또는 어떤 의견에 대한 절대적인 입장에 대해서는 알 수 없다.

05

| 정답 | ①

| 해설 | 제시된 글에서는 언어에 대한 작가의 책임이 막중하다고 말하고 있는데, 이러한 주장에는 작가가 산출하는 문학 작품이 언어에 지대한 영향을 미친다는 사실이 전제되어 있어야 한다.

06

| 정답 | ③

| 해설 | 두 번째 문단에서 이순신 장군을 표상하거나 지시한다고 해서 반드시 이순신 장군의 모습과 유사하다고 할 수는

없다고 하였다. 즉, 나타내려는 대상의 모습과 유사하지 않
더라도 그 대상을 표상할 수 있다는 것인데 ③은 유사성이
없다면 표상이 될 수 없다고 하였으므로 글의 내용과 상반
되어 적절하지 않은 추론이다.

07

|정답| ③

|해설| 제시된 글은 일과 삶의 균형(work and life balance)
의 내용으로 볼 수 있다. 유연근무제, 정시 퇴근, PC오프제
등은 단순히 업무시간을 줄이려는 목적을 위한 수단으로
볼 수는 없으며, 이는 업무시간 이후 개인의 시간 사용을
질적 · 양적으로 향상시켜 일과 삶의 균형을 유도하기 위한
조치들로 보아야 한다.

08

|정답| ②

|해설| 첫 번째 문단에서 물질적인 존재만이 물질적 존재에
영향을 줄 수 있다고 설명하고 있으며, 두 번째 문단에서는
감각의 주요한 원인이 영혼에 있고 몸은 감각의 원인을 영
혼에 제공한 후 자신도 감각 속성의 몫을 영혼으로부터 얻
는다고 하였다. 즉, 몸과 영혼의 두 물질적 존재는 서로 영
향을 주고받는 관계이자 필요조건이다. 감각 능력을 가지
기 위해선 몸과 영혼이 서로 작용해야 하며 둘 중 하나가
사라지면 감각은 소유할 수 없게 된다. 따라서 몸은 감각
능력을 스스로 가진 적이 없으며 영혼이 몸에게 감각 능력
을 주었다는 설명을 하고 있는 ②가 적절하다.

09

|정답| ②

|해설| 빈칸이 문단의 처음에 위치하므로 내용 전체를 이끌
수 있는 문장이 들어가야 한다. 빈칸 뒤의 문장을 살펴보면
중세시대에는 견고한 중세 지배체제로 인해 농민들의 저항
이 이루어지지 못하였고, 산업사회에서는 시민이나 노동자
들이 자신들의 안락한 생활이 위협받을 때에만 저항을 감행
한다고 하였다. 이를 통해 살고 있는 시대와 처해진 상황에

따라 저항이 이루어질 수도, 그렇지 못할 수도 있고, 저항의
이유 또한 달라질 수 있다는 내용이 빈칸에 올 수 있다. 따
라서 ②가 가장 적절하다.

10

|정답| ②

|해설| 접속어와 지시어로 시작하는 문장은 첫 문장이 될
수 없으므로 첫 문장이 될 수 있는 것은 (나)뿐이다. (가)의
'그러나'는 역접의 접속어이므로 (나)의 뒤에 올 수 있다.
또한 (다)의 '그런'은 '인문적 교양을 갖추지 못한'을 의미하
므로 (가)의 뒤에 오는 것이 바람직하다. 따라서 (나)-(가)
-(다)의 순서가 적절하다.

11

|정답| ③

|해설| 접속어는 주로 문장과 문장을 연결하는 데 쓰이므로
'그럼에도 불구하고'로 시작하는 (다)와 '즉'으로 시작하는
(라)는 첫 문장이 될 수 없다. '그럼에도 불구하고'는 앞 문
장과 뒤 문장을 역접의 관계로 연결하는 접속어이므로 과
학과 기술이 제휴한다는 (다)의 내용과 상반되는 (나) 또는
(라) 뒤에 오게 된다. 반대로 '즉'은 앞 문장을 다시 한 번
설명하는 접속어이므로 문장의 내용이 서로 일치하는 (나)
의 뒤에 오는 것이 바람직하다. 따라서 (나)-(라)-(다)의
순서가 되며, 문맥상 (가)는 가장 마지막에 오는 것이 적절
하다.

12

|정답| ②

|해설| ⓒ 두 번째 문단에서 WLTP가 NEDC보다 조건이
　　까다롭다고 하였으므로, 허용이 더 수월한 것은 NEDC
　　이다.
　　ⓔ 인증을 받지 못해도 한국은 2018년 9월까지, 유럽은
　　2019년까지 판매가 허용된다고 나와 있으므로 바로 판
　　매가 중단된다는 추론은 적절하지 않다.

| 오답풀이 |

㉠ 마지막 문단에서 WLTP를 적용하는 국가는 한국과 유럽, 일본이며, 미국은 WLTP를 도입하지 않는다고 하고 있다. 이를 통해 각 나라마다 배기가스를 측정하는 방식이 다르다는 사실을 추론할 수 있다.

㉢ 첫 번째 문단에서 내연기관이 연료 속의 탄소를 연소시킨다고 하였고, 그로 인해 생성되는 기체가 배기가스라고 나와 있다. 또한 두 번째 문단에서 '배기가스 허용 기준은 질소산화물배출량'이라고 하였으므로 배출되는 기체, 즉 배기가스에 질소산화물이 포함되어 있음을 추론할 수 있다.

13

| 정답 | ④

| 해설 | 자유방임형이나 상담형의 리더십이 상황에 따라 더 유효하게 기능하는 경우도 있다고 했을 뿐 현대에 더 적합하다는 내용은 제시되지 않았다.

14

| 정답 | ②

| 해설 | 제시된 글은 현대의 물신주의에 따른 무한정한 속도 경쟁의 현실을 인간 중심의 사고로 돌이켜보고자 하는 내용이다. 글에서 궁극적으로 말하고자 하는 바는 느림의 즐거움, 즉 정신적 여유를 되찾아야 한다는 내용이므로 ②가 주제로 적절하다.

15

| 정답 | ②

| 해설 | 제시된 글은 외부성의 개념을 정리하고, 외부성으로 인해 발생되는 비효율성 문제에 대한 구체적 사례(과수원과 양봉업자의 관계)를 설명하고 있다. 이어서 외부성으로 인한 비효율성의 해결 방안으로 보조금이나 벌금과 같은 정부의 개입을 주장한 전통적인 경제학을 소개하고 있다.

16

| 정답 | ②

| 해설 | 첫 번째 문단으로 창조 도시의 개념을 소개하고 있는 (가)가 오고, 그 다음으로 창조 도시의 주된 동력을 창조 산업으로 보는 (라)와 창조 계층의 관점으로 바라보는 (나)가 이어진다. 마지막은 창조 산업과 창조 계층의 두 가지 관점보다 창조 환경이 먼저 마련되어야 한다는 주장의 (다)로 마무리된다. 따라서 글의 순서는 (가)-(라)-(나)-(다)이다.

17

| 정답 | ③

| 해설 | 먼저 1980년대 배경에 대해 설명하는 (나)가 온다. 다음으로 (나)에 제시된 주택난을 해결하는 제도인 선분양 제도가 언급되는 (가)가 이어지며, '그러나 이 제도는'으로 시작하며 제도의 문제점을 설명하는 (라)가 이어지는 것이 적절하다. 그리고 문제점을 해결하기 위한 (다)로 마무리되는 것이 적절하다. 따라서 글의 순서는 (나)-(가)-(라)-(다)이다.

18

| 정답 | ③

| 해설 | 두 번째 문단에서 식수가 분변으로 오염되어 있다면 분변에 있는 병원체 수와 비례하여 존재하는 비병원성 세균을 지표생물로 이용한다고 하면서, 이에 대표적인 것이 대장균이라고 하였다. 따라서 채취된 시료 속의 총대장균군의 세균 수와 병원체 수는 비례하여 존재한다는 것을 알 수 있다.

| 오답풀이 |

① 세 번째 문단에서 총대장균군에 포함된 세균이 모두 온혈동물의 분변에서 기원한 것은 아니라고 하고 있다.

② 세 번째 문단에서 총대장균군은 염소 소독과 같은 수질 정화과정에서도 병원체와 유사한 저항성을 가진다고 하고 있다.

④ 첫 번째 문단에서 병원성 세균, 바이러스, 원생동물, 기생체 소낭 등과 같은 병원체를 직접 검출하는 것은 비싸고 시간이 많이 걸릴 뿐 아니라 숙달된 기술을 요구하지만 지표생물을 이용하면 이러한 문제를 많이 해결할 수 있다고 하고 있다.

⑤ 세 번째 문단에서 분변성 연쇄상구균군은 잔류성이 높고 장 밖에서는 증식하지 않기 때문에 시료에서도 그 수가 일정하게 유지되어 좋은 상수소독 처리지표로 활용된다고 하고 있다.

19

|정답| ③

|해설| • 다 : 자사 신제품의 장점과 특징을 타사의 제품과 비교하여 정리하고 홍보 및 판촉 성공 국내 사례를 분석하는 것은 개발부의 업무이다.

• 라 : 홍보물 유통 경로를 체크하고, 신제품 홍보 및 판촉 행사 방안을 구상하는 것은 영업부의 업무이다.

|오답풀이|

• 가 : 해외 판촉 사례 분석은 마케팅부의 업무이다.

• 나 : 자사의 홍보 및 판촉 행사 분석은 영업부의 업무이다.

20

|정답| ④

|해설| 회의록에 최신 홍보·판촉 행사 트렌드를 따라 간다고 명시되어 있고, 제시글은 기업들이 SNS를 활용한 마케팅 전략을 시행한다는 내용이다. 따라서 오프라인 강연을 제시한 ④는 적절하지 않다.

|오답풀이|

① SNS상의 유명 인사를 상품 모델로 내세워 영상을 제작한 A 기업의 사례를 참고하여 영상 홍보 대신 후기 글을 통한 홍보를 기획할 수 있다.

② 친숙한 해시태그를 만들어 홍보하는 사례를 참고하여 보다 특색 있고 자사 신제품의 특성을 잘 살리는 해시태그를 만들 수 있다.

③ 확산 속도가 매우 빠른 해시태그의 특성을 파악하여 실제 홍보 과정에서 적용할 수 있다.

⑤ 화장법을 알리는 영상을 유통한 B 기업의 사례를 참고하여 최신 유행 화장법을 소개하는 게시글을 올릴 수 있다.

3회 언어·수추리

▶ 문제 186쪽

01	③	02	③	03	⑤	04	④	05	②
06	①	07	③	08	②	09	③	10	④
11	③	12	⑤	13	②	14	④	15	①
16	①	17	②	18	③	19	③	20	④

01

|정답| ③

|해설| 삼단논법에 따라 'A → B이고, B → C이면 A → C이다'가 성립하므로 '진달래를 좋아하는 사람 → 감성적', '감성적 → 보라색을 좋아한다'이므로 '진달래를 좋아하는 사람 → 보라색을 좋아한다'가 성립한다.

02

|정답| ③

|해설| 'A : 비행기 티켓을 예매한다, B : 여행가방을 경품으로 받는다, C : 태국으로 여행을 간다, D : 연예인을 만난다'라고 할 때, 주어진 명제를 기호로 나타내면, A → B, C → D가 되고 마지막 문장은 ~D → ~A가 된다. 명제의 대우도 항상 참이므로 A → D가 성립하며, 주어진 명제에서 A → D라는 결론을 도출하기 위해서는 A → C나 B → C, 또는 B → D라는 명제가 필요하다.

따라서 밑줄 친 부분에 알맞은 것은 B → C의 대우인 '태국으로 여행을 가지 않는다면 여행가방을 경품으로 받지 않을 것이다'가 된다.

보충 플러스+

첫 번째·두 번째 문장의 대우를 활용해도 가능하다.
연예인 만남 × → 태국 여행 × → 여행가방 경품 × → 비행기 티켓 예매 ×

03

|정답| ⑤

|해설| 제시된 명제와 각각의 대우를 정리하면 다음과 같다.

장갑 ○ → 운동화 ×		운동화 ○ → 장갑 ×
양말 ○ → 운동화 ○	대우	운동화 × → 양말 ×
운동화 ○ → 모자 ○	⇔	모자 × → 운동화 ×
장갑 × → 목도리 ×		목도리 ○ → 장갑 ○

(가) 첫 번째 명제에서 장갑을 낀 사람은 운동화를 신지 않고, 두 번째 명제의 대우에서 운동화를 신지 않은 사람은 양말을 신지 않는다고 하였으므로 '장갑을 낀 사람은 양말을 신지 않는다.'는 참이 된다.

(다) 두 번째 명제에서 양말을 신은 사람은 운동화를 신었고, 첫 번째 명제의 대우에서 운동화를 신은 사람은 장갑을 끼지 않았으며, 네 번째 명제에서 장갑을 끼지 않은 사람은 목도리를 하지 않았다고 하였으므로, '양말을 신은 사람은 목도리를 하지 않는다.'는 참이 된다.

따라서 (가), (다) 모두 항상 옳다.

| 오답풀이 |

(나) 마지막 명제에서 수민이는 목도리를 하고 있고, 네 번째 명제의 대우에서 목도리를 한 사람은 장갑을 꼈으며, 첫 번째 명제에서 장갑을 낀 사람은 운동화를 신지 않는다고 하였으므로 '수민이는 운동화를 신고 있다.'는 거짓이 된다.

04

| 정답 | ④

| 해설 | 주어진 명제와 각각의 대우를 정리하면 다음과 같다.

• 셜록 홈즈 ○ → 반지의 제왕 ×		• 반지의 제왕 ○ → 셜록 홈즈 ×
• 반지의 제왕 × → 해리포터 ×	대우	• 해리포터 ○ → 반지의 제왕 ○
• 반지의 제왕 ○ → 스타트랙 ○	⇔	• 스타트랙 × → 반지의 제왕 ×

(가) 지연이는 해리포터를 좋아하고, 해리포터를 좋아하는 사람은 반지의 제왕을 좋아하며, 반지의 제왕을 좋아하는 사람은 스타트랙을 좋아하므로 지연이는 스타트랙을 좋아한다.

(나) 지연이는 해리포터를 좋아하고, 해리포터를 좋아하는 사람은 반지의 제왕을 좋아하는데, 반지의 제왕을 좋아하는 사람은 셜록 홈즈를 좋아하지 않으므로 지연이는 셜록 홈즈를 좋아하지 않는다.

따라서 (가), (나) 모두 항상 옳다.

| 오답풀이 |

(다) 이 결론이 참이 되기 위해서는 '스타트랙을 좋아하는 사람은 반지의 제왕을 좋아한다'가 참이 되어야 한다. 이는 세 번째 명제의 역에 해당하는데 참인 명제의 역과 이는 참일 수도 있고 거짓일 수도 있으므로 참·거짓을 알 수 없다.

05

| 정답 | ②

| 해설 | B의 말이 거짓이므로 C는 검사가 아니다. A와 B 둘 중 한 명이 검사인데, 만약 A가 검사라면 A는 진실만 말한다는 문제의 조건과 검사는 거짓말을 한다는 A의 진술이 상충된다. 따라서 검사는 B이고, B가 변호사라고 한 C의 진술은 거짓이다.

판사	검사	변호사
A	B	C
C	B	A

| 오답풀이 |

① 검사는 B이다.

③ 변호사가 A라면 진실을 말하고 있고 C라면 거짓을 말하고 있다.

④ 모든 경우의 수는 두 가지이다.

⑤ 판사가 A라면 진실을 말하고 있고 C라면 거짓을 말하고 있다.

06

| 정답 | ①

| 해설 | A의 자리를 고정시키고 그 주위 자리에 기호를 붙이면 E가 앉은 자리는 ○ 혹은 ② 이 되므로 두 경우를 나눠 생각한다.

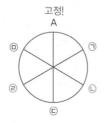

1. E가 ⓛ에 앉은 경우

   B와 D는 마주 보고 앉아야 하므로 ㉠과 ㉣이 되고, C의 양 옆은 모두 커피를 주문했으므로 C는 콜라를 주문한 E 옆에 앉을 수 없다. 따라서 C의 자리는 ㉤이 되고 그 양 옆은 커피를 주문하게 된다.

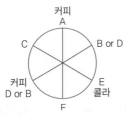

2. E가 ㉣에 앉은 경우

   B와 D는 ⓛ과 ㉤으로 마주 보고 C는 ㉠에 앉게 되며, 그 양 옆이 커피를 주문하게 된다.

두 경우 모두 C의 옆에 앉는 사람은 A이고, C의 양 옆은 커피를 주문했으므로 A는 커피를 주문한 것이 된다. 따라서 확실하게 알 수 있는 사실은 'A는 커피를 주문했다'이다.

07

| 정답 | ③

| 해설 | 각각의 진술이 거짓일 경우를 나누어 생각해 보면 다음과 같다.

1) A의 진술이 거짓일 경우 : B와 C의 진술이 상충되므로 조건에 부합하지 않는다.

2) B의 진술이 거짓일 경우 : 모든 진술이 상충되지 않고 C의 진술이 진실이므로 B가 범인이다.

3) C의 진술이 거짓일 경우 : A와 B의 진술이 상충되므로 조건에 부합하지 않는다.

따라서 거짓을 말하는 사람과 범인 모두 B이다.

08

| 정답 | ②

| 해설 | 각각의 진술이 진실일 경우를 나누어 생각해 보면 다음과 같다.

1) A의 진술이 진실일 경우 : B와 C의 진술이 거짓인데, B가 거짓을 말하고 있다는 C의 진술이 거짓(=B가 진실을 말하고 있다)이므로 상충된다.

2) B의 진술이 진실일 경우 : 모든 진술이 상충되지 않으므로 A가 범인이다.

3) C의 진술이 진실일 경우 : A와 B의 진술이 상충되므로 조건에 부합하지 않는다.

따라서 진실을 말하는 사람은 B이고 범인은 A이다.

09

| 정답 | ③

| 해설 | $E \xrightarrow{+5} J \xrightarrow{-1} I \xrightarrow{+5} N \xrightarrow{-1} (\quad)$

따라서 빈칸에 들어갈 문자는 M이다.

10

| 정답 | ④

| 해설 | $B \xrightarrow{+1} C \xrightarrow{+3} F \xrightarrow{+5} K \xrightarrow{+7} (\quad)$

따라서 빈칸에 들어갈 문자는 R이다.

11

| 정답 | ③

| 해설 |
- $2^2 + 6^2 + 3^2 = 49$
- $6^2 + 3^2 + 2^2 = (\quad)$
- $3^2 + 2^2 + 8^2 = 77$
- $2^2 + 8^2 + 4^2 = 84$

따라서 빈칸에 들어갈 숫자는 49이다.

12

|정답| ⑤

|해설|

$$0.14 \xrightarrow[+0.07]{} 0.21 \xrightarrow[+0.07]{} 0.28 \xrightarrow[+0.07]{} (\quad)$$

따라서 빈칸에 들어갈 숫자는 0.35이다.

13

|정답| ②

|해설|

$$97 \quad 60 \quad 37 \quad 23 \quad 14 \quad 9 \quad (\quad)$$

$$60-37=23 \quad 23-14=9$$
$$97-60=37 \quad 37-23=14 \quad 14-9=5$$

따라서 빈칸에 들어갈 숫자는 5이다.

14

|정답| ④

|해설|

$$\frac{5}{10} \xrightarrow[\frac{5 \times 2 - 1}{10 \times 3 - 1}]{} (\quad) \xrightarrow[\frac{9 \times 2 - 1}{29 \times 3 - 1}]{} \frac{17}{86} \xrightarrow[\frac{17 \times 2 - 1}{86 \times 3 - 1}]{} \frac{33}{257} \xrightarrow[\frac{33 \times 2 - 1}{257 \times 3 - 1}]{} \frac{65}{770}$$

따라서 빈칸에 들어갈 숫자는 $\frac{9}{29}$ 이다.

15

|정답| ①

|해설|

$$\frac{3}{4} \xrightarrow[\times \frac{2}{3}]{} \frac{1}{2} \xrightarrow[\times \frac{2}{3}]{} \frac{1}{3} \xrightarrow[\times \frac{2}{3}]{} \frac{2}{9} \xrightarrow[\times \frac{2}{3}]{} (\quad)$$

따라서 빈칸에 들어갈 숫자는 $\frac{4}{27}$ 이다.

16

|정답| ①

|해설|

$$10.5 \xrightarrow[\times 0.2+1]{} 3.1 \xrightarrow[\times 0.2+1]{} 1.62 \xrightarrow[\times 0.2+1]{} (\quad) \xrightarrow[\times 0.2+1]{} 1.2648$$

따라서 빈칸에 들어갈 숫자는 1.324이다.

17

|정답| ②

|해설|

$$2.25 \xrightarrow[+0.34]{} 2.59 \xrightarrow[+0.35]{} 2.94 \xrightarrow[+0.36]{} 3.3 \xrightarrow[+0.37]{} (\quad)$$

따라서 빈칸에 들어갈 숫자는 3.67이다.

18

|정답| ③

|해설| 세 번째 수는 첫 번째 수와 두 번째 수를 곱한 뒤 2로 나눈 값이다.

6 13 39 → $6 \times 13 \div 2 = 39$

3 16 24 → $3 \times 16 \div 2 = 24$

9 12 ( ) → $9 \times 12 \div 2 = 54$

따라서 빈칸에 들어갈 숫자는 54이다.

19

|정답| ③

|해설| 세 번째 수는 첫 번째 수에서 두 번째 수를 뺀 뒤에 3을 곱한 값이다.

8 6 6 → $(8-6) \times 3 = 6$

4 1 9 → $(4-1) \times 3 = 9$

3 2 ( ) → $(3-2) \times 3 = 3$

따라서 빈칸에 들어갈 숫자는 3이다.

20

| 정답 | ④

| 해설 | 네 번째 수는 첫 번째 수와 두 번째 수의 곱에 세 번째 수를 더한 값이다.

$3 \quad 2 \quad 6 \quad 12 \quad \rightarrow (3 \times 2) + 6 = 12$

$2 \quad 2 \quad 5 \quad 9 \quad \rightarrow (2 \times 2) + 5 = 9$

$12 \quad 3 \quad 10 \quad (\ ) \quad \rightarrow (12 \times 3) + 10 = 46$

따라서 빈칸에 들어갈 숫자는 46이다.

3회 수리

▶ 문제 193쪽

01	②	02	④	03	②	04	③	05	②
06	④	07	②	08	⑤	09	④	10	②
11	①	12	④	13	⑤	14	④	15	④
16	③	17	③	18	②	19	①	20	④

01

| 정답 | ②

| 해설 | 2018년 이후 쿠웨이트로부터 수입한 석유의 양은 매년 증가하나, 국제 유가를 고려한 석유 수입 가격은 2019년에 오히려 감소하였다.

- 2018년 : $136.5 \times 93.17 = 12,717.705$(백만 달러)
- 2019년 : $141.9 \times 48.66 = 6,904.854$(백만 달러)
- 2020년 : $159.3 \times 43.29 = 6,896.097$(백만 달러)
- 2021년 : $160.4 \times 50.8 = 8,148.32$(백만 달러)

02

| 정답 | ④

| 해설 | • 20X1년 발효유 소비량의 증가율 :

$$\frac{551,595 - 516,687}{516,687} \times 100 ≒ 6.76(\%)$$

- 20X1년 발효유 생산량의 증가율 :

$$\frac{557,639 - 522,005}{522,005} \times 100 ≒ 6.83(\%)$$

따라서 20X1년 발효유 소비량의 증가율은 생산량의 증가율보다 낮다.

| 오답풀이 |

① 20X1년의 연유 생산량은 전년 대비 $4,214 - 2,620 = 1,594$(톤) 증가하였고, 연유 소비량은 전년 대비 $1,728 - 1,611 = 117$(톤) 증가하였다. 따라서 연유 생산량이 더 많이 증가하였다.

② 2년간 치즈의 소비량은 $99,520 + 99,243 = 198,763$(톤)이고 생산량은 $24,708 + 22,522 = 47,230$(톤)으로, 소비량이 생산량보다 약 $\frac{198,763}{47,230} ≒ 4.2$(배) 많았다.

③ 20X1년 유제품별 생산량은 높은 순서대로 발효유−치즈−연유−버터이고, 20X0년 유제품별 생산량도 발효유−치즈−연유−버터로 순서가 같다.

⑤ 20X0년 생산량 대비 소비량을 구하면 다음과 같다.

- 연유 : $\frac{1,611}{2,620} ≒ 0.61$(배)

- 버터 : $\frac{9,800}{1,152} ≒ 8.51$(배)

- 치즈 : $\frac{99,520}{24,708} ≒ 4.03$(배)

- 발효유 : $\frac{516,687}{522,005} ≒ 0.99$(배)

따라서 20X0년에 소비량이 생산량에 비해 가장 많은 유제품은 버터이다.

03

| 정답 | ②

| 해설 | 고속도로별 평균 차량 통행속도는 오전, 낮, 오후 시간의 속도의 평균으로 구할 수 있다.

- 도시고속도로 : $(54.9 + 59.2 + 40.2) ÷ 3 ≒ 51.4$(km/h)
- 주간선도로 : $(27.9 + 24.5 + 20.8) ÷ 3 = 24.4$(km/h)
- 보조간선도로 : $(25.2 + 22.4 + 19.6) ÷ 3 = 22.4$(km/h)
- 기타도로 : $(23.1 + 20.5 + 18.6) ÷ 3 ≒ 20.7$(km/h)

따라서 도시고속도로−주간선도로−보조간선도로−기타도로의 순으로 평균 속도가 빠른 것을 알 수 있다.

04

|정답| ③

|해설| 2005년 온실가스 총배출량 중 에너지 부문을 제외한 나머지 부문이 차지하는 비율은 $\dfrac{49.9+21.6+18.8}{500.9} \times 100 ≒ 18(\%)$이다.

|오답풀이|

① 온실가스 총배출량에서 에너지, 산업공장, 농업, 폐기물의 배출량을 보면 에너지의 배출량이 현저히 크다는 것을 알 수 있다.

② 2020년 1인당 온실가스 배출량은 13.5톤 CO₂eq/명으로, 1990년의 6.8톤 CO₂eq/명에 비해 $\dfrac{13.5}{6.8} ≒ 1.99$(배) 증가하였다.

④ 온실가스 총배출량은 계속해서 증가한 것을 확인할 수 있고, 2020년 온실가스 총배출량은 690.2로 1995년의 292.9에 비해 $\dfrac{690.2}{292.9} ≒ 2.4$배 증가하여 2배 이상 증가하였다.

⑤ GDP 대비 온실가스 배출량을 보면 계속 감소한 것을 볼 수 있는데, 이는 온실가스 배출량(분자에 해당)의 증가 속도보다 GDP(분모에 해당)의 증가 속도가 상대적으로 더 빠르기 때문이다.

05

|정답| ②

|해설| 매출액의 경우 비교적 꾸준한 증가 추세를 보이고 있으나, 수출액을 보면 20X2년에서 20X3년 사이 출판 산업(357,881 → 283,439)에서, 20X1년에서 20X2년 사이 영화 산업(14,122 → 13,583)과 광고 산업(93,152 → 75,554)에서 감소 추세를 보였다.

|오답풀이|

① 20X2년 문화콘텐츠 산업의 총매출액 전년 대비 증가율은 $\dfrac{73.32-67.08}{67.08} \times 100 ≒ 9.3(\%)$이다.

③ 고용현황을 보면 애니메이션 산업이 20X1년 4,170명, 20X2년 4,349명, 20X3년 4,646명으로 가장 낮은 통계 수치를 보였다.

④ 20X1 ~ 20X3년의 수출액에서 가장 큰 비중을 차지한 분야는 게임 산업이며, 다음으로 지식정보 산업이 뒤를 잇고 있다.

⑤ 20X1년 캐릭터 산업의 매출액 비중은 $\dfrac{5.36}{67.08} \times 100 ≒ 7.99(\%)$이고, 20X2년 캐릭터 산업의 매출액 비중은 $\dfrac{5.90}{73.32} \times 100 ≒ 8.05(\%)$이다.

06

|정답| ④

|해설| 문화콘텐츠 산업의 분야별 전년 대비 20X3년 매출액 증가율을 계산하면 다음과 같다.

- 출판 : 변화 없음(0%).
- 만화 : $\dfrac{0.75-0.74}{0.74} \times 100 ≒ 1.4(\%)$
- 음악 : $\dfrac{3.82-2.96}{2.96} \times 100 ≒ 29.1(\%)$
- 게임 : $\dfrac{8.80-7.43}{7.43} \times 100 ≒ 18.4(\%)$
- 영화 : $\dfrac{3.77-3.43}{3.43} \times 100 ≒ 9.9(\%)$
- 애니메이션 : $\dfrac{0.53-0.51}{0.51} \times 100 ≒ 3.9(\%)$
- 방송(영상) : $\dfrac{12.75-11.18}{11.18} \times 100 ≒ 14.0(\%)$
- 광고 : $\dfrac{12.17-10.32}{10.32} \times 100 ≒ 17.9(\%)$
- 캐릭터 : $\dfrac{7.21-5.90}{5.90} \times 100 ≒ 22.2(\%)$
- 지식정보 : $\dfrac{9.05-7.24}{7.24} \times 100 = 25(\%)$
- 콘텐츠솔루션 : $\dfrac{2.87-2.36}{2.36} \times 100 ≒ 21.6(\%)$

따라서 두 자릿수 이상의 증가율을 보이는 산업은 음악, 게임, 방송(영상), 광고, 캐릭터, 지식정보, 콘텐츠솔루션으로 총 7개 부문이다.

07

|정답| ②

|해설| ㄷ. 20X9년 프랑스의 인구가 6,500만 명이라면 사망자는 $65,000,000 \times \frac{9}{1,000} = 585,000$(명)이다.

|오답풀이|

ㄱ. 유럽 5개 국가에 대한 자료만 제시되어 있으므로 유럽에서 기대수명이 가장 낮은 국가가 그리스인지는 알 수 없다.

ㄴ. 독일은 영국보다 인구 만 명당 의사 수가 많지만 다른 나라보다 조사망률이 더 높다.

08

|정답| ⑤

|해설| 상품별 매출액 $= \frac{\text{상품군 매출액 비중} \times \text{총 매출액}}{100}$

이므로 연도별 상품별 매출액을 구하면 다음과 같다.

구분	20X0년	20X1년
의류	$\frac{25 \times 77}{100} = 19.25$(억 원)	$\frac{23 \times 94}{100} = 21.62$(억 원)
식품	$\frac{22 \times 77}{100} = 16.94$(억 원)	$\frac{27 \times 94}{100} = 25.38$(억 원)
가전	$\frac{24 \times 77}{100} = 18.48$(억 원)	$\frac{23 \times 94}{100} = 21.62$(억 원)
여행	$\frac{26 \times 77}{100} = 20.02$(억 원)	$\frac{23 \times 94}{100} = 21.62$(억 원)
기타	$\frac{3 \times 77}{100} = 2.31$(억 원)	$\frac{4 \times 94}{100} = 3.76$(억 원)

따라서 20X0년 대비 20X1년 매출액 변화가 $25.38 - 16.94 = 8.44$(억 원)인 식품의 변화 폭이 가장 크다.

|오답풀이|

① 기타의 매출액 차이는 $3.76 - 2.31 = 1.45$(억 원)으로 $21.62 - 18.48 = 3.14$(억 원)인 가전의 차이보다 작다.

② 20X0년 여행과 의류 매출액의 합은 $20.02 + 19.25 = 39.27$(억 원)으로 $21.62 + 21.62 = 43.24$(억 원)인 20X1년보다 작다.

③ 20X0년 대비 20X1년 가전의 매출액 차이는 3.14억 원이다.

④ 20X0년과 20X1년 매출액을 비교했을 때 세 번째로 크게 변화한 분야는 의류이다.

09

|정답| ④

|해설| 모든 주택형태에서 도시가스 에너지가 가장 많이 소비되고 있다.

|오답풀이|

① 단독주택은 열에너지를 소비하지 않는다.

② 모든 주택형태에서 소비되는 에너지 유형은 석유, 도시가스, 전력으로 3가지이다.

③ 가구 수는 나와 있지 않으므로 가구당 에너지 소비량은 알 수 없다.

⑤ 단독주택 전체 에너지 소비량의 30%는 $7,354 \times 0.3 = 2,206.2$(천 TOE)로 단독주택에서 소비한 전력 에너지량인 2,118천 TOE보다 많다.

10

|정답| ②

|해설| 아파트 전체 에너지 소비량 중 도시가스 소비량이 차지하는 비율은 $\frac{5,609.3}{10,125} \times 100 ≒ 55.4$(%)이다.

11

|정답| ①

|해설| 순서를 생각하지 않고 뽑으므로 조합을 사용한다.

$_6C_2 = \frac{6 \times 5}{2 \times 1} = 15$

따라서 가능한 경우의 수는 15가지이다.

12

|정답| ④

|해설| A와 B가 이동한 시간을 t시간이라고 한다면
- A의 이동 거리 : $3t$
- B의 이동 거리 : $5t$

두 사람이 이동한 거리의 합은 16km이므로

$16 = 8t$ ∴ $t = 2$(시간)

따라서 두 사람이 이동한 시간은 2시간이고 A의 이동 거리는 $3 \times 2 = 6$(km), B의 이동 거리는 $5 \times 2 = 10$(km)이므로 두 사람이 이동한 거리의 차는 $10 - 6 = 4$(km)이다.

13

|정답| ⑤

|해설| 인터넷 사이트 접속 시간을 x초, 파일 다운로드 시간을 y초라 하고 식을 세우면 다음과 같다.

$x + y = 75$ ·············· ㉠

$y = 4x$ ·············· ㉡

두 식을 연립해서 풀면,

$5x = 75$ $x = 15$, $y = 60$

따라서 다운로드 속도는 초당 600KB이므로 A가 다운받은 파일의 크기는 $60 \times 600 = 36,000$(KB)이다.

14

|정답| ④

|해설| 적어도 1명의 대리가 포함되어 있을 확률은 전체인 1에서 2명 모두 대리가 아닐 확률을 뺀 것과 같다.

2개의 종이를 차례로 꺼냈을 때 2명 모두 대리가 아닐 확률은 $\frac{4}{7} \times \frac{3}{6}$이므로 적어도 1명의 대리가 포함되어 있을 확률은 $1 - \frac{2}{7} = \frac{5}{7}$가 된다.

15

|정답| ④

|해설| 작년 A 공장의 컴퓨터 생산량을 x대, B 공장의 컴퓨터 생산량을 y대라 하면 다음 두 식이 성립한다.

$x + y = 2,500$ ·············· ㉠

$0.1x : 0.2y = 1 : 3 \rightarrow y = 1.5x$ ·········· ㉡

㉡을 ㉠에 대입하여 계산하면

$x = 1,000$(대), $y = 1,500$(대)임을 알 수 있다.

따라서 작년 A 공장의 컴퓨터 생산량은 1,000대이므로 올해의 생산량은 $1,000 \times \frac{110}{100} = 1,100$(대)가 된다.

16

|정답| ③

|해설| A 제품의 원가를 x원, 정가를 y원, 할인판매 가격을 z원이라 하면

$y = 1.1x$ ·············· ㉠

$z = y - 2,000$ ·············· ㉡

$z - x = 1,000$ ·············· ㉢

이 연립방정식을 계산하면 다음과 같다.

$z - 1.1x = -2,000$ ·············· ㉣

$0.1x = 3,000$ $x = 30,000$

따라서 A 제품의 원가는 30,000원이고, 할인판매 가격은 $30,000 + 1,000 = 31,000$(원)이다.

17

|정답| ③

|해설| 5%의 소금물은 xg, 10%의 소금물은 yg이라 할 때,

$x + y = 500$ ·············· ㉠

$\frac{5}{100}x + \frac{10}{100}y = \frac{7}{100} \times 500$

$5x + 10y = 3,500$ ·············· ㉡

㉠, ㉡을 연립하여 풀면,

$x = 300$(g), $y = 200$(g)

따라서 10%의 소금물 200g을 더하면 된다.

18

| 정답 | ②

| 해설 | 유정이 15일간 일을 했으므로 일한 양은 $\frac{1}{A} \times 15 = \frac{15}{A}$ 이며 세영이 일한 양은 전체에서 유정이 일한 만큼을 뺀 $1 - \frac{15}{A} = \frac{A-15}{A}$ 가 된다. 따라서 세영이 일한 날이 $\frac{A-15}{A} \div \frac{1}{B} = \frac{B(A-15)}{A}$ (일)이므로 일을 하지 않은 날은 $15 - \frac{B(A-15)}{A}$ (일)이다.

19

| 정답 | ①

| 해설 | 현재 최 대리의 나이를 x살이라 하면, 김 부장의 나이는 $(x+12)$살이 된다. 제시된 정보를 식으로 정리하면 다음과 같다.

$3(x-4) = 2(x+12-4)$
$3x-12 = 2x+16 \qquad x = 28$

따라서 현재 최 대리의 나이는 28살이다.

20

| 정답 | ④

| 해설 | n명을 원형 탁자에 앉히는 경우의 수는 $(n-1)!$가 지인데, 회의를 위해 모인 6명 중 A와 B가 서로 이웃하는 경우이므로 이 둘을 한 명으로 묶어서 5명의 자리를 배열해야 한다. 또한 서로 이웃한 A와 B 간의 순서가 2가지 존재하므로 모든 경우의 수는 $(5-1)! \times 2 = 48$(가지)이다.

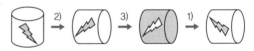

3회 도형

▶ 문제 203쪽

01	③	02	②	03	⑤	04	②	05	④
06	①	07	⑤	08	①	09	③	10	④
11	③	12	②	13	④	14	①	15	③

01

| 정답 | ③

| 해설 | 각 규칙은 다음과 같다.
1) 상하 반전 후 색 반전
2) 시계 방향으로 90° 회전
3) 색 반전

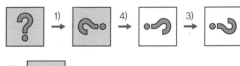

02

| 정답 | ②

| 해설 | 각 규칙은 다음과 같다.
1) 반시계 방향으로 90° 회전
2) 색 반전
3) 상하 반전
4) 좌우 반전 후 색 반전

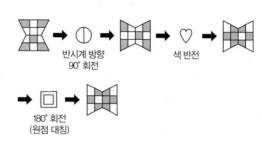

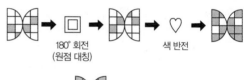

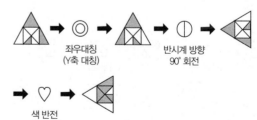

03

|정답| ⑤

|해설| 각 규칙은 다음과 같다.

1) 내부 도형 시계 방향으로 90° 회전

2) 외부 도형 색 반전

3) 내·외부 도형 색 반전

4) 내·외부 도형 교체

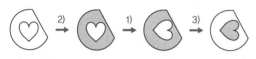

04

|정답| ②

|해설| 우선 두 번째 가로열의 변화와 두 번째 세로열의 변화를 보면, 모두 바깥에 있던 삼각형이 사각형으로 바뀌었고, 이 두 열에는 공통으로 ☆이 들어가 있으므로, ☆은 바깥의 도형을 사각형으로 바꾸는 기호임을 알 수 있다. 이를 두 번째 세로열에 적용시키면 처음 도형과 마지막 도형의 색깔이 서로 바뀌는 것으로 보아 ♡는 색 반전 기호임을 유추할 수 있다.

♡를 첫 번째 가로열에 역으로 적용시키면 ◐는 반시계 방향으로 90° 회전하는 기호임을 알 수 있다. 이를 토대로 나머지 규칙을 함께 정리하면 다음과 같다.

1. ◐ : 반시계 방향으로 90° 회전

2. ♡ : 색 반전

3. ▣ : 180° 회전(원점 대칭)

4. ☆ : 가장 바깥의 도형을 사각형으로 바꿈.

5. ◎ : 좌우대칭(Y축 대칭)

05

|정답| ④

|해설| **04**의 해설을 참고하면 다음과 같다.

06

|정답| ①

|해설| **04**의 해설을 참고하면 다음과 같다.

07

|정답| ⑤

|해설| • 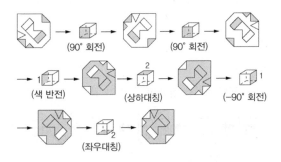 : 상하대칭

• : 색 반전

• : 시계 방향으로 90° 회전

• : 좌우대칭

• : 반시계 방향으로 90° 회전(-90°)

08

|정답| ①

|해설| • : 색 반전

• : 좌우대칭

• : 반시계 방향으로 90° 회전(-90°)

• : 시계 방향으로 90° 회전

• : 상하대칭

09

|정답| ③

|해설| • 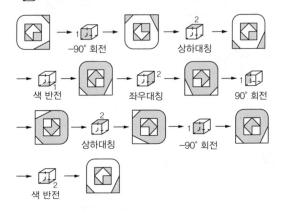 : 상하대칭

• : 시계 방향으로 90° 회전

• : 반시계 방향 90° 회전(-90°)

• : 색 반전

• : 좌우대칭

10

|정답| ④

|해설| 처음에 제시된 도형을 순서도에 따라 규칙을 적용하여 변환·비교하면 다음과 같다.

(모양 : ✡ ≠ ✶)

11

|정답| ③

|해설| 처음에 제시된 도형을 순서도에 따라 규칙을 적용하여 변환·비교하면 다음과 같다.

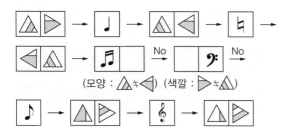

(모양 : ▲≒◀) (색깔 : ▷≒▲)

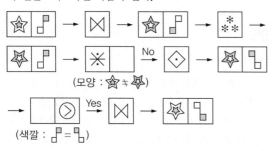

12

| 정답 | ②

| 해설 | 처음에 제시된 도형을 순서도에 따라 규칙을 적용하여 변환·비교하면 다음과 같다.

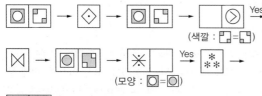

13

| 정답 | ④

| 해설 | 처음에 제시된 도형을 순서도에 따라 규칙을 적용하여 변환·비교하면 다음과 같다.

14

| 정답 | ①

| 해설 | 조건에서 주어진 각 기호가 나타내는 규칙은 다음과 같다.

1. ⊙ : 각 도형을 색 반전
2. ♡ : 각 도형을 180° 회전(원점 대칭)
3. ⋈ : 각 도형을 시계 방향으로 90° 회전
4. ☆ : 각 도형을 상하대칭(X축 대칭)

따라서 문제의 과정을 거친 결과는 다음과 같다.

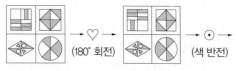

15

| 정답 | ③

| 해설 | 문제의 과정을 거친 결과는 다음과 같다.

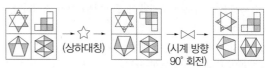

4회 언어

▶ 문제 216쪽

01	④	02	②	03	①	04	⑤	05	④
06	①	07	④	08	③	09	②	10	④
11	②	12	①	13	③	14	③	15	③
16	②	17	②	18	③	19	③	20	③

01

|정답| ④

|해설| 제시된 글은 기후 변화의 원인이 인간의 활동으로 인한 온실가스가 아닌 태양 표면의 폭발이나 흑점의 변화와 같은 태양의 활동이라고 밝히고 있다. 따라서 ④가 주제로 가장 적절하다.

02

|정답| ②

|해설| 제시된 글은 이웃이 전보다 인접해 있으나 가까이 사귀지 못하는 도시의 생활 모습에 대하여 설명하고 있다. 따라서 글의 중심내용이 되는 ㉠에는 이로 인한 도시 생활의 문제점인 '가구의 고립화'가 들어가는 것이 적절하다.

|오답풀이|

⑤ 도시가 전통적 이웃 형태에 비해 더 가깝고, 더 많은 이웃을 갖게 되었다고 언급하였을 뿐 전반적인 내용은 가구의 고립화에 초점이 맞추어져 있다.

03

|정답| ①

|해설| '무엇'을 따지고 의심스럽게 보고 검토하여야 하는지가 빠졌으므로 본문에서 설명하고 있는 성분 실종에 해당한다.

|오답풀이|

② 문장 호응이 잘못 이루어지고 있다. '성역 없는 수사를 한다고 해서'와 어우러지려면 '수사 결과를 두고 볼 일이

아니다' 혹은 '수사 결과를 두고 볼 일은 아니다'로 바꿔야 적절하다.

③ '접수(신청이나 신고 따위를 구두나 문서로 받음)'는 받는 입장에서 쓸 수 있고 '제출(문안이나 의견, 법안 따위를 냄)'은 내는 입장에서 사용할 수 있는 단어다. 주체가 '응시하실 분들'이기 때문에 '접수'가 아니라 '제출'이 적절하다.

④ '다솜이의 여름방학 숙제로 제출한'은 '그림'을 꾸미는 관형절인데 누가 제출했는지를 명확히 하기 위해서 '다솜이의'를 '다솜이가'로 바꾸는 것이 적절하다.

⑤ 재원이와 철현이가 따로 갔는지 함께 갔는지 정확히 알 수 없으므로 중의문에 해당한다.

04

|정답| ⑤

|해설| 빈칸은 전체 내용의 결론에 해당되는 부분이므로, 글의 흐름을 통해 결론을 찾아내야 한다. 먼저 첫 번째 문단은 죽음의 편재성에 대해 설명하면서 우리는 보통 그것을 회피대상으로 인식하고 있다는 결론을 내린다. 그러나 역접 접속어인 '그런데'로 시작하는 두 번째 문단은 첫 번째 문단과 달리 죽음의 공포를 무릅쓰는 스카이다이버들을 사례로 들어 죽음의 공포가 반드시 회피대상은 아니라는 것을 설명한다. 이를 통해 빈칸에서 죽음의 편재성이 죽음의 공포를 불러일으킨다고 하여 그것을 반드시 회피대상이라고 볼 수 없다는 결론을 이끌어 낼 수 있다. 따라서 ⑤가 가장 적절하다.

05

|정답| ④

|해설| 빈칸의 앞뒤 문장인 '겉으로는 동작이 거의 없는 듯하면서도 그 속에 잠겨 흐르는 미묘한 움직임이 있다는 것이다'와 '가장 간소한 형태로 가장 많은 의미를 담아내고 ~'를 통해, 빈칸에 들어갈 내용은 간결한 동작의 춤인 정중동에 대한 설명이라는 것을 알 수 있다. 따라서 ④가 가장 적절하다.

06

|정답| ①

|해설| 실학은 근대를 준비하는 시기의 사상이며, 근대정신의 내재적인 태반 역할을 하였다고 글에서 밝히고 있으므로 ①의 질문은 적절하지 않다.

|오답풀이|

② 실학의 봉건적 가치에 대한 비판의 기조가 유교적인 중국 고대 사상에 있다고 하였으므로 이 둘의 일맥상통하는 사항에 대해 심층적인 질문을 제기할 수 있다.

③ 서양의 문예부흥이 봉건적 가치를 완전히 척결하였다는 내용에 대해 구체적인 예와 근거를 물음으로써 의문을 제기할 수 있다.

④ 근대정신은 반(反)봉건의 특징을 가지므로 동양과 서양에 있어 봉건사회를 규정짓는 관점의 차이에 대한 의문을 제기할 수 있다.

⑤ 근대의 정의와 그 기준이 과연 정확한 것인지, 또 다른 시각은 없는지에 대해 의문을 제기할 수 있다.

07

|정답| ④

|해설| 제시된 글에 의하면 경험론자들은 정신에 타고난 관념 또는 선험적 지식이 있다는 것을 부정하고 모든 지식은 감각적 경험과 학습을 통해 형성된다고 보았으므로 생물학적 진화보다는 학습을 중요시하였음을 알 수 있다.

|오답풀이|

① 학습과 생물학적 진화 간의 우월성을 비교하는 내용은 나타나 있지 않다.

② 진화된 대부분의 동물들에게 학습 능력이 존재한다고 하였다.

③ 인간 사회의 변화는 생물학적 진화보다는 문화적 진화에 의한 것이라고 하였다.

⑤ 인간과 동물 모두 생물학적 진화와 학습이라는 두 가지 주요한 방식으로 환경에 적응한다고 하였다.

08

|정답| ③

|해설| 정상 초파리는 약물 B의 존재 유무와 상관없이 위로 올라가는 성질을 보이고, 약물 B를 넣은 배양기에서는 유전자 A가 돌연변이인 초파리가 위로 올라가지 못하며, 약물 B를 넣지 않은 배양기에서는 위로 올라가는 운동성을 보였다고 하였다. 따라서 유전자 A가 돌연변이인 초파리는 약물 B를 섭취하면 파킨슨병에 걸린다는 것을 알 수 있다.

|오답풀이|

① 돌연변이 유전자 A가 약물 B를 섭취할 경우에는 파킨슨병에 걸리나, 정상 초파리의 경우는 약물 B를 섭취해도 파킨슨병에 걸리지 않는다. 그러나 파킨슨병에 걸리지 않았다고 해도 약물 B의 섭취로 인해 유전자 A가 돌연변이로 변할지는 제시된 글만으로 알 수 없다.

② 약물 B가 들어 있는 배양기의 정상 초파리는 물리적 자극에 의해 위로 올라가는 성질을 보였으므로 옳지 않다.

④ 파킨슨병에 걸린 초파리가 운동성이 결여된 것이지, 운동성이 결여된 모든 초파리가 파킨슨병에 걸린 것이라고는 볼 수 없다.

⑤ 약물 B를 섭취한 정상 초파리는 위로 올라갔으나 약물 B를 섭취한 돌연변이 초파리는 위로 올라가지 못했으므로 옳지 않다.

09

|정답| ②

|해설| 활의 사거리와 관통력을 결정하는 것은 복원력으로, 복원력은 물리학적 에너지 전환 과정, 즉 위치 에너지가 운동 에너지로 전환되는 힘이라 볼 수 있다.

|오답풀이|

① 고려 시대 때 한 가지 재료만으로 활을 제작했는지는 알 수 없다.

③ 활대가 많이 휘면 휠수록 복원력이 커지는 것은 맞지만 그로 인해 가격이 비싸지는 것은 제시된 글을 통해 추론할 수 없다.

④ 다양한 재료의 조합으로 만들어진 각궁이 탄력이 좋아서 시위를 풀었을 때 활이 반대 방향으로 굽는 것이 맞지만 이는 탄력이 좋아서 생긴 현상일 뿐이다.

⑤ 시위를 당길 때 발생하는 것은 위치 에너지이다.

10

| 정답 | ④

| 해설 | 제시된 글은 김치의 향신료인 고추의 역사에 대한 내용으로, 먼저 고추가 생각만큼 오랜 역사를 지니지 않고 있음을 언급하는 (다)가 첫 문장으로 오고, 고추가 어떻게 전래되어 김치에 쓰이게 되었는지를 설명하는 (가)가 그 뒤에 올 수 있다. 그리고 조선 전기의 향신료에 대해 설명하면서, 19세기에 고추가 향신료로서 우위를 차지하게 되어 다른 향신료들의 대우나 쓰임이 변하게 되었다는 내용의 (마)-(나)-(라)가 순서대로 연결되는 것이 자연스럽다. 따라서 (다)-(가)-(마)-(나)-(라) 순이 적절하다.

11

| 정답 | ②

| 해설 | 선택지에 따라 가장 앞에 제시된 (나)와 (다)를 살펴보면, (다)의 1960년대 이후 급속한 근대화에 따라 농촌에서 도시로 이주하는 사람이 급격히 증가하였다는 것은 (나)에 제시된 한국 사회의 근대화 과정에 대한 내용이므로 (다)가 (나)의 뒤에 오는 것이 적절하다. 이어서 (마)에서는 (다)에 설명된 과정 속에서 가족주의가 강조되었음을 언급하고, 그 이유에 대해 (가)에서는 가족이 매우 중요한 역할을 담당했기 때문이며, (라)에서는 가족이 담당한 중요한 역할이 노동력의 재생산 비용이라고 부연 설명하고 있다. 따라서 (나)-(다)-(마)-(가)-(라) 순이 적절하다.

12

| 정답 | ①

| 해설 | 빈칸 이후 문장에서 '소득 불평등 해소를 위한 구체적 정책 방향을 모색해야 한다'고 하였으므로 빈칸이 포함된 문장에서는 구체적이지 않은 이해 수준에서 벗어나야 한다고 언급하는 것이 가장 매끄럽다. 따라서 '구체적'과 가장 반대되는 뜻인 '관념적'이 가장 적절하다.

13

| 정답 | ③

| 해설 | 제시된 글은 지속가능한 노동시장의 경쟁력과 고용가능성을 갖추는 것은 개인뿐 아니라 국가 차원에서도 중요한 문제로 대두되고 있다고 설명하면서, 이를 위해 국가 차원에서 체계적인 정책 수립이 필요하다고 언급하고 있다. 또한 전 생애에 걸쳐 지속가능한 경력개발과 고용가능성 함양을 위해 정책적 지원이 요구되고 있다고 주장하고 있으므로, '생애경력개발을 위한 정책 지원의 필요성'이 글의 제목으로 가장 적절하다.

| 오답풀이 |

① 미시적 관점이 아닌 거시적 관점에서 바라보고 있다.

② 지속가능 성장을 위해 국가 차원에서 체계적으로 정책을 수립해야 한다고 하였으므로 적절하지 않다.

④ 청소년의 경우 4차 산업혁명에 따른 변화에 대비할 수 있는 방안을 마련해야 한다는 내용이 제시되어 있지만, 4차 산업혁명으로 인한 고용시장의 변화와 전망이 글 전체의 핵심 내용은 아니므로 적절하지 않다.

⑤ 생산가능인구 감소 시대의 경제성장과 노동시장에 대한 내용은 언급되지 않았으므로 적절하지 않다.

14

| 정답 | ③

| 해설 | 문제의 복잡성이 제한된 수준을 넘어서면 지도들은 혼자서 문제를 해결하지 못하고, 무의식 속 지도는 뒤로 물러나 느낌이 나선다고 서술하고 있다. 따라서 신경 지도들이 연합한다는 설명은 적절하지 않다.

| 오답풀이 |

① 다양한 신체 기관을 표상하는 지도가 필요하다고 하였고, 이 지도를 신경 지도라고 칭하였으므로 뇌가 신체 기능을 조율하기 위해서는 신경 지도가 필요함을 알 수 있다.

② 뇌가 의식적인 느낌의 도움 없이 신경 지도를 통해 생명 현상을 조율하고 생리적 과정을 실행할 수 있다는 주장은 부분적으로만 옳다고 하였다.

④ 뇌가 생명이 의존하고 있는 수많은 신체 기능을 조율하기 위해서는 다양한 신체 기관을 표상하는 지도가 필요

하다고 하였다. 이는 뇌가 신체 각 부분에서 발생하고 있는 현상들을 알아야 생명 조절 기능이 원활히 수행될 수 있음을 의미한다.

⑤ 신경 지도는 문제의 복잡성이 어느 정도를 넘어서면 혼자서 문제를 해결하지 못한다고 하였다.

15

|정답| ③

|해설| 제시된 글에서는 관객은 영화가 현실의 복잡성을 똑같이 모방하기를 원하지 않고, 영화 역시 그러기 위해 애쓰지 않는다고 하였다. 즉, 사실적이라는 평가를 받는 영화란 영화적 관습에 의해 관객들이 영화 속 내용을 현실처럼 보는 데에 동의했기 때문이지 현실을 그대로 모방해서가 아님을 알 수 있다.

16

|정답| ②

|해설| 상민은 독자적인 신분 결정 요인으로 구별된 것이 아니라 양인 중에서 다른 계층을 제하고 남은 사람들을 가리키는 말이었음을 서술하고 있다.

|오답풀이|

① 양인 남자에게만 부과되는 국역 성격의 역과 달리 천인에게는 남녀 모두에게 징벌 의미의 신역이 부과된 것으로 보아, 천인에게 역에 대한 부담이 더 컸음을 알 수 있다.

③, ④, ⑤ 상민은 법적으로 양반과 동등한 권리를 가지고 있었고 관학의 교육과 과거 응시가 가능하였으나 경제력과 정치적 권력의 부족으로 인해 권리를 누리기 어려웠다.

17

|정답| ②

|해설| 두 번째 문단의 마지막 부분을 살펴보면, 국회의원의 모든 권한은 국민으로부터 나오므로 헌법 제1조 제2항에 모순되지 않는다고 서술되어 있다.

|오답풀이|

①, ④ ㉠은 입법 활동 시에 대표자가 국민의 뜻에 따라야 한다는 것이고, ㉡은 대표자의 소신에 따라도 된다는 것이다. 즉, ㉠과 ㉡은 입법 활동을 할 때 누구의 의사가 우선시되어야 하는가에 따라 구분된다.

③ 대표자가 그의 권한을 국민의 뜻에 따라 행사해야 한다는 말은 국민이 국회의원의 입법 활동을 직접적으로 통제한다는 말과 상통한다.

⑤ ㉡에서 국민은 대표자 선출권을 통해 간접적으로 대표자를 통제한다고 하였으므로 국민의 의견이 간과되지 않음을 알 수 있다.

18

|정답| ③

|해설| '함께 추구한다'라는 경쟁의 어원처럼 본래의 경쟁은 사회의 여러 부문에서 상생·상보적인 요소로 작용하였으나, 오늘날의 경쟁은 지배 이데올로기로 자리 잡아 어원과는 다른 의미로 사용되고 있음을 소개하고 있다. 따라서 '경쟁의 변모'가 주제로 가장 적절하다.

19

|정답| ③

|해설| 제시된 글은 경제 위기가 여성 노동에 미치는 영향에 관한 세 가지 가설을 통해, 각각의 가설을 경험적으로 검토하면서 세 가지 가설로는 설명될 수 없는 두 가지 반례를 들어 가설의 설명력이 차별적이라 결론을 내리고 있다. 그중 1970 ~ 1980년대 경기 침체기의 상황에서 불황의 초기 국면에서는 여성 고용이 감소하였다고 하였으므로, 경기 변동과 관계없이 여성의 경제 활동 참여가 지속적으로 증가하고 있다고 유추하기는 어렵다.

|오답풀이|

① 분절 가설에서 여성 고용이 경기 변화의 영향을 남성 노동과 무관하게 받는다고 했지만, 실제로는 경제 위기보다 산업별·규모별·직업별 구조적 변동이 여성 노동에 더 큰 영향을 미친다고 하였다. 이러한 변동은 성별 직무 분리까지 포함하는 개념이라 하여 ①의 내용을 추론해 볼 수 있다.

20

| 정답 | ③

| 해설 | 〈보기〉의 내용은 신축 아파트 주변의 개발과 교통량이 원인이 되어 새 아파트의 내부 대기가 오래된 아파트보다 좋지 않다는 내용인데, 이는 오래된 아파트가 새 아파트와 같은 지역에 있을 때에는 적절한 근거가 될 수 없어 논리적으로 타당하지 못하다.

따라서 새로 지은 아파트의 내부 대기에는 오래된 아파트보다 유해물질이 더 많이 포함되어 있다는 주장을 하기 위해 공통으로 작용하는 주변의 환경적 요인이 아닌 신축 아파트 자체에 따른 오염 원인을 추가해야 한다. 그러므로 새 아파트에 들어가는 내부 벽지나 건축자재 등에서 발생하는 발암·오염물질을 근거로 삼은 ③을 추가하는 것이 적절하다.

4회 언어·수추리

▶ 문제 230쪽

01	③	02	③	03	①	04	②	05	③
06	③	07	①	08	③	09	③	10	③
11	④	12	①	13	⑤	14	③	15	②
16	②	17	③	18	②	19	④	20	③

01

| 정답 | ③

| 해설 | 다섯 번째 조건에서 (가) 선임과 팀을 이룬 사람은 1명이라고 하였는데, 두 번째 조건에서 B와 E는 같은 팀, 세 번째 조건에서 (다) 선임은 C와 같은 팀, 네 번째 조건에서 D는 (가) 선임과 다른 팀이라고 하였으므로 (가) 선임과는 A가 같은 팀이다. 마지막 조건을 바탕으로 팀을 구성하면 (가)-A, (나)-B, E, (다)-C, D이다.

02

| 정답 | ③

| 해설 | 조건에서 제시하는 것은 C와 E가 다른 팀이어야 한다는 것과 A, B 또는 B, F가 반드시 같은 팀이어야 한다는 것이다. 제시된 선택지의 5개 팀은 모두 C와 E가 구분되고 있으므로 A, B 또는 B, F의 조건에 부합되는지를 살펴보면 된다.

선택지 ③의 A, E, F 조합은 'B가 속한 팀에는 A와 F 중한 명이 반드시 속해 있어야 한다'는 조건을 충족하지 않는다.

03

| 정답 | ①

| 해설 | A의 대우는 참이므로 '운동을 싫어하는 사람은 게으르다'는 참이다. B 명제와 B의 대우를 삼단논법으로 정리하면 ①의 '긍정적이지 않은 사람은 게으르다'라는 명제가 참임을 알 수 있다.

04

| 정답 | ②

| 해설 | 다섯 개의 명제들 중 첫 번째, 두 번째, 세 번째 명제는 단순 삼단논법으로 연결되어 1호선→2호선→5호선→ ~ 3호선의 관계가 성립됨을 알 수 있다. 따라서 그 대우 명제인 3호선→ ~ 1호선(3호선을 타 본 사람은 1호선을 타 보지 않았다)도 참인 명제가 된다.

05

| 정답 | ③

| 해설 | 명제가 참이면 대우도 참이라는 것과 명제의 삼단논법 관계를 이용한다.

• 두 번째 명제 : 헤드폰을 쓴다. → 소리가 크게 들린다.

- 세 번째 명제의 대우 : 소리가 크게 들린다. → 안경을 쓰지 않는다.

따라서 '헤드폰을 쓰면 안경을 쓰지 않은 것이다'가 성립하므로 ③은 참인 문장이다.

| 오답풀이 |

① 세 번째 명제와 두 번째 명제의 대우를 통해 '안경을 쓰면 헤드폰을 쓰지 않은 것이다'가 성립하므로 주어진 문장은 틀린 문장이다.

② 두 번째 명제의 역에 해당하므로 반드시 참이라고 할 수는 없다.

④ 첫 번째 명제의 역에 해당하므로 반드시 참이라고 할 수는 없다.

⑤ 주어진 문장이 성립하려면 첫 번째 명제를 이용하여 '소리가 작게 들리면 안경을 쓴다'가 성립되어야 하는데, 이는 세 번째 명제의 역에 해당하므로 반드시 참인 문장이 아니다.

06

| 정답 | ③

| 해설 | '법학을 공부하는 사람'을 A로, '행정학 수업을 듣는다'를 B로, '경제학 수업을 듣는 사람'을 C로, '역사를 공부한다'를 D로, '철학을 공부한다'를 E로 나타낼 때, 제시된 조건에 의해서 A → B, C → ~D, A → E, ~C → ~B가 되고, 이 대우 명제에 의해 ~B → ~A, D → ~C, ~E → ~A, B → C임을 알 수 있다. 명제와 대우의 참·거짓은 일치하므로 이들로부터 명제를 정리하면 D → ~C → ~B → ~A의 관계가 성립한다. 따라서 '역사를 공부하는 사람은 법학을 공부하지 않는다'는 진술은 참이다.

07

| 정답 | ①

| 해설 | '지금 출전하는 선수는 공격수이다'라는 명제와 '공격수는 골을 많이 넣는다'라는 명제가 둘 다 참이므로, 삼단논법에 의해 '지금 출전하는 선수는 골을 많이 넣는다'라는 명제도 반드시 참이 된다.

08

| 정답 | ③

| 해설 | 직사각형 테이블의 각 위치를 a ~ h로 표기하여 설명하면 다음과 같다.

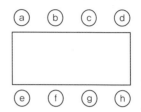

우선 'ㄴ'에 의해 C와 E는 네 끝자리인 a, d, e, h에 앉아 있게 된다. 'ㄱ'와 'ㄷ'에 의해 확정 조건을 알아낼 수는 없으나, 'ㄹ'에서 B도 C와 같은 줄의 끝자리에 앉아 있다는 것을 알 수 있다. 따라서 어느 한쪽 줄은 C – G – F – B가 확정 조건이 됨을 알 수 있다. 이 경우, 'ㄱ'에 의해 건너편 A의 자리와 'ㄴ'에 의해 E의 자리가 결정된다.

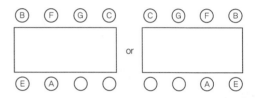

※ 위 아래가 바뀔 수도 있다.

그러므로 A의 한쪽 옆자리에 D가 앉아 있다면 H는 끝자리가 되어 C와 마주 보고 앉아 있게 된다.

| 오답풀이 |

① E-A-H 또는 H-A-E의 순으로 앉을 수도 있다.

② B와 마주 보고 앉아 있는 사람은 항상 E가 된다.

④ G는 H 또는 D와 맞은편에 앉게 된다.

⑤ B는 H 또는 D와 가장 멀리 떨어져 앉게 된다.

09

| 정답 | ③

| 해설 | A $\xrightarrow{+1}$ B $\xrightarrow{+3}$ E $\xrightarrow{+5}$ J $\xrightarrow{+7}$ Q $\xrightarrow{+9}$ Z $\xrightarrow{+11}$ ( )

따라서 빈칸에 들어갈 문자는 K이다.

10

| 정답 | ③

| 해설 | C $\xrightarrow{+1}$ D $\xrightarrow{+2}$ F $\xrightarrow{+4}$ J $\xrightarrow{+8}$ ( )

따라서 빈칸에 들어갈 문자는 R이다.

11

| 정답 | ④

| 해설 |

$$1 \quad -1 \quad 1 \quad 1 \quad 2 \quad -2 \quad 6 \quad (\ )$$

$\times 1$, $\times 2$, $\times 3$ (윗줄), $\times(-1)$, $\times(-2)$, $\times(-3)$ (아랫줄)

따라서 빈칸에 들어갈 숫자는 6이다.

12

| 정답 | ①

| 해설 | 2부터 시작하여 점점 큰 소수를 더하고 있다.

$2 \xrightarrow{+2} 4 \xrightarrow{+3} 7 \xrightarrow{+5} 12 \xrightarrow{+7} 19 \xrightarrow{+11} 30 \xrightarrow{+13} (\ )$

따라서 빈칸에 들어갈 숫자는 43이다.

13

| 정답 | ⑤

| 해설 |

$$7 \quad 8 \quad 15 \quad 23 \quad 38 \quad 61 \quad (\ \downarrow\ )$$

7+8, 15+23, 38+61 (윗줄), 8+15, 23+38 (아랫줄)

따라서 빈칸에 들어갈 숫자는 99이다.

14

| 정답 | ③

| 해설 |

$$3 \xrightarrow{+3} 6 \xrightarrow{+5} 11 \xrightarrow{+9} 20 \xrightarrow{+17} 37 \xrightarrow{+33} (\ )$$

$+2^1$, $+2^2$, $+2^3$, $+2^4$

따라서 빈칸에 들어갈 숫자는 70이다.

15

| 정답 | ②

| 해설 |

$$\frac{3}{7} \xrightarrow[\times 3]{+2} \frac{5}{21} \xrightarrow[\times 3]{+2} \frac{7}{63} \xrightarrow[\times 3]{+2} (\ ) \xrightarrow[\times 3]{+2} \frac{11}{567}$$

따라서 빈칸에 들어갈 숫자는 $\dfrac{9}{189}$ 이다.

16

| 정답 | ②

| 해설 |

$$1.2 \quad 2 \quad 1.5 \quad 5 \quad 2.1 \quad 11 \quad 2.4 \quad 14 \quad (\ ) \quad 20$$

+0.3, +0.6, +0.3, +0.6 (윗줄), +3, +6, +3, +6 (아랫줄)

따라서 빈칸에 들어갈 숫자는 3이다.

17

| 정답 | ③

| 해설 |

$2 \xrightarrow{\times 2-1} 3 \xrightarrow{\times 2+1} 7 \xrightarrow{\times 2-1} 13 \xrightarrow{\times 2+1} 27 \xrightarrow{\times 2-1} (\ ) \xrightarrow{\times 2+1} 107 \xrightarrow{\times 2-1} 213$

따라서 빈칸에 들어갈 숫자는 53이다.

18

| 정답 | ②

| 해설 |

$$0.8 \xrightarrow{-0.21} 0.59 \xrightarrow{-0.21} 0.38 \xrightarrow{-0.21} (\quad) \xrightarrow{-0.21} -0.04$$

따라서 빈칸에 들어갈 숫자는 0.17이다.

19

| 정답 | ④

| 해설 |

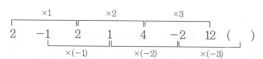

따라서 빈칸에 들어갈 숫자는 6이다.

20

| 정답 | ③

| 해설 |

$$15 \xrightarrow{+2^1} 17 \xrightarrow{+2^2} 21 \xrightarrow{+2^3} 29 \xrightarrow{+2^4} 45 \xrightarrow{+2^5} (\quad)$$

따라서 빈칸에 들어갈 숫자는 77이다.

01

| 정답 | ③

| 해설 | 20X1년의 전체 유선방송에서 중계유선방송이 차지하는 비율은 $\frac{216,573}{15,229,800} \times 100 ≒ 1.42(\%)$이다.

| 오답풀이 |

① 20X3년 전년 대비 IPTV 가입자 수 증가율은 $\frac{2,578,122 - 2,373,911}{2,373,911} \times 100 ≒ 8.6(\%)$이다.

② 20X2년의 아날로그방송 무료시청 가입자 수는 20X1년에 비해 86,119단자/IP가 증가하였으므로 적절하지 않다.

④ 20X1 ~ 20X3년간 유료방송 전체 가입자 수의 평균은 $\frac{19,419,782 + 22,062,740 + 22,294,159}{3}$
$= 21,258,893.6666 \cdots$

유료방송서비스의 전체 가입자 수는 중복 가입자가 포함된 수이기 때문에 이보다 더 적다.

⑤ 디지털 방송의 유료시청 가입자 수뿐만 아니라 디지털 방송의 무료시청 가입자 수도 증가하고 있다. 따라서 아날로그 방송의 유료시청 가입자 수가 감소하는 이유가 디지털 방송의 유료시청 가입자 수의 증가 때문이라고 단정지을 수 없다.

02

| 정답 | ③

| 해설 | 경상도, 경기도, 전라도, 충청도, 서울, 강원도, 제주도 순으로 전체 학교 개수와 대학교 개수가 많다.

| 오답풀이 |

① 각 지역별로 고등학교 졸업생 수가 모두 다르므로, 주어진 자료만으로는 전국 고등학교 졸업생의 대학진학률 평균을 알 수 없다.

② 대학교 개수가 가장 많은 지역은 경상도, 경기도, 전라도의 순서인데, 대학진학률이 가장 높은 지역의 순서는 해마다 다르므로 이 둘이 서로 밀접한 관련이 있다고 볼 수 없다.

④ 20X6년 대비 20X9년의 대학진학률 감소폭은 다음과 같다.

- 서울 : 65.6－62.8＝2.8(%p)
- 경기도 : 81.1－74.7＝6.4(%p)
- 강원도 : 92.9－84.2＝8.7(%p)
- 충청도 : 88.2－80.1＝8.1(%p)
- 전라도 : 91.3－81.9＝9.4(%p)
- 경상도 : 91.8－83.8＝8(%p)
- 제주도 : 92.6－87.6＝5(%p)

따라서 가장 작은 감소폭을 보인 지역은 서울이다.

⑤ 전라도의 20X8년 대학진학률은 86.9%, 20X7년 대학진학률은 88.1%이다.

따라서 88.1－86.9＝1.2%p 감소했다.

03

| 정답 | ⑤

| 해설 | 20X0년의 이익에 임의의 수치를 대입하여 도표를 만들어 보면 선택지의 내용들을 확인할 수 있다. 20X0년의 이익액을 100으로 가정한 연도별 이익액은 다음과 같다.

구분	20X0년	20X1년	20X2년	20X3년
이익액	100	130	143	171.6
이익증가율	－	30%	10%	20%

따라서 20X1년의 전년 대비 이익증가액은 20X2년의 전년 대비 이익증가액보다 더 큰 것을 알 수 있다.

| 오답풀이 |

① 71.6% 증가하였다.

② 20X1년의 전년 대비 이익증가액이 가장 크다.

③ 매년 증가하였으므로 이익은 20X2년이 더 크다.

④ $\frac{171.6-130}{130} \times 100 = 32(\%)$ 증가하였으므로 30% 이상 증가하였다.

04

| 정답 | ②

| 해설 | 업종별 종사자 수의 구성비는 남성의 경우 $\frac{50}{250} \times 100 = 20(\%)$로 숙박업이 가장 낮은 반면, 여성의 경우 $\frac{50}{350} \times 100 ≒ 14.3(\%)$로 건설업이 가장 낮다.

| 오답풀이 |

① 제조업과 도매업은 사업체당 평균 종사자 수가 각각 3,300÷900≒3.7(명)과 1,100÷300≒3.7(명)으로 가장 많다.

③ 숙박업은 $\frac{200}{250} \times 100 = 80(\%)$로 종사자 중 여성의 구성비가 가장 높은 업종이다.

④ 어업, 제조업, 숙박업에서 여성의 구성비가 남성보다 높게 나타나고 있다.

⑤ B 지역의 사업체 1개당 평균 남자 종사자의 수는 3,285÷2,000≒1.64(명)으로 도매업종 사업체 1개당 평균 여자 종사자의 수인 450÷300＝1.5(명)보다 많다.

05

| 정답 | ③

| 해설 | 20X8년 관광 목적의 해외여행자 수는 전년 대비 4.2% 감소하여 주어진 기간 중 가장 크게 감소하였다.

| 오답풀이 |

① • 20X6년 : 8,426,867×0.147≒1,238,749(명)
   • 20X7년 : 8,426,867×1.147×0.128≒1,237,199(명)

② 업무 목적의 해외여행자 수의 증가율은 항상 양수이므로 증가하였다.

④ • 20X6년 : 1,120,230×1.093≒1,224,411(명)
   • 20X8년 : 1,224,411×1.226×1.007≒1,511,636(명)

따라서 20X6년 대비 20X8년 업무 목적의 해외여행자 증가 수는 30만 명 이하이다.

⑤ 20X8년에는 관광 목적의 해외여행자 수가 전년 대비 감소하였다.

06

| 정답 | ②

| 해설 | ㉠ 20X7년 A사와 C사의 매출액 합계는 3,969+2,603 =6,572(백만 달러)이고, 4대 이동통신업자 전체 매출액은 13,582백만 달러이므로 $\frac{6,572}{13,582} \times 100 ≒ 48.4$ (%)로 전체 매출액의 50%를 넘지 않는다.

㉢ 20X8년의 전체 인구를 x명이라 하고 주어진 보급률 공식에 따라 식을 세우면 다음과 같다.

$$125.3(\%) = \frac{76,900,000}{x} \times 100$$

$x ≒ 61,372,706$

따라서 20X8년의 전체 인구는 대략 6천 1백만여 명임을 알 수 있다.

| 오답풀이 |

㉡ 4대 이동통신사업자의 매출액 순위는 20X6년과 20X7년에 A사>B사>D사>C사 순이었고, 20X8년은 B사>A사>D사>C사 순이었다. 따라서 20X8년 A사와 B사의 매출액 순위가 서로 바뀐 것 외에 나머지 순위는 변하지 않았음을 알 수 있다.

㉢ A사의 20X9년 10 ~ 12월 월평균 매출액이 1 ~ 9월의 월평균 매출액과 동일하다고 가정할 경우, 1 ~ 9월의 월평균 매출액은 2,709÷9=301(백만 달러)이므로, 10 ~ 12월 매출액은 301×3=903(백만 달러)가 된다. 따라서 A사의 20X9년 한 해의 전체 매출액은 2,709+903=3,612(백만 달러)이다.

07

| 정답 | ①

| 해설 | 월 1 ~ 3회와 월 4 ~ 6회의 그래프는 2017 ~ 2018년에 동일한 증가 추이를 보이고 있다.

08

| 정답 | ③

| 해설 | 월 1 ~ 3회, 월 7 ~ 9회, 월 10 ~ 12회의 3개 항목이 응답자 수가 증가하였다.

| 오답풀이 |

① 월 1 ~ 3회 1개 항목만 매년 증가하였다.

② 5개 빈도 항목 모두 응답자 수가 전년보다 감소한 시기는 없다.

④ 월 1 ~ 3회, 월 4 ~ 6회의 2개 항목이다.

⑤ 2019년에만 모두 15명 이상의 응답자 수를 보이고 있다.

09

| 정답 | ③

| 해설 | 20X1년의 전년 대비 자산 보유액 증감률은 50대가 1.9%, 30세 미만이 11.1%로, 50대가 더 작다.

| 오답풀이 |

① ㉠에 들어갈 수치는 $\frac{32,638 - 31,503}{31,503} \times 100 ≒ 3.6(\%)$ 이다.

② ㉡에 들어갈 수치는 $\frac{48,532 - 46,695}{46,695} \times 100 ≒ 3.9(\%)$ 이다.

10

| 정답 | ③

| 해설 | 〈자료 2〉의 시간별 이용률에서 청소년의 스마트폰 이용 시간은 3시간 이상대가 가장 높은 비중을 차지하고 있으며, 이는 일평균 이용 시간인 2.7시간(20X0년), 2.6시간(20X1년)보다 높다.

| 오답풀이 |

① 〈자료 1〉에서 청소년의 일평균 스마트폰 이용 현황을 보면, 문자메시지 이용률이 가장 높다.

② 〈자료 2〉에서 청소년의 스마트폰 일평균 이용 시간은 20X1년과 20X0년에 각각 2.6시간, 2.7시간으로 비슷한 수준을 보이고 있다.

④ 〈자료 1〉에서 청소년의 스마트폰 이용률은 20X0년에는 40.0%, 20X1년에는 80.7%로 40.7%p 급증하였다.

⑤ 20X0년과 20X1년 각각의 총 응답자 수를 제시해 주지 않았으므로 알 수 없다.

11

|정답| ⑤

|해설| 박스의 칸을 선택할 수 있는 모든 경우의 수는 25가지이고, 이 중 빈칸은 20개이므로 처음 선택 시 빈칸을 고를 확률은 $\frac{20}{25}$이다. 그리고 두 번째 선택에서 쿠폰이 있는 칸을 고를 확률은 처음 선택한 빈칸을 제외한 $\frac{5}{24}$가 된다. 따라서 두 번째 선택에서 쿠폰이 있는 칸을 고를 확률은 $\frac{20}{25} \times \frac{5}{24} = \frac{1}{6}$로 약 17%가 된다.

12

|정답| ①

|해설| 회사에서 카페까지의 거리를 xm라 하면 카페에서 거래처까지의 거리는 $(3,000-x)$m가 된다. 회사에서 카페까지의 이동 시간은 $\frac{x}{60}$분이고, 카페에서 거래처까지의 이동 시간은 $\frac{3,000-x}{80}$분인데, 거래처에 도착하기까지 총 걸린 시간이 40분이므로 $\frac{x}{60} + \frac{3,000-x}{80} = 40$이다. 이를 풀면 다음과 같다.

$4x + 3(3,000-x) = 40 \times 240$

$4x - 3x = 9,600 - 9,000$

$x = 600$

따라서 회사에서 카페까지의 거리는 600m이다.

13

|정답| ①

|해설| 큰 활자가 들어가는 장 수를 x장, 작은 활자가 들어가는 장 수를 y장이라 하면,

$x + y = 16$ ⬝⬝⬝⬝⬝⬝⬝⬝⬝⬝⬝⬝⬝ ㉠

$1,200x + 1,500y = 21,000$ ⬝⬝⬝⬝⬝⬝⬝⬝⬝ ㉡

이 식을 연립하여 풀면 다음과 같다.

$1,200(16-y) + 1,500y = 21,000$

$19,200 - 1,200y + 1,500y = 21,000$

$300y = 1,800$

$y = 6$, $x = 10$

따라서 작은 활자를 사용한 종이는 총 6장이다.

14

|정답| ④

|해설| 가습기의 정가를 x원, 서랍장의 정가를 y원이라고 하면, 다음과 같은 식이 성립한다.

$0.85x + 0.75y = 183,520$ ⬝⬝⬝⬝⬝⬝⬝⬝⬝⬝ ㉠

$0.8(x+y) = 183,520$ ⬝⬝⬝⬝⬝⬝⬝⬝⬝⬝⬝⬝ ㉡

이 식을 연립해서 풀면 다음과 같다.

$0.05x = 0.05y$

$x = y$

$0.85x + 0.75x = 183,520$

$1.6x = 183,520$

$x = 114,700$

따라서 가습기의 정가는 114,700원이다.

15

|정답| ④

|해설| 현 지점에서 A 지점까지 왕복하는 데 3시간 이내의 시간이 걸려야 하므로, 먼저 현 지점에서 A 지점까지 가는 데 걸린 시간을 구해 3시간에서 빼면 A 지점에서 현 지점으로 돌아오는 데 필요한 최대 시간을 얻어 최소 속력을 구할 수 있다.

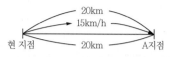

우선 현 지점에서 A 지점까지 가는 데 걸린 시간은 $\frac{20}{15} = \frac{4}{3}$, 즉 2시간 20분이다. 따라서 A 지점에서 현 지점까지 돌아오는 데 필요한 최대 시간은 1시간 40분이며 1시간 40분은 $\frac{5}{3}$ 시간이므로 최소 $20 \div \frac{5}{3} = 12$(km/h)의 속력으로 돌아와야 한다.

16

|정답| ③

|해설| 호수 둘레의 길이를 x m라 하면 다음과 같은 식이 성립한다.

$\frac{x}{10} - \frac{x}{15} = 5$

$3x - 2x = 150$ $x = 150$

따라서 호수 둘레의 길이가 150m이므로 25m 간격으로 나무를 심는다면 $\frac{150}{25} = 6$(그루)를 심을 수 있다.

17

|정답| ④

|해설| 사원 Y명의 월급 총합은 XY원이며, 이 회사에 다니는 모든 사람의 수는 (Y+1)명이다.

따라서 $\frac{\text{모든 사람의 월급 총합}}{\text{모든 사람의 수}} = \frac{XY + 3X}{Y + 1}$ 이므로

이를 정리하면 $\frac{X(Y + 3)}{Y + 1}$ 원이다.

18

|정답| ③

|해설| 전체 일의 양을 1로 볼 때, 우진이 하루에 일한 양은 $\frac{1}{A}$, 정은이 하루에 일한 양은 $\frac{1}{B}$ 이다.

따라서 우진이 혼자 일을 한 기간은

$\left(1 - \frac{3}{B}\right) \div \frac{1}{A} = \frac{A(B - 3)}{B}$ 일이 된다.

19

|정답| ⑤

|해설| 굴렁쇠가 굴러간 도로의 길이를 cm로 환산하면 6,000cm이다. 이를 굴렁쇠 둘레 길이인 $25 \times 2 \times 3.14 = 157$ (cm)로 나누어 회전수를 구하면, $\frac{6,000}{157} \coloneqq 38$(번) 회전한 것이 된다.

20

|정답| ⑤

|해설| 25%의 소금물 600g에 녹아 있는 소금의 양을 x g 이라고 하면 식은 다음과 같다.

$\frac{x}{600} \times 100 = 25$ $\frac{x}{6} = 25$ $\therefore x = 150$(g)

30%의 소금물을 만들기 위해 증발시켜야 하는 물의 양을 y라고 하면 식은 다음과 같다.

$\frac{150}{600 - y} \times 100 = 30$ $\frac{150}{600 - y} = \frac{3}{10}$

$1,500 = 1,800 - 3y$ $\therefore y = 100$

따라서 100g의 물을 증발시켜야 한다.

4회 도형

▶ 문제 250쪽

01	④	02	③	03	②	04	⑤	05	①
06	③	07	⑤	08	①	09	⑤	10	③
11	③	12	④	13	④	14	③	15	④

01

|정답| ④

|해설| 첫 번째 열과 두 번째 행에 공통적으로 ✚와 ♡가 들어 있으므로, 둘 중 하나는 반시계 방향으로 90° 회전, 하나는 색을 빗금으로 바꾸는 기호임을 알 수 있다. 하지만 ♡가 포함되어 있는 두 번째 열에서는 색이 빗금으로 바뀌지 않았으므로 ♡는 반시계 방향으로 90° 회전, ✚는 색을 빗금으로 바꾸는 기호가 된다. 두 번째 행의 △을 통해 △은 상하대칭(x축 대칭)임을 알 수 있고, 세 번째 열의 ◐를 통해 ◐은 좌우대칭(y축 대칭)임을 알 수 있다. 마지막으로 첫 번째 행을 통해 ⊠은 색을 반전하는 기호임을 확인할 수 있다. 이를 종합해 보면 다음과 같다.

1. ♡ : 반시계 방향으로 90° 회전(-90°)
2. ⊠ : 색 반전
3. ✚ : 색을 빗금으로 바꿈
4. ◐ : 좌우대칭(y축 대칭)
5. △ : 상하대칭(x축 대칭)

따라서 문제의 과정을 거친 결과는 다음과 같다.

(색 반전)   (상하대칭)

02

|정답| ③

|해설| 문제의 과정을 거친 결과는 다음과 같다.

(좌우대칭)   (상하대칭)   (빗금)

03

|정답| ②

|해설| 문제의 과정을 거친 결과는 다음과 같다.

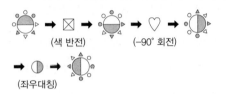
(색 반전)   (-90° 회전)

(좌우대칭)

04

|정답| ⑤

|해설| 각 규칙을 정리하면 다음과 같다.

가) 바깥쪽 도형은 반시계 방향으로 90° 회전, 안쪽 도형은 한 개 더 늘어남.

나) 안쪽 도형의 크기가 줄어듦.

다) 안쪽 도형의 색 반전, 원형 테두리 생겨남.

규칙에 근거하여 도형의 형태 변화를 정리하면 다음과 같다.

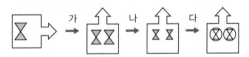

05

|정답| ①

|해설| 04의 규칙을 바탕으로 정리하면 다음과 같다.

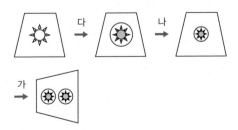

06

|정답| ③

|해설| • 🔲 : 색 반전

• 🔲 : 상하대칭

• 🔲 : 시계 방향 90° 회전

• 🔲 : 좌우대칭

• 🔲 : 반시계 방향 90° 회전(-90°)

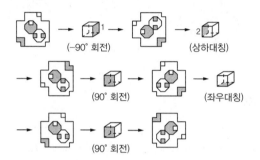

07

|정답| ⑤

|해설| • 🔲 : 시계 방향 90° 회전

• 🔲 : 색 반전

• 🔲 : 상하대칭

• 🔲 : 반시계 방향 90° 회전(-90°)

• 🔲 : 좌우대칭

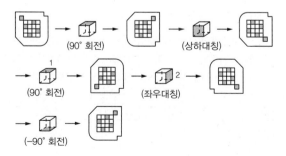

08

|정답| ①

|해설| • 🔲 : 좌우대칭

• 🔲 : 반시계 방향 90° 회전(-90°)

• 🔲 : 상하대칭

• 🔲 : 시계 방향 90° 회전

• 🔲 : 색 반전

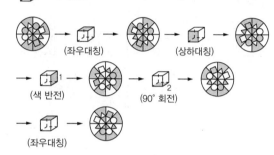

09

|정답| ⑤

|해설| • 🔲 : 반시계 방향 90° 회전(-90°)

• 🔲 : 색 반전

• 🔲 : 좌우대칭

• 🔲 : 상하대칭

• 🔲 : 시계 방향 90° 회전

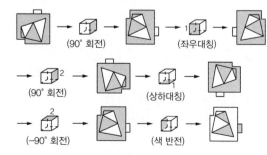

10

|정답| ③

|해설| • 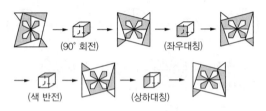 : 색 반전

・ : 상하대칭

・ : 좌우대칭

・ : 반시계 방향 90° 회전(−90°)

・ : 시계 방향 90° 회전

11

|정답| ③

|해설| 〈조건 1〉에서의 각 문자가 나타내는 도형의 규칙은 다음과 같다.

・A : 시계 방향으로 한 칸씩 도형의 위치 이동

・B : (가로열별로) 좌우 위치 교체

・C : 각 도형의 색깔을 시계 방향으로 한 칸씩 이동

・D : 각 도형의 x축 대칭 회전(상하 반전)

INPUT에 제시된 도형을 순서도에 따라 〈조건 1〉과 〈조건 2〉를 적용하여 변환·비교하면 다음과 같다.

12

|정답| ④

|해설| INPUT에 제시된 도형을 순서도에 따라 〈조건 1〉과 〈조건 2〉를 적용하여 변환·비교하면 다음과 같다.

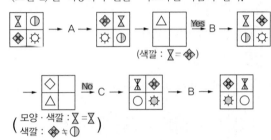

13

|정답| ④

|해설| INPUT에 제시된 도형을 순서도에 따라 〈조건 1〉과 〈조건 2〉를 적용하여 변환·비교하면 다음과 같다.

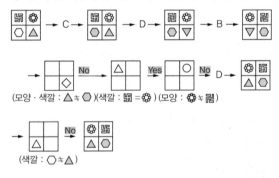

14

|정답| ③

|해설| 처음에 제시된 도형을 순서도에 따라 규칙을 적용하여 변환·비교하면 다음과 같다(비교 조건 단계에서 비교할 대상이 처음에 제시된 도형이라는 것에 유의한다).

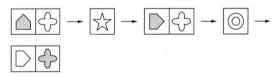

15

| 정답 | ④

| 해설 | 처음에 제시된 도형을 순서도에 따라 규칙을 적용하여 변환·비교하면 다음과 같다.

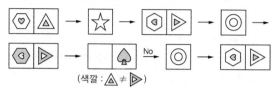

(색깔 : △ ≠ ▷)

▸ 문제 262쪽

01	②	02	③	03	⑤	04	④	05	②
06	⑤	07	①	08	⑤	09	④	10	①
11	①	12	③	13	④	14	①	15	④
16	②	17	②	18	④	19	②	20	②

01

| 정답 | ②

| 해설 | 제시된 글에서는 다도해가 개방성과 고립성의 양가적 특성을 가졌음에도 불구하고 다도해의 문화적 특징을 말할 때는 흔히들 고립성 측면에만 주목하는 경향이 있음을 말하며 이런 일방적인 관점에서 접근해서는 안 된다는 것을 주장하고 있다. 따라서 ②가 주제로 가장 적절하다.

02

| 정답 | ③

| 해설 | 기사문의 내용을 보면 스마트폰의 자원으로 쓰이는 콜탄의 1위 생산국은 민주콩고이며, 이 콜탄이 민주콩고의 내전 장기화에 한몫하고 있다는 주장에 대해 설명하고 있다. 따라서 '폰을 바꿀 때마다 콩고 주민 죽는다'는 제목이 가장 적절하다.

03

| 정답 | ⑤

| 해설 | 우선 '상대성'이라는 단어에 관해 말하고 있는 부분은 (가)와 (바)이다. (가)와 (바)는 모두 가치의 상대성이 발생하는 함정'에 대해 논하고 있는데, (가)는 '그런데'라는 역접

관계를 나타내는 접속어로 시작하므로 (바) 뒤에 (가)가 올 수 없어 (가)-(바)가 되어야 한다. (나)에는 '이에 따라'라는 지시어가 나오므로, (나)는 '자기 자신의 아이덴티티를 형성한다'라는 글이 포함되는 (라) 뒤에 오게 된다. 또한, (라)의 '그 문화적 풍토'가 (마)의 '각각의 형태를 갖고 있다'와 연결되기 때문에 (마)-(라)-(나)가 된다. 따라서 (마)-(라)-(나)-(가)-(바)-(다) 순이 적절하다.

04

| 정답 | ④

| 해설 | 제시된 글은 목재의 연결 기술에 관한 내용으로, 선택지에서 첫 번째 문장으로 (나)와 (라)를 제시하고 있으므로 이를 중심으로 살펴보도록 한다.

우선 (나)의 '쇠못으로 결합하는 방법'에 대한 설명은 (라)에서 '짜 맞춤 기법과 더불어 제시된 목재 연결 기술의 하나이므로 (라)-(나)의 순서가 적절하다. 또한 (나)의 바로 뒤에는 짜 맞춤 기법에 대한 설명이 올 것을 예측할 수 있는데, (다)의 '그에 비해 짜 맞춤 기법은~'으로 보아 (나)-(다)의 순서가 자연스럽다. 그리고 (다)는 짜 맞춤 기법을 이용하면 많은 시간이 소요된다는 내용이므로, 튼튼하게 맞물린다는 강점을 제시하는 (가)가 (다)의 뒤에 올 수 있다. 그러면서 '이러한~'을 통해 짜 맞춤 기법에도 다양한 종류가 있음을 설명하는 (마)가 글의 마지막에 위치하게 된다. 따라서 (라)-(나)-(다)-(가)-(마) 순이 적절하다.

05

| 정답 | ②

| 해설 | 제시된 글에는 피부 질병이 생기는 원인과 성별 간의 관계에 대해 언급되어 있지 않다.

06

| 정답 | ⑤

| 해설 | 선택지가 (가) 또는 (라)로 시작하고 있으므로 이를 먼저 살펴보면, (가)는 (라)의 본질에 대한 질문의 답변에

해당되므로 (라) 뒤에 이어지는 것이 적절하다. 그리고 (나)는 책상을 예로 들어 본질적 기능에 대해 설명하는데, 이는 본질주의자가 사물의 핵심적인 측면을 중시한다는 (가)의 예시에 해당하므로 (라)-(가)-(나)의 순임을 알 수 있다. (마)는 '그런데'라는 역접 관계의 접속사로 시작하므로 (나) 뒤에 올 수 있다.

(다) 또한 책상을 예로 들고 있는데, 본질은 인간의 경험을 통해 결정된 것이라는 설명을 하고 있어 사물의 본질이란 사후적으로 구성된 것이라는 (마)의 뒤에 오는 것이 적절하다. 따라서 (라)-(가)-(나)-(마)-(다) 순이 적절하다.

07

| 정답 | ①

| 해설 | 선택지의 맨 앞에 (나)와 (마)가 있으므로 이들 문장을 먼저 살펴봐야 한다. (나)에서는 환자와 의사의 관계 및 의사소통은 중요한 진료수단이 된다고 하였고, (마)는 그 중요성을 단적으로 보여 주는 사실에 대해 말하고 있으므로 (나)-(마)의 순서가 되는 것이 자연스럽다. 이어서 (바)에서는 (마)에서 언급한 의사소통의 새로운 변화인 통신 매체에 대해 언급하며 원격 진료의 등장을 소개하고 있다. 나머지 문장들의 접속어 또는 지시어의 관계를 파악해 보면, (라)에서는 역접의 접속사인 '그러나'를 사용하여 원격 진료의 한계를 지적하며 흐름을 반전하고 있다. 이어 (다)에서는 '이는'이라는 지시어로 (라)에서 언급한 원격 진료의 한계를 부연해 설명하고 있으며, (가)에서는 또다시 역접의 접속어 '하지만'을 사용하여 앞에서 언급한 원격 진료의 한계를 해결해 줄 수 있는 화상통화의 등장에 대해 제시하고 있다. 따라서 (나)-(마)-(바)-(라)-(다)-(가) 순이 적절하다.

08

| 정답 | ⑤

| 해설 | 두 번째 문단에서 인간이 생산적인 사회에서 살 수 있을 경우에만 사회로부터 지식 교환의 가치를 얻을 수

있다고 하였다. 따라서 인간이 지식 교환의 가치를 얻을 수 없는 사회는 생산적인 사회가 아님을 알 수 있다.

| 오답풀이 |

① 제시된 글에 언급되어 있지 않은 내용이다.

② 첫 번째 문장에서 인간은 누구나 생산적인 사회에서 평화롭게 살기를 원한다고 하였다.

③ 두 번째 문단에서 물리적 힘의 사용이 허용되는 경우에 개인의 권리가 침해당한다고 하였다.

④ 두 번째 문단에서 이성적인 수단의 예시인 토론과 설득을 언급했을 뿐, 토론과 설득 이외에 이성적인 수단이 있는지에 대해서는 이 글을 통해서 알 수 없다.

09

| 정답 | ④

| 해설 | 결론은 글 전체에 대한 요약 및 정리의 역할을 해야 하므로 가족 내 갈등의 심화를 해소하기 위하여 가족 차원, 사회 차원에서의 노력이 촉구된다는 내용이 와야 한다. ①은 개요의 주제를 나타내고, ②, ③은 주제에서 벗어난 내용이다. 사회 제도 및 정책의 개선만으로는 가족 차원의 원인들에 대처할 수 없으므로 ⑤는 결론에 적합하지 않다.

10

| 정답 | ①

| 해설 | 파놉티콘은 중앙에 존재하는 감시탑의 주위를 독방들이 원형으로 둘러싸도록 배치된 구조로, 독방에 있는 죄수들은 간수 또는 감시자의 관찰에 노출되지만 죄수는 감시자를 볼 수 없는 '권력에 따른 시선의 불균형'을 확인시켜주는 장치이다.

| 오답풀이 |

② 파놉티콘은 타자로부터 감시당할 수도 있지만 감시 권력이 보이지 않는다. 때문에 언제, 어디서든 감시당하고 있을지도 모른다는 생각이 지속적인 통제를 가능하게 해주어 스스로 자신을 감시하는 '주체'가 되도록 한다.

③ 벤담은 파놉티콘이 사회 개혁을 가능하게 해 주는 효율적인 수단이라고 생각했고 이는 결국 받아들여지지 않았다고 설명되어 있지만, 파놉티콘의 원리가 다른 사회 부문에 적용될 수 없다는 언급은 찾을 수 없다.

④ 파놉티콘의 가장 큰 장점은 스스로를 감시하는 주체적 통제에 의해 최소한의 비용, 최소한의 감시로 최대의 효과를 누릴 수 있다는 점이다.

⑤ 파놉티콘은 감시 권력을 비가시화함으로써 죄수들에게 언제, 어디서든 감시받고 있을지도 모른다는 불안감을 조성한다.

11

| 정답 | ①

| 해설 | 세 번째 문장에서 소비자는 같은 제품이라도 겉모습이 화려한 것을 구입하려고 한다고 제시되어 있다.

| 오답풀이 |

② 마지막 문장에서 자본주의 사회에서는 인간까지 상품미를 추구하는 대상으로 보고 있다는 내용이 나오지만, 그것이 비난받을 일이라는 언급은 나와 있지 않다.

③ 지문에 제시되어 있지 않다.

④ 두 번째 문장에서 상품미는 이윤을 얻기 위한 것임을 알 수 있으므로 상품미가 이익과 관련이 없다는 설명은 잘못되었다.

⑤ 네 번째 문장에서 우리가 주위에서 보는 거의 모든 상품은 상품미를 추구하고 있다고 하였으므로 그런 상품을 보기 어렵다는 설명은 잘못되었다.

12

| 정답 | ③

| 해설 | 제시된 글을 통해 사람들은 전염성 질병으로부터 스스로를 지키기 위하여 외형적 단서를 보이는 사람 외에도 낯선 병원균을 가지고 있을 수 있는 외지인을 배척하였음을 알 수 있다. 그리고 그러한 외지인을 판단하기 위한 단서로 다른 문화와 가치관을 언급하고 있으나, 이를 통해 지역 간의 교류가 더욱 단절되었다는 내용은 찾아볼 수 없다.

| 오답풀이 |

① '병원체가 몸 안으로 들어오고 난 다음에야 비로소 침입한 병원체를 제거하는 과정을 시작한다'는 부분을 통해 알 수 있다.

② '결과적으로 그 지역의 토착 병원균들을 다스리는 면역 능력을 비슷하게 가진 사람들이 한 곳에 모여 살게 되는 것이다'라는 부분을 통해 알 수 있다.

④ '외지인을 배척하고 같은 지역 사람들끼리 결속하는 성향은 전염성 질병으로부터 스스로를 보호하는 효율적인 장치였다'는 부분을 통해 알 수 있다.

⑤ '인류의 진화과정은 이러한 개체군의 번영을 훼방하는 비용을 치러야 할 상황을 미리 제거하거나 줄이는 방향으로 진행되었다'는 부분을 통해 알 수 있다.

13

| 정답 | ④

| 해설 | 향신료가 음식에 향미를 더해 주거나 생선만 먹을 때의 단조로움을 없애주는 등의 역할을 하였음을 알 수 있으나 음식 자체를 대신하였다는 언급은 없다.

14

| 정답 | ①

| 해설 | 12세기 이전의 독서 역시 '신앙심 고취'라는 목적을 위해 이루어졌으므로, 12세기 이후에 와서 독서가 목적을 위한 도구가 되었다고 볼 수는 없다. 또한 12세기 전후로 변화된 독서의 형태에 대해 비교하며 설명하고 있을 뿐, 두 방식 중 어떤 방식이 더 우수한지에 대한 주장은 제시되어 있지 않으므로 '전략했다'라는 표현은 적절하지 않다.

| 오답풀이 |

② 두 번째 문단의 '독자들은 다양한 정보와 해석을 편리하고 빠르게 찾고'를 통해 효율성을 극대화했음을 알 수 있다.

③, ⑤ 두 번째 문단에서 차례나 찾아보기 같은 보조 장치를 '새로운 편집 방식'이라고 표현했으므로 12세기 이전에는 존재하지 않았음을 알 수 있다.

④ 세 번째 문단의 '사람들은 점차 원전 독서를 등한시하여 원전이 담고 있는 풍부함을 맛볼 수 없게 되었다'를 통해 알 수 있다.

15

| 정답 | ④

| 해설 | 제시된 글은 본인이 느끼는 감각을 하나의 용어로 칭하여 사용할 수 없음에 대해 이야기하고 있다. 그러므로 혼자만의 감각을 통해 생성된 용어는 무의미하다는 ④가 결론으로 적절하다.

16

| 정답 | ②

| 해설 | 제시된 글은 언어 현실과 어문 규범과의 괴리를 줄이기 위한 방법으로 어문 규범을 없애고 언중의 자율에 맡기자는 주장과 어문 규범의 큰 틀만 유지하고 세부적인 것은 사전에 맡기자는 주장이 사회에 등장하고 있음을 설명하고 있다. 이를 통해 언어 현실과 어문 규범의 괴리를 해소하기 위한 방법을 모색하는 노력이 나타나고 있다는 글의 주제를 도출해 낼 수 있다.

17

| 정답 | ②

| 해설 | 영토 분할을 위임받은 로마 교회는 조세 수입이나 영토 면적보다는 '세속어'를 경계의 기준으로 삼는 것이 더 공정하다는 결론을 내렸다.

| 오답풀이 |

① 첫 번째 문단을 통해 동맹군이었던 루이와 샤를의 승리로 전쟁이 끝난 것을 알 수 있다.

③ 두 번째 문단에 따르면 루이와 샤를은 서로의 동맹을 다지는 서약 문서를 상대방이 분할 받은 영토의 세속어로 작성하여 교환하였다고 했다. 샤를이 분할 받은 영토의

세속어는 로망어였으므로 루이는 로망어로 서약 문서를 작성했음을 알 수 있다.

④ 루이와 샤를은 각자 자신의 군사들로부터 분할 받은 영토의 세속어로 된 충성 맹세를 받았다고 했으므로 샤를은 로망어로 된 충성 맹세를 받았음을 추론할 수 있다.

⑤ 그들의 군대는 필요에 따라 여기저기서 수시로 징집된 다양한 언어권의 병사들로 구성되어 있었다.

18

| 정답 | ④

| 해설 | 비서술 정보는 자극의 횟수에 의해 기억 여부가 결정된다는 설명은 제시된 글을 통해 추론할 수 없다.

| 오답풀이 |

① 서술 정보는 말로 표현할 수 있는 정보를 말하고 비서술 정보는 말로 표현할 수 없는 정보를 말한다.

② 많은 학자들이 서술 정보가 오랫동안 저장되는 곳으로 대뇌피질을 들고 있다.

③ 뇌가 받아들인 기억 정보는 그 유형에 따라 해마, 대뇌피질, 대뇌의 선조체나 소뇌 등 각각 다른 장소에 저장된다.

⑤ 첫 번째 문단에 교통사고로 해마 부위가 손상된 이후 서술 기억 능력이 손상된 사람의 예가 나온다.

19

| 정답 | ②

| 해설 | 빈칸의 전후 문장을 살펴보면, 보는 놀이는 주체적이고 능동적인 생각을 촉진시키지 못하므로 생각하는 사회를 만들기 위해서는 읽는 문화가 중요하다는 내용이 나온다. 따라서 그 사이에는 읽는 문화가 사라지면 생각 없는 사회가 될 수 있다는 우려를 나타내는 내용이 들어가는 것이 자연스럽다.

20

| 정답 | ②

| 해설 | 글에서 연고에 대한 집착이 강하면 연고주의라는

비판을 받는다고 하였는데, 연고주의란 혈연·지연·학연으로 이루어진 관계를 다른 사회적 관계보다 우선시하는 태도를 뜻한다. 따라서 ②가 가장 적절하다.

| 오답풀이 |

① 인연(因緣)

③ 연고(緣故)의 뜻이기도 하지만 지문에서 쓰인 연고의 의미와 부합하지 않는다. 유의어로는 사유(事由)가 있다.

④ 연로(年老)

⑤ 연분(緣分)

▶ 문제 277쪽

01	③	02	⑤	03	④	04	③	05	②
06	②	07	④	08	③	09	①	10	②
11	①	12	①	13	③	14	④	15	①
16	②	17	⑤	18	②	19	④	20	④

01

| 정답 | ③

| 해설 |
- P : A 거래처에 발주
- Q : B 거래처에 발주
- R : C 거래처에 발주
- S : D 거래처에 발주

라고 했을 때, 제시된 세 가지 명제를 순서대로 정리해 보면 P → ~Q, ~R → S, S → Q이다. ③은 ~Q → ~R로 나타낼 수 있는데, 이는 주어진 명제와 그 대우를 통해 거짓임을 알 수 있다.

| 오답풀이 |

① 첫 번째 명제에 의해 P → ~Q가 성립하며, 세 번째 명제의 대우에 의해 ~Q → ~S로 이어진다. 이는 두 번째 명제의 대우인 ~S → R로 연계되므로 P → R이 성립함을 알 수 있다.

② 첫 번째 명제에 의해 P → ~Q가 성립하며, 세 번째 명제의 대우에 의해 ~Q → ~S로 이어지므로 P → ~S는 참이다.

④ 두 번째 명제에 의해 ~R → S가 성립하며, 세 번째 명제에 의해 S → Q로 이어진다. 이는 첫 번째 명제의 대우인 Q → ~P로 이이지므로 ~R → ~P가 성립한다.

⑤ 세 번째 명제에 의해 S → Q가 성립하며, 첫 번째 명제의 대우에 의해 Q → ~P로 이어지므로 S → ~P는 참이다.

02

| 정답 | ⑤

| 해설 | 사원 중 한 명을 골라 거짓을 말하는 경우와 참을 말하는 경우로 나눈다. 두 경우에서 불확실성을 최소화할 수 있는 것을 골라야 하므로 D가 참, 거짓인 경우를 나누어 판단한다.

D가 참이라고 가정할 경우 참석자는 A, B, C, D이다. 이때 진실을 말하는 사람은 A, B, D로 3명이고 거짓말을 하는 사람은 C, E로 2명으로 조건을 충족한다. 따라서 회의에 참석하지도 않고 거짓말을 하는 사람은 E이다.

03

| 정답 | ④

| 해설 | 제시된 명제를 순서대로 p : '음악을 감상한다', q : '졸리다', r : '책을 읽는다', s : '자전거를 탄다', t : '커피를 마신다'라고 정의한다.

주어진 명제와 그 대우들은 다음과 같이 나타낼 수 있다.

- $p \rightarrow \sim q \Leftrightarrow q \rightarrow \sim p$
- $\sim q \rightarrow r \Leftrightarrow \sim r \rightarrow q$
- $s \rightarrow \sim t \Leftrightarrow t \rightarrow \sim s$
- $\sim t \rightarrow \sim r \Leftrightarrow r \rightarrow t$
- $t \rightarrow \sim q \Leftrightarrow q \rightarrow \sim t$

〈보기〉의 문장으로 진위여부를 판단할 경우 다음과 같다.

㉠ $s \rightarrow \sim p$: $s \rightarrow \sim t \rightarrow \sim r \rightarrow q \rightarrow \sim p$로서 도출된다.

㉡ $\sim t \rightarrow q$: $\sim t \rightarrow \sim r \rightarrow q$로서 도출된다.

㉢ $t \rightarrow \sim p$: 도출할 수 없다.

㉣ $r \rightarrow \sim q$: $\sim t \rightarrow \sim r$의 대우와 $t \rightarrow \sim q$을 결합하여 도출할 수 있다.

㉤ $q \rightarrow s$: 도출할 수 없다.

04

| 정답 | ③

| 해설 | 들찬은 아름보다 크고, 윤슬이 들찬보다 크므로 아름－들찬－윤슬 순이 된다. 도담이 제일 작고 윤슬이 제일 큰 사람은 아니므로 작은 순서대로 나열하면 도담－아름－들찬－윤슬－벼리이다.

05

| 정답 | ②

| 해설 | 제시된 명제만으로는 알 수 없다.

| 오답풀이 |

① 첫 번째 명제의 대우에 해당하므로 참이다.

③ 두 번째 명제의 대우에 해당하므로 참이다.

④ 두 번째 명제－세 번째 명제－첫 번째 명제로 이어지므로 참이다.

⑤ 세 번째 명제－첫 번째 명제로 이어지므로 참이다.

06

| 정답 | ②

| 해설 | A는 자율주행 면허증이 없고 운행 여부를 알 수 없으므로 조사가 필요하다.

D는 자율주행 자동차를 운행한 것이 확실하지만 면허증 여부를 알 수 없으므로 조사가 필요하다.

따라서 조사해야 하는 사람은 A, D이다.

07

|정답| ④

|해설| 두 번째 ~ 마지막 조건을 정리하면, 영업팀>마케팅팀=생산팀>비서팀=연구팀, 경리팀이다.

비서팀(=연구팀)과 경리팀의 예산을 추론하기 위해 숫자를 임의로 대입할 수 있다.

첫 번째 조건에서 마케팅팀 예산은 경리팀 예산의 세 배 이상이라고 했으므로 경리팀 예산을 1로 잡고 마케팅팀 예산을 3으로 하여 정리하면, 경리팀과 비서팀 예산의 합이 마케팅팀의 예산이라고 했으므로 비서팀 예산은 2가 된다. 따라서 예산이 적은 팀부터 순서대로 나열하면 경리팀 – 비서팀=연구팀 – 마케팅팀=생산팀 – 영업팀이다.

08

|정답| ③

|해설| B, C, F가 뽑은 사탕은 딸기맛, 포도맛, 사과맛 사탕이 각각 한 개씩 있고, A와 D는 같은 맛을 뽑아야 하는데 두 개를 뽑을 수 있는 맛은 딸기맛뿐이므로 A와 D는 딸기맛을 뽑았다. 이에 따라 E는 포도맛을 뽑게 된다.

㉠ E는 포도맛을 뽑아 5점을 얻으므로 10점을 얻지 못했다는 것은 옳다.

㉢ E와 F가 같은 맛의 사탕을 뽑았다면 B와 C는 딸기맛과 사과맛을 뽑은 것이 되므로 두 사람 점수의 합은 11점이다.

㉣ E는 포도맛을 뽑았으므로 1점을 얻을 수 없다.

|오답풀이|

㉡ A와 D는 모두 딸기맛을 뽑았으므로 점수의 합은 2점이다.

㉤ C가 뽑은 사탕이 딸기맛이면 F가 뽑은 사탕은 사과맛 또는 포도맛이다.

09

|정답| ①

|해설|

E $\longrightarrow$ H $\longrightarrow$ F $\longrightarrow$ J $\longrightarrow$ H $\longrightarrow$ M $\longrightarrow$ ( )

5 $\underset{+3}{\longrightarrow}$ 8 $\underset{-2}{\longrightarrow}$ 6 $\underset{+4}{\longrightarrow}$ 10 $\underset{-2}{\longrightarrow}$ 8 $\underset{+5}{\longrightarrow}$ 13 $\underset{-2}{\longrightarrow}$ 11

따라서 빈칸에 들어갈 문자는 11에 해당하는 K이다.

10

|정답| ②

|해설|

D $\longrightarrow$ G $\longrightarrow$ F $\longrightarrow$ I $\longrightarrow$ H $\longrightarrow$ ( )

4 $\underset{+3}{\longrightarrow}$ 7 $\underset{-1}{\longrightarrow}$ 6 $\underset{+3}{\longrightarrow}$ 9 $\underset{-1}{\longrightarrow}$ 8 $\underset{+3}{\longrightarrow}$ 11

따라서 빈칸에 들어갈 문자는 11에 해당하는 K이다.

11

|정답| ①

|해설|

20 $\underset{+1}{\longrightarrow}$ 21 $\underset{-2}{\longrightarrow}$ 19 $\underset{+3}{\longrightarrow}$ 22 $\underset{-4}{\longrightarrow}$ 18 $\underset{+5}{\longrightarrow}$ 23 $\underset{-6}{\longrightarrow}$ ( )

따라서 빈칸에 들어갈 숫자는 17이다.

12

|정답| ①

|해설|

따라서 빈칸에 들어갈 숫자는 37이다.

13

| 정답 | ③

| 해설 |

$$15 \xrightarrow{-11} 4 \xrightarrow{+1} 25 \xrightarrow{-10} 15 \xrightarrow{+1} 35 \xrightarrow{-9} 26 \xrightarrow{+1} 45 \xrightarrow{-8} (\quad)$$

$$4 \xrightarrow{+21} 25 \xrightarrow{-1} 15 \xrightarrow{+20} 35 \xrightarrow{-1} 26 \xrightarrow{+19} 45$$

따라서 빈칸에 들어갈 숫자는 37이다.

14

| 정답 | ④

| 해설 |

$$\frac{2}{7} \xrightarrow{\times \frac{1}{2}} \frac{2}{14} = \frac{1}{7} \xrightarrow{\times \frac{2}{3}} \frac{2}{21} \xrightarrow{\times \frac{3}{4}} \frac{6}{84} = \frac{1}{14}$$

$$\xrightarrow{\times \frac{4}{5}} \frac{4}{70} = \frac{2}{35} \xrightarrow{\times \frac{5}{6}} \frac{10}{210} = \frac{1}{21} \xrightarrow{\times \frac{6}{7}} (\quad) \xrightarrow{\times \frac{7}{8}}$$

$$\frac{14}{392} = \frac{1}{28}$$

따라서 빈칸에 들어갈 숫자는 $\frac{2}{49}$ 이다.

15

| 정답 | ①

| 해설 |

$$-1 \xrightarrow{-3} -2 \quad -4 \xrightarrow{-3} -4 \quad -7 \xrightarrow{-3} -8 \quad -10 \xrightarrow{-3} -16 \quad (\quad)$$

$$-2 \xrightarrow{\times 2} -4 \quad -4 \xrightarrow{\times 2} -8 \quad -8 \xrightarrow{\times 2} -16$$

따라서 빈칸에 들어갈 숫자는 -13이다.

16

| 정답 | ②

| 해설 |

$$2 \xrightarrow{\times \frac{1}{2}} 1 \xrightarrow{+2} 3 \xrightarrow{\times \frac{1}{2}} \frac{3}{2} \xrightarrow{+2} \frac{7}{2} \xrightarrow{\times \frac{1}{2}} \frac{7}{4} \xrightarrow{+2} \frac{15}{4} \xrightarrow{\times \frac{1}{2}} (\quad)$$

따라서 빈칸에 들어갈 숫자는 $\frac{15}{8}$ 이다.

17

| 정답 | ⑤

| 해설 |

$$7 \xrightarrow{+24} 31 \xrightarrow{+1} -3 \xrightarrow{+25} 22 \xrightarrow{+1} -11 \xrightarrow{+26} 15 \xrightarrow{+1} -17 \xrightarrow{+27} (\quad)$$

$$31 \xrightarrow{-34} -3 \xrightarrow{+1} 22 \xrightarrow{-33} -11 \xrightarrow{+1} 15 \xrightarrow{-32} -17$$

따라서 빈칸에 들어갈 숫자는 10이다.

18

| 정답 | ③

| 해설 |

$$3.1 \xrightarrow{+2.1} 5.2 \xrightarrow{+3.2} 8.4 \xrightarrow{+4.3} 12.7 \xrightarrow{+5.4} 18.1 \xrightarrow{+6.5} (\quad)$$

$$\xrightarrow{+1.1} \xrightarrow{+1.1} \xrightarrow{+1.1} \xrightarrow{+1.1}$$

따라서 빈칸에 들어갈 숫자는 24.6이다.

19

| 정답 | ④

| 해설 |

$$6 \quad 3 \quad 9 \quad 2 \quad 1 \quad 3 \quad 4 \quad (\quad)$$

$6+3=9$ $9+2=11$ $1+3=4$

$3+9=12$ $2+1=3$ $3+4=7$

따라서 빈칸에 들어갈 숫자는 7이다.

20

|정답| ④

|해설|

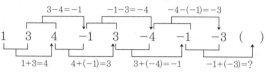

따라서 빈칸에 들어갈 숫자는 −4이다.

5회 수리

▶문제 284쪽

01	④	02	③	03	⑤	04	④	05	④
06	⑤	07	①	08	②	09	①	10	②
11	③	12	②	13	⑤	14	①	15	③
16	①	17	③	18	②	19	①	20	②

01

|정답| ④

|해설| 연도별 전체 임직원 중 사원이 차지하는 비율을 구해보면,

• 20X1년 전체 임직원 중 사원 비율 :

$\dfrac{12,365}{15,247} \times 100 ≒ 81.10(\%)$

• 20X2년 전체 임직원 중 사원 비율 :

$\dfrac{14,800}{17,998} \times 100 = 82.23(\%)$

• 20X3년 전체 임직원 중 사원 비율 :

$\dfrac{15,504}{18,857} \times 100 = 82.22(\%)$

따라서 전체 임직원 중 사원이 차지하는 비율이 매년 증가하지 않았다.

|오답풀이|

① 20X3년 임직원의 수가 전년 대비 증가한 국적은 한국을 제외한 중국, 일본, 대만, 기타로, 각 국적별로 중국 국적은 1,105명, 일본 국적은 396명, 대만 국적은 447명, 기타 국적은 38명이 증가하였다. 따라서 중국 국적의 임직원이 가장 많이 증가하였으며, 이는 다른 국적의 임직원 수가 증가한 합인 396+447+38=881(명)보다 더 크다.

② 20X2년 비정규직 임직원이 차지하는 비율은 전체 직원의 $\dfrac{1,991}{17,998} \times 100 ≒ 11.06\%$였고, 2019년 비정규직 임직원이 차지하는 비율은 $\dfrac{1,516}{18,857} \times ≒ 8.04\%$로 약 3%p 감소하였다.

③ 20X1년 대비 20X3년 연령별 임직원 수의 증가율을 구하면,

• 30대 이하 : $\dfrac{10,947-8,914}{8,914} \times 100 ≒ 23(\%)$

• 40대 : $\dfrac{6,210-5,181}{5,181} \times 100 ≒ 19.86(\%)$

• 50대 이상 : $\dfrac{1,700-1,152}{1,152} \times 100 ≒ 48.57(\%)$

따라서 20X1년 대비 20X3년 연령별 임직원 수 증가율이 가장 높은 연령대는 50대 이상이다.

⑤ • 20X2년 40대 이상 임직원 비율 :

$\dfrac{7,113+1,952}{17,998} \times 100 ≒ 50.37(\%)$

• 2019년 40대 이상 임직원 비율 :

$\dfrac{6,210+1,700}{18,857} \times 100 ≒ 41.95(\%)$

따라서 20X2년과 20X3년의 40대 이상 임직원 비율은 약 8.42%p 차이난다.

02

|정답| ③

|해설| 20X1 ~ 20X4년의 순이동자 수가 음수이므로 전출인구가 전입 인구보다 더 많음을 알 수 있다.

|오답풀이|

⑤ 20X5년 국내 이동자수는 전년 대비 약 3% 감소하였다 $\left(\dfrac{7,154-7,378}{7,378} \right) \times 100 ≒ -3(\%)$.

03

|정답| ⑤

|해설| 2022년 11월 일본어선과 중국어선의 한국 EEZ 내 어획량 합은 2,176+9,445=11,621(톤)으로, 같은 기간 중국 EEZ와 일본 EEZ 내 한국어선 어획량 합인 64+500=564(톤)의 약 20.6배이다.

|오답풀이|

① 2022년 12월 중국 EEZ 내 한국어선 조업일수는 1,122일로, 전월인 2022년 11월 중국 EEZ 내 한국어선 조업일수인 789일에 비해 증가하였다.

② 2022년 11월 한국어선의 일본 EEZ 입어척수는 242척이지만, 전년 동월인 2021년 11월 한국어선의 일본 EEZ 입어척수는 자료에 없으므로 비교할 수 없다.

③ 2022년 12월 일본 EEZ 내 한국어선의 조업일수는 3,236일이며, 같은 기간 중국 EEZ 내 한국어선의 조업일수는 1,122일로 약 2.9배이다.

④ 2022년 12월 일본어선의 한국 EEZ 내 입어척수당 조업일수는 277÷57≒4.9일로 전년 동월인 2021년 12월 일본어선의 한국 EEZ 내 입어척수당 조업일수인 1,061÷70≒5.5(일)에 비해 감소하였다.

04

|정답| ④

|해설| '오퍼나지'와 '동감'의 스크린당 관객 수는 다음과 같다.

• 오퍼나지 : $\frac{491,532}{1,081} ≒ 454.70$(명)

• 동감 : $\frac{464,015}{837} ≒ 554.38$(명)

따라서 스크린당 관객 수는 동감이 오퍼나지보다 많다.

|오답풀이|

① C사가 배급한 영화는 신세계, 비커밍제인, 오퍼나지 3개로 가장 많다.

② 5월 6일에 만 12세와 만 13세가 함께 볼 수 있는 영화는 위대한 쇼맨, 패왕별희, 비커밍제인, 언더워터로 4편이다.

③ 신세계의 관객 수는 4,808,821로 언더워터의 관객 수보다 $\frac{4,808,821}{393,524} ≒ 12$(배) 더 많다.

⑤ 4월 개봉작의 총 관객 수는 9,776,931명, 5월 개봉작의 총 관객 수는 5,354,595명으로 4월 개봉작의 총 관객 수가 더 많다.

05

|정답| ④

|해설| 전체 비경제활동인구는 1,590만 6천 명이다. 이때 60세 이상 비경제활동인구의 30%는 179만 7천6백 명으로 이는 전체의 약 11.3%를 차지한다. 따라서 60세 이상 비경제활동인구의 30%가 감소하면 전체 비경제활동인구는 10% 이상 감소한다.

|오답풀이|

① 비경제활동인구가 가장 적은 연령대는 40대이지만, 주어진 자료에는 각 연령대별 인구수가 주어지지 않았으므로 비경제활동인구의 비율이 가장 적은 연령대가 40대인지는 알 수 없다.

② 40대는 30대보다 비경제활동인구가 $\frac{1,658-1,554}{1,658}$ ×100≒6.2(%) 감소했다.

⑤ 15세 이상 전체 비경제활동인구가 1,590만 6천 명이므로 15세 이상 인구가 5천만 명일 때 경제활동인구는 3409만 4천 명이다. 따라서 경제활동참가율은 $\frac{34,094,000}{50,000,000}$ ×100≒68(%)이다.

06

|정답| ⑤

|해설| ㉡ 조사대상이 600명, 남녀 비율이 2:3이라면 조사대상 중 여성은 600× $\frac{3}{5}$ =360(명)이므로, 여성 중 전공과 직업이 일치한다고 응답한 사람은 360×0.337≒121(명)이다.

ⓒ 조사대상이 1,000명이고 그중 서비스직에 종사하는 사람이 35%라면 서비스직에 종사하는 사람은 1,000×0.35=350(명)이므로, 서비스직에 종사하는 사람 중 전공과 직업이 일치하지 않는다고 응답한 사람은 350×0.525≒184(명)이다.

07

|정답| ①

|해설| 각 기업별 조사 회답자 수를 100%로 하고 각각의 회답 비율을 집계하면 다음과 같다.

(단위 : 명)

구분	불만	어느 쪽도 아니다	만족	계
A사	29 (25.9%)	36 (32.1%)	47 (42.0%)	112 (100.0%)
B사	73 (51.4%)	11 (7.7%)	58 (40.8%)	142 (100.0%)
C사	71 (52.2%)	41 (30.1%)	24 (17.6%)	136 (100.0%)
계	173 (44.4%)	88 (22.6%)	129 (33.1%)	390 (100.0%)

㉠ '불만'이라고 응답한 사원의 수(173명)의 총 인원수 (390명)에 대한 비율은 44.4%로 과반수가 되지 않는다.

㉡ '불만'이라고 응답한 사람의 수가 가장 많은 것은 B사 (73명)이지만, B사는 대상이 된 142명 중 73명으로 51.4%이고 C사는 136명 중 71명으로 52.2%가 되어, 근소하긴 하나 C사의 비율이 더 높다.

|오답풀이|

㉢ '어느 쪽도 아니다'라고 답한 사람이 가장 적다는 것은 근무조건의 좋고 나쁨과는 관계가 없다.

㉣ '만족'을 나타낸 사람의 수가 높다는 것만으로 근무조건이 좋다고 단정할 수 없다.

08

|정답| ②

|해설| 20X5년 한국 섬유산업 수출액은 전년 대비 15,802−15,696=106(백만 달러) 감소하였다.

|오답풀이|

③ 20X8년 한국 섬유산업 수입액은 20X5년 대비 14,305−11,730=2,575(백만 달러) 증가했다.

④ 20X9년 이탈리아의 섬유 수출액은 33,400백만 달러로 한국 섬유 수출액인 13,607백만 달러의 약 2.45배이다. 따라서 한국의 섬유 수출액보다 약 145% 더 많다.

⑤ 20X6년 한국의 섬유 수출액은 16,072백만 달러로 20X9년 프랑스의 섬유 수출액 15,000백만 달러보다 더 많다.

09

|정답| ①

|해설| 그래프에서 전체 교통사고 발생건수 비율이 가장 낮은 달은 2월이다.

• 2월의 전체 교통사고 발생건수
  : 256,000×0.066=16,896(건)

• 2월의 음주 교통사고 발생건수
  : 25,000×0.062=1,550(건)

따라서 2월의 음주 교통사고를 제외한 전체 교통사고 발생건수는 16,896−1,550=15,346(건)이다.

10

|정답| ②

|해설| 비율의 증가와 감소는 그래프의 기울기를 보면 알 수 있다. 전월 대비 음주 교통사고 발생건수 비율이 가장 많이 증가한 달은 6월 대비 2%p가 증가한 7월이다.

7월의 전체 교통사고 발생건수는 256,000×0.087=22,272(건)이다.

11

|정답| ③

|해설| 20, 30, 45의 최소공배수는 180이므로 180분 동안 A, B, C가 심는 나무의 수를 구한다.

A가 심는 나무 수의 비율은 $20:3=180:27$

B가 심는 나무 수의 비율은 $30:4=180:24$

C가 심는 나무 수의 비율은 $45:5=180:20$

따라서 일정 시간 동안 A, B, C가 심는 나무 수의 비율은 $27:24:20$이다.

12

|정답| ②

|해설| 전체 일의 양을 1이라고 하면, A가 1분간 할 수 있는 작업량은 $\frac{1}{30}$, B가 1분간 할 수 있는 작업량은 $\frac{1}{45}$이다.

A 혼자 데이터를 입력한 시간을 x분이라 하면 B 혼자 데이터를 입력한 시간은 $(x-15)$분이므로 다음과 같은 식이 성립한다.

$$\frac{x}{30}+\frac{x-15}{45}=1 \qquad 5x-30=90 \qquad 5x=120$$

$x=24$(분)

따라서 A는 24분, B는 9분간 데이터를 입력한 것이므로, 총 33분이 걸렸다.

13

|정답| ⑤

|해설| 정아의 현재 나이를 x세라 하고 A년 후 부부 나이의 합이 자녀들 나이 합의 4배가 된다고 하였으므로,

$(x+A)+(43+A)=4\{(10+A)+(6+A)\}$,

$x+43+2A=4(16+2A)$, $\qquad x=6A+21$이다.

또한 A년 후 남편의 나이가 자녀들의 나이 합보다 24살이 많아진다고 하였으므로,

$43+A=\{(10+A)+(6+A)\}+24$,

$43+A=16+2A+24$

$A=3$(년)이다.

따라서 정아의 현재 나이는 $6\times3+21=39$(세)이다.

14

|정답| ①

|해설| 8%의 소금물 500g에 들어있는 소금의 양 : $\frac{8}{100}\times$ $500=40$(g)

여기에 추가할 소금의 양을 xg으로 놓으면 소금물의 농도가 20%가 될 때는 다음과 같다.

$$\frac{40+x}{500+x}\times100=20(\%) \qquad x=75(g)$$

따라서 20%의 소금물을 만들기 위해서는 75g의 소금을 더 넣어야 한다.

15

|정답| ③

|해설| 소희와 민희가 처음으로 다시 만날 때까지 걸리는 시간을 x시간이라 하면 다음과 같은 식이 성립한다.

$$Ax+Bx=10 \qquad (A+B)x=10 \qquad x=\frac{10}{A+B}$$

따라서 소희와 민희가 다시 만날 때까지 걸리는 시간은 $\frac{10}{A+B}$ 시간이다.

16

|정답| ①

|해설| S 야구팀이 1차전에서 패배했을 경우 2차전에서 승리할 확률은 $\frac{3}{5}$이고, 패배할 확률은 $\frac{2}{5}$이다. 따라서 2차전에서 승리하고 3차전에서도 승리할 확률은 $\frac{3}{5}\times\frac{1}{5}$ $=\frac{3}{25}$, 2차전에서 패배하고 3차전에서 승리할 확률은 $\frac{2}{5}\times\frac{3}{5}=\frac{6}{25}$이다. 이때 두 경우는 동시에 일어나지 않으므로 확률은 $\frac{3}{25}+\frac{6}{25}=\frac{9}{25}$가 된다.

17

|정답| ③

|해설| 각각 낼 수 있는 것은 가위, 바위, 보 3종류이므로 3명이 한 번의 가위, 바위, 보에서 내놓을 수 있는 경우의 수는 모두 $3 \times 3 \times 3 = 27$(가지)이다. 이 중 적어도 한 명이 지는 경우는 한 명이 지거나, 두 명이 지는 경우까지 모두 포함하는 것이므로 전체 경우의 수에서 아무도 이기지 않는 경우의 수를 빼는 것과 같다.

따라서 아무도 이기지 않는 경우의 수를 구하면, 3명 모두 같은 종류를 내놓을 경우인 3가지와 모두 다른 종류를 내놓을 경우인 6가지($_3P_3 = 3!$)로 총 9가지가 된다. 그러므로 구하는 경우의 수는 $27 - (3+6) = 18$(가지)이다.

18

|정답| ②

|해설| 십의 자리의 수를 x, 일의 자리의 수를 y라 하면 다음과 같은 식이 나온다.

$x + y = 7$ ·························· ㉠

$10y + x = 2(10x + y) + 2$ ·············· ㉡

㉠, ㉡을 연립하여 풀면, $x = 2$, $y = 5$이다.

따라서 처음 수는 $10 \times 2 + 5 = 25$이다.

19

|정답| ①

|해설| 100개당 2개의 불량품이 나오므로 판매한 700개 중 14개가 불량품이다. 따라서 총 이익에서 불량품으로 인한 손해를 빼면 된다.

$(300 \times 700) - (1,600 \times 14) = 210,000 - 22,400 = 187,600$(원)

20

|정답| ②

|해설| 이번 주 근무시간의 평균은 $\dfrac{9+8+9+10+7}{5} =$

8.6(시간)이다. 분산 $= \dfrac{\text{편차제곱의 합}}{\text{데이터 개수}}$ 이므로

$\dfrac{(9-8.6)^2 + (8-8.6)^2 + (9-8.6)^2 + (10-8.6)^2 + (7-8.6)^2}{5} =$

$\dfrac{5.2}{5} = 1.04$이다.

▶문제 296쪽

5회 도형

01	③	02	③	03	①	04	③	05	④
06	②	07	②	08	⑤	09	①	10	④
11	③	12	④	13	①	14	③	15	①

01

|정답| ③

|해설| 첫 번째 가로열 첫 번째 세로열, 두 번째 세로열에 공통으로 ◎가 들어가 있고, 세 열 모두 마지막 그림에서 색이 반전되었으므로 ◎는 색 반전 기호임을 알 수 있다. 이를 첫 번째 가로열과 두 번째 세로열에 적용해 보면 ▣는 반시계 방향으로 90° 회전, ☆는 180° 회전임을 알 수 있다. 또한 첫 번째 세로열과 ▣과 ◎을 적용해 보면 ◇는 시계 방향으로 90° 회전 기호임을 알 수 있다. 마지막으로 두 번째 가로열에 ◇과 ☆을 적용하는데 시계 방향으로 90° 회전과 180° 회전이 함께 진행되면 결국 반시계 방향으로 90° 회전하는 것과 같으므로 ○는 상하대칭(X축 대칭)의 기호가 된다. 따라서 이를 종합해 보면 다음과 같다.

1. ▣ : 반시계 방향으로 90° 회전

2. ◎ : 색 반전

3. ◇ : 시계 방향으로 90° 회전

4. ☆ : 180° 회전(원점 대칭)

5. ○ : 상하 대칭(X축 대칭)

따라서 문제의 과정을 거친 결과는 다음과 같다.

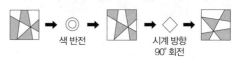

02

|정답| ③

|해설| ☆의 180° 회전과 ▣의 반시계 방향 90° 회전은 시계 방향으로 90° 회전과 같다. 따라서 문제의 과정을 거친 결과는 다음과 같다.

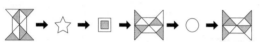

03

|정답| ①

|해설| 문제의 과정을 거친 결과는 다음과 같다.

04

|정답| ③

|해설| • 🔲 : 좌우대칭

• 🔲 : 상하대칭

• 🔲 : 시계 방향 90° 회전

• 🔲 : 색 반전

• 🔲 : 반시계 방향 90° 회전(−90°)

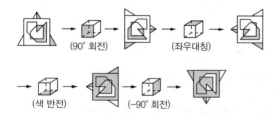

05

|정답| ④

|해설| • 🔲 : 상하대칭

• 🔲 : 좌우대칭

• 🔲 : 시계 방향 90° 회전

• 🔲 : 색 반전

• 🔲 : 반시계 방향 90° 회전(−90°)

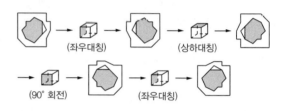

06

|정답| ②

|해설| • 🔲 : 상하대칭

• 🔲 : 시계 방향 90° 회전

• 🔲 : 색 반전

• 🔲 : 좌우대칭

• 🔲 : 반시계 방향 90° 회전(−90°)

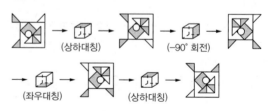

07

| 정답 | ②

| 해설 | 처음에 제시된 도형을 순서도에 따라 규칙을 적용하여 변환·비교하면 다음과 같다.

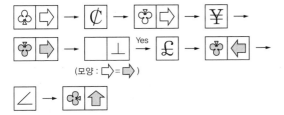

(모양 : ⇨=⇨)

08

| 정답 | ⑤

| 해설 | 처음에 제시된 도형을 순서도에 따라 규칙을 적용하여 변환·비교하면 다음과 같다.

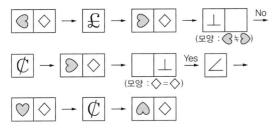

09

| 정답 | ①

| 해설 | 제시된 그림을 순서대로 규칙에 따라 변환하면 다음과 같다.

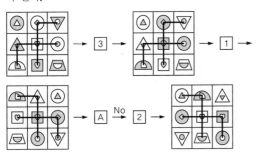

10

| 정답 | ④

| 해설 | 제시된 그림을 순서대로 규칙에 따라 변환하면 다음과 같다.

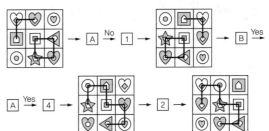

11

| 정답 | ③

| 해설 |

(안쪽 도형 모양으로 테두리)

(안쪽 도형 반시계 90°)

12

| 정답 | ④

| 해설 |

13

|정답| ①

|해설|

(바깥 도형
시계 90°)

(전체 도형 180°)

14

|정답| ③

|해설| 처음에 제시된 도형을 순서도에 따라 규칙을 적용하여 변환·비교하면 다음과 같다.

(모양 : 🗙≒⋈)

(모양 : ❖=❖)

15

|정답| ①

|해설| 처음에 제시된 도형을 순서도에 따라 규칙을 적용하여 변환·비교하면 다음과 같다.

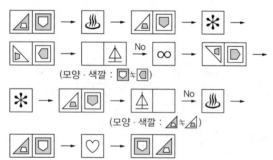

(모양·색깔 : 🗌≒🗌)

(모양·색깔 : ◺≒◺)